新公司法

条文解读与适用指引

案例 · 规则 · 文献

周游 著

法律出版社
LAW PRESS·CHINA
北京

图书在版编目(CIP)数据

新公司法条文解读与适用指引：案例·规则·文献 / 周游著. -- 北京：法律出版社，2024
ISBN 978-7-5197-8794-3

Ⅰ. ①新… Ⅱ. ①周… Ⅲ. ①公司法-法律解释-中国②公司法-法律适用-中国 Ⅳ. ①D922.291.915

中国国家版本馆 CIP 数据核字(2024)第 036774 号

新公司法条文解读与适用指引:案例·规则·文献
XIN GONGSIFA TIAOWEN JIEDU YU SHIYONG ZHIYIN: ANLI · GUIZE · WENXIAN

周 游 著

策划编辑 陈 妮
责任编辑 陈 妮
装帧设计 汪奇峰

出版发行 法律出版社
编辑统筹 法治与经济出版分社
责任校对 王晓萍
责任印制 吕亚莉
经　　销 新华书店

开本 710 毫米×1000 毫米 1/16
印张 37.75 **字数** 665 千
版本 2024 年 3 月第 1 版
印次 2024 年 3 月第 1 次印刷
印刷 固安华明印业有限公司

地址:北京市丰台区莲花池西里 7 号(100073)
网址:www.lawpress.com.cn
投稿邮箱:info@lawpress.com.cn
举报盗版邮箱:jbwq@lawpress.com.cn
销售电话:010-83938349
客服电话:010-83938350
咨询电话:010-63939796

书号:ISBN 978-7-5197-8794-3
定价:138.00 元
凡购买本社图书,如有印装错误,我社负责退换。电话:010-83938349

本书逐条深入解读新公司法，立足公司法基本原理阐释法条理解要点和适用重难点，并注明阐释内容的法条依据，串联起整个公司法，同时附有的精炼案例和经典前沿文献，能为公司法的理解与适用提供较深入的理论与实践指引。

——杜万华

最高人民法院咨询委员会秘书长

审判委员会原副部级专职委员

二级大法官

2023年年底新修订的公司法对公司设立、公司资本、公司治理、股东权利、董事义务等内容都作了重要调整、补充和完善。为了更好地理解这些规则的变化，需要结合公司法的理论与实践作深入阐释。周游独立完成的本书以精炼的语言逐条解读新公司法，并系统收集整理与之相关的案例、规则和文献，是一本及时且有理论深度，助益研究和实际运用的工具书。

——甘培忠

中国商业法研究会会长

北京大学法学院教授

本书对新公司法逐条作了深入解读，并着力呈现条文之间的逻辑关联，语言简洁，案例丰富，关联规则和研究文献等参考资料翔实，可读性强，是一本实用的工具书。

——朱慈蕴

中国法学会商法学研究会常务副会长

清华大学法学院教授

新公司法修改专家小组成员

优秀青年学者周游撰写的这本新公司法解读著作，以贯通式的条文解读方法，配有详实的案例和文献材料支撑，较系统地阐释新公司法的修订内容、基本理念和实践要点，并将他近年来的研究心得和对公司法数次审议稿的修改意见汇报有机融入其中。本书为我们提供了一种理解和适用新公司法的锐意视角和崭新进路，既有学术价值，也有实践意义。

——刘俊海
中国人民大学法学院教授、商法研究所所长
第五届全国十大杰出青年法学家
新公司法修改专家小组成员
2021年“中国商法年度人物”

公司法作为财富创造的利益关系法则，条文解读与适用指引尤为重要。青年才俊周游撰写的本书，以公司法条文的体系化解读为主线，情景式的案例穿插切换其中，清单式的原理文献延展于后，既呈现公司法改革的共识，又提供不同观点的争锋。信手翻书，让人享受悦读感的同时，也感受到实用性的妙处，体现了年轻学者对公司法评注的独特尝试。

——傅　穹
吉林大学法学院教授、公司融资与治理中心主任
2022年“中国商法年度人物”

在人类社会缤纷多彩的构造中，公司组织是最富变幻和极富魅力的一种。在现代法制气势恢宏的体系中，公司立法是纵横贯通和引人入胜的一支。适逢公司法新一轮修订功成，新锐学者周游适时推出这本全面解读，融会法律文本、法律实务与法学理论的著作。无论你是执掌治理权柄的企业家，是提供专业服务的大律师，是依法解决争议的裁判者，是探究规则完善的研究者，抑或是刚涉法学殿堂的初学者，都能从本书中获得对公司法更为深邃和实用的启发。

——汪青松
西南政法大学民商法学院教授
重庆市人文社会科学重点研究基地“市场交易法律制度研究基地”执行主任
2023年“中国商法年度人物”

代序 《公司法》修订的共识与争锋

《公司法》自2018年被列入第十三届全国人民代表大会常务委员会立法规划以来，于2021～2023年就修订草案审议稿先后三次向社会公众公开征求意见。第十四届全国人民代表大会常务委员会第七次会议于2023年12月25日对《公司法》修订草案（四次审议稿）进行了分组审议，经进一步修改后《公司法》最终于2023年12月29日表决通过。公司是最重要的市场主体，《公司法》是社会主义市场经济制度的基础性法律。30年来，《公司法》与我国社会主义市场经济体制的建立和完善紧密相连，对维护社会经济秩序，促进社会主义市场经济的发展，发挥了重要作用。《公司法》立足于解决我国各时期经济发展的关键问题，其制定和历次修改都受到社会各界的高度关注。本次修订《公司法》增加、删除或有其他调整的条文超过200个，其中过半数条文有实质性修改。这些修改涉及公司登记、公司治理、公司资本、股东权利、职工权益以及国家出资公司和上市公司组织机构的特别规定等各领域。为了更好地理解此次《公司法》修订的时代背景和整体变化，笔者结合近年来的研究以及数次向全国人民代表大会常务委员会提交的针对《公司法》修订草案的修改意见，对此次《公司法》修订中争议较大的几个条文作出阐述。

一、有限责任公司五年实缴出资与股份有限公司授权资本制

此次修订的一项重要变化是在《公司法》第四十七条增加有限责任公司股东应当自公司成立之日起五年内缴足所认缴出资额的规定（以下简称限期实缴制）。已践行十年的注册资本认缴登记制（以下简称认缴制）确实大大增加了公司注册数量，但同时也催生诸多需要回应的疑难问题。笔者曾在认缴制改革前后与甘培忠教授刊文指出认缴制可能带来的负面影响。① 作为一种制度修补，限期实缴制具有比较显著的现实意义。从底层逻辑来看，认缴制并未挣脱以资本为核心构建公司信用的桎梏。在认缴

① 参见甘培忠、周游：《注册资本认缴登记之语义释疑及制度解构》，载《中国工商管理研究》2013年第5期。

制语境下，股东虽然无须在公司设立时实缴出资，但其所认缴的出资额仍是一种维持公司信用的承诺。出资承诺不能真实反映公司资本状况，本不应影响相对人是否与公司达成交易；然而，出资承诺又确实框定了股东在公司不能清偿到期债务时的责任范围，即便公司通过减资程序减少股东认缴的出资额，也必须先满足向债权人提前清偿债务或提供担保的条件。这就存在难以调和的矛盾：一个不能真实反映公司资产状况的出资承诺，仍可能成为相对人是否与公司达成交易的重要考量。一旦股东未兑现出资承诺，就可能严重危及债权人合法权益。因此，包括要求股东提前缴纳出资在内的诸多新规则都是对于上述底层逻辑的制度回应。夯实股东实际缴纳的出资有助于沥干认缴制可能带来的资本"水分"，还原一个更真实的公司资产状况。限期实缴制并不意味着债权人保护策略应当仅锚定资本一隅，而旨在调适公司资本制度回归到相对理性的状态。①

与之相应，此次《公司法》修订在第一百五十二条、第一百五十三条引入股份有限公司授权资本制。有限责任公司限期实缴制有助于"引流"部分投资者选择推行授权资本制的股份有限公司形式，在适用更具弹性的出资规定的同时，也必须遵守更高要求的公司治理规范。不过，《公司法》修订草案的前三次审议稿都没有明确在授权资本制下股份有限公司是否应当采取公司成立前发起人实缴股款的模式。笔者在针对《公司法》修订草案三次审议稿提交的意见中提出：授权资本制侧重公司融资的实际需要，本身就应当按需发行，再实行认缴制显然不妥，建议进一步明确表述。《公司法》（2023年修订）第九十八条第一款最终规定，发起人应当在公司成立前按照其认购的股份全额缴纳股款。由此，两类公司在资本制度方面体现出比较明显的区别，彰显出应有的辨识度。

二、监督机构的选择设置与监事会的存废

2017年，笔者曾在某场学术研讨会中提出：当代公司法不能单纯以被动填补缝隙为目的，而需在公司基本框架、股东权利保护、公司机构设置等关键制度领域引入主动提供多重选项的模式。② 当时参与评议的几位专家学者提出了比较激烈的反对意见，认为任由公司自行选择规则适用可能引发市场混乱，徒增交易成本。应当承认，"选择型"公司法的理念在七八年前确实过于超前，但经过数年的理论与实践的经验积累，目

① 参见周游：《有限责任公司注册资本限期实缴的制度考量》，载《中国市场监管研究》2023年第9期。

② 参见周游：《从被动填空到主动选择：公司法功能的嬗变》，载《法学》2018年第2期。

前至少在允许公司自行决定监督机构设置方面已然具备比较成熟的条件。此次《公司法》修订在第六十九条、第一百二十一条中明确,公司可以在董事会中设置审计委员会,不设监事会或者监事。

进而,根据2018年中共中央印发《深化党和国家机构改革方案》要求,国务院国有资产监督管理委员会的国有企业领导干部经济责任审计和国有重点大型企业监事会的职责划入审计署,不再设立国有重点大型企业监事会。随后,《国有企业监事会暂行条例》也于2022年废止。由此,《公司法》是否有必要保留国有独资公司监事会制度,成为此次修订的一项重要议题。近一两年来,笔者以主持国家社会科学基金项目"公司治理模式多元化选择的规则革新研究"为契机,依据公司规模大小、公开程度以及所有制属性等不同划分标准从全国各地挑选部分公司作了走访调研。从实践反馈来看,监事会或者监事仍在相当数量的公司中发挥了重要作用。即便是在国有独资公司,根据原《国有企业监事会暂行条例》设置的外派监事会与依照《公司法》设置的监事会并不完全等同,取消前者并不意味着后者也必须取消。对此,笔者在针对《公司法》修订草案二次审议稿提交的意见中阐明:无论是为部分国有独资公司提供适合自身需要的机构设置选择权,还是作为一种过渡性制度安排,公司法都有必要保留监事会这一制度选项。《公司法》修订草案三次审议稿对相关规则作了修改,并得到《公司法》(2023年修订)第一百七十六条的最终确认:国有独资公司在董事会中设置由董事组成的审计委员会行使本法规定的监事会职权的,不设监事会或者监事。由此,监事会并没有被取消,国有独资公司可以在审计委员会和监事会之间作一选择。

三、有限责任公司经理的设置

有限责任公司是否必设经理的规定在数次修订草案审议稿中历经反复修改。其中,《公司法》修订草案二次审议稿和三次审议稿都采取必设模式。不过,在必设模式下,两次审议稿又继续维持经理职权交由公司自行决定的"非法定化"做法。若按照这一方案,将可能出现公司被迫设置并不实际履职的经理的情形,从而徒增公司运营成本。

从实践来看,绝大多数公司基于自身需要确实设置了经理。然而,一项商业选择所具有的普遍性,并不必然成为将其上升为强制性规范的理由。对此,笔者在针对《公司法》修订草案二次审议稿提交的意见中作了论述:在控股股东、实际控制人中心主义背景下,强行要求有限责任公司设置经理并不能实质改善公司治理状况。控制者有多种途径可以架空经理层,甚至将公司治理的制度需求诉诸强制性规范之外的其他途径。问题的根本不在于必须设置经理,而在于落实控股股东、实际控制人的决策责任。

《公司法》(2023 年修订)第七十四条第一款最终维持之前的规定,即有限责任公司可以设经理。

四、强化控股股东、实际控制人的责任

此次《公司法》修订完善了控股股东、实际控制人的定义。尤其是《公司法》(2023年修订)第二百六十五条删除实际控制人定义中“虽不是公司的股东”这一前提限定,从而使其成为一个可涵摄控股股东的上位概念,这是极具意义且符合实践逻辑的制度革新。① 不过,如果只是对两者的定义作出调整而不从根本上强化其责任,意义则不大。无论是有限责任公司是否必须设置经理的问题,还是公司治理是否应当以董事会为中心的问题,都未能从根本上回应我国公司治理的客观现实,即在股权结构高度集中背景下的控股股东、实际控制人中心主义。故而,所谓两权分离在我国指的是所有权与经营权分离,而非所有权与控制权分离。从商业实践到规则构建,实现所有权与控制权的结合恰恰是公司发展壮大的命门。②

故而,笔者在针对《公司法》修订草案前两次审议稿提交的意见中都呼吁:公司法宜将实际控制人作为承担相关法律责任的潜在主体,并在公司资本、公司治理、人格否认及关联关系等诸领域完善实际控制人的法律责任。③《公司法》(2023 年修订)最终选择更具普适意义的立法模式,确立了事实董事和影子董事规则。前者是第一百八十条关于控股股东、实际控制人不担任董事但实际执行公司事务的,对公司负有忠实义务和勤勉义务的规定;后者是第一百九十二条关于控股股东、实际控制人指示董事从事损害公司或股东利益的行为的,与该董事承担连带责任的规定。由此,控股股东、实际控制人的责任得以强化。

五、同比例减资规则与公司和股东之间法律关系的厘清

《公司法》修订草案三次审议稿增加公司减少注册资本应当按照股东出资或者持有股份的比例相应减少出资额或者股份的规定,即所谓股东同比例减资规则。该规定引发较大争议。笔者在针对《公司法》修订草案三次审议稿提交的意见中肯定了上述规则的意义:争议的焦点不在于减资,而在于如何区分公司与股东以及股东之间这两个不同维度的法律关系,其实质是如何认真对待公司法中的组织法和行为法的关系问

---

① 参见周游:《实际控制人识别标准的差异化实践与制度表达》,载《政法论坛》2024 年第 1 期。

② 参见周游:《公司法上的两权分离之反思》,载《中国法学》2017 年第 4 期。

③ 参见周游、林晟:《重构公司法实际控制人规则论纲》,载王红、蔡建春主编:《证券法苑》总第 37 卷,法律出版社 2023 年版。

题。一方面,其确保在公司减资情形下,中小股东不因大股东滥权而无法从公司实际获得分配;另一方面,在试图通过减资而使特定股东退出公司(所谓定向减资)的场合,公司也必须首先满足前一方面中小股东利益保护的要求,继而大股东和拟退出公司的股东之间若有其他利益补偿协议,可通过相应的合同法规则处理,从而较好地防止协议“杀死”决议。①

故而,减资以及减资后的资金退还或出资减免等利益分配问题实际上是两层法律关系。减资属于公司事务,需经股东会特别决议程序。减资既可能减少所有者权益中的实收资本(或实收股本),继而相应引起公司资产的减少,也可能减免全体股东对公司的出资承诺,这一层法律关系仅是公司利益问题,不涉及股东利益;至于减资后的资金退还或出资减免应当如何分配,则是股东之间的问题。股东之间可就减资后的分配事宜达成合意。《公司法》(2023 年修订)第二百二十四条最终在同比例减资原则性规定基础上增加“法律另有规定、有限责任公司全体股东另有约定或者股份有限公司章程另有规定”的除外规定,本质上正是对股东之间利益分配问题的制度回应。

六、投资者角色多元化的制度回应

在投资者角色多元化背景下,传统公司法主要基于投资者需求同质化的假定已然脱离实践。投资者需求已难以“同质化”,更不能被理解为仅局限于财产利益这一维度。为了改变股权利益原本合为一体且由股东单独享有的模式,特定主体可通过一定方式重新安排同一股权当中不同利益的归属。这是股权作为独立权利的关键所在,由此,我国公司法也可在理念与原则层面因应革新。②

此次《公司法》修订回应投资者的不同需求作出相应的规则调适。例如,《公司法》(2023 年修订)第一百一十六条契合类别股制度革新明确一股一权规则的例外情形,以及第二百零二条扩大可转换为股票的公司债券的发行主体及其内部决策机构的范围等。继而,《公司法》(2023 年修订)第二百零四条明确规定债券持有人会议决议及其效力的内容,既是与《证券法》等法律法规相衔接,也是在公司与债券持有人的契约关系基础上为不同需求的债券持有人提供了组织法上的规则支持。

七、国有企业改革、职工权益保护与《公司法》修订的关系

此次《公司法》修订的亮点之一是在第一条立法目的中增加“完善中国特色现代企

---

① 参见周游:《公司法语境下决议与协议之界分》,载《政法论坛》2019 年第 5 期。

② 参见周游:《股权的利益结构及其分离实现机理》,载《北方法学》2018 年第 3 期;周游:《股权性质之争:误区释疑与价值重述》,载《经贸法律评论》2019 年第 2 期。

业制度”的表述。在历次修改过程中，是否应当将国有企业从公司法调整对象中抽离出来并对其单独立法的问题，争议较大。笔者认为，现代公司制并非纯然源自商人实践，而主要基于国家需求和国家发展理念的推动。国家在公司法制变迁中扮演着极为重要的角色。[①] 在此影响下，公司法有必要充分展现国有企业改革的有益成果。进而，社会主义市场经济体制下的公司，无论是国有公司还是非国有公司，其共性都是在“私”的一面以外还需顾及“公”的面向。[②] 故而，在以营利为目的的基础上，公司还应当充分考虑公司职工等利益相关者的利益。

此次《公司法》修订就此作了较为充分的回应。在国家出资公司组织机构的特别规定方面，《公司法》（2023 年修订）将原“国有独资公司的特别规定”一节完善为“国家出资公司组织机构的特别规定”一章，并进一步明确坚持党对国有企业的领导（第一百七十条），同时将调整对象从国有独资公司扩张至国有资本控股公司（第一百六十八条）。在职工权益方面，《公司法》（2023 年修订）明确规定职工是公司承担社会责任涉及的重要利益相关者（第二十条），还明确建立健全以职工代表大会为基本形式的民主管理制度（第十七条），并落实董事会成员中的职工代表及其可以成为审计委员会成员的规定（第六十八条、第六十九条、第一百二十一条）。

结语：《公司法》（2023 年修订）的特征及本书亮点

作为 30 年来最大规模的一次修订，《公司法》（2023 年修订）具有鲜明的时代性、进步性和适应性。首先，《公司法》（2023 年修订）是一部“选择型”公司法。此次修订在公司治理结构、股份发行种类等诸多领域都扩充了规则选项，当事人可以根据自身需要择一适用。“选择型”公司法提升了当事人对于制度安排的参与度，将促使公司自治从形式走向实质，也与此次《公司法》修订在第一条新增“弘扬企业家精神”的立法目的相契合。其次，《公司法》（2023 年修订）在很大程度上降低了制度性交易成本。此次修订在公司登记、信息公示、会议召开和表决等诸多领域都进一步优化相关程序性规定，以减轻当事人负担，从而激发市场活力、提升运营效率。尤其是在公司重大事项变动方面，此次修订系统性地增设简易合并（第二百一十九条）、简易减资（第二百二十五条）、简易注销（第二百四十条）等制度。最后，《公司法》（2023 年修订）充分回应了当下愈加复杂的商事组织架构和投融资关系。在商事组织集团化运营的趋势下，原本

---

① 参见甘培忠、周游：《我国公司法建构中的国家角色》，载《当代法学》2014 年第 2 期。
② 参见周游：《企业单位制变迁理路的厘清与反思》，载《清华法学》2018 年第 3 期。

主要围绕单个公司构建规则的立法模式已显现诸多弊端。此次修订赋予股东对公司全资子公司"穿越"行使查阅权或提起股东代表诉讼的权利（第五十七条、第一百八十九条），原则禁止公司为他人取得本公司或者其母公司的股份提供财务资助（第一百六十三条），以及强化对关联交易主体和方式的规制（第一百八十二条）等规定，都是对这一趋势的制度回应。随着经济社会发展，商业实践也将为公司法的持续进化不断注入新的理念和元素。

本书根据新《公司法》的特点而撰写，主要有以下几个方面的亮点：

1. 地图式的条文解读。本书对每个条文的修订情况作出总结；归纳新增内容及其特点，以及与修订前条文相比的主要变化，使读者对条文变化一目了然；特别提示读者在理解法条时应该注意的重要内容。在解读条文时不仅用通俗易懂的语言予以分析，而且注明了相关分析的条文出处。每个法条后附有相关法律、法规、意见、办法、决定等关联规则。本书就像一张公司法的地图，读者打开后便能按图索骥找到每句分析的法律依据，轻而易举地理解《公司法》的体系及条文之间的逻辑关系。读者阅读后在无形中将构建起自己的公司法知识大厦。

2. 情景式的案例参考。本书针对每个条文附有精选的司法案例或其他实践事例，共计360余个。同一条文涉及多款或多项的，本书针对每款或每项匹配精选真实案例。对于新增规定，本书也尽可能收集整理与之具有关联性的案例。所收录案例大多为近五年审结案例，力求确保案例的时效性与解释力。案例部分过滤繁杂的案情，本书用最简洁的语言只为读者提供案情中最具针对性的信息，通过精准的分析帮助读者直中案例要害，迅速抓住通过案例理解法条的命门，同时增强对案例的实际分析能力。

3. 清单式的文献延伸。本书针对每个条文列示了与之相关的文献。这其中既有经典文献，也有前沿文献。各条项下所列示文献以发表时间先后顺序编排，旨在帮助读者针对各条文内容作更深入和广泛的思考，扩宽读者的阅读面和知识面。

本书不仅是一本帮助读者了解公司法修订背景、深入理解新修订法条内容的书，还是一本链接公司法各项理论知识点，给予读者公司法适用指引，增加读者公司法知识储备，帮助读者形成公司法知识谱系的全面、系统、实用的工具书。

2024年1月20日

本书法律法规缩略表

全称	简称
《全国法院民商事审判工作会议纪要》	《九民纪要》
《最高人民法院关于适用〈中华人民共和国公司法〉若干问题的规定(一)》(2014 年修正)	《公司法解释(一)》
《最高人民法院关于适用〈中华人民共和国公司法〉若干问题的规定(二)》(2020 年修正)	《公司法解释(二)》
《最高人民法院关于适用〈中华人民共和国公司法〉若干问题的规定(三)》(2020 年修正)	《公司法解释(三)》
《最高人民法院关于适用〈中华人民共和国公司法〉若干问题的规定(四)》(2020 年修正)	《公司法解释(四)》
《最高人民法院关于适用〈中华人民共和国公司法〉若干问题的规定(五)》(2020 年修正)	《公司法解释(五)》

目录

第十四章 法律责任

第十五章 附则

第一章
总　则

第一条 【立法目的】[①]

为了规范公司的组织和行为，保护公司、股东、职工和债权人的合法权益，完善中国特色现代企业制度，弘扬企业家精神，维护社会经济秩序，促进社会主义市场经济的发展，根据宪法，制定本法。

条文解读

本条是关于立法目的的规定。

与修订前的条文相比，本条规定的主要变化有：一是为了深入贯彻党的二十大报告精神，增加"完善中国特色现代企业制度，弘扬企业家精神"的表述；二是增加"职工"作为本法应当依法保护的对象；三是明确根据宪法制定本法。

理解本条需留意以下几点：

1.立法目的具有层次性。第一，"规范公司的组织和行为"是直接目的。公司法通过明确公司的法律地位和各项具体规则，引导其依法开展经营管理活动。第二，"保护公司、股东、职工和债权人的合法权益"是直接目的的应然结果，可谓公司法的核心目的。第三，"完善中国特色现代企业制度"重在回应我国企业实践之需，是公司法的本源目的。公司法改革不能盲目照搬域外制度，需要实现规则构建的中国化。第四，"弘扬企业家精神"是引领当代公司健康发展、不断壮大的重要保证，是公司法的时代目的。第五，"维护社会经济秩序"是更高层次的目的，是将所有公司的经营管理活动视为一个整体。倘若公司法没有正确引导公司依法开展经营管理活动，必然损害整个社会经济秩序。第六，"促进社会主义市场经济的发展"是公司法制定和修订的总目标、总要求。

2.公司法重在规范公司的组织关系，并同时调整与组织关系密切相连的公司行为。公司法首先是一部组织法，详细规定了包括公司的设立、变更和终止，公司组织机构的设置及其职权配置，股东的权利和义务，董事、监事和高级管理人员的资格和义务等内容，重点在于处理公司与股东、公司与管理层等内部关系。同时，公司作为一个独立法人，会与交易相对人产生各种外部法律关系，包括公司对外投融资、对外担保以及

---

① "条文主旨"为作者所加，仅供参考，下同。

关联交易等与组织关系密切相连的公司行为。这些方面都需要公司法予以回应。

3. 公司作为独立法人,其合法权益应当得到公司法的充分保护。股东和债权人为公司正常运营提供了必要的资金或者资源,从资产负债表的结构来看,股东投资所形成的所有者权益和公司与其债权人交易所形成的负债一并构成公司资产的两大来源。因此,保护股东和债权人的合法权益从本质上来看也是为了保护公司的利益。

4. 职工是公司的重要利益相关者(【第二十条】[①]**)**。此次修订在建立健全以职工代表大会为基本形式的民主管理制度的基础上,进一步完善本法关于职工合法权益保护的各项制度。

5. 完善中国特色现代企业制度,既是国有企业改革的任务,也可引导有条件的民营企业以此促进高质量发展。党的十四届三中全会勾画出我国社会主义市场经济体制的基本框架,这一框架的重要支点,就是建立现代企业制度。《公司法》(1993 年)第一条即已将"适应建立现代企业制度的需要"作为重要的立法目的。现代企业制度的核心就是国有企业公司制改革,此次修订更进一步强调"中国特色",坚持党对国有企业的全面领导,促进加强党的领导和完善公司治理相统一。

6. 新时代企业家精神涵盖爱国情怀、勇于创新、敢于担当、追求卓越、国际视野等多种要素。公司法要弘扬企业家精神,关键在于赋予企业家充分的自主经营管理权,为其提供优越的制度环境,并引导其建立科学合理并符合自身需求的公司治理结构。

7. 宪法具有最高法和根本法性质,制定本法应当符合宪法授权。

· 典型案例 ·

(2022)京 02 民终 12341 号民事判决书:本案争议焦点可以归纳为王某是否为维极公司的股东。法院认为,《公司法》第一条明确了该法的立法宗旨,公司、股东、债权人等都是公司法保护的对象。公司法律关系有很强的涉他性,本案看似只涉及公司与股东的关系,但作为股东资格反向确认案件,如果王某提起诉讼的目的是否定人民法院追加其为被执行人的裁判从而免除债务,这就涉及第三方债权人利益,在此情形下更应谨慎确认王某不具有股东资格,证明标准也应相对较高。

① "【第×条】"指本法的相关条文,下同。

关联规则

《国民经济和社会发展第十四个五年规划和2035年远景目标纲要》第十九章第二节、第五节；《企业国有资产监督管理暂行条例》（2019年修订）第一条、第十六条、第二十条、第二十八条。

文献参考

张维迎：《企业家与职业经理人：如何建立信任》，载《北京大学学报（哲学社会科学版）》2003年第5期；王妍：《超越现代企业制度——现代企业法律制度解构》，载《求是学刊》2015年第1期；周游：《企业单位制变迁理路的厘清与反思》，载《清华法学》2018年第3期；陈甦：《中国特色现代企业制度的法律表达》，载《法治研究》2023年第3期。

第二条　【调整范围和公司形式】

本法所称公司，是指依照本法在中华人民共和国境内设立的有限责任公司和股份有限公司。

条文解读

本条是关于调整范围和公司形式的规定。

理解本条需留意以下两点：

1. 依照本条规定，公司有两种形式：有限责任公司和股份有限公司。按照英美法系关于股份是否公开发行的传统标准划分，有限责任公司和非公开发行股份的股份有限公司相当于非公开公司，公开发行股份的股份有限公司相当于公开公司。按照公司信用基础的标准划分，有限责任公司和股份有限公司都属于资合公司。当然，资合公司也不排斥人合性的存在。相比之下，有限责任公司的人合性更强，而股份转让受限的股份有限公司也同样具有一定的人合性（**【第一百六十七条】**）。

2. 我国公司法没有规定无限公司、两合公司、股份两合公司等传统大陆法系公司法通常会规定的公司形式。一国究竟需要确立哪些公司类型，应被置于整个企业组织形式法律体系的构建中予以考虑。我国《个人独资企业法》《合伙企业法》已相应规定了个人独资企业、普通合伙企业、特殊的普通合伙企业、有限合伙企业等多种企业组织形式，这些企业在我国经济发展中已有相当丰富而成熟的实践，也完全能实现无限公司、两合公司、股份两合公司等公司形式的制度功能。

典型案例

（2021）津02民终9556号民事判决书：龙海消防为集体所有制企业，其出资全部来自某村委会。因龙海消防未能按期支付货款，金安公司请求某村委会承担连带赔偿责任。一审法院认为，龙海消防、某村委会均未能举证证明二者财产相互独立，因此二者应当承担连带责任。二审法院撤销了一审判决，并认为，公司法仅适用于在中国境内设立的有限责任公司和股份有限公司，而龙海消防为集体所有制企业，应适用集体所有制企业相关法律规定，即"自主经营，独立核算，自负盈亏"。换言之，龙海消防与某村委会是两个独立的主体，龙海消防应以其所有的财产独立承担民事责任。

关联规则

《民法典》第七十六条、第二百六十八条；《外商投资法》第三十一条。

文献参考

徐强胜：《企业形态法定主义研究》，载《法制与社会发展》2010年第1期；王保树：《公司法律形态结构改革的走向》，载《中国法学》2012年第1期；周游：《企业组织形式变迁的理性逻辑》，载《政法论坛》2014年第1期；李建伟：《公司组织形态重构与公司法结构性改革》，载《财经法学》2015年第5期；刘斌：《公司类型的差序规制与重构要素》，载《当代法学》2021年第2期；蒋大兴：《论公司/组织法上的类型转换》，载《法学评论》2021年第3期；樊纪伟：《我国公司法定类型的反思及逻辑建构》，载《交大法学》2022年第1期；沈朝晖：《公司类型与公司法体系效益》，载《清华法学》2022年第2期。

第三条 【公司的法律地位】

公司是企业法人，有独立的法人财产，享有法人财产权。公司以其全部财产对公司的债务承担责任。

公司的合法权益受法律保护，不受侵犯。

条文解读

本条是关于公司的法律地位的规定。

本条规定在修订前的条文基础上作出了更科学的调整。一是将《公司法》(2018 年修正)第三条第一款和第五条第二款合并为本条,为公司的法律地位及其权利和责任的原则性规定;二是将《公司法》(2018 年修正)第三条第二款和第四条合并为本法第四条,为股东有限责任和基本权利的原则性规定(【第四条】)。

理解本条需留意以下几点:

1. 依照《民法典》第五十七条、第六十条的规定,法人是具有民事权利能力和民事行为能力,依法独立享有民事权利和承担民事义务的组织,法人以其全部财产独立承担民事责任。法人可分为营利法人、非营利法人和特别法人,包括公司在内的所有企业法人都属于营利法人。实践中是否存在不以营利为目的,或者至少不应以营利为目的的公司,值得斟酌。例如,为投资者提供公益性诉讼支持的中证中小投资者服务中心有限责任公司(投服中心),为登记结算系统各类参与者提供登记结算基础设施服务的中国证券登记结算有限责任公司(中证登)等,都具有显著的公共性质。

2. 法人财产权的提法早在《公司法》(1993 年)中已有体现。按照当时的主流观点,公司股东作为出资者享有所有权,而公司则享有由股东投资形成的全部法人财产权。当时承认法人财产权主要是为了明晰国有企业公司制改革后国有股东和公司的关系,以防止国有资产流失,同时也是为了确保公司能够以法人财产为基础,依法自主经营、自负盈亏,以实现所有权与经营权分离,塑造独立的市场主体。历经 30 年的实践积累与理论沉淀,如今我们对公司与股东、公司资产和股东出资之间的关系已有了更准确的认识,对法人财产权也有了更科学的定性。依照《企业国有资产法》的规定,企业国有资产是指国家对企业各种形式的出资所形成的权益。股东因出资取得股权,享有股东权利;股东出资形成的公司财产,属于公司所有,是公司利益的组成部分,包括股东在内的其他主体不得损害公司利益。

3. 公司作为企业法人,是独立的市场主体,故而公司应以其全部财产对公司的债务承担责任。从这个角度来看,虽然我国的两类公司名称中带有"有限责任"或者"有限"的表述,但享受有限责任保护的是股东而非公司。

· 典型案例 ·

1. 针对本条第一款

(2022)辽09执复60号执行复议裁定书：因王某、广厦公司不履行和解协议，陈某对该协议申请强制执行，并申请拍卖广厦公司持有的建设用地使用权。另案申请执行人邵某提出异议，主张其正在申请执行王某持有的广厦公司股权，而评估拍卖案涉建设用地使用权势必会影响案涉股权的价值。法院认为，公司以其全部财产独立地对公司的债务承担责任，在本案中即是广厦公司以其全部财产独立地对其债务承担责任。广厦公司不是邵某与王某执行案的被执行人，故邵某的主张没有相应法律依据。

2. 针对本条第二款

(2021)鲁06民终8100号民事判决书：王某作为凯隆公司总经理，未经凯隆公司同意，违背公司章程规定，将公司账户中的款项转入其个人账户。法院认为，公司的合法权益受法律保护，不受侵犯。案涉款项系凯隆公司法人财产，应归属于凯隆公司，并由凯隆公司占有、使用、收益、处分。故王某应将案涉款项返还凯隆公司。

关联规则

《民法典》第五十七条至第六十条；《企业国有资产法》第二条。

文献参考

方流芳：《中西公司法律地位历史考察》，载《中国社会科学》1992年第4期；孔祥俊：《企业法人财产权研究——从经营权、法人财产权到法人所有权的必然走向》，载《中国人民大学学报》1996年第3期；雷兴虎、冯果：《论股东的股权与公司的法人财产权》，载《法学评论》1997年第2期；邓峰：《作为社团的法人：重构公司理论的一个框架》，载《中外法学》2004年第6期；赵旭东：《公司法人财产权与公司治理》，载《北方法学》2008年第1期。

第四条 【股东有限责任和基本权利】

有限责任公司的股东以其认缴的出资额为限对公司承担责任；股份有限公司的股东以其认购的股份为限对公司承担责任。

公司股东对公司依法享有资产收益、参与重大决策和选择管理者等权利。

条文解读

本条是关于股东的有限责任及其基本权利的规定。

本条规定是由《公司法》(2018 年修正)第三条第二款和第四条合并而成。

理解本条需留意以下几点：

1. 股东有限责任与公司法人独立地位是相辅相成的两种制度，可谓公司法理论与实践的基石。根据资产分割理论，股东的财产与公司的财产相互独立，公司的债权人不能直接要求股东清偿公司的债务。相应地，股东的债权人也不能直接要求公司清偿股东的债务。然而，股东一旦滥用公司法人独立地位和股东有限责任，则可能需要依法承担公司债务的连带责任(**【第二十三条】**)。

2. 在实缴和认缴两种情形下，股东有限责任的表现形式稍有不同，但并无本质区别。一方面，股东实缴出资后，按照出资的不同类型采取不同方式将其所有权移转至公司(**【第四十九条】**)，从而形成公司财产，由公司享有法人财产权(**【第三条】**)；股东不得再针对其出资享有和行使所有者的权利，但相应地，股东也只以其全部出资为限对公司承担责任。另一方面，在股东尚未缴纳已认缴出资情形下，则需要根据是否已届出资期限作进一步分析。倘若股东出资已届出资期限，则公司董事会可依法向该股东催缴出资，股东因此给公司造成损失的，还应当承担赔偿责任(**【第四十九条】【第五十一条】**)；倘若股东出资未届出资期限，该股东的期限利益原则上应依法予以保护，然而，一旦出现公司不能清偿到期债务的情形，该股东应依法提前缴纳出资(**【第五十四条】**)。

3. 党的十四届三中全会通过的《中共中央关于建立社会主义市场经济体制若干问题的决定》指出，现代企业制度的基本特征之一就是"出资者按投入企业的资本额享有所有者的权益，即资产受益、重大决策和选择管理者等权利"。出资者虽然对其出资丧失所有权，但其因出资而成为公司股东，取得公司股权，并享有股东权利。资产收益、参与重大决策和选择管理者是对股东权利的总括性表述，一般可分为涉及财产利益或者人身利益的两种股东权利，公司法在具体规则中进一步细化了这些权利的内容，包括表决权（**【第六十五条】【第一百一十六条】**）、知情权（**【第五十七条】【第一百一十条】**）、股权对外转让时其他股东的优先购买权（**【第八十四条】**）、增资时现有股东的优先认缴权（**【第二百二十七条】**）、利润分配请求权（**【第二百一十条】**）、异议股东股权（股份）收购请求权（**【第八十九条】【第一百六十一条】**）、剩余财产分配请求权（**【第二百三十六条】**）等。股东权利在不同类型的公司中有所区别，当事人也可依法在股东之间针对股东权利的享有和行使作出差异化安排。

·典型案例·

1. 针对本条第一款

（2022）辽03民申136号民事裁定书：绿通公司为有限责任公司，共有三名股东，后绿通公司因拖欠杨某工程款而被起诉。原审法院将绿通公司认定为合伙企业，判决三位股东应对案涉欠款承担连带责任。再审法院纠正了原审法院的观点，将绿通公司认定为有限责任公司，其股东应以其认缴的出资额为限对公司承担责任，故绿通公司的三名股东不应对公司的债务承担连带责任。

2. 针对本条第二款

（2022）浙05民终1900号民事判决书：刘某为清宇公司股东，后将其所持清宇公司全部股份转让给江某。刘某向江某及清宇公司催讨利润未果后，提起诉讼。法院认为，公司股东依法享有资产收益、参与重大决策和选择管理者等权利，但刘某已经将其股份出让，其不再是清宇公司股东名册的登记股东，便不再享有资产收益权，因此不能再请求分配利润。

关联规则

《中共中央、国务院关于完善国有金融资本管理的指导意见》第五条；《民法典》第二百六十八条；《企业国有资产法》第十二条；《上市公司章程指引》（2023年修正）第九条。

文献参考

虞政平：《法人独立责任质疑》，载《中国法学》2001年第1期；孟勤国、张素华：《公司法人人格否认理论与股东有限责任》，载《中国法学》2004年第3期；赵旭东：《认缴资本制下的股东有限责任——兼论虚报资本、虚假出资和抽逃出资行为的认定》，载《法律适用》2014 年第 11 期；曾思：《资产分割理论下的企业财产独立性　经济功能与法律限制》，载《中外法学》2019 年第 5 期。

第五条　【公司章程】

设立公司应当依法制定公司章程。公司章程对公司、股东、董事、监事、高级管理人员具有约束力。

条文解读

本条是关于公司章程的规定。

理解本条需留意以下几点：

1. 依照《民法典》第七十九条的规定，营利法人应当依法制定法人章程。制定公司章程是公司作为法人有别于合伙企业、个人独资企业等非法人组织的重要特征之一。公司章程是公司有效成立的必备法律文件，其依法确定公司的内部治理结构、管理体制和运行程序，并明确股东的权利和义务，以及董事、监事和高级管理人员的资格和义务等内容。

2. 通常情况下，公司章程的制定主体是股东，应由全体股东亲自参加公司章程的制定工作。但是，以募集方式设立股份有限公司的，公司章程应当经出席成立大会的股东（包括发起人和认股人）所持表决权过半数通过，而并非只由发起人决定（**【第一百零四条】**）。股份有限公司的公司章程之所以使用“制订”而非“制定”的表述，也是考虑到前述特殊的表决程序（**【第四十五条】【第九十四条】**）。

3. 一般认为，公司章程是公司的自治法规。虽然股东是制定公司章程的主体，但是公司章程不仅对公司现有股东具有约束力，还对以后加入公司的其他股东具有约束力；继而，公司及其董事、监事和高级管理人员也应当遵守公司章程的规定。因此，作为自治法规的公司章程，有别于股东之间基于公司设立而订立的协议（**【第四十三条】【第九十三条】**）。即便设立协议的诸多内容可能会体现在公司章程记载事项中，但协议具有相对性，只对订立协议的股东具有约束力，唯有公司章程才能对公司及其董事、监事和高级管理人员产生组织法上的法律效果。

4. 除了在设立公司时必须依法制定公司章程外，在公司运营过程中股东会也可能根据公司实际需要修改公司章程。对此，学理上有初始章程和后续章程的分类。一方面，由于公司在成立前尚未取得法人资格，也无法形成股东会等公司机关，因此设立过程中制定公司章程是以全体股东的名义，并须经全体股东一致同意（以募集设立方式设立的股份有限公司除外），体现的是股东意志；另一方面，修改公司章程是作为公司机关的股东会的法定职权，应当由股东会作出特别决议，体现的是公司意志，有限责任公司应当经代表2/3以上表决权的股东通过，股份有限公司应当经出席会议的股东所持表决权的2/3以上通过（**【第五十九条】【第六十六条】【第一百一十六条】**）。

·典型案例·

（2022）辽08民终1026号民事判决书：林某、苏某在设立闽龙公司时签订合同，就各股东股权占比作出了限制，并约定原则上不许退股，特殊情况下的退股须全体股东同意，而闽龙公司章程则未对股权的转让作出其他限制性规定。法院认为，虽然公司成立前的合同对股权占比及股权转让事宜作出了约定，但该约定明显与公司章程相违背。公司章程对公司、股东、董事、监事、高级管理人员具有约束力，股东应当按照公司章程，而非公司成立前的合同行使权利、履行义务。

关联规则

《民法典》第七十九条、第八十条；《上市公司章程指引》（2023年修正）第十条。

文献参考

朱慈蕴：《公司章程两分法论——公司章程自治与他治理念的融合》，载《当代法学》2006年第5期；钱玉林：《作为裁判法源的公司章程：立法表达与司法实践》，载《法商研究》2011年第1期；常健：《论公司章程的功能及其发展趋势》，载《法学家》2011年第2期；吴飞飞：《论公司章程的决议属性及其效力认定规则》，载《法制与社会发展》2016年第1期。

第六条　【公司名称】

公司应当有自己的名称。公司名称应当符合国家有关规定。

公司的名称权受法律保护。

条文解读

本条是关于公司名称的规定。

本条是新增规定。

理解本条需留意以下几点：

1. 公司是民事主体，应当有自己的名称，且其名称具有排他性、唯一性、地域性。 理论上，营利性组织的名称有时也被称作商号，但两者并不完全相同。商号是企业在其营业活动中所使用的名称，企业既可以使用自己的名称作为商号，也可以使用自然人姓名（如创始人的姓名），甚至在企业名称和自然人姓名之外单独另设名称。

2. 目前关于公司名称的国家规定主要体现在《市场主体登记管理条例》、《企业名称登记管理规定》（2020年修订）等行政法规中。 相关规定的内容主要包括：公司只能有一个名称；公司名称登记由申请人依法自主申报；名称的组成、所使用文字应符合规范，且不得违反名称禁用的相关规定等。此外，公司名称是公司登记事项之一（**【第三十二条】**）。公司名称通常由行政区划名称、字号、行业或者经营特点、组织形式组成。

3. 依照《民法典》第五十八条、第一千零一十三条、第一千零一十四条的规定，法人享有名称权，为其人格权的重要组成部分；法人有权依法决定、使用、变更、转让或者许可他人使用自己的名称；任何组织或者个人不得以干涉、盗用、假冒等方式侵害他人的名称权。 作为一项重要的民事权利，公司的名称权主要包括名称设定权、名称取得权、名称使用权、名称变更权、名称转让权等方面。公司在享有和行使自身名称权的同时，不得侵害其他公司的名称权。

4. 公司的名称权虽为人格权的体现，但与自然人的姓名权存在一定区别。 公司的名称权具有一定的财产利益属性，所以公司可以依法转让自己的名称，并因此获得相应对价。从本质上看，公司等经济组织是法律技术的缔造物，以实现交易或管理的需要，不具有类似于自然人那样的终极伦理价值。因此，公司因名称权受侵害也只能请求行为人赔偿经济损失，而不能请求精神损害赔偿。最高人民法院指导案例29号对涉及企业名称的竞争法问题作了回应：对于企业长期、广泛对外使用，具有一定市场知名度、为相关公众所知悉，已实际具有商号作用的企业名称简称，可以视为企业名称予以保护；擅自将他人已实际具有商号作用的企业名称简称作为商业活动中互联网竞价排名关键词，使相关公众产生混淆误认的，属于不正当竞争行为。

典型案例

1. 针对本条第一款

(2020)豫13民终4207号民事裁定书:上诉人以"唐河县对外经济贸易公司祁仪经营处"的名义提起本案诉讼,然其提交的营业执照所记载的名称为"唐河外贸祁仪经营处"。法院认为,公司只能使用一个名称,经公司登记机关核准登记的公司名称受法律保护。上诉人提交的证据材料不足以证明其与本案具有利害关系,不具备提起本案诉讼的民事主体资格。

2. 针对本条第二款

(2021)京73民终2220号民事判决书:长江公司主张四海公司未经原告许可,在其销售的应急电源柜产品上明确标注"长江公司监制"字样,侵犯了原告的合法权益。法院认为,二者经营范围相同,构成同业竞争关系,四海公司冒用了长江公司的企业名称,损害了长江公司和相关消费者的合法权益,应承担相应的侵权责任。

关联规则

《民法典》第五十八条、第一百一十条、第一千零一十三条、第一千零一十四条;《市场主体登记管理条例》第十条;《企业名称登记管理规定》(2020年修订)第四条至第十七条。

文献参考

程合红:《商事人格权刍议》,载《中国法学》2000年第5期;王妍:《企业名称权的性质及法律保护》,载《河北法学》2005年第5期;李友根:《论企业名称的竞争法保护——最高人民法院第29号指导案例研究》,载《中国法学》2015年第4期;蒋大兴、唐夕雅:《企业名称"用语用字选择"的私法自治——以〈语言文字法〉第14条之修正为例》,载《河北法学》2021年第6期。

第七条 【公司名称中的公司类型】

依照本法设立的有限责任公司,应当在公司名称中标明有限责任公司或者有限公司字样。

依照本法设立的股份有限公司，应当在公司名称中标明股份有限公司或者股份公司字样。

条文解读

本条是关于公司名称中应当标明具体公司类型的规定。

理解本条需留意以下两点：

1. 公司名称的组成应包含组织形式，即法定的公司类型。我国公司法确立了有限责任公司和股份有限公司两种类型，公司名称中必须相应地标明为何种类型的公司（**【第二条】【第六条】**）。

2. 本条规定的目的主要在于保障交易安全。不同类型的公司在治理结构设置及其职权配置、股权转让受限程度、股东出资义务、董事等任职资格及义务、信息披露要求、公司登记事项等方面都存在规则上的显著差异。在公司名称中标明不同类型的公司字样，有利于交易相对人通过公司名称初步了解公司的总体情况，明确与公司交易的基本规则，并据此进一步权衡公司的实力、信用等交易信息，为促成交易及风险防范作出安排。

· 典型案例 ·

（2021）粤03民终8914号民事裁定书：同安药厂与普宁公司联营开办企业，企业名称为普安公司，后同安药厂诉请解散普安公司。法院认为，依照公司法设立的公司，必须在公司名称中标明公司类型。而普安公司的性质属“全民与集体联营”，其名称中并无“有限责任公司”“有限公司”或者“股份有限公司”“股份公司”的字样，其尚未依法改建为公司法所调整的有限公司或股份公司，故本案不能适用公司法的相关规定。

关联规则

《企业集团财务公司管理办法》第六条；《信托公司管理办法》第七条。

文献参考

参见**【第六条】**列示的相关文献。

第八条 【公司住所】

> 公司以其主要办事机构所在地为住所。

条文解读

本条是关于公司住所的规定。

理解本条需留意以下几点：

1. 公司在实际运营过程中可能存在多个办事机构或者经营场所，但公司只能登记一个住所，即主要办事机构所在地。所谓主要办事机构所在地，是指开展公司业务以及处理公司事务最主要的场所。在实践中，具有法人资格的市场主体（如公司、农民专业合作社）的主要办事机构所在地通常表述为住所，不具有法人资格的市场主体（如个人独资企业、合伙企业）则被称为主要经营场所。此外，公司住所是公司登记事项之一（【第三十二条】）。

2. 确立公司住所具有重大的法律意义。一是确立公司登记管理的重要依据。县级以上地方人民政府市场监督管理部门主管本辖区市场主体登记管理工作，加强统筹指导和监督管理。二是确定以公司为被告的纠纷的诉讼管辖地。依照《民事诉讼法》（2023 年修正）的相关规定，对法人或者其他组织提起的民事诉讼，由被告住所地人民法院管辖；因公司设立、确认股东资格、分配利润、解散等纠纷提起的诉讼，由公司住所地人民法院管辖。当然，如果公司的主要办事机构所在地不能确定，则以其注册地或者登记地为住所。除以上两点外，公司住所还是确定法律文书送达地、合同成立地或者债务履行地、税收征收管理机关、涉外法律适用准据法等事项的重要依据。

3. 信息时代的来临对公司住所的确定带来了新的挑战。依照《市场主体登记管理条例》第十一条第二款的规定，电子商务平台内的自然人经营者可以根据国家有关规定，将电子商务平台提供的网络经营场所作为经营场所。该规定仅明确允许自然人经营者可如此为之，并未明示公司能否以虚拟地址作为住所。从实践趋势来看，公司法有必要进一步放松对公司住所登记的规制。《市场主体登记管理条例》第十一条第三款同时规定，省、自治区、直辖市人民政府可以根据有关法律、行政法规的规定和本地区实际情况，自行或者授权下级人民政府对住所或者主要经营场所作出更加便利市场主体从事经营活动的具体规定。

· 典型案例 ·

(2022)京01民终10522号民事判决书：北京华福公司上诉称一审法院未直接送达或邮寄送达本案材料，便采取公告送达的方式，在北京华福公司不知情的情况下开庭审理本案，缺席判决，程序违法。法院认为，公司以其主要办事机构所在地为住所，主要办事机构所在地属于公司营业执照记载的事项。但北京华福公司自2005年起即不在注册地址办公，且多次更换主要办事机构所在地，但均未办理变更登记。在北京华福公司主要办事机构所在地不能确定的情况下，以登记注册地为其住所并对其进行直接送达及邮寄送达，并在直接送达以及邮寄送达不能的情形下进行公告送达，并无不当。

关联规则

《民法典》第五十八条、第六十三条；《民事诉讼法》(2023年修正)第二十二条、第二十七条；《市场主体登记管理条例》第五条、第十一条；《最高人民法院关于适用〈中华人民共和国民事诉讼法〉的解释》(2022年修正)第三条、第二十条、第二十二条。

文献参考

郭富青：《我国企业住所与经营场所分离与分制改革的法律探析》，载《现代法学》2020年第2期；李政辉：《公司住所的功能、挑战与制度应对》，载《北方法学》2022年第2期。

第九条 【经营范围】

公司的经营范围由公司章程规定。公司可以修改公司章程，变更经营范围。

公司的经营范围中属于法律、行政法规规定须经批准的项目，应当依法经过批准。

条文解读

本条是关于公司经营范围的规定。

与修订前的条文相比，本条将原有关于公司经营范围登记的规定移至本法第

二章，以此对公司登记作出统一规定。

理解本条需留意以下几点：

1. 设立公司都有意欲实现的目的，表现为公司所从事经营活动的具体内容，学理上可称之为公司目的。对此，我国公司法主要体现为对公司经营范围予以规定。从逻辑上看，经营范围是实现公司目的的手段。

2. 公司经营范围是公司登记事项之一。如今，公司经营范围登记也愈加规范化，并将登记内容区分为一般经营项目和许可经营项目，其中许可经营项目还细分为前置许可经营项目和后置许可经营项目(**【第三十二条】**)。公司为了减少修改公司章程、办理公司登记或者取得行政审批带来的制度成本，通常会在公司设立时将尽可能多的经营项目一次性纳入其中。

3. 经营范围记载于公司章程，变更经营范围也需要修改公司章程，由此可推定决定公司经营范围的主体为股东或者股东会。一方面，在公司设立时，全体股东共同制定公司章程，其中就包括对公司经营范围的确定(**【第四十五条】【第四十六条】**)。另一方面，在公司运营过程中，倘若公司需要变更经营范围，则应当依法召开股东会会议，并经股东会决议通过；即便股东一致表示同意不召开股东会会议，或者在只有一个股东的公司场合，也应当依法作出书面决定(**【第五十九条】【第六十条】**)。

4. 公司经营范围本质上属于公司事务，由公司自行决定，是公司的民事权利能力和民事行为能力的具体体现，国家对公司的经营范围原则上不多作干预。依照《民法典》第五百零五条的规定，当事人超越经营范围订立的合同的效力，不得仅以超越经营范围确认合同无效。目前，国家主要采取市场准入负面清单制度，由国家发展和改革委、商务部会同各地区各有关部门适时更新市场准入负面清单，并经党中央、国务院批准印发。市场准入负面清单分为禁止和许可两类事项。依照《外商投资法》的相关规定，外商投资领域分为外商投资准入负面清单规定的投资领域及外商投资准入负面清单以外的领域，而前者又细分为禁止投资的领域及限制投资的领域。据此，国家发展和改革委、商务部等部门也发布了外商投资准入特别管理措施(负面清单)、鼓励外商投资产业目录等规定，并适时更新。外商投资准入负面清单以外的领域，按照内外资一致的原则实施管理，境内外投资者统一适用市场准入负面清单的有关规定。

典型案例

（2022）陕 05 民终 2270 号民事判决书：玖富公司持有国家增值电信业务经营许可证，可以经营信息服务业务（仅限互联网信息服务），但不包括网络借贷信息中介服务，杨某在玖富公司运营的平台上充值了数万元，而玖富公司在收到杨某的资金后便将之用于投资理财及借贷，后未能偿还该款项。法院认为，公司的经营范围中属于法律、行政法规规定须经批准的项目，应当依法经过批准，而网络借贷信息中介服务便属于该类项目，在未履行相关金融监管程序、未获得金融监管部门的批准的情况下，玖富公司的经营范围便不包括网络借贷信息中介。

关联规则

《民法典》第五百零五条；《外商投资法》第四条、第二十八条至第三十条；《对外贸易法》（2022 年修正）第十一条；《市场主体登记管理条例》第十四条。

文献参考

蔡立东：《论企业法人经营范围与民事能力》，载《法律科学（西北政法学院学报）》1993 年第 5 期；孙英：《公司目的范围外经营规制：从外化到内敛——兼论双重性民事权利能力对公司越权的适用》，载《法学论坛》2010 年第 1 期；郭富青：《〈民法典〉中法人或非法人组织越权原则的反思》，载《上海政法学院学报（法治论丛）》2021 年第 1 期；林少伟：《公司目的之演变与制度实现》，载《法治研究》2023 年第 4 期。

第十条　【法定代表人的担任和辞任】

公司的法定代表人按照公司章程的规定，由代表公司执行公司事务的董事或者经理担任。

担任法定代表人的董事或者经理辞任的，视为同时辞去法定代表人。

法定代表人辞任的，公司应当在法定代表人辞任之日起三十日内确定新的法定代表人。

条文解读

本条是关于法定代表人的担任和辞任的规定。

与修订前的条文相比，本条规定的主要变化有：一是将有资格担任法定代表人的主体从原来规定的“董事长、执行董事或者经理”改为“代表公司执行公司事务的董事或者经理”，并将关于公司法定代表人登记的原有规定移至本法第二章；二是增加法定代表人辞任的规定。

理解本条需留意以下几点：

1. 本条虽然规定了法定代表人的范围，但并未明确法定代表人的定义。依照《民法典》第六十一条的规定，法人的法定代表人是“依照法律或者法人章程的规定，代表法人从事民事活动的负责人”。公司虽为独立的企业法人，享有民事权利能力和民事行为能力，但法人毕竟与自然人有别，公司需要由特定自然人代表其从事民事活动。由此可见，法定代表人是公司的意思表示机关（**【第十一条】**）。此外，公司法定代表人是公司登记事项之一（**【第三十二条】**）。

2. 董事、监事、高级管理人员根据各自的法律地位和职权配置，在公司中处理相应的事务。例如，董事、高级管理人员等依照法律、公司章程及股东会授权，对公司事务有一定范围内的决策权或者执行权；监事则依法对公司事务实施监督。在公司与相对人发生法律关系的场合，由执行公司事务的董事或者高级管理人员作为代表，实属必要。这其中有两点值得进一步思索：其一，在不设监事会或者监事的公司，公司董事会设置的审计委员会将行使本法规定的监事会的职权（**【第六十九条】**），在此种情形下，公司董事实则分成了执行董事和非执行董事两类。通常认为，执行董事是指除董事职务外，同时担任该公司其他职务，或者虽不担任其他职务，但按照公司章程的规定或者股东会、董事会授权对公司负有直接经营管理职责的董事；非执行董事是指除董事职务外，不再担任该公司其他职务，也不参与公司经营管理事务的董事。按照上述分类，只有执行董事有资格担任公司的法定代表人。其二，包括经理在内的高级管理人员虽然都在其职权范围内执行公司事务，但通常只有经理负责组织公司日常经营管理活动，是公司常设的业务执行机构，赋予经理担任法定代表人的资格也实属合理（**【第七十四条】**）。

3. 从全球范围来看，不少国家和地区都采取多人对外代表公司的制度。我国目前之所以维持一人对外代表公司的模式，主要有以下两方面考虑：一是在实践中公司欺诈等不诚信行为时有发生，在公司法律制度和社会信用体系仍有较大完善空间的背景下，一旦允许公司设置多个对外代表公司的主体，可能会对经济社会发展带来诸多负面影响。二是因为制度变迁无法在短时间内摆脱长期实践积累下来的路径依赖，我国《民事诉讼法（试行）》（1986 年）首先使用了法定代表人的表述，这主要是为了满足公司诉讼的需要，而后被《民法通则》（1986 年）沿用，并成为后续国有企业公司制改造中的一项重要规则。故而，一人对外代表公司的模式已是我国实践中运作多年的商业习惯。

4. 由于担任公司法定代表人的主体应当是代表公司执行公司事务的董事或者经理，故而担任法定代表人的董事或者经理辞任的，也无法继续担任法定代表人。同理，担任法定代表人的董事任期届满而未获连任，或者担任法定代表人的经理被解聘的，也不再担任法定代表人。当然，董事兼任经理且公司章程规定经理担任法定代表人的，法定代表人的职务不因董事职务的解除而受影响。

5. 法定代表人作为公司的意思表示机关，一旦董事或者经理辞任法定代表人而又未及时确定新的法定代表人，势必对公司运营及交易安全带来较大影响。故而本条第三款规定公司应当在法定代表人辞任之日起 30 日内确定新的法定代表人。不过，在确定新的法定代表人之前原法定代表人是否应当继续履行代表职责，尚有争议。就立法目的而言，在此情形下要求原法定代表人继续履职不无道理。为了避免争议，公司章程可对此予以明确。此外，法定代表人的变更本质上属于公司内部事务，故其不得对抗善意相对人。对于在法定代表人发生变更期间究竟何人具有代表权的问题，原则上以保护善意相对人为要义（**【第十一条】**）。

· 典型案例 ·

1. 针对本条第一款

（2021）沪 01 民终 7923 号民事判决书：张某诉求变更公司登记，涤除其在航特公司的法定代表人身份。法院认为，张某担任航特公司董事长职务任期虽已届满，但在未改选或改选出的董事就任前，根据公司法和航特公司章程，张某仍应继续履行董事长职务并担任法定代表人。

2. 针对本条第二款、第三款

（2023）沪 0106 民初 6988 号民事判决书：泓澈公司章程规定，公司的法定代表人由经理担任。李某担任公司经理兼法定代表人。后因泓澈公司被列入全国法院失信被执行人名单，李某成为限制消费对象。李某以未实际参与公司事务为由，要求涤除其法定代表人身份。法院认为，在没有继任者时，涤除李某职务会导致公示登记信息空置，易造成债权人利益受损，影响市场秩序。因此，法定代表人变更需经公司意思机关决策，对李某的主张不予支持。

关联规则

《民法典》第六十一条、第六十二条；《最高人民法院关于适用〈中华人民共和国民事诉讼法〉的解释》（2022 年修正）第五十条、第五十一条。

文献参考

方流芳：《国企法定代表人的法律地位、权力和利益冲突》，《比较法研究》1999 年 Z1 期；殷秋实：《法定代表人的内涵界定与制度定位》，载《法学》2017 年第 2 期；蔡立东：《论法定代表人的法律地位》，载《法学论坛》2017 年第 4 期；袁碧华：《法定代表人的制度困境与自治理念下的革新》，载《政法论丛》2020 年第 6 期；迟颖：《法定代表人越权行为的效力与责任承担——〈民法典〉第 61 条第 2、3 款解释论》，载《清华法学》2021 年第 4 期；刘道远：《公司法定代表人的角色、制度渊源及其完善》，载《比较法研究》2022 年第 4 期；梁开银：《我国公司法定代表人规则的重塑》，载《法商研究》2023 年第 1 期；李培根：《法定代表人法律地位之再思考》，载《中国法律评论》2023 年第 4 期。

第十一条 【法定代表人行为的法律后果】

法定代表人以公司名义从事的民事活动，其法律后果由公司承受。

公司章程或者股东会对法定代表人职权的限制，不得对抗善意相对人。

法定代表人因执行职务造成他人损害的，由公司承担民事责任。公司承担民事责任后，依照法律或者公司章程的规定，可以向有过错的法定代表人追偿。

条文解读

本条是关于公司法定代表人行为的法律后果的规定。

本条是新增规定，是《民法典》关于法定代表人行为的法律后果的规定在《公

司法》上的体现。

理解本条需留意以下几点：

1. 依照《民法典》第六十一条第二款规定，法定代表人以法人名义从事的民事活动，其法律后果由法人承受。本条第一款沿袭了《民法典》的上述规定。通常认为，法定代表人与公司之间是代表关系，故其代表公司从事民事活动无须如代理关系那样应以公司的授权为前提，而是由法律明确规定其代表权限。作为公司的意思表示机关，法定代表人在法律和公司章程规定权限范围内所为意思表示被视作公司的意思表示。在商事实践中常见争议主要在于倘若只有法定代表人的签字而缺乏公司印章，可能尚不足以确认该行为是法定代表人的个人行为还是公司行为。《九民纪要》第41点指出，人民法院在审理案件时，应当主要审查签约人于盖章之时有无代表权或者代理权，从而根据代表或者代理的相关规则来确定合同的效力；法定代表人或者其授权之人在合同上加盖法人公章的行为，表明其是以法人名义签订合同，除法律对其职权有特别规定的情形外，应当由法人承担相应的法律后果。就此而言，盖章具有签字所不具备的功能。

2. 依照《民法典》第六十一条第三款规定，法人章程或者法人权力机构对法定代表人代表权的限制，不得对抗善意相对人。本条第二款沿袭了《民法典》的上述规定。法定代表人只能在法律或公司章程规定的权限范围内行使代表权，但公司内部对法定代表人职权的限制，不得对抗善意相对人。其中，法律规定的权限范围自不待言，关键在于如何理解公司章程乃至股东会对法定代表人职权的规定。一方面，依循公司自治理念，公司可以通过公司章程或股东会决议等形式对法定代表人职权予以限制。此等限制在公司内部产生组织法效力，法定代表人以及公司、股东、董事、监事、高级管理人员甚至所有公司职工皆应遵守。另一方面，本条第二款的立法目的重在保护交易安全。倘若与公司交易的相对人不知道或者不应当知道公司对法定代表人职权有所限制，即便法定代表人存在越权行为，也应当优先保护善意相对人的合法权益，该越权行为的法律效果也归属于公司；反之，倘若交易相对人并非善意，则应由法定代表人承担个人责任。

3. 依照《民法典》第六十二条规定，法定代表人因执行职务造成他人损害的，由法人承担民事责任。法人承担民事责任后，依照法律或者法人章程的规定，可以向有过错的法定代表人追偿。本条第三款沿袭了《民法典》的上述规定。本条前两款的适用常见于合同纠纷，而第三款则主要规定法定代表人职务侵权的民事责任。法定代表人是公司的意思表示机关，故其因执行职务造成他人损害的，由公司承担民事责任。法定代表人的职务侵权行为首先需要符合侵权责任的构成要件，包括行为的违法性、损害后果、行为与后果之间存在因果关系以及行为人有过错（适用无过错责任的情形除外）。此外，法定代表人的行为还需要具备执行职务的要素。所谓职务行为，从狭义的角度来看，是指相关主体履行其公司事务职责的行为，但是公司事务在本质上具有内部性，外部人通常无法精准判断。因此，依循外观主义原理，并结合本条第一款的规定，只要法定代表人以公司名义或者虽未明确以公司名义、但呈现以公司名义的外观所从事的民事活动，皆属于职务行为。同时，特定行为虽不属于职务行为，但是与职务执行存在牵连性，也应归属于执行职务的行为。进而，在一般情况下，既然法定代表人职务行为的法律效果归属于公司，那么法定代表人无须直接向被侵权人承担民事责任；但是，依照法律或者公司章程的规定，法定代表人对公司仍有组织法上的责任，故而公司承担民事责任后，可以向有过错的法定代表人追偿。

· 典型案例 ·

1. 针对本条第一款

（2022）辽04民终2324号民事判决书：赵某诉请梦宇公司、戴某连带赔偿违法扣押赵某设备造成的经济损失。法院认为，法定代表人以法人名义从事的民事活动，其法律后果由法人承受。戴某为梦宇公司法定代表人，故戴某与赵某签订案涉协议的行为系职务行为，由此产生的法律后果应由梦宇公司承担。案涉协议虽未加盖梦宇公司公章，但并不影响案涉协议的效力及梦宇公司的责任承担。

2. 针对本条第二款

（2022）京01民终9638号民事判决书：莲亿公司法定代表人于某以公司名义向常某借款，后未能还款，被诉至法院。莲亿公司主张，于某仅为名义上的法定代表人，不参与公司的实际经营管理，不持有公司的公章，因此其不能代表莲亿公司作出借款的意思表示。法院认为，于某出具的借条载明借款将转入莲亿公司账户内，并向常某出具了莲亿公司项目文件，因此常某认定于某系代表莲亿公司向其作出借款的意思表示并无不当，其法律后果亦应当由莲亿公司承受。至于莲亿公司提出的于某不参与公司经营管理、无权使用公司公章等问题，均为莲亿公司的内部管理事项，不得对抗善意相对人。

3. 针对本条第三款

(2021)湘11民终2089号民事判决书:周某为慈济医院法定代表人。永州公司与慈济医院签订购销合同。后因慈济医院未能支付货款,永州公司诉请慈济医院及其法定代表人周某支付款项。法院认为,法定代表人因执行职务造成他人损害的,由法人承担民事责任,法人承担民事责任后,依照法律或者法人章程的规定,可以向有过错的法定代表人追偿。周某系代表慈济医院与永州公司签订合同,不存在过错行为,不应承担责任。

关联规则

《民法典》第六十一条、第六十二条、第一百七十条、第一千一百九十一条;《民事诉讼法》(2023年修正)第五十一条。

文献参考

参见**【第十条】**列示的相关文献。

第十二条 【公司形式变更】

有限责任公司变更为股份有限公司,应当符合本法规定的股份有限公司的条件。股份有限公司变更为有限责任公司,应当符合本法规定的有限责任公司的条件。

有限责任公司变更为股份有限公司的,或者股份有限公司变更为有限责任公司的,公司变更前的债权、债务由变更后的公司承继。

条文解读

本条是关于公司形式变更及其债权债务承继的规定。

理解本条需留意以下几点:

1. 我国公司法规定的公司形式只有有限责任公司和股份有限公司两种,所以公司形式变更也相应存在两种情形(【第二条】)。《公司法》(1993年)只规定了从有限责任公司到股份有限公司的单向变更，《公司法》(2005 年修订)对此予以完善，形成当前可以双向变更的规定。因应公司实际发展阶段或者经济社会环境变化，两类公司都可能存在变更形式的需求。例如，有限责任公司如果意欲公开发行股份以筹集更多资金，就必须先行变更为股份有限公司；股份有限公司也可能需要更灵活的组织机构和更自由的决策机制，而考虑变更为有限责任公司。总结来看，有限责任公司和股份有限公司在公司名称中的相关字样、股东或发起人的人数限制、组织机构的设置及议事方式和表决程序的灵活自由度等方面存在比较显著的区别。因此，公司形式变更应当符合变更后的公司形式的相关法定条件要求。

2. 公司形式变更属于公司经营管理过程中的重大事项，故而应当由股东会作出特别决议，有限责任公司应当经代表 2/3 以上表决权的股东通过；股份有限公司应当经出席会议的股东所持表决权的 2/3 以上通过(【第六十六条】【第一百一十六条】)。

3. 与公司合并、分立不同，公司形式变更并不导致特定公司解散和注销的情形发生，所以从本质上看，公司形式变更并未产生新的民事主体，公司的债权、债务也不因形式变更而发生变化。故而，原有限责任公司或者原股份有限公司的债权、债务当然由变更后的股份有限公司或者有限责任公司享受、承担，无须通过民法上的权利和义务一并转让的规则予以解释。

4. 实践中也有市场主体在保留字号的前提下实现公司、合伙企业、个人独资企业等组织形式之间相互转换的情形。这不属于本条所称的变更，因为不是同一种组织形式中不同类型的转换。此种情形下，原组织形式应当依法解散和办理注销登记，而新组织形式也应当依法办理设立登记。

· 典型案例 ·

1. 针对本条第一款

(2022)辽 01 民终 10844 号民事判决书：东管公司为有限责任公司，张某为其股东，后该公司变更为股份有限公司。张某起诉要求行使股东知情权，并查阅公司会计账簿等资料。法院认为，不能以现状为股份有限公司为由限缩股东知情权的范围。在变更为股份有限公司前仍应依照有限责任公司的相关规定的范围查阅；在变更为股份有限公司后，方可依照股份有限公司的规定确定股东知情权的范围。

2. 针对本条第二款

(2021)黑12民终577号民事判决书:中凯公司与泉发公司存在贸易往来,后泉发公司由有限责任公司变更为股份有限公司,但一直未能向中凯公司支付货款。法院认为,在符合条件的情况下,有限责任公司和股份有限公司可以互相变更,变更前的债权、债务由变更后的公司承继。泉发有限责任公司在变更为泉发股份有限公司后,仍应当承担货款的给付责任。

关联规则

《最高人民法院关于审理与企业改制相关的民事纠纷案件若干问题的规定》(2020年修正)第四条至第七条;《首次公开发行股票注册管理办法》第十条。

文献参考

参见【**第二条**】列示的相关文献。

第十三条 【子公司和分公司】

公司可以设立子公司。子公司具有法人资格,依法独立承担民事责任。

公司可以设立分公司。分公司不具有法人资格,其民事责任由公司承担。

条文解读

本条是关于公司设立子公司、分公司的规定。

与修订前的条文相比,本条规定调整了原规定中的条文次序,并将关于分公司登记的原有规定移至本法第二章。

理解本条需留意以下两点:

1. 与子公司相对应,学理上将设立子公司的公司称为母公司。子公司是接受母公司投资并通常受母公司控制的公司。故而,母公司实为子公司的控股股东,前者通常持有后者超过50%的股权,倘若母公司持有子公司100%的股权,则可将该子公司称为全资子公司(【**第五十七条**】【**第一百一十条**】【**第一百八十九条**】);若母公司对子公司并非100%持股，则可将该子公司称为控股子公司(**【第一百四十一条】**)。当子公司股权结构相对分散时，即便持有低于50%的股权也可能在公司决策方面获得控制地位(**【第二百六十五条】**)。之所以要关注母子公司关系，主要是出于规制关联交易的考虑。虽然子公司具有法人资格，但因其受控于母公司，母公司在行使控制权过程中可能并未以子公司利益最大化为目标，从而导致母子公司之间产生利益冲突。无论母公司是利用关联关系还是滥用公司法人独立地位和股东有限责任，但凡损害公司及其债权人利益的，都应当承担相应的责任(**【第二十二条】【第二十三条】**)。除了母子公司关系，实践中由于复杂的投资关系还出现了受同一公司实际控制的多个"姊妹公司"或者"孙公司"等情形，当出现损害公司利益的行为时，也同样适用前述相关规定。

2. 与分公司相对应，学理上将设立分公司的公司称为总公司。分公司属于民法上的法人分支机构，不具有法人资格，实为公司这一独立法人的组成部分。故而，分公司在运营过程中产生的权利和义务归属于公司，其民事责任也由公司承担。不过，分公司通常有特定的交易相对人和业务往来，领取营业执照，能以自己的名义从事民事活动，包括订立合同、参加诉讼等，因此，分公司也可能在公司授权范围内管理一定的财产，具有一定程度的独立性。《民法典》第七十四条对此作出回应：除了由法人直接承担分支机构产生的民事责任外，也可以先以该分支机构管理的财产承担，不足以承担的，由法人承担。该规定符合商业实践的运作效率需要。此外，倘若分公司超越公司授权范围从事民事活动，属于越权代理，除构成表见代理的情形外，公司不承担责任，相对人只能要求分公司负责人或实际行动人承担责任。此外，本法第十三章所称外国公司的分支机构，也是分公司(**【第二百四十七条】**)。

· 典型案例 ·

1. 针对本条第一款

(2022)鲁15民终1804号民事判决书：晶步公司为晶科公司的母公司，李某为晶科公司提供劳务。在工作过程中，李某不慎受伤死亡，其家属请求晶步公司与晶科公司承担连带责任。法院认为，子公司具有法人资格，依法独立承担民事责任，即晶科公司应当独立地对原告的经济损失承担民事赔偿责任，原告未能证明晶步公司未履行出资义务，亦未能证明晶科公司不能清偿其债务，故作为母公司的晶步公司不应与晶科公司承担连带责任。

2. 针对本条第二款

(2022)川10民终1314号民事判决书:东益消防分公司与政科公司存在贸易往来,政科公司诉请东益消防分公司支付工程款47万元。法院认为,东益消防分公司系东益公司的分公司,分公司不具有法人资格,其民事责任由公司承担,故应由东益公司承担相应的付款责任。

关联规则

《民法典》第七十四条;《民事诉讼法》(2023年修正)第五十一条;《最高人民法院关于适用〈中华人民共和国民事诉讼法〉的解释》(2022年修正)第五十二条。

文献参考

甘培忠、解宇:《浅谈母公司与子公司间关系的若干法律问题》,载《中外法学》1994年第5期;李建伟、林斯韦:《全资子公司债权人保护的公司法特殊规则研究》,载《社会科学研究》2019年第2期;朱广新:《论法人分支机构之行为的法律后果归属》,载《华东政法大学学报》2022年第5期;金印:《法人承担分支机构民事责任的实体基础与程序结构》,载《法商研究》2023年第1期。

第十四条 【转投资】

公司可以向其他企业投资。

法律规定公司不得成为对所投资企业的债务承担连带责任的出资人的,从其规定。

条文解读

本条是关于公司转投资的规定。

与修订前的条文相比,本条关于"不得成为对所投资企业的债务承担连带责任的出资人"的规定从原来的原则规定改为例外规定,并拆分为两款。

理解本条需留意以下几点：

1. 公司向其他企业投资，在学理上常称为转投资。法律之所以要规制公司转投资行为，初衷在于加强公司财务管理，规范公司财务行为。实践中，确有公司盲目扩大投资，从而危及公司、股东及其他利益相关者的合法权益。然而，公司转投资在本质上是商行为，属于公司自治范畴，公司是否转投资、投资多少，皆为公司事务，应由公司根据自身需求和市场环境自行决定，法律原则上只需明确公司转投资的内部程序规则即可（**【第十五条】**）。

2. 理论上，公司的投资根据性质的差异可分为权益性投资和债权性投资。权益性投资主要指通过投资关系成为其他企业的成员，如取得其他公司的股权或者合伙企业的份额。相应地，向其他企业提供贷款以获得利息回报的投资为债权性投资。但是从文义来看，自《公司法》（1993 年）开始，公司转投资规制主要针对的是权益性投资。实际上，对于债权性投资我国已有相应的利率规制，公司法无须再作规定。

3. 至于公司不得成为对外投资企业的债务承担连带责任的出资人的例外情形，目前主要是《合伙企业法》（2006 年修订）第三条的规定：国有独资公司、国有企业、上市公司以及公益性的事业单位、社会团体不得成为普通合伙人。前述各类组织都具有一定程度的公共性或公开性，涉及国家利益、社会公共利益或者中小投资者的合法权益，对其转投资行为予以限制，实属必要。但与此同时，这些限制因应创新需求和规制手段革新也有必要适时放宽。例如，从目前实践来看，国有企业也可以依法设立子公司，再由子公司投资合伙企业并担任普通合伙人。

典型案例

（2020）冀 07 民终 769 号民事判决书：康保驾校为个体工商户。康保驾校与宝宏公司签订合办驾校协议书，拟设立普通合伙企业，约定宝宏公司向康保驾校出资 160 万元购买其 40% 的份额。宝宏公司认为，公司法规定公司不得成为对所投资企业的债务承担连带责任的出资人，故该协议书应当无效。法院认为，公司法及合伙企业法均未全盘禁止公司成为普通合伙人，且该规定仅为管理性规定，而非效力性强制性规定，因此该协议有效。

关联规则

《合伙企业法》(2006 年修订)第三条。

文献参考

李飞:《法解释论视角下的公司转投资行为》,载《法学》2007 年第 11 期;曾思:《"债随物走"规则的理论基础是什么——以企业转投资案例为焦点的实证研究》,载《政治与法律》2020 年第 5 期;王莹莹:《我国〈公司法〉修订中商事连带责任的重构——基于"连带"的历史发展脉络》,载《政治与法律》2021 年第 3 期。

第十五条 【转投资和为他人提供担保的内部程序】

公司向其他企业投资或者为他人提供担保,按照公司章程的规定,由董事会或者股东会决议;公司章程对投资或者担保的总额及单项投资或者担保的数额有限额规定的,不得超过规定的限额。

公司为公司股东或者实际控制人提供担保的,应当经股东会决议。

前款规定的股东或者受前款规定的实际控制人支配的股东,不得参加前款规定事项的表决。该项表决由出席会议的其他股东所持表决权的过半数通过。

条文解读

本条是关于公司转投资和为他人提供担保的内部程序规定。

理解本条需留意以下几点:

1. 公司可以向其他企业投资,但应当符合公司法以及其他与投资有关的法律法规的规定。公司转投资行为虽然属于公司自治范畴,但会影响公司的经营管理,进而影响公司、股东及其他利益相关者的合法权益。故而,本条第一款规定公司转投资行为应符合以下两点要求:其一,应当经公司机关的决议。倘若法定代表人无须经过公司机关决议即可决定公司转投资事宜,势必出现诸多问题。因此,若法定代表人未经授权擅自向其他企业投资的,将构成越权代表。但与此同时,考虑到不同公司的股东会和董事会的职权配置可能存在差异,允许公司自行决定由董事会或者股东会决议,并在公司章程中予以明确。其二，不得超过投资数额的限制。《公司法》（1993 年）曾有关于投资额不得超过公司净资产一定比例的规定，这的确有违公司自治理念，也减损公司经营管理的灵活性。是否有必要或者在多大程度上限制投资数额，应由公司自行决定，并在公司章程中予以明确。实践中，倘若公司转投资由董事会决议，股东在公司章程中对投资总额及单项投资数额作出限额规定的情形更为常见。

2. 公司为其他主体提供担保的行为，学理上可分为非关联担保和关联担保。其中，非关联担保是指本条第一款所称为他人提供担保的情形；关联担保是指本条第二款所称为公司股东或者实际控制人提供担保的情形。非关联担保的规则与公司转投资的规则相仿。至于关联担保，考虑到股东（尤其是控股股东）、实际控制人对公司经营管理的重大影响，为了维护公司人格独立性，《公司法》有必要对其设置相应的限制性规定。一方面，本条第二款规定，关联担保只能由股东会决议，公司章程不得另作规定。股东会为公司的权力机构，涉及公司利益的重要事项交由股东会决议有其必要性（**【第五十八条】**）。另一方面，倘若接受担保的股东或者受接受担保的实际控制人支配的股东仍在股东会决议时享有表决权，一旦持股比例较高，将极大减损规则设置的意义。因此，本条第三款规定了关联股东回避表决制度，关联股东既不得参加表决，其表决权数也不计入表决权总数，而须由出席会议的其他股东所持表决权的过半数通过。

3. 相对人接受公司提供担保时是否有必要审查公司决议，实践中对此常有争议。这其中的关键在于判断相对人是否为善意，对此有必要区分非关联担保和关联担保两种情形。在非关联担保情形下，相对人应审查公司是否已为公司提供担保作出符合公司法和公司章程的程序规定的决议，至于公司章程记载是否符合公司当时的真实状况或者公司是否有其他关于公司机关决议的内部决定，相对人并无能力和义务予以审查。在关联担保情形下，相对人应审查公司是否已作出相关的股东会决议。《九民纪要》第 18 点指出，相对人对公司机关决议内容的审查一般限于形式审查，只要求尽到必要的注意义务即可，标准不宜太过严苛。

· 典型案例 ·

1. 针对本条第一款

（2022）京 03 民终 7806 号民事判决书：庆某向赵某借款 200 万元，东方喜庆公司为庆某提供担保。法院认为，签订借款合同时，庆某并非东方喜庆公司的股东，东方喜庆公司对案涉借款提供的担保，属于为他人提供担保的情形，应经公司董事会或者股东会决议。东方喜庆公司未出具同意对外提供担保的公司机关的决议，债权人赵某亦未能审查前述决议，不构成善意，因此案涉担保无效。

2. 针对本条第二款

（2022）鄂 11 民终 2508 号民事判决书：段某与方某签订借款合同，方某在该合同保证人签字处加盖了楚草堂公司印章，方某为楚草堂公司的法定代表人及股东，公司另外两个股东表示对方某在借款合同上加盖公司印章的行为不知情。法院认为，公司为公司股东或者实际控制人提供担保的，必须经股东会决议。楚草堂公司未召开股东会对案涉担保进行决议，故方某在借款合同保证人签字处加盖楚草堂公司印章的行为，属于无效法律行为。

3. 针对本条第三款

（2022）川 01 民终 2293 号民事判决书：成唐公司的股东为王某和初某，成唐公司为股东王某的借款提供了担保，后因王某未能按时还款，成唐公司被请求承担担保责任。成唐公司主张，股东王某出席了关于公司为其提供担保的股东会会议，并进行了表决，该决议因违反公司法规定而无效。法院认为，成唐公司的股东仅有王某和初某，虽然王某不得参加相关股东会会议并表决，但仅剩的股东初某对案涉担保不持异议，因此决议并不因被担保股东参与表决而无效。

关联规则

《民法典》第六十一条；《证券法》（2019 年修订）第一百二十三条；《最高人民法院关于适用〈中华人民共和国民法典〉有关担保制度的解释》第七条至第十一条；《最高人民法院关于执行担保若干问题的规定》（2020 年修正）第五条。

文献参考

李建伟：《公司关联担保规制的制度变迁与政策选择——兼论法律规制的目标与方法》，载《商事法论集》2006 年第 2 卷；钱玉林：《公司法第 16 条的规范意义》，载《法学研究》2011 年第 6 期；罗培新：《公司担保法律规则的价值冲突与司法考量》，载《中外法学》2012 年第 6 期；梁上上：《公司担保合同的相对人审查义务》，载《法学》2013 年第 3 期；李建伟：《公司非关联性商事担保的规范适用分析》，载《当代法学》2013 年第 3 期；吴飞飞：《公司担保案件司法裁判路径的偏失与矫正》，载《当代法学》2015 年第 2 期；施天涛：《〈公司法〉第 16 条的规范目的：如何解读、如何适用？》，载《现代法学》2019 年第 3 期；高圣平：《论相对人审查义务视角下的公司担保决议——基于〈民法典〉实施之后的裁判分歧的展开和分析》，载《法制与社会发展》2022 年第 6 期。

第十六条　【职工权益和教育培训】

公司应当保护职工的合法权益，依法与职工签订劳动合同，参加社会保险，加强劳动保护，实现安全生产。

公司应当采用多种形式，加强公司职工的职业教育和岗位培训，提高职工素质。

条文解读

本条是关于公司职工合法权益保护的规定。

理解本条需留意以下几点：

1. 根据利益相关者理论，职工为公司的重要利益相关者（【第一条】【第二十条】），对公司具有人格、经济和组织等方面的从属性。因此，公司与职工之间的关系不能简单地理解为平等主体之间的法律关系，劳动法律制度有必要矫正这种不平等关系，对职工予以倾斜性保护。同时，公司法也有必要明确公司的义务，这主要包括以下三个方面：其一，依法与职工签订劳动合同。劳动合同是保护职工合法权益的重要文件，公司与职工建立劳动关系，应当及时订立书面劳动合同。其二，依法为职工办理社会保险。社会保险包括基本养老保险、基本医疗保险、工伤保险、失业保险、生育保险等。其中，基本养老保险、基本医疗保险和失业保险由用人单位和职工共同缴纳；工伤保险和生育保险由用人单位缴纳，职工不缴纳。其三，应加强劳动保护，实现安全生产。公司作为用人单位，应为职工提供安全、卫生的工作环境，建立、健全劳动安全卫生制度，严格执行国家劳动安全卫生规程和标准。

2. 因应经济社会的快速发展，职工素质也需要不断提升，这既符合职工自身发展需要，也有助于增进公司长远利益。依照劳动法律制度的相关规定，用人单位应当建立职业培训制度，按照国家规定提取和使用职业培训经费，根据本单位实际，有计划地对劳动者进行职业培训。从事技术工种的劳动者，上岗前必须经过培训。此外，用人单位通常不得随意在劳动合同中约定劳动者违约金条款，但如果用人单位为劳动者提供专项培训费用,对其进行专业技术培训,那么可以与该劳动者订立协议,约定服务期;劳动者违反服务期约定的,应当按照约定向用人单位支付法律规定数额范围内的违约金。

3. 董事、监事、高级管理人员是否属于职工,实践中常有争议。学理上一般认为,董事、监事与公司之间为委任关系,通常不属于公司职工。但是,委任关系并不绝对地排斥劳动关系的存在。例如,董事、监事从事除法定职权以外的其他公司事务,受公司规章制度管理约束,且公司为其支付工资并缴纳社保的,则公司与其之间同时构成劳动关系。与董事、监事不同,经理等高级管理人员虽然同样需要承担法定的信义义务,但高级管理人员通常被认为是公司职工,其一般都是先与公司建立劳动关系,再被公司聘任为高级管理人员。聘任或解聘高级管理人员是公司经营自主权的一种体现,但对于已与公司建立劳动关系的高级管理人员而言,公司解除其职务应理解为对其岗位的变更,并不必然导致劳动关系的解除。

· 典型案例 ·

(2019)苏 0981 民初 1378 号民事判决书:浩之鸣公司在处于筹备阶段的情况下,就开始对外招用全某在内的劳动者,现双方就公司与员工之间是否存在劳动关系产生争议。法院认为,公司必须保护职工的合法权益,依法与职工订立劳动合同,参加社会保险,加强劳动保护,实现安全生产。浩之鸣公司虽未完成设立登记,但已拥有了自身的工作场所、设备、人员等,应当认定在此时点前的浩之鸣公司已经具有一定的权利能力,能够从事一定的法律行为,故而应及时与包括全某在内的劳动者订立书面劳动合同。

关联规则

《劳动法》(2018 年修正)第五十二条至第五十七条、第六十六条至第六十九条、第七十二条;《劳动合同法》(2012 年修正)第七条、第十条、第二十二条;《社会保险法》(2018 年修正)第十条、第十二条、第二十三条、第三十三条、第三十五条、第四十四条、第五十三条、第六十条。

文献参考

张辉:《劳动者保护法律体系中公司法的限度》,载《东方法学》2010 年第 1 期;许可:《论劳动法与公司法的扞格与调和》，载《中国应用法学》2018 年第 3 期；张潇月：《论公司高级管理人员的劳动合同法律适用》，载《中国政法大学学报》2018 年第 6 期；肖竹：《劳动关系从属性认定标准的理论解释与体系构成》，载《法学》2021 年第 2 期。

第十七条　【工会和职工代表大会】

公司职工依照《中华人民共和国工会法》组织工会，开展工会活动，维护职工合法权益。公司应当为本公司工会提供必要的活动条件。公司工会代表职工就职工的劳动报酬、工作时间、休息休假、劳动安全卫生和保险福利等事项依法与公司签订集体合同。

公司依照宪法和有关法律的规定，建立健全以职工代表大会为基本形式的民主管理制度，通过职工代表大会或者其他形式，实行民主管理。

公司研究决定改制、解散、申请破产以及经营方面的重大问题、制定重要的规章制度时，应当听取公司工会的意见，并通过职工代表大会或者其他形式听取职工的意见和建议。

条文解读

本条是关于公司工会和职工代表大会的规定。

与修订前的条文相比，本条规定的主要变化是在第二款中增加"建立健全以职工代表大会为基本形式的民主管理制度"的规定，并扩大应当听取工会意见的重大事项范围。

理解本条需留意以下两点：

1. 依照《工会法》（2021 年修正）的规定，工会是中国共产党领导的职工自愿结合的工人阶级群众组织，是中国共产党联系职工群众的桥梁和纽带。用人单位中以工资收入为主要生活来源的劳动者，不分民族、种族、性别、职业、宗教信仰、教育程度，都有依法参加和组织工会的权利。维护职工合法权益、竭诚服务职工群众是工会的基本职责。工会除了代表职工与公司签订集体合同外，还可以在公司违反集体合同从而侵犯职工劳动权益时依法通过提请劳动仲裁或者诉讼方式要求公司承担责任。此外，对于公司不当处分职工、克扣或者拖欠工资、不提供劳动安全卫生条件、随意延长劳动时间、侵犯女职工和未成年工特殊权益等情形，工会应当代表职工与公司交涉，要求公司采取措施予以改正；公司拒不改正的，工会可以提请当地人民政府依法作出处理。公司应当为本公司工会提供必要的活动条件，研究经营管理和发展的重大问题应当听取工会的意见；召开会议讨论涉及职工切身利益的问题，必须有工会代表参加。

2. 工会依照法律规定通过职工代表大会或者其他形式，组织职工参与本单位的民主选举、民主协商、民主决策、民主管理和民主监督。当然，《工会法》关于不同所有制企业的基层工会组织的规定略有不同：对于国有企业的要求最详细，包括职工代表大会和工会委员会的具体规定；集体企业的要求次之，主要涉及工会委员会的职权；其他企业的工会委员会则需要依法组织职工采取与本企业相适应的形式，参与企业民主管理。

· 典型案例 ·

1. 针对本条第一款

（2021）陕0103民初327号民事判决书：王某为中铁一局物资工贸公司职工，因其存在加班事实，公司根据其岗位工资标准向其支付了加班工资。王某认为加班工资不符合国家相关规定，将公司诉至法院要求增发加班工资。法院认为，被告2007年起即与包括王某在内的职工订立了集体合同，依法签订的集体合同对企业和企业全体职工具有约束力。该集体合同已经陕西省劳动厅等部门审查登记备案，故被告依据集体合同约定的标准向王某支付加班工资并无不当，且王某已收到被告依据集体合同约定的标准发放的加班工资，故而王某的诉请无事实及法律依据。

2. 针对本条第二款、第三款

（2022）京02民特166号民事裁定书：张某为中农智慧公司人事行政经理，其于2022年4月15日签收了员工手册，该手册第十一条对薪酬体系进行了规定。中农智慧公司于2022年4月21日通过公用邮箱向张某发送邮件，称其依据员工手册薪酬体系第十一条对张某的薪资结构进行调整并扣除了其部分工资。中农智慧公司认为，将员工手册交予员工查阅并经签字确认的做法属于公司法规定的“通过其他形式”听取员工的意见和建议、并向劳动者公示的行为。法院认为，中农智慧公司未提交证据证明员工手册经民主程序制定，亦未就考核情况提供具体评分的标准及考核内容的完成情况，其要求撤销该仲裁裁决的理由不能成立。

关联规则

《宪法》(2018 年修正)第十六条、第十七条;《工会法》(2021 年修正)第二条、第三条、第六条、第十条、第二十一条、第二十三条、第三十六条至第三十九条;《劳动法》(2018 年修正)第七条;《劳动合同法》(2012 年修正)第四条、第六条、第四十一条、第四十三条、第五十一条、第五十六条、第七十八条;《社会保险法》(2018 年修正)第九条;《企业国有资产监督管理暂行条例》(2019 年修订)第四十一条。

文献参考

郑显华:《对职工(代表)大会的法律思考》,载《现代法学》1997 年第 2 期;史探径:《中国工会的历史、现状及有关问题探讨》,载《环球法律评论》2002 年第 2 期;靳卫东、崔亚东:《中国工会的职能转变:从企业利益协同到职工权益维护》,载《经济学动态》2019 年第 2 期。

第十八条 【党组织】

在公司中,根据中国共产党章程的规定,设立中国共产党的组织,开展党的活动。公司应当为党组织的活动提供必要条件。

条文解读

本条是关于在公司中设立中国共产党的组织的规定。

理解本条需留意以下两点:

1. 依照我国《宪法》(2018 年修正)的规定,中国共产党领导是中国特色社会主义最本质的特征。公司作为基层单位,凡是有正式党员三人以上的,应当成立党的基层组织。党的基层组织,根据工作需要和党员人数,经上级党组织批准,分别设立党的基层委员会、总支部委员会、支部委员会。

2. 按照《中国共产党章程》的规定,在不同所有制企业中,党组织的作用存在差异。一方面,国有企业党委(党组)发挥领导作用,把方向、管大局、保落实,依照规定讨论和决定企业重大事项(**【第一百七十条】**)。国有企业和集体企业中党的基层组织,围绕企业生产经营开展工作。保证监督党和国家的方针、政策在本企业的贯彻执行;支持股东会、董事会、监事会和经理(厂长)依法行使职权;全心全意依靠职工群众,支持职工代表大会开展工作；参与企业重大问题的决策；加强党组织的自身建设，领导思想政治工作、精神文明建设、统一战线工作和工会、共青团、妇女组织等群团组织。另一方面，非公有制经济组织中党的基层组织，贯彻党的方针政策，引导和监督企业遵守国家的法律法规，领导工会、共青团等群团组织，团结凝聚职工群众，维护各方的合法权益，促进企业健康发展。

· 典型案例 ·

在香港交易所上市交易的中国建设银行股份有限公司的章程在2017年修订版中增加了“党的组织”一章，其中第六十五条规定：本行设立中国共产党中国建设银行委员会（以下简称党委），党委设书记1名，副书记1～2名，其他党委成员若干名。董事长、党委书记由一人担任，确定1名党委副书记协助党委书记抓党建工作。符合条件的党委成员可以通过法定程序进入董事会、监事会、高级管理层，董事会、监事会、高级管理层成员中符合条件的党员可以依照有关规定和程序进入党委。同时，按规定设立纪委。[①]

关联规则

《宪法》（2018年修正）第一条；《中国共产党章程》（2022年修改）第三十条、第三十三条；《企业国有资产监督管理暂行条例》（2019年修订）第四十一条；《国有企业公司章程制定管理办法》第六条、第九条；《中央企业合规管理办法》第七条；《上市公司章程指引》（2023年修正）第十二条。

文献参考

蒋大兴：《走向“政治性公司法”——党组织如何参与公司治理》，载《中南大学学报（社会科学版）》2017年第3期；孙晋、徐则林：《国有企业党委会和董事会的冲突与协调》，载《法学》2019年第1期；楼秋然：《党组织嵌入国有企业公司治理：基础理论与实施机制研究》，载《华中科技大学学报（社会科学版）》2020年第1期；杨大可：《论党组织与国企监督机制的融合》，载《当代法学》2020年第2期。

---

① 参见《中国建设银行股份有限公司章程（2017年修订）》（2018年3月19日），中国建设银行股份有限公司在香港交易所官网上的公告，https://www1.hkexnews.hk/listedco/listconews/sehk/2018/0319/ltn20180319930_c.pdf，最后访问时间2024年2月9日。

第十九条 【公司基本义务】

公司从事经营活动,应当遵守法律法规,遵守社会公德、商业道德,诚实守信,接受政府和社会公众的监督。

条文解读

本条是关于公司基本义务的规定。

与修订前的条文相比,本条将原有关于公司社会责任的表述移至本法第二十条,从而分列为公司基本义务和公司社会责任两个条文。

理解本条需留意以下两点:

1. 依照《民法典》第八十六条的规定,营利法人从事经营活动,应当遵守商业道德,维护交易安全,接受政府和社会的监督,承担社会责任。公司的权利和义务具有对应性。公司是营利法人,其合法权益受法律保护(**【第三条】**);而公司在追逐利润的同时,需要履行相应的法律义务。尽管分列为公司基本义务和公司社会责任两个条文,但本条与第二十条之间并非完全割裂的关系;本条是基础,第二十条是本条的应然延伸。此外,本条仅为公司基本义务的原则性规定,实践中还需要结合公司行为确定具体的规则适用。

2. 公司从事经营活动的基本义务包括:第一,公司必须遵守法律法规,其各项经营活动都应当依法开展,这是公司最基本的义务。第二,公司应当遵守社会公德和商业道德。不得违背公序良俗是民事主体从事民事活动的一项基本原则,遵守社会公德和商业道德是这一原则在公司法上的具体体现。社会公德主要是指社会全体成员所普遍认可和遵守的道德准则,而商业道德则是在特定商业领域的长期交易往来过程中所形成的被普遍认可和遵守的行为规范。第三,公司应当诚实守信。诚信原则是民事主体从事民事活动的另一项基本原则,也贯穿整个公司法律制度,如在股东出资、公司财务、信息披露等规则中皆有充分体现。第四,公司应当接受政府和社会公众的监督。其中,政府监督主要体现为市场监管部门、税收监管部门等与公司经营管理活动密切相关的部门对公司的日常监督,以及发展改革部门、财政部门、国有资产监管部门等对特定领域的公司的特别监督。相关部门应当依法监督公司的行为,不得滥用行政权力干预公司自治。同时,公司也应当在经营活动中自觉接受政府监督,配合相关部门的执法工作。此外,公司还需要接受来自新闻媒体、公众的社会监督等。

· 典型案例 ·

(2021)京03民终18155号民事判决书:德信普惠公司运营网络借贷信息中介业务,存在需要整改的问题。金融监管部门通知德信普惠公司整改。李某甲、李某乙作为德信普惠公司的负责人,未按照金融监管部门要求整改,且要求根据两人与毛某订立的股权收购协议办理公司变更登记。法院认为,公司从事经营活动,必须遵守法律、行政法规,遵守社会公德、商业道德,诚实守信,接受政府和社会公众的监督,承担社会责任。在此情况下,李某甲、李某乙要求变更公司登记的诉讼请求,不符合社会公共利益,法院不予支持。

关联规则

《民法典》第七条、第八条、第八十六条;《反不正当竞争法》(2019年修正)第二条;《电子商务法》第五条;《优化营商环境条例》第九条。

文献参考

陈景善:《公司法人营利性再考》,载《比较法研究》2019年第2期;邓峰:《公司合规的源流及中国的制度局限》,载《比较法研究》2020年第1期;赵万一:《合规制度的公司法设计及其实现路径》,载《中国法学》2020年第2期。

第二十条 【公司社会责任】

公司从事经营活动,应当充分考虑公司职工、消费者等利益相关者的利益以及生态环境保护等社会公共利益,承担社会责任。

国家鼓励公司参与社会公益活动,公布社会责任报告。

条文解读

本条是关于公司社会责任的规定。

与修订前的条文相比,本条规定的主要变化是强调公司在遵守法律法规规定义务基础上的社会责任,并融入了利益相关者理论的相关内容。

理解本条需留意以下几点：

1. 公司社会责任是在利益相关者理论基础上生成和发展的制度。利益相关者理论可以阐述为：公司运营过程中所需要的资源并不只由股东提供，故而公司也不能只为股东的利益服务。除了股东以外，公司的利益相关者主要有职工、消费者、原材料等资源供应方、银行等资本供应方、接受产品和服务的合作方等与公司存在合同关系的主体，也包括邻近社区及居民、生态环境乃至人类后代等受到公司经营活动直接或间接影响的对象。利益相关者不同程度地分担了公司的经营风险，甚至为公司利益付出了代价，但并不一定从公司经营中获得利益。因此，公司从事经营活动不能仅停留在遵守法律法规规定义务的层面，还需要充分考虑社会公共利益，承担社会责任。

2. 公司社会责任是增强经济社会发展整体性并体现国家软实力的重要方面。虽然从本条规定来看，公布公司社会责任（Corporate Social Responsibility，CSR）报告尚未成为所有公司的法律义务，但是越来越多的规则将其明确为强制性规定，并细化为安全生产、资源节约、环境保护等方面的内容。基于所有制、公开程度或行业领域的不同，公司承担社会责任的内容与强度也存在一定差异性。总体而言，我国目前相关规定对国有公司、公众公司或者金融公司等提出了较明确的公司社会责任要求。例如，国务院国有资产监督管理委员会曾先后发布《关于中央企业履行社会责任的指导意见》《关于国有企业更好履行社会责任的指导意见》等规范性文件。此外，鉴于公司行业特性的差异，其社会责任报告也需要体现针对性。例如，《个人信息保护法》规定，提供重要互联网平台服务、用户数量巨大、业务类型复杂的个人信息处理者，应当定期发布个人信息保护社会责任报告。

3. 因应投融资需要，不少公司还发布了环境、社会和治理（Environmental，Social and Governance，ESG）报告。作为一种新发展理念，部分规范性文件也适时增加了ESG报告的内容。ESG报告主要是面向投资者尤其是机构投资者的，公司发布ESG报告不只是为了迎合监管部门的要求，还是公司为自身利益与发展而塑造外部形象的重要途径。就总体趋势来看，从CSR到ESG的嬗变，呈现的是公司承担社会责任的主动性渐次增强，其动因不纯然是公共性问题，而是基于公司长远利益考虑。

· 典型案例 ·

（2020）苏民终158号民事判决书：大吉公司为盐城市区唯一的生活垃圾焚烧发电企业。因大吉公司建厂较早、工艺技术落后，其排放未能达到新标准，存在超标排放情况。从事非营利性社会服务活动的社会组织自然之友遂以大吉公司为被告，提起民事公益诉讼。法院认为，大吉公司作为担负重要社会责任的企业，更加应当把公共环境利益放在优先位置。法庭注意到大吉公司搬迁后的新项目排污符合国家标准并稳定运行，希望大吉公司在今后的生产经营中履行好社会责任，在妥善处置生活垃圾的同时为公众提供更加清洁的生活环境，不辜负社会公众对治污企业的期许。

关联规则

《民法典》第九条、第八十六条；《个人信息保护法》第五十八条；《企业内部控制应用指引第4号——社会责任》第二条、第三条；《上市公司投资者关系管理工作指引》第七条；《中国银行业金融机构企业社会责任指引》第三条；《关于国有企业更好履行社会责任的指导意见》（六）至（十五）。

文献参考

朱慈蕴：《公司的社会责任：游走于法律责任与道德准则之间》，载《中外法学》2008年第1期；史际春、肖竹、冯辉：《论公司社会责任：法律义务、道德责任及其他》，载《首都师范大学学报（社会科学版）》2008年第2期；蒋大兴：《公司社会责任如何成为“有牙的老虎”——董事会社会责任委员会之设计》，载《清华法学》2009年第4期；胡晓静：《论公司社会责任：内涵、外延和实现机制》，载《法制与社会发展》2010年第2期；王保树：《公司社会责任对公司法理论的影响》，载《法学研究》2010年第3期；施天涛：《〈公司法〉第5条的理想与现实：公司社会责任何以实施？》，载《清华法学》2019年第5期；刘俊海：《论公司社会责任的制度创新》，载《比较法研究》2021年第4期；朱慈蕴、吕成龙：《ESG的兴起与现代公司法的能动回应》，载《中外法学》2022年第5期。

第二十一条 【不得滥用股东权利】

公司股东应当遵守法律、行政法规和公司章程，依法行使股东权利，不得滥用股东权利损害公司或者其他股东的利益。

公司股东滥用股东权利给公司或者其他股东造成损失的，应当承担赔偿责任。

条文解读

本条是关于股东不得滥用股东权利的规定。

与修订前的条文相比，本条将原有关于公司人格否认的规定统一移至本法第二十三条，再结合本法第二十二条关于关联交易的规定，从而形成禁止权利滥用、规制关联交易、公司人格否认的公司及其利益相关者的保护规则体系。

理解本条需留意以下几点：

1. 公司法确保股东行使股东权利，但是股东不得滥用股东权利损害公司或者其他股东的利益。依照本法规定，公司股东对公司依法享有资产收益、参与重大决策和选择管理者等权利（**【第四条】**）。这是对股东权利的总括性表述，公司法在具体规则中进一步细化了这些权利的内容。股东在行使股东权利过程中，应当遵循诚信原则，不得滥用其自身权利。

2. 所谓股东不得滥用股东权利，既包括在实体权利内容方面股东不得超越法律法规及章程规定的边界，也包括在实际行使权利过程中股东应当遵守法律法规及章程规定的程序。在实体方面，以股东知情权为例，依照本法规定，股东有权查阅的是董事会会议决议而非董事会会议记录，倘若股东利用其在公司中的控制权随意查阅董事会会议记录，则可能构成滥用股东权利（**【第五十七条】**）。在程序方面，以公司为股东提供担保为例，依照本法规定，公司为股东提供担保的，该股东不得参与就该项事项进行的股东会表决，倘若该股东虽未参与表决，但利用其在公司中的控制权迫使其他股东违背意愿表决，便构成滥用股东权利（**【第十五条】**）。

3. 从文义来看，不得滥用股东权利是对全体股东提出的要求；而在具体实践中，滥用股东权利的主体主要为控股股东。由于我国公司股权结构高度集中，公司治理的主要矛盾是控股股东与中小股东之间的利益冲突。控股股东可能利用其在公司中的控制权，作出压制其他股东甚至损害公司或者其他股东合法权益的行为，法律有必要对此加以规制。此外，由于在非公开公司场合股东退出公司的途径受限，控股股东对中小股东的压制所带来的负面影响也更显著。还需注意，本条主要针对的是股东滥用股东权利损害公司或者其他股东利益的情形，如果股东的行为损害的是公司债权人利益，那么需要斟酌适用公司人格否认规则（**【第二十三条】**）或是其他相关制度。

· 典型案例 ·

（2022）京01民终8191号民事判决书：蒋某和李某为金英公司的股东，擅自从金英公司原租赁房屋所在地搬走了价值47,020元的物品，金英公司向法院起诉请求判令蒋某、李某对其行为所造成的损失承担赔偿责任。法院认为，公司股东应当遵守法律、行政法规和公司章程，依法行使股东权利，不得滥用股东权利损害公司和其他股东的利益，股东滥用股东权利给公司和其他股东造成损失的，应当依法承担赔偿责任。蒋某、李某作为金英公司的股东，二人的行为损害了公司的利益，应当赔偿相应的损失。

关联规则

《民法典》第八十三条、第一百三十二条；《上市公司收购管理办法》（2020年修正）第七条；《非上市公众公司收购管理办法》（2020年修正）第七条；《上市公司信息披露管理办法》（2021年修订）第三十九条；《非上市公众公司信息披露管理办法》（2021年第二次修正）第三十七条。

文献参考

朱慈蕴：《资本多数决原则与控制股东的诚信义务》，载《法学研究》2004年第4期；彭冰：《理解有限公司中的股东压迫问题——最高人民法院指导案例10号评析》，载夏戴乐主编：《北大法律评论》第15卷，北京大学出版社2014年版；周淳、肖宇：《封闭公司控股股东对小股东信义义务的重新审视——以控股股东义务指向与边界为视角》，载《社会科学研究》2016年第1期；赵旭东：《公司治理中的控股股东及其法律规制》，载《法学研究》2020年第4期；潘林：《控制股东义务的法构造》，载《南京师大学报（社会科学版）》2022年第5期；李建伟：《再论股东压制救济的公司立法完善——以〈公司法〉修订为契机》，载《北京理工大学学报（社会科学版）》2022年第5期。

第二十二条　【关联交易】

公司的控股股东、实际控制人、董事、监事、高级管理人员不得利用关联关系损害公司利益。

违反前款规定，给公司造成损失的，应当承担赔偿责任。

条文解读

本条是关于关联交易的规定。

理解本条需留意以下几点：

1. 所谓关联关系，是指公司控股股东、实际控制人、董事、监事、高级管理人员与其直接或者间接控制的企业之间的关系，以及可能导致公司利益转移的其他关系（【第二百六十五条】）。并不是所有关联交易都是违法的，正常的关联交易可以降低公司的运营成本和交易成本。例如，基于关联方之间的信任关系，公司无须耗费过多时间审查交易相对人的各项信息，在订立合同时可以适当降低交易相对人提供相应担保的要求，从而有利于降低交易价格，促使交易达成。但在实践中，关联方常常利用其对公司的影响力，从事损害公司利益的机会主义行为，法律对此有必要予以规制。

2. 依照本条规定，利用关联关系损害公司利益的主体主要是控股股东、实际控制人、董事、监事、高级管理人员五类主体。其中，控股股东是指其出资额占有限责任公司资本总额超过50%或者其持有的股份占股份有限公司股本总额超过50%的股东；出资额或者持有股份的比例虽然低于50%，但依其出资额或者持有的股份所享有的表决权已足以对股东会的决议产生重大影响的股东。实际控制人是指通过投资关系、协议或者其他安排，能够实际支配公司行为的人（**【第二百六十五条】**）。当然，这只是原则性规定，涉及关联交易的其他规范性文件针对具体情形还设置了更详细的规则。例如，《企业会计准则第36号——关联方披露》采取“控制”标准，有权决定一个企业的财务和经营政策，并能据以从该企业的经营活动中获取利益的谓之“控制”。一方控制、共同控制另一方或对另一方施加重大影响，以及两方或两方以上同受一方控制、共同控制或重大影响的，构成关联方。

3. 规制关联交易主要通过信息披露、关联主体回避表决等制度实现。关联交易可能存在关联方与公司之间的利益冲突关系，从而引发不当利益输送甚至风险集中、风险传染或监管套利等情况，因此，公司依法及时披露关联交易信息（**【第一百六十六条】**），包括关联方关系的性质、交易类型及交易价格、担保信息、定价方式等，实属必要。除此之外，规制关联交易还需要符合公司内部程序的要求，即所谓形式公平；而实质公平的忖度需要通过司法程序实现。公司内部程序主要是指关联交易是否依照法律法规和公司章程规定经过公司有权机关的审查和表决，以及关联方或者受关联方支配的主体是否回避表决等（**【第十五条】【第一百三十九条】【第一百八十五条】**）。司法程序主要是一种事后救济。司法机关不仅需要审查关联交易是否经过公司内部程序，还需要从交易价格等实质层面判断交易的公平性。

· 典型案例 ·

（2020）京03民终7060号民事判决书：韩某为大风行公司的控股股东兼执行董事。大风行公司向韩某转账支付150万元以收购其持有的江风科行公司50%股权。大风行公司股东孙某认为韩某存在侵占公司财产、损害公司利益的行为，遂提起诉讼。法院认为，韩某与大风行公司间发生的股权转让行为为关联交易。对此，韩某需举证证明该关联交易的公平性。由于该交易未经股东会决议，韩某也未就该交易履行信息披露义务，其行为不符合公司法以及司法解释规定的程序性公平标准。因此，韩某的关联交易行为损害了公司利益，其应返还相应的股权转让款。

关联规则

《民法典》第八十四条；《金融控股公司关联交易管理办法》第六条至第十条、第二十三条；《企业会计准则第36号——关联方披露》第三条、第四条、第十条。

文献参考

施天涛、杜晶：《我国公司法上关联交易的皈依及其法律规制——一个利益冲突交易法则的中国版本》，载《中国法学》2007年第6期；汪青松：《关联交易规制的世行范式评析与中国范式重构》，载《法学研究》2021年第1期；南玉梅：《利益冲突交易的规则重构》，载《中国政法大学学报》2021年第5期；曾思：《上市公司关联交易的回应型规制》，载《中外法学》2021年第6期；林一英：《关联交易的差异化规范：方法和主体的视角》，载《中国政法大学学报》2022年第5期；张怀岭：《〈公司法〉关联交易规制理念纠偏与规则重构》，载《北方法学》2022年第5期；王湘淳：《论我国利益冲突交易的统一综合调整》，载《法学家》2024年第1期。

第二十三条 【公司人格否认】

公司股东滥用公司法人独立地位和股东有限责任，逃避债务，严重损害公司债权人利益的，应当对公司债务承担连带责任。

股东利用其控制的两个以上公司实施前款规定行为的，各公司应当对任一公司的债务承担连带责任。

只有一个股东的公司，股东不能证明公司财产独立于股东自己的财产的，应当对公司债务承担连带责任。

条文解读

本条是关于公司人格否认的规定。

与修订前的条文相比，本条在统合原有关于公司人格否认的规定的基础上增加了横向人格否认的情形。此外，本次修订取消“一人有限责任公司的特别规定”一节，同时删减与之相关的诸多规定，但关于只有一个股东的公司（所谓一人公司）的股东就其个人财产与公司财产相互独立应负举证责任的规定得以保留。

理解本条需留意以下几点：

1. 本条第一款是公司人格否认的一般规则。公司人格否认，学理上也称为揭开公司面纱、刺破公司面纱等。此处的“否认”，并不是指公司人格的丧失，因为此时公司并不会进入解散或者清算等程序。所谓“公司人格否认”只是一种形象比喻，指的是无视公司的独立地位，股东因此丧失有限责任的保护，从而需要承担公司债务的连带责任。在涉及公司人格否认的诉讼中，由于股东是滥用公司法人独立地位和股东有限责任的主体，公司债权人应以股东为被告，公司为第三人；债权人对公司享有债权提起诉讼的同时一并提起公司人格否认诉讼的，则应将公司和股东列为共同被告。适用公司人格否认规则需要同时满足三个基本要素：第一，股东有滥用公司法人独立地位和股东有限责任、逃避债务的行为；第二，公司债权人的利益遭受严重损害；第三，股东的行为与公司债权人利益受损之间存在因果关系。

2. 从文义来看，滥用公司法人独立地位和股东有限责任的主体是股东，也只有实施了滥用行为的股东，才须对公司债务承担连带责任。公司的实际控制人损害公司及其债权人利益时能否适用公司人格否认规则，司法实践中尚有争议。鉴于实际控制人对公司的影响力，司法不宜完全排除该场合下适用公司人格否认规则的可能。董事、监事、高级管理人员损害公司、股东或债权人利益时，一般不适用公司人格否认规则，而是直接追究其违法行为的法律责任（**【第一百八十条】【第一百九十条】【第一百九十**

一条】）。

3. 特别需要注意的是，该规则应当作为公司人格独立和股东有限责任的例外规则予以适用。公司人格独立和股东有限责任是公司法的基本原则，不能盲目扩大公司人格否认规则的适用。在司法实践中，常见的滥用行为包括人格混同、过度支配与控制、资本显著不足等，其根本在于是否存在财产混同或者不当利益输送。此外，在注册资本认缴登记制改革背景下，由于取消了注册资本最低限额要求，资本显著不足标准的适用理应更谨慎（**【第四十七条】**）。总之，法院审判时通常难以秉持单一标准否认公司人格，而需要综合考虑各种因素，根据个案具体情况予以判断。

4. 本条第二款是横向人格否认规则。实践中，受同一股东控制的两个以上关联公司之间出现财产混同或不当利益输送的情形时有发生，而在此情形下直接适用公司人格否认的一般规则实有困难。最高人民法院指导案例 15 号通过采取参照适用一般规则的做法要求关联公司承担连带清偿责任，由此在司法裁判中确立了横向人格否认规则，本次《公司法》修订对此加以确认。在修订过程中，也有专家学者提出，在公司人格否认的一般规则（也可称为正向人格否认规则）、横向人格否认规则之外，还需要确立反向人格否认规则，即在股东恶意转移其自身财产到公司名下的情形时，股东的债权人可请求公司承担股东债务的连带责任。本次修订尚未明确该规则的适用。

5. 本条第三款是一人公司的股东承担公司债务连带责任的特殊规定。一人公司只有一个股东，不设股东会，原由股东会行使的职权则由该股东单独作出决定（**【第六十条】**），理论上缺失了在普通公司中可能具有的股东之间相互制衡、相互监督的机能，也可能更容易出现股东滥用公司法人独立地位和股东有限责任的情形。因此，本条规定股东对公司财产独立于股东自己的财产负举证责任，这与普通公司发生债务纠纷时采用“谁主张、谁举证”的规则不同，实际上加重了一人公司股东的法律义务。

· 典型案例 ·

1. 针对本条第一款

（2020）京 73 民终 463 号民事判决书：胡某为光大雷士公司的股东、实际经营者。他在通过控制公司经营活动谋取违法利益的同时，又试图利用公司法人人格独立制度规避承担侵权责任，故而，雷士光电公司诉请法院判令胡某应当与光大雷士公司承担连带的侵权责任。法院认为，胡某恶意攀附雷士光电公司商誉，实质上是利用其股东身份，操纵公司的决策过程，使公司完全丧失独立性，沦为其侵权工具，其行为违背了基本的诚信原则，故认定胡某应对涉案侵权行为和不正当竞争行为给雷士光电公司造成的损失承担连带责任。

2. 针对本条第二款

（2021）津01民终811号民事判决书：月坛公司、盛世月坛公司均为月坛集团下属公司。月坛公司因采购需要与中粮公司先后签订五份产品买卖合同。后因月坛公司拖欠中粮公司货款，中粮公司诉至法院。法院查明，盛世月坛公司的法定代表人高某亦同时在月坛公司任职，中粮公司工作人员就涉诉货款曾与高某沟通，月坛公司的委托诉讼代理人张某同时担任月坛公司和盛世月坛公司的财务总监。法院认为，在人员方面，两公司一套人马，存在人员混同；在业务方面，两公司经营范围重合，存在业务混同；此外，案涉货物收货地点为月坛公司住所，该地址亦为盛世公司住所，存在经营场所混同。遂判决两公司为该债务承担连带清偿责任。

3. 针对本条第三款

（2022）京02民终11291号民事判决书：中積实业公司于2019年12月13日至2021年6月22日期间为中積融创公司的唯一股东，中積实业公司于2021年6月23日转让其持有的中積融创公司的全部股权。后中積融创公司不能清偿其与天阙公司形成于中積实业公司担任其唯一股东期间的债务。天阙公司诉至法院，要求中積实业公司承担连带清偿责任。法院认为，首先，中積实业公司未能提供任何证据证明中積融创公司编制过财务会计报告并经会计师事务所审计；其次，中積实业公司对代中積融创公司接收合同款项的事实未能做出合理解释，未能完成证明自己财产独立于公司财产的举证义务，应承担举证不能的不利后果，其作为中積融创公司涉案债务形成时的唯一股东，应当对中積融创公司的债务承担连带责任。

关联规则

《民法典》第八十三条；《上市公司章程指引》（2023年修正）第三十八条；《最高人民法院关于民事执行中变更、追加当事人若干问题的规定》（2020年修正）第二十条。

文献参考

朱慈蕴：《公司法人格否认：从法条跃入实践》，载《清华法学》2007年第2期；刘俊海：《揭开公司面纱制度应用于司法实践的若干问题研究》，载《法律适用》2011年第8期；胡改蓉：《“资本显著不足”情形下公司法人格否认制度的适用》，载《法学评论》2015年第3期；黄辉:《公司集团背景下的法人格否认:一个实证研究》,载《中外法学》2020 年第 2 期;石一峰:《关联公司人格否认动态判断体系的构建》,载《环球法律评论》2021 年第 3 期;岳万兵:《反向否认公司人格:价值、功用与制度构建》,载《国家检察官学院学报》2021 年第 6 期;葛伟军:《刺破公司面纱规则的变迁与展望》,载《法治研究》2022 年第 5 期。

第二十四条　【电子通信方式开会和表决】

公司股东会、董事会、监事会召开会议和表决可以采用电子通信方式,公司章程另有规定的除外。

条文解读

本条是关于公司股东会、董事会、监事会可以采用电子通信方式召开会议和表决的规定。

本条是新增规定,以因应互联网和信息技术的发展对公司治理的影响。

理解本条需留意以下两点:

1. 因应互联网和信息技术的发展潮流,公司机关召开会议和表决的方式也趋于多元化。除了举行传统的现场会议外,公司可根据实际情况采用电子通信方式召开会议和表决。采用电子通信方式召开会议和表决在很大程度上降低了公司运营成本,节省了参会者的时间和费用,也提升了召开会议和表决的效率。何为电子通信方式,目前并无明确法律规定。从广义来看,电话(包括固定电话、移动电话、网络语音通话等),短信,传真,电子邮件,群聊,视频等都属于电子通信方式。然而,本条所谓电子通信方式宜被理解为特定的即时通信方式,由两人以上使用互联网或移动通信技术实时传递文字或者图像消息,以及语音或者视频交流。故此,传真、电子邮件等无法实现即时通信的方式不宜归类为本条所谓电子通信方式;否则,采用电子通信方式召开会议就可能与不召开会议而以书面形式作出决定的情形相混淆,将给司法实践增加困难(**【第五十九条】**)。

2. 引导公司(尤其是上市公司)采取电子通信方式召开会议和表决是完善中小股东合法权益保护的重要机制。同时,电子通信方式虽然为公司召开会议和表决提供了便利,但对其可能存在的负面影响也有必要加以注意。例如,采取电子通信方式召开会议和表决所涉及的事项应依法提前送达参会者,又或者是在会议通知中明确载明采取电子通信方式召开会议和表决的时间、程序以及相关平台的操作方式等。另外,公司章程有必要细化公司机关采用具体电子通信方式召开会议和表决的相关程序规则,从而确保公司决议符合程式化要求,减少因此可能导致的瑕疵决议纠纷。

· 典型案例 ·

(2021)苏04民终776号民事判决书:杨某为江南园林公司股东之一。该公司董事会第七次临时会议以通信方式召开并形成了有关决议,但是未形成书面记录,杨某主张案涉会议决议内容违反公司章程,请求法院撤销决议。法院认为,应从会议召集程序、表决方式等形式要件及董事会决议内容是否违法等实质要件两方面予以判断。江南园林公司采用通信表决的方式召开董事会临时会议,会议通知及议案亦以微信形式送达全体董事,全体董事悉数参加会议并行使表决权且已就相关议题行使其权利,最终通过表决,会议召开方式及结果均符合章程规定。决议未形成会议记录等轻微的程序瑕疵,对表决结果并不产生实质影响,故而杨某的上诉请求不能成立。

关联规则

《上市公司股东大会规则》(2022年修订)第二十一条、第三十五条;《上市公司独立董事履职指引》(2020年修订)第四十二条。

文献参考

叶林、刘辅华:《构建上市公司股东大会网络通讯表决制度的法律思考》,载《当代法学》2005年第5期;黄韬:《股东网络投票:制度安排与现实效果》,载《清华法学》2008年第6期;王宗正:《股东大会通讯表决的运行规则》,载《政治与法律》2008年第12期;赵金龙、武戎:《股东网络投票制度的重构》,载《科技与法律》2012年第4期;楼秋然:《试论公司法上的股东会通讯表决制度》,载《太原学院学报(社会科学版)》2016年第1期。

第二十五条 【决议的无效】

公司股东会、董事会的决议内容违反法律、行政法规的无效。

条文解读

本条是关于公司股东会、董事会的决议无效的规定。

与修订前的条文相比，关于决议无效和撤销的规定不再置于同一条文中，而分置为本法第二十五条和第二十六条；再结合本法第二十七条关于决议不成立以及第二十八条关于瑕疵决议法律后果的规定，从而形成较为系统的瑕疵决议规则体系。

理解本条需留意以下几点：

1. 公司机关依法作出决议是公司自治的重要表现，但公司决议不得超越公司自治的边界。依照《民法典》的原则性规定，民事法律行为不得违反法律、行政法规的强制性规定，不得违反公序良俗，否则无效。本条虽未明确所谓法律、行政法规是否仅指其中的强制性规定，但从法律适用的一般原理与保护公司及其利益相关者的基本理念来看，理应得出以上结论。继而，由于决议行为既重内容也重程序，因此公司决议的瑕疵也有必要作出区分，并给予相应的效力评价。

2. 公司决议的瑕疵在学理上可分为内容瑕疵和程序瑕疵。其中，内容瑕疵包括决议内容违反法律、行政法规或者决议内容违反公司章程两种情形。无效是对瑕疵决议最严重的效力评价，并不是存在瑕疵的决议都归于无效。本条规定只有在内容违反法律、行政法规的情形下，决议方为无效。至于决议内容违反公司章程或者决议存在程序瑕疵的，甚至未依法或依章程作出决议的，则可能导致决议的撤销或不成立（**【第二十六条】【第二十七条】**）。实践中，公司常将法律、行政法规甚至规章中已有明确规定的内容也纳入其章程中，因此，公司决议内容就可能存在同时违反法律、行政法规、规章或者公司章程的情形。此时，仍应以本法规定的瑕疵决议规则为判断依据，即决议内容同时违反法律、行政法规和公司章程的归于无效，而决议内容同时违反规章和公司章程的，则应斟酌适用决议撤销规则。

3. 由于无效的决议可能严重损害公司及其利益相关者的利益，乃至损害国家利益、社会公共利益，因此，理论上任何人都可提起确认公司决议无效之诉。实践中，提起确认决议无效之诉的主体多为公司的股东、董事、监事以及债权人。确认公司决议无效之诉的案件应当列公司为被告，对决议涉及的其他利害关系人，可以依法列为第三人。

4. 本法第二十五条至第二十八条仅规定了股东会、董事会的瑕疵决议规则，并未

明确相关规则能否适用于监事会的决议场合。依照本法规定，监事会虽不是公司必设机构，但一旦公司选择设置监事会，监事会也应当依照法律、行政法规和公司章程的规定行使职权，并依法召开会议和表决(**【第七十八条】【第八十一条】**)。故而，监事会的决议内容、议事方式和表决程序同样可能存在瑕疵，相关案例可以参照适用股东会、董事会的瑕疵决议规则。

· 典型案例 ·

(2021)豫02民终907号民事判决书：邹某为和源公司股东之一，担任公司总经理职务，同时邹某还担任海和公司的法定代表人。因海和公司拖欠和源公司500万元借款未能偿还，和源公司通过了一项股东会决议，内容为要求海和公司提供具有担保性质、可操作的还款计划，在全部还清借款前暂缓发放其法定代表人邹某在和源公司的股东年利润分配。法院认为，股东的分红权为股东固有权利，非因法定事由不得限制，除股东本人主张或同意放弃外，公司章程或股东会决议不得剥夺或限制，故该决议内容违反法律规定，应认定为无效。

关联规则

《民法典》第一百四十三条、第一百五十三条、第一百五十五条；《上市公司股东大会规则》(2022年修订)第四十六条；《上市公司章程指引》(2023年修正)第三十五条。

文献参考

徐银波：《决议行为效力规则之构造》，载《法学研究》2015年第4期；周淳：《组织法视阈中的公司决议及其法律适用》，载《中国法学》2019年第6期；吴飞飞：《公司决议无效事由的扩大解释与限缩澄清》，载《社会科学》2022年第1期；李建伟：《公司决议无效的类型化研究》，载《法学杂志》2022年第4期。

第二十六条 【决议的撤销】

公司股东会、董事会的会议召集程序、表决方式违反法律、行政法规或者公司章程，或者决议内容违反公司章程的，股东自决议作出之日起六十日内，可以

请求人民法院撤销。但是,股东会、董事会的会议召集程序或者表决方式仅有轻微瑕疵,对决议未产生实质影响的除外。

未被通知参加股东会会议的股东自知道或者应当知道股东会决议作出之日起六十日内,可以请求人民法院撤销;自决议作出之日起一年内没有行使撤销权的,撤销权消灭。

条文解读

本条是关于公司股东会、董事会的决议撤销的规定。

与修订前的条文相比,本条规定的主要变化有:一是删除关于股东提起决议撤销之诉时人民法院可应公司的请求要求股东提供相应担保的规定;二是增加未被通知参加股东会的股东可依法撤销决议的规定;三是增加关于轻微瑕疵不影响决议效力的规定;四是增加股东撤销权的除斥期间的规定。

理解本条需留意以下几点:

1.《民法典》第八十五条对营利法人决议撤销作了原则性规定,本条在此基础上结合公司法特性予以细化。依照本条规定,可能导致决议被撤销的条件主要有两方面:一方面,会议的召集程序、表决方式违反法律、行政法规或者公司章程,即所谓程序瑕疵。学理上认为决议行为是公司意思形成的重要表现。公司虽为独立的民事主体,但是其需要通过自然人享有权利和承担义务。为了防止代表人或者代理人在作出相应行为时违背公司意志、损害公司利益,法律有必要对决议行为设置相应的程式性要求(**【第六十一条】**至**【第六十六条】**、**【第七十二条】【第七十三条】**、**【第一百一十四条】**至**【第一百一十七条】**、**【第一百二十二条】**至**【第一百二十五条】**)。另一方面,决议内容违反公司章程。结合前条解读,这主要是指公司章程依法设置的法律、行政法规以外的特殊规定,对此,公司决议理应遵守。

2. 有权提起决议撤销之诉的主体为该公司的股东,不包括董事、监事等。一方面,从规则体系来看,《民法典》第八十五条规定对瑕疵决议享有撤销权的主体为营利法人的出资人;另一方面,从公司实践来看,可撤销的决议主要是在程序上存在一定瑕疵或者是违反了章程的特殊规定,公司往往可以自行采取相应措施消除瑕疵或者降低瑕疵带来的影响,将过多的主体纳入有权提起决议撤销之诉的主体范围可能会减损公司运营效率，甚至导致不必要的公司僵局。再考虑到严重的程序性瑕疵可能导致决议不成立的已有相应规定，其他主体即便不能提起决议撤销之诉，也可依法提起确认决议不成立之诉（【**第二十七条**】）。此外，公司决议撤销之诉的案件应当列公司为被告，对决议涉及的其他利害关系人，可以依法列为第三人。

3. 虽然从法律后果来看，无效决议和被撤销决议皆自始没有法律约束力，但被撤销决议在被撤销前已经发生法律效力，且撤销权人有权放弃行使撤销权，由此决议效力也就不受影响。与确认决议无效不同的是，《公司法》对提起决议撤销之诉设置了较短的除斥期间，即股东应自决议作出之日起60日内，未被通知参加股东会会议的股东自知道或者应当知道股东会决议作出之日起60日内向人民法院提起。同时，为了确保公司正常运营，股东自决议作出之日起一年内没有行使撤销权的，撤销权消灭。这与《民法典》第一百五十二条规定的五年期间有别。

4. 本次《公司法》修订吸收《公司法解释（四）》第四条关于轻微瑕疵不影响决议效力的规定，即会议的召集程序或者表决方式仅有轻微瑕疵，对决议未产生实质影响的，人民法院不应撤销公司决议。这主要是基于公司利益的考虑，避免过多的诉讼纠纷影响公司运营稳定性。例如，在可撤销事由已被消除的情况下，股东在事后再以此提起决议撤销之诉的，人民法院原则上不予支持。从瑕疵决议规则体系来看，轻微的程序瑕疵不影响决议效力，而严重的程序瑕疵又可能导致决议不成立，那么在实践中导致决议被撤销的情形可能更多源于决议内容违反公司章程。鉴于此，公司理应结合自身需要，更加重视公司章程的条款设置。

· 典型案例 ·

（2022）浙02民终4101号民事判决书：鸿基公司章程规定，召开股东会会议，应当于会议召开前15日以前通知全体股东。2022年1月7日，县政府房地产专班以鸿基公司承建的工程项目遗留问题需要协助为由于当天通知股东王某到县住房和城乡建设局参加会议。房地产专班人员、公司相关人员、王某以及另外两名股东于某、曹某参加会议（于某、曹某通过网络视频方式参加）。会议提出变更公司法定代表人等事项，王某不同意变更。于某和曹某以“代表65%表决权”为由，通过相关事项。后王某向法院请求撤销该决议。法院认为，按照法定程序召集召开股东会是公司治理的重要制度，也是保护股东合法权益的重要途径，鸿基公司召开的股东会程序不符合公司法和鸿基公司章程的规定，遂判决撤销该决议。

关联规则

《民法典》第八十五条、第一百五十二条、第一百五十五条；《上市公司股东大会规则》（2022 年修订）第四十六条；《上市公司章程指引》（2023 年修正）第三十五条。

文献参考

钱玉林：《论可撤销的股东大会决议》，载《法学》2006 年第 11 期；丁勇：《股东大会决议撤销之诉功能反思》，载《法学》2013 年第 7 期；王湘淳：《股东会决议撤销诉讼：功能重校与规则再造》，载《法学论坛》2018 年第 1 期；李志刚：《公司股东会撤销决议之诉的当事人：规范、法理与实践》，载《法学家》2018 年第 4 期；李建伟：《论公司决议轻微程序瑕疵的司法认定》，载《政治与法律》2023 年第 1 期。

第二十七条 【决议的不成立】

有下列情形之一的，公司股东会、董事会的决议不成立：

（一）未召开股东会、董事会会议作出决议；

（二）股东会、董事会会议未对决议事项进行表决；

（三）出席会议的人数或者所持表决权数未达到本法或者公司章程规定的人数或者所持表决权数；

（四）同意决议事项的人数或者所持表决权数未达到本法或者公司章程规定的人数或者所持表决权数。

条文解读

本条是关于公司股东会、董事会的决议不成立的规定。

本条是新增规定，吸收《公司法解释（四）》第五条相关规定的内容。

理解本条需留意以下四点：

1. 学理上认为，决议行为的成立与生效是两个不同层次的概念。决议的无效和撤销都是针对已经成立的决议，而未涵盖决议不成立的情形，也只有在符合成立要件的基础上，才有进一步探究决议是否存在无效或者可撤销事由的情形。依照《民法典》第一百三十四条第二款的规定，法人依照法律或者章程规定的议事方式和表决程序作出决议的,该决议行为成立。与合同行为不同,决议行为的成立只需要多数当事人而非所有当事人意思表示一致,再结合前条解读中提及的公司作为独立民事主体的特殊性,法律要求决议行为必须遵守法律或公司章程规定的议事方式和表决程序,实属必要。同样地,确认公司决议不成立之诉的案件应当列公司为被告,对决议涉及的其他利害关系人,可以依法列为第三人。

2. 尽管从学理上看决议的不成立和决议的撤销是有明显区别的,但由于决议的撤销原因也可能是程序瑕疵,两者在实践中存在一定甄别难度。总体而言,导致决议不成立的瑕疵通常更严重,且难以通过相应的补救措施予以治愈。也因为瑕疵的严重性,所以当事人提起确认公司决议不成立之诉并无类似于公司决议撤销之诉的60天期间限制,而适用诉讼时效的一般规定即可。

3. 与确认公司决议无效之诉类似,理论上任何人都可提起确认公司决议不成立之诉。实践中,提起确认决议不成立之诉的主体多为公司的股东、董事、监事以及债权人。同样地,确认公司决议不成立之诉的案件应当列公司为被告,对决议涉及的其他利害关系人,可以依法列为第三人。

4. 依照本条规定,导致决议不成立的情形通常都是严重的程序瑕疵,大致可归纳为未开会、未表决、出席人数或表决权数不足以及表决比例不足四个方面。第一,在未召开会议情形下,公司可能通过伪造签名等方式虚构决议。当然,倘若股东以书面形式一致同意股东会职权范围内的事项,可以依法不召开股东会会议,直接作出决定(**【第五十九条】**)。第二,虽然召开了会议,但会上并未对决议事项依法表决。所谓表决,是对表决权人意见征集的过程,是公司意思形成的重要阶段。表决权人可以表示赞成、反对或者弃权。实践中,表决方式有记名投票、无记名投票、举手等方式。与前一项类似,公司可能在召开了会议但未依法表决的情形下,通过伪造签名等方式虚构决议。第三,出席人数或者表决权数未达到相应比例,也会导致决议不成立。本法对股东会会议并未设置最低出席人数或者表决权数的一般规定,但对股份有限公司成立大会有持有表决权过半数的认股人出席方可举行的要求(**【第一百零三条】**)。同时,本法对董事会会议有过半数董事出席方可举行的要求(**【第七十三条】【第一百二十四条】**),并针对上市公司董事会涉及关联交易的决议、股份有限公司在特殊情形下授权董事会作出收购本公司股份的决议等设置了最低出席人数的特殊规定(**【第一百三十九条】【第一百六十二条】**)。此外,公司章程也可对出席人数或表决权数作出规定。第四,表决人数或者表决权数未达到相应比例,也会导致决议不成立。本法对股东会会议、董事会会议相应设置了普通决议和特别决议的不同通过比例要求。例如,有限责任公司股东会作出决议应当经代表过半数表决权的股东通过,而作出修改公司章程等特别决议则应当经代表 2/3 以上表决权的股东通过(**【第六十六条】**)。再如,股份有限公司董事会作出决议应当经全体董事的过半数通过,而在授权董事会决定发行新股以及为他人取得本公司或者其母公司的股份提供财务资助的情形下,董事会决议则应当经全体董事 2/3 以上通过(**【第一百二十四条】【第一百五十三条】【第一百六十三条】**)。

·典型案例·

1. 针对本条第一项

(2022)京 03 民终 12147 号民事判决书:洪某、魏某为名城兴业公司股东,2019 年 6 月,魏某因脑梗死去世,2020 年 9 月公司通过有关决议,决议落款处有洪某、魏某签字字样,随后洪某诉至法院,要求确认名城兴业公司 2020 年 9 月所作决议不成立。法院认为,魏某已于 2019 年 6 月去世,决定文件不可能由全体股东签字,名诚兴业公司现有证据不能证明公司已经实际召开股东会会议,故认定名城兴业公司 2020 年 9 月作出的决议不成立。

2. 针对本条第二项

(2021)新民申 97 号民事裁定书:房建恒信公司于 2019 年 8 月 12 日召开股东会会议,公司仅有的两名股东房建实业公司与樊某出席会议,两名股东因特定事由产生争执,对拟表决事项实际未进行表决。樊某在此情况下单方面作出股东会决议,房建实业公司诉至法院要求确认决议不成立。法院认为,股东会并未对议案进行讨论和表决,未能形成决议,属于会议未对决议事项进行表决的情形,故认定由股东樊某单方签字形成的股东会决议不成立。

3. 针对本条第三项

(2021)桂 12 民终 2780 号民事判决书:红河实业公司于 2011 年成立,韦某甲、蒙某、唐某与韦某乙为公司股东。2021 年 7 月 31 日,红河实业公司在韦某乙的提议下召开了 2021 年第二次临时股东会会议,最终到会股东仅有韦某乙一人,会议通过了相应决议。韦某甲等三名股东认为,案涉决议系属无效,遂提起诉讼。经查明,红河实业公司章程规定,股东会表决的事项必须由全体股东表决通过,即公司章程规定股东会必须全体股东参加。法院认为,韦某乙主持召开的临时股东会会议只有其一人参加，其他三个股东均未参加，未达到公司章程规定的全体股东参加的人数要求，因而案涉决议不成立。

4. 针对本条第四项

（2021）京0108民初2026号民事判决书：2020年8月，恒泰股份公司召开临时股东会会议，会议审议通过了任命孔某为公司非独立董事的决议。恒泰股份公司的股东硕晟公司与李某认为，由于公司非法剥夺了二者所持股票的表决权，因而临时股东会会议的表决方式严重违反了法律规定，遂提起诉讼请求撤销决议。法院认为，股东会普通决议应由出席股东会会议的股东所持表决权的过半数通过。然而，由于孔某获得的选举票数占出席会议有效表决权股份总数的比例未过半数，故议案经重新计票后表决结果应当认定为未通过，重新计票结果对决议产生实质影响。因此，孔某当选非独立董事的决议的表决结果未达到公司法或者公司章程规定的通过比例，案涉决议不成立。

关联规则

《民法典》第一百三十四条。

文献参考

叶林：《股东会会议决议形成制度》，载《法学杂志》2011年第10期；王雷：《公司决议行为瑕疵制度的解释与完善——兼评公司法司法解释四（征求意见稿）第4～9条规定》，载《清华法学》2016年第5期；殷秋实：《法律行为视角下的决议不成立》，载《中外法学》2019年第1期。

第二十八条 【瑕疵决议的法律后果】

公司股东会、董事会决议被人民法院宣告无效、撤销或者确认不成立的，公司应当向公司登记机关申请撤销根据该决议已办理的登记。

股东会、董事会决议被人民法院宣告无效、撤销或者确认不成立的，公司根据该决议与善意相对人形成的民事法律关系不受影响。

条文解读

本条是关于公司股东会、董事会瑕疵决议的法律后果的规定。

本条规定在修订前的条文基础上相应增加关于确认不成立的内容并吸收《公司法解释(四)》第六条的规定。

理解本条需留意以下两点:

1. 依照本法及《市场主体登记管理条例》的相关规定,公司登记事项主要包括公司名称、住所、注册资本、经营范围、法定代表人的姓名以及有限责任公司股东、股份有限公司发起人的姓名或者名称(【第三十二条】)。倘若瑕疵决议涉及上述事项且已办理变更登记,公司应当向公司登记机关申请撤销相关登记。参照《市场主体登记管理条例》关于申请变更登记的期限规定,公司申请撤销已办理的变更登记应当在相关决议被人民法院宣告无效、撤销或者确认不成立之日起30日内向公司登记机关提出,这也是为了确保登记信息与实际情况能够及时契合,维护交易安全。

2. 依照《民法典》第八十五条的规定,营利法人依据被撤销的决议与善意相对人形成的民事法律关系不受影响。本条在此基础上进一步明确,除了被撤销的决议外,被宣告无效或者确认不成立的决议也将产生类似法律效果。学理上认为,公司作为独立主体,存在两个维度的法律关系:一是公司内部的意思形成,即通常表现为公司机关的决议行为;二是公司对外作出的意思表示,即通常表现为以公司名义订立合同等民事法律行为。司法机关主要是对存在瑕疵的公司内部意思形成作出否定性评判,而基于对善意相对人合法权益的保护及维护交易安全的理念,即便公司内部意思形成存在瑕疵,公司对外所作意思表示也应对其自身具有约束力。因此,问题的关键在于判断相对人是否为善意。一般而言,相对人不知道或者不应当知道公司决议存在瑕疵是判断相对人为善意的基本依据。在具体实践中,主要考察相对人是否尽到必要的注意义务,该义务通常表现为对公司机关决议内容的形式审查(**【第十五条】**)。

· 典型案例 ·

1. 针对本条第一款

(2022)京03民终12578号民事判决书:2020年9月28日,集标公司召开股东会会议,会议全票通过了关于股权变动的三项决议,后集标公司根据上述决议内容变更了公司登记。股东王某甲认为,集标公司未实际召开股东会会议,股东会决议上签名并非其所签，遂提起诉讼。法院认为，集标公司自认未实际召开股东会会议，股东签名均为代签，决议的签署亦未获得王某甲的授权或追认，故王某甲要求确认涉案股东会决议不成立的诉讼请求，事实清楚、于法有据。股东会决议不成立后，应由集标公司向公司登记机关申请撤销变更登记。

2. 针对本条第二款

（2022）辽01民终3856号民事判决书：郭某甲、郭某乙、陈某为富雅公司原股东。2001年，富雅公司在未通知陈某的情况下作出决议，将陈某股权全部转让给郭某丙。2018年1月，郭某甲与郭某丙签订股权转让协议。同年9月，陈某发现2001年所作决议存在重大瑕疵遂诉至法院，要求确认股权转让无效。法院认为，2001年决议属于重大程序瑕疵，应属决议不成立，而郭某丙在受让股权时不知道该情况，属善意相对人。公司决议被确认不成立的，公司依据该决议与善意相对人形成的民事法律关系不受影响，故而对陈某主张不予支持，股权转让合法有效。

关联规则

《民法典》第八十五条、第一百五十五条；《市场主体登记管理条例》第八条、第二十四条。

文献参考

丁勇：《组织法的诉讼构造：公司决议纠纷诉讼规则重构》，载《中国法学》2019年第5期；蒋大兴：《公司组织意思表示之特殊构造——不完全代表/代理与公司内部决议之外部效力》，载《比较法研究》2020年第3期；李建伟：《公司决议的外部效力研究——〈民法典〉第85条法教义学分析》，载《法学评论》2020年第4期。

第二章

公司登记

第二十九条　【设立登记的原则】

> 设立公司，应当依法向公司登记机关申请设立登记。
>
> 法律、行政法规规定设立公司必须报经批准的，应当在公司登记前依法办理批准手续。

条文解读

本条是关于公司设立登记原则的规定。

与修订前的条文相比，本条将关于申请设立登记的法律效果的规定另设为一条（【第三十一条】）。

理解本条需留意以下几点：

1. 公司设立登记是公司的创办人为设立公司而向公司登记机关提出申请，并由公司登记机关办理登记的法律行为。公司登记机关是负责办理公司设立登记的行政机关。目前，国务院市场监督管理部门主管全国市场主体登记管理工作；县级以上地方人民政府市场监督管理部门主管本辖区市场主体登记管理工作。

2. 公司设立登记是取得市场主体资格的必要程序，未经登记不得成立公司，也不得以公司名义从事经营活动；否则，要承担行政责任甚至刑事责任（【第二百五十九条】）。具体而言，行政责任主要包括没收违法所得、责令关闭停业等；刑事责任则可能构成非法经营罪等。公司设立登记是一种对公司的商事活动资格的确认，其通过公示公司相关信息的方式，以实现降低交易成本和维护交易安全的目的。

3. 目前，我国对于公司设立采取准则设立为主、许可设立为辅的原则。所谓准则设立，即由法律、行政法规明确规定公司设立的条件以及需要提交的材料清单，申请人按照规定向公司登记机关提交相关材料（**【第三十条】**），公司登记机关对相关材料进行形式审查，只要材料齐全、符合法定形式的，应依法予以确认并当场登记。许可设立与准则设立不同，是指公司设立不仅要与法律、行政法规的规定相符，还要经过政府有关部门的批准。在简政放权的背景下，许可设立只是作为准则设立的补充。法律、行政法规规定确需报经批准的，申请人应在公司登记前依法办理批准手续。

· 典型案例 ·

1. 针对本条第一款

锦市监处罚〔2023〕XK0251 号行政处罚决定书：中恒公司于 2019 年 8 月 21 日通过公开招标的方式承接锦州滨海新区锦绣蓝湾物业采购项目并签订物业服务合同，但在 2019 年 9 月 1 日至 2021 年 6 月 24 日进行经营活动期间未办理营业执照。公司登记机关认为，市场主体应当办理登记，未经登记，不得以市场主体名义从事经营活动。中恒公司进行经营活动期间未办理营业执照构成了无照经营的违法行为，故责令当事人改正违法行为，并没收违法所得。

2. 针对本条第二款

九市监市处〔2021〕11 号行政处罚决定书：周象公司设立时，其法定代表人郭某伪造了金融监管部门关于同意设立的批复，骗取了公司设立登记。公司登记机关认为，周象公司及其法定代表人违反了《公司法》关于“法律、行政法规规定设立公司必须报经批准的，应当在公司登记前依法办理批准手续”的规定，故责令当事人立即改正违法行为，并依法启动对当事人作出撤销公司登记的行政程序。

关联规则

《民法典》第五十八条；《刑法》（2023 年修正）第二百二十五条；《市场主体登记管理条例》第三条、第五条、第十六条、第十九条、第四十三条。

文献参考

王妍：《商事登记中行政权力定位的理论思考》，载《北方法学》2009 年第 2 期；季奎明：《商主体资格形成机制的革新》，载《中国法学》2019 年第 3 期。

第三十条 【设立登记的申请材料】

申请设立公司，应当提交设立登记申请书、公司章程等文件，提交的相关材料应当真实、合法和有效。

申请材料不齐全或者不符合法定形式的，公司登记机关应当一次性告知需要补正的材料。

条文解读

本条是关于申请公司设立登记需要提交材料的规定。

与修订前的条文相比，本条先是删除了“股东认足公司章程规定的出资后，由全体股东指定的代表或者共同委托的代理人向公司登记机关申请设立登记”的表述，再而增加了申请设立登记材料“应当真实、合法和有效”的规定和补正材料的“一次性告知”规定。

理解本条需留意以下几点：

1. 申请人在申请设立公司时，需依法提交相关材料。根据本条及《市场主体登记管理条例》的规定，申请设立公司，除需要提交设立登记申请书、公司章程外，还应当提交申请人资格文件及自然人身份证明、住所或主要经营场所相关文件等材料。申请人应当对提交材料的真实性、合法性和有效性负责。真实、合法、有效的材料才可能实现市场主体登记管理的目的，以便登记机关和社会公众知悉必要的公司基本信息。

2. 公司登记机关仅对申请人提交的材料进行形式审查，即主要审查材料是否齐全以及是否符合法定形式。形式审查提升了公司设立登记的效率。在此原则下，保障交易安全主要通过事中和事后监管实现。公司登记机关对申请材料齐全、符合法定形式的申请，原则上应当予以确认并当场登记。根据《市场主体登记管理条例》的规定，不能当场登记的，应当在 3 个工作日内予以登记；情况复杂的，经公司登记机关负责人批准，可以延长 3 个工作日。

3. 基于登记效率的考虑，倘若申请材料不齐全或者不符合法定形式，公司登记机关应当一次性告知申请人需要补正的材料。“放管服”改革旨在为市场主体松绑减负，优化创新行政监管机制，落脚于施政为民的行政本质，并加快推进向服务型政府的角色转变。在这一背景下，公司登记过程中的形式审查也需要采取有助于申请人依法办理公司登记的方式。倘若公司登记机关未能一次性告知申请人需要补正的材料，无疑将增加申请人办理公司登记的成本。此外，倘若只是文字错误、计算错误等轻微瑕疵，公司登记机关则应当允许申请人当场更正。

· 典型案例 ·

1. 针对本条第一款

渝沙坪坝市监处字〔2021〕234 号行政处罚决定书：泓瑞公司委托公司原法定代

表人崔某办理营业执照，经他人介绍，崔某联系代办中介邱某，邱某提供房产证复印件、租赁合同、设立登记申请书、公司章程等材料，崔某在资料上签字，于2020年1月3日取得公司营业执照，崔某支付代办费700元。经查，在申请公司设立登记过程中，邱某提供的房产证复印件和租房合同属于虚假材料。公司登记机关认为，泓瑞公司的上述行为，构成提交虚假材料取得公司登记的违法行为，故责令泓瑞公司改正违法行为，并处罚款50,000元。

2. 针对本条第二款

（2021）苏03行终161号行政判决书：2020年5月14日，李某向公司登记机关申请设立李奥公司，并提交登记申请书、公司章程等材料。申请书中公司的“联系电话”栏以及法定代表人的“固定电话”栏、“移动电话”栏均为空白。公司登记机关窗口工作人员当场告知李某需补充提供联系电话等信息，随后又多次告知李某上述电话联系方式均为必填项。2020年5月20日，公司登记机关作出公司设立登记不予受理的决定。李某不服，向泉山区政府申请复议。泉山区政府认定行政行为合法有效。后李某诉至法院，两审法院均判决驳回李某的诉讼请求。

关联规则

《市场主体登记管理条例》第四条、第十六条至第二十条。

文献参考

王妍：《公司登记中的政府角色》，载《政法论坛》2011年第1期；成协中：《“放管服”改革的行政法意义及其完善》，载《行政管理改革》2020年第1期。

第三十一条　【申请设立登记的法律效果】

申请设立公司，符合本法规定的设立条件的，由公司登记机关分别登记为有限责任公司或者股份有限公司；不符合本法规定的设立条件的，不得登记为有限责任公司或者股份有限公司。

条文解读

本条是关于申请公司设立登记法律效果的规定。

与修订前的条文相比,本条在公司设立登记原则之外单列申请设立登记法律效果的规定。

理解本条需留意以下两点:

1. 本条是适用准则设立原则的进一步体现(【第二十九条】)。依照本法及《市场主体登记管理条例》的相关规定,申请设立公司一般需要符合以下条件:第一,有限责任公司股东或股份有限公司发起人符合法定人数;第二,有限责任公司股东共同制定或股份有限公司发起人共同制订依法载明相关事项的公司章程;第三,公司名称、住所、注册资本、经营范围、法定代表人的姓名、有限责任公司股东或股份有限公司发起人姓名或名称等登记事项符合公司登记机关的要求(【第三十二条】)。

2. 从本质上看,本条实际上是对公司登记机关提出的要求。公司登记机关收到当事人提交的申请设立公司的相关材料后,应当对其进行形式审查(【第三十条】)。一方面,只要相关材料符合设立条件的,应及时办理相关登记手续;另一方面,倘若相关材料不符合设立条件,应当不予登记并说明理由。这也是提升依法行政水平,推进法治政府建设的必然要求。

· 典型案例 ·

(2020)闽04行终99号行政判决书:爱佳门窗店依法取得个体工商户营业执照,但未经依法登记注册为有限责任公司或股份有限公司,后其在经营过程中使用"福建爱佳门业有限责任公司""三明市爱佳门业有限责任公司罗兰西尼门窗旗舰店"等标识。法院认为,爱佳门窗店未依法登记设立为公司,未领取企业法人营业执照,不具备企业法人资格,其违法事实清楚。公司登记机关依法在法定幅度内对爱佳门窗店进行处罚,适用法律正确,程序合法。

关联规则

《市场主体登记管理条例》第二条、第八条、第二十条。

文献参考

郭富青:《论商事登记制度的若干法律问题——兼论我国商事登记的改革与完善》,载《甘肃政法学院学报》2002 年第 3 期;冯果、柴瑞娟:《我国商事登记制度的反思与重构——兼论我国的商事登记统一立法》,载《甘肃社会科学》2005 年第 4 期;王兰:《商事登记与市场准入关系的法经济学思辨》,载《现代法学》2010 年第 2 期。

第三十二条 【公司登记事项】

公司登记事项包括:

(一)名称;

(二)住所;

(三)注册资本;

(四)经营范围;

(五)法定代表人的姓名;

(六)有限责任公司股东、股份有限公司发起人的姓名或者名称。

公司登记机关应当将前款规定的公司登记事项通过国家企业信用信息公示系统向社会公示。

条文解读

本条是关于公司登记事项的规定。

本条是新增规定,吸收了原《公司登记管理条例》第九条和《市场主体登记管理条例》第八条的相关内容。

理解本条需留意以下几点:

1. 公司登记事项是公司必须向公司登记机关和社会提供的基本信息,是公司登记制度中的一项核心内容。公司名称(【**第六条**】)、住所(【**第八条**】)、注册资本(【**第四十七条**】)、经营范围(【**第九条**】)、法定代表人的姓名(【**第十条**】)的登记,应当符合本法的相关规定。

2. 有限责任公司股东指的是全体股东,既包括公司设立时的股东,也包括后续通

过受让(【第八十四条】【第八十五条】)、继承(【第九十条】)或在公司新增资本时通过认缴出资(【第二百二十七条】)等方式加入公司的股东。对于后续加入公司的股东,公司应当及时办理变更登记(【第三十四条】)。与有限责任公司不同的是,股份有限公司只需登记发起人的姓名或名称,而不需登记发起人以外的其他股东。对于通过受让、继承等方式取得发起人股份的股东是否同时承受发起人资格的问题,在实践中一般认为,发起人范围在公司设立时即已固定,发起人资格不因股权变动而由他人承受;因此,发起人的姓名或名称的变更仅指发起人本身的姓名或名称发生变动的情形,而非股东变更的情形。故而,当某一发起人的股份全部由他人受让或继承时,公司需办理涤除该发起人作为登记事项的变更登记,对于他人受让或继承该发起人股份的事实,并不需要办理变更登记。不过,这一通常做法似乎违背了发起人制度设置的初衷。发起人作为责任主体,对于公司成立以及资本充实都具有重要的法律意义。即便认为发起人是一个带有"时间"底色的概念,也可考虑通过发起人权利义务概括转移等方式确保制度目的的实现。

3. 企业信息公示制度的构建体现了公司从对行政部门负责到向社会负责的理念转变。一方面,公司登记事项由公司主动提供,公司应当对所提供信息的真实性、合法性和有效性负责。另一方面,公司登记机关在对公司主动提供的信息进行形式审查后,需要及时通过国家企业信用信息公示系统向社会公示。公司登记机关同样需要对其公示信息的真实性、及时性负责。

· 典型案例 ·

参见【第六条】【第八条】【第九条】【第十条】【第四十条】【第四十七条】列示的相关案例。

关联规则

《民法典》第六十六条;《市场主体登记管理条例》第八条、第三十五条;《企业信息公示暂行条例》第八条至第十一条。

文献参考

朱慈蕴:《我国商事登记立法的改革与完善》,载《国家检察官学院学报》2004 年第 6 期;赵旭东:《商事登记的制度价值与法律功能》,载《中国工商管理研究》2013 年第 6 期;李东侠、郝磊:《注册资本弱化视角下的公司债权人利益保护》,载《人民司法》2014 年第 5 期;周游:《公司发起人范围界定难题及其破解》,载《中国政法大学学报》2022 年第 5 期。

第三十三条 【营业执照】

依法设立的公司,由公司登记机关发给公司营业执照。公司营业执照签发日期为公司成立日期。

公司营业执照应当载明公司的名称、住所、注册资本、经营范围、法定代表人姓名等事项。

公司登记机关可以发给电子营业执照。电子营业执照与纸质营业执照具有同等法律效力。

条文解读

本条是关于营业执照的规定。

与修订前的条文相比,本条增加关于电子营业执照的规定。

理解本条需留意以下几点:

1. 公司登记机关签发营业执照是公司成立的法律依据,具有法人主体资格的创设效力。公司登记机关在收到当事人提交的申请设立公司的相关材料后,应当对其进行形式审查(【**第三十条**】);符合公司设立条件的,由公司登记机关办理公司设立登记(【**第三十一条**】),并发给公司营业执照。公司营业执照的签发日期(而非领取营业执照的日期)为公司成立日期。签发营业执照后,公司即依法成立,成为具有民事权利能力和民事行为能力,并依法独立享有民事权利和承担民事义务的企业法人。此外,营业执照分为正本和副本,具有同等法律效力。

2. 公司登记事项中的部分内容应当同时在营业执照上载明。这些事项主要包括公司的名称、住所、注册资本、经营范围、法定代表人姓名等(【**第三十二条**】)。此外,公司营业执照还将显示公司类型、成立日期、营业期限、统一社会信用代码、签发营业执照的登记机关等信息。公司应当"亮照经营",即需要将营业执照置于住所的醒目位置;倘若是从事电子商务经营的公司,则应当在首页显著位置持续显示公示营业执照信息或者相关链接标识。

3. 电子营业执照在公司成立时与纸质营业执照同时产生,申请人可以根据自身需要在官方客户端或小程序下载使用。电子营业执照是指由市场监督管理部门依据国家有关法律法规、以市场监督管理总局为全国统一信任源点、按照统一标准规范核发的载有市场主体登记信息的法律电子证件。电子营业执照和纸质营业执照所记载事项一致。倘若公司变更登记事项涉及营业执照所记载事项的，电子营业执照也将相应地自动变更。

· 典型案例 ·

1. 针对本条第一款

（2021）内 04 民终 4463 号民事判决书：建总公司与博臬公司于 2020 年 11 月 23 日签订合同。后博臬公司主张其签订合同时不具备民事行为能力，因为虽然企业信用信息公示报告显示其成立日期为 2019 年 5 月 6 日，但公司登记机关为其核准颁发新的营业执照的日期为 2021 年 1 月 26 日，从该日起，公司才真正具备独立法人主体资格。法院认为，登记事项变更之后，公司登记机关核准颁发新的营业执照的日期不是“营业执照签发日期”，故此时博臬公司具备法人资格。

2. 针对本条第二款

（2021）京 0116 民初 146 号民事判决书：赵某作为同盛康公司股东，向公司营业执照载明的住所地邮寄《行使股东权利告知函》，公司辩称未收到该快递。法院认为，营业执照载明的住所具有公示效力。虽然该邮件回执显示他人代收，但依据营业执照载明的住所有理由相信公司已收到邮件，同盛康公司以该邮件为他人代收而未收到邮件为由拒绝赵某查阅公司会计账簿，但其并未提供证据予以证明，故法院对其抗辩意见不予采纳。

3. 针对本条第三款

（2022）京 73 民终 3829 号民事判决书：案涉网站发布的信息中含有食鼎天公司的营业执照照片和工商信息，食鼎天公司主张案涉网页信息并非由其发布，网页显示的企业联系地址、法定代表人等与其公司登记的信息不一致，案涉网页所留电话号码非其公司员工所有，案涉信息系他人冒用食鼎天公司名义发布的虚假信息。法院认为，案涉网页显示了食鼎天公司的企业名称，且相关法定代表人、注册地址等信息与其 2018 年公司的实际登记信息一致，并非错误信息。案涉网页还上传了食鼎天公司营业执照，食鼎天公司作为依法领取营业执照的市场主体，应当对其营业执照的管理和授权使用行为的合法性、真实性、合理性等负责。法院认为，食鼎天公司主张营业执照被他人非法获取，应对此承担举证责任。

关联规则

《民法典》第五十七条；《市场主体登记管理条例》第二十一条、第二十二条、第二十八条、第三十六条、第三十七条、第四十三条；《电子营业执照管理办法（试行）》第二条。

文献参考

蒋大兴、章琦：《从统一主义走向分离主义：企业登记效力立法改革研究》，载《南京大学法律评论》2000 年第 2 期；虞政平：《吊销营业执照的法律效力》，载《法律适用》2003 年第 10 期；顾功耘、胡改蓉：《营业自由与国家干预交织下商主体营业资格之维度分析》，载《政治与法律》2011 年第 11 期；王妍、王威：《营业执照制度的实践检视与法理分析——以工商登记制度改革为背景》，载《北方法学》2020 年第 6 期。

第三十四条 【变更登记及登记效力】

公司登记事项发生变更的，应当依法办理变更登记。

公司登记事项未经登记或者未经变更登记，不得对抗善意相对人。

条文解读

本条是关于公司变更登记以及登记的法律效力的规定。

与修订前的条文相比，本条将原来分别规定在不同条文中关于办理变更登记的内容予以统一规定，并契合《民法典》关于法人登记事项变更登记以及登记的法律效力的规定。

理解本条需留意以下两点：

1. 公司登记事项包括公司名称、住所、注册资本、经营范围、法定代表人的姓名、有限责任公司股东或股份有限公司发起人的姓名或者名称（【第三十二条】）。这些事项因为需要通过国家企业信用信息公示系统向社会公示，故而在发生变更时，应当依法办理变更登记。根据《市场主体登记管理条例》的规定，公司变更登记事项的，应当自作出变更决议、决定或者法定变更事项发生之日起 30 日内向公司登记机关申请变更登记。公司变更登记涉及营业执照记载事项的，公司登记机关应当及时为公司换发营业执照。此外，倘若是备案事项的变更，公司也应当及时向公司登记机关办理备案。

2. 公司登记的意义主要是有利于公司登记机关对公司实施监督管理以及维护民事主体之间的交易安全。一方面,公司登记机关在掌握准确的公司基本信息后,才可能对公司实施适度且必要的监督管理,而从长远来看,也只有准确收集整理信息才有助于国家制定符合发展需要的企业法律法规乃至宏观经济政策。另一方面,维护交易安全是公司登记的主要目的。基于商事外观主义原理,公司的相关事项一经登记即产生公示效力,善意相对人根据公示的公司登记事项依法所为之行为有效。倘若公司的实际情况与登记事项不一致的,亦不得对抗善意相对人。

· 典型案例 ·

1. 针对本条第一款

(2022)新32民终528号民事判决书:和普公司在公司登记机关登记的股东分别为赵某、杨某和健拓公司。后健拓公司将所持全部股权转让给刘某。因和普公司股东登记信息至今未变更,健拓公司向法院起诉,请求刘某、和普公司变更股东登记信息。法院认为,和普公司、刘某应当按照规定向和普公司的登记机关办理变更登记。

2. 针对本条第二款

(2022)青01民辖终106号民事裁定书:中体青海公司于2020年7月31日运营管理期限届满后即搬离位于西宁市城西区的办公场所,其主张公司目前的办公地点位于北京市东城区,应认定公司现住所地在北京市东城区,案件应当由该区法院管辖。法院认为,中体青海公司在变更实际办公地址后,既未及时办理变更登记,也未将其变更办公地址的信息通知合同相对人,且未向法院提供其主要办事机构所在地的相关证明材料,故对该公司提出的公司现住所地为北京市东城区,案件应当由该区法院管辖的上诉理由不予采纳。

关联规则

《民法典》第六十四条、第六十五条;《市场主体登记管理条例》第二十四条至第二十九条。

文献参考

石一峰:《论商事登记第三人效力》,载《法商研究》2018年第6期;赵旭东、邹学庚:《商事登记效力体系的反思与重构》，载《法学论坛》2021 年第 4 期；刘俊海：《公司登记制度现代化的解释论与立法论：公共信息服务、公示公信效力与可诉可裁标准的三维视角》，载《法律适用》2023 年第 1 期。

第三十五条　【申请变更登记的材料】

公司申请变更登记，应当向公司登记机关提交公司法定代表人签署的变更登记申请书、依法作出的变更决议或者决定等文件。

公司变更登记事项涉及修改公司章程的，应当提交修改后的公司章程。

公司变更法定代表人的，变更登记申请书由变更后的法定代表人签署。

条文解读

本条是关于公司申请变更登记应当提交的材料的规定。

本条是新增规定，吸收原《公司登记管理条例》第二十七条的规定。

理解本条需留意以下几点：

1. 公司申请变更公司名称、住所、注册资本、经营范围、法定代表人的姓名、有限责任公司股东或股份有限公司发起人的姓名或者名称等登记事项的，应当向公司登记机关提交公司法定代表人签署的变更登记申请书。倘若申请变更登记需要公司依法作出变更决议或者决定的，则应当在提交变更登记申请书的同时提交相关决议或者决定。当然，并不是所有的变更登记都必须提交依法作出的变更决议或者决定等文件。例如，有限责任公司因股权转让或股东资格继承导致股东的姓名或者名称变更的，并不需要公司作出相应的变更决议或者决定。

2. 公司章程是公司备案事项。公司登记事项往往也同时记载于公司章程。故其发生变更的，公司应及时依法修改公司章程，并向公司登记机关提交修改后的公司章程。此处规定的修改公司章程是否需要公司股东会作出特别决议，即应当经代表 2/3 以上表决权的股东通过（**【第六十六条】**），尚有争议。从目前司法实践来看，多数裁判认为，只有在对公司经营造成特别重大影响的事项作出变更，或者是对公司章程作体系性修改的，才需要股东会作出特别决议。

3. 公司变更法定代表人的，变更登记申请书之所以由变更后的法定代表人签署，

原因在于公司变更登记并不具有生效效力。公司依法作出变更法定代表人的决议或者决定后，法定代表人即已发生变更，并不以变更登记为生效要件。同时，这一规定也是为了避免在法定代表人变更前后可能产生的争议。

·典型案例·

1. 针对本条第一款

（2020）甘行终261号行政判决书：甘肃兴华公司形成股东会决议，变更营业期限。该公司向公司登记机关申请变更登记，公司登记机关对其申请作出准予登记决定。随后，该公司股东吴某向法院起诉，主张该公司形成的变更营业期限的决议有瑕疵，且公司登记机关未尽到审慎审查职责。法院认为，甘肃兴华公司提交的申请变更登记材料符合相关规定的形式要求，且材料齐全，公司登记机关对该公司提出的变更营业期限申请作出准予登记决定并换发营业执照的行为符合法律法规以及甘肃兴华公司章程的规定。至于该股东会决议内容的法律效力问题，并不属于公司登记机关的审查范围，也不属于本案审查的范围。

2. 针对本条第二款

（2020）琼02行终4号行政判决书：市级公司登记机关经审查，准予三亚万某城百货公司法定代表人由黄某变更登记为王某。王某知晓后，提起诉讼请求撤销该变更登记行为。法院认为，省级公司登记机关在其官网中公布的外商投资企业申请变更登记需要提交的材料包括法定代表人签署的公司章程修正案或修改后的公司章程，三亚万某城百货公司未提交修改后的公司章程或者公司章程修正案，对此市级公司登记机关未尽到审慎审查的义务，作出的变更登记行为依据不足。

3. 针对本条第三款

（2022）最高法民再94号民事判决书：宝塔房地产公司由宝塔投资公司和嘉鸿公司出资设立，韦某担任董事长及法定代表人。后宝塔投资公司出具《免职通知书》，免去韦某董事长、法定代表人职务。法院认为，韦某被免职后，其个人不具有办理法定代表人变更登记的主体资格，应由宝塔房地产公司向公司登记机关提交包括拟任法定代表人签署的变更登记申请书在内的相关文件办理变更登记。

关联规则

《市场主体登记管理条例》第九条、第二十四条、第二十五条。

文献参考

参见【**第三十四条**】列示的相关文献。

第三十六条 【换发营业执照】

公司营业执照记载的事项发生变更的，公司办理变更登记后，由公司登记机关换发营业执照。

条文解读

本条是关于公司营业执照记载事项发生变更后换发营业执照的规定。

与修订前的条文相比，关于依法办理变更登记的规定已统一移至本法第三十四条，本条无须再作特别规定，同时吸收了《市场主体登记管理条例》第二十八条的内容。

理解本条需留意的是：

公司营业执照记载了公司的名称、住所、注册资本、经营范围、法定代表人姓名等事项，还有公司类型、成立日期、营业期限、统一社会信用代码、签发营业执照的登记机关等信息（【第三十三条】）。这些记载事项发生变更的，公司登记机关应当在办理变更登记后，及时为公司换发营业执照，而无须公司另行提出申请。此外，公司登记机关应同时换发纸质营业执照和电子营业执照。

· 典型案例 ·

（2021）沪0117民初12978号民事判决书：王某与上海有功公司签订聘任协议，担任公司总经理兼法定代表人，聘期两年。期限届满后，王某通知上海有功公司，要求其变更总经理及法定代表人登记。法院认为，王某已尽合理的告知义务，公司应当配合王某向登记机关申请办理变更登记，由登记机关换发营业执照。

关联规则

《市场主体登记管理条例》第二十八条。

文献参考

参见【第三十三条】列示的相关文献。

第三十七条 【注销登记】

公司因解散、被宣告破产或者其他法定事由需要终止的，应当依法向公司登记机关申请注销登记，由公司登记机关公告公司终止。

条文解读

本条是关于公司注销登记的规定。

与修订前的条文相比，本条将原来在本法公司解散和清算一章关于注销登记的规定移至本章，以作统一规定，并吸收《市场主体登记管理条例》第三十一条的内容。

理解本条需留意以下两点：

1. 公司终止的法定事由包括解散、被宣告破产等。其中，解散又可分为自行解散和强制解散（【第二百二十九条】）。自行解散是公司基于自身意愿而导致的解散，主要包括：公司章程规定的营业期限届满或者公司章程规定的其他解散事由出现，股东会决议解散，因公司合并或者分立需要解散等。强制解散则非依公司自身意愿，而是基于人民法院裁决或者行政机关决定的解散，故又可将其细分为司法解散和行政解散。至于被宣告破产的情形，则是由于公司不能清偿到期债务，并且资产不足以清偿全部债务或者明显缺乏清偿能力的，应当依照企业破产法的规定清理债务。倘若公司清算组在清理公司财产、编制资产负债表和财产清单后，发现公司财产不足清偿债务的，也应当依法向人民法院申请破产清算（【第二百三十七条】）。公司清算结束后，清算组应当制作清算报告，报股东会或者人民法院确认，并报送公司登记机关，申请注销公司登记（【第二百三十九条】）。此外，公司注销如果依法须经批准的，还应当先经批准后再向公司登记机关申请注销登记。

2. 按照国家市场监督管理总局印制的《市场主体登记提交材料规范》要求，公司申请注销登记应当提交符合规范的相关材料。这些材料主要包括：（1）企业注销登记申请书；(2)公司依法作出解散的决议或者决定，人民法院的破产裁定、解散裁判文书，行政机关责令关闭、公司依法被吊销营业执照或被撤销的文件；(3)股东会、不设股东会的股东或者人民法院、公司批准机关确认的清算报告；(4)清税证明材料；(5)已领取纸质版营业执照的缴回营业执照正、副本等。此外还需注意：第一，国有独资公司申请注销登记，还应当提交国有资产监督管理机构的决定；其中，国务院确定的重要的国有独资公司，还应当提交本级人民政府的批准文件复印件。第二，仅通过报纸发布债权人公告的，需要提交依法刊登公告的报纸样张。第三，清算人、破产管理人申请注销登记的，应提交人民法院指定其为清算人、破产管理人的证明。

·典型案例·

(2021)京73民终3604号民事判决书：商瑞华丽超市的经营主体原为个体工商户，后变更为商瑞华丽公司，原经营者汪某亦变更为公司股东。汪某主张该企业转型过程包括原个体工商户的注销和新公司的成立，商瑞华丽公司不承继原个体户的债权债务关系。法院认为，商瑞华丽超市在转型过程中，并未办理注销登记，缺乏主体资格终止的程序及形式要件，汪某主张缺乏事实与法律依据。

关联规则

《民法典》第六十八条；《市场主体登记管理条例》第三十一条。

文献参考

蒋大兴：《公司如何死亡？——公司退市监管政策的改革》，载《法学评论》2005年第2期；张钦昱：《公司市场退出法律制度的嬗变逻辑与进化路径》，载《政治与法律》2021年第2期；钱玉林：《商事主体注销登记争点问题讨论》，载《法学论坛》2021年第4期；张阳：《商事主体终止的制度检视及其结构优化》，载《交大法学》2022年第2期。

第三十八条　【分公司的设立登记】

公司设立分公司，应当向公司登记机关申请登记，领取营业执照。

条文解读

本条是关于分公司设立登记的规定。

与修订前的条文相比，本条将原来关于分公司的登记规定从总则一章移至本章，以作统一规定。

理解本条需留意以下两点：

1. 公司设立分公司的登记采取属地原则，即公司设立分公司，应当向分公司所在地的公司登记机关申请登记。公司在住所之外开展经营活动是否都要设立分公司并办理登记手续，尚有疑问。根据《国务院办公厅关于进一步优化营商环境更好服务市场主体的实施意见》（国办发〔2020〕24 号）、《国务院办公厅关于深化商事制度改革进一步为企业松绑减负激发企业活力的通知》（国办发〔2020〕29 号）等规定的要求，国家支持地方开展“一照多址”改革，市场主体可以登记一个住所和多个经营场所，对于市场主体在住所以外开展经营活动、属于同一县级登记机关管辖的，免于设立分支机构，申请增加经营场所登记即可，方便企业扩大经营规模。

2. 公司的分公司应当领取营业执照。分公司属于《市场主体登记管理条例》规定的市场主体范畴。尽管分公司在运营过程中产生的权利和义务归属于公司，其民事责任也由公司承担，但分公司通常有特定的交易相对人和业务往来，领取营业执照方能开展营业。由此，分公司能以自己的名义从事民事活动，能在公司授权范围内管理一定的财产，具有一定程度的独立性（**【第十三条】**）。

· 典型案例 ·

扬市监处罚〔2022〕2－156 号行政处罚决定书：公司登记机关执法人员根据举报对位于镇江某地的经营场所进行检查，发现该经营场所内的工作人员正在从事建材、五金批发经营活动，且现场未放置该经营场所的营业执照。经过初步调查，发现在上述经营场所从事经营活动的是捷高公司某分公司，且截至案发时当事人未领取捷高公司某分公司位于该经营场所的营业执照。公司登记机关责令当事人立即停止经营行为，并罚款人民币 15，000 元。

关联规则

《民法典》第七十四条；《市场主体登记管理条例》第二条、第二十三条。

文献参考

参见【**第十三条**】列示的相关文献。

第三十九条 【公司登记的撤销】

虚报注册资本、提交虚假材料或者采取其他欺诈手段隐瞒重要事实取得公司设立登记的，公司登记机关应当依照法律、行政法规的规定予以撤销。

条文解读

本条是关于公司登记撤销的规定。

与修订前的条文相比，本条将原来关于撤销登记的规定从本法法律责任一章移至本章，以作统一规定，并吸收《市场主体登记管理条例》第四十条的内容。

理解本条需留意以下几点：

1. 商事登记制度改革以来，市场主体的准入门槛被大幅度降低，交易成本相应减少，有效激发了市场活力。但与此同时，亦有当事人为了谋取不当利益，隐瞒重要事实取得公司登记。这一违法行为具有显著危险性，既扰乱了公司登记机关的行政管理秩序，损及公平竞争的市场环境，又严重影响市场交易安全，侵害相关主体的合法权益。因此，除了依法撤销公司登记外，公司登记机关还应当对骗取公司登记的行为采取必要的惩戒措施，包括责令改正、罚款甚至吊销营业执照，以及对直接负责的主管人员和其他直接责任人员处以罚款等（【**第二百五十条**】）。

2. 撤销公司登记与吊销营业执照存在区别。根据《全国人民代表大会常务委员会法制工作委员会关于公司法第一百九十八条“撤销公司登记”法律性质问题的答复意见》（法工委复〔2017〕2号），公司登记机关撤销公司登记的行政许可，是对违法行为的纠正，不属于行政处罚。吊销营业执照则是行政处罚措施。因此，撤销公司登记的规定不应置于本法法律责任一章，而有必要在本章单列为一条。

3. 当事人隐瞒重要事实取得公司登记的手段通常包括虚报注册资本、提交虚假材料等。一方面，虚报注册资本通常发生在实行注册资本实缴登记制的场合，可能出现所申报的注册资本与实缴出资不一致的情形。另一方面，申请办理公司登记，应当按照设立、变更、注销等不同类型登记的要求依法提交相关材料，申请人应当对提交材料的真实性、合法性和有效性负责，不得提交虚假材料(【第三十条】)。至于其他欺诈手段，常见的有冒用他人身份证明或者住所信息，未依法经过公司内部决策程序而变更法定代表人、董事、章程以及增资扩股等情形。当然，采取其他欺诈手段隐瞒重要事实取得公司登记的情形层出不穷，在判定方面亦存在一定模糊性，公司登记机关需要结合个案实际情况予以综合考虑。受虚假公司登记影响的主体可以向公司登记机关提出撤销公司登记的申请，公司登记机关受理申请后，应当及时开展调查。经调查认定存在虚假公司登记情形的，公司登记机关应当撤销公司登记。因虚假登记被撤销的公司，其直接责任人自公司登记被撤销之日起 3 年内不得再次申请公司登记。公司登记机关应当通过国家企业信用信息公示系统予以公示。

· 典型案例 ·

杭富市监处罚〔2022〕044 号行政处罚决定书：公司登记机关接到举报称，晶富公司伪造股权转让和董事会决议签名，骗取公司变更登记。公司登记机关经调查取证，证实董事会决议上董事金某签字及股权转让协议书上转让方股东 J 某签字均非本人签署，故认定晶富公司提交虚假材料取得公司登记，依法撤销该登记事项，并处罚款 70,000 元。

关联规则

《刑法》(2023 年修正)第一百五十八条、第一百五十九条；《市场主体登记管理条例》第十六条、第十七条、第四十条至第四十二条、第四十四条、第四十五条。

文献参考

王跃龙：《“撤销公司登记”与“吊销营业执照”的适用辨析》，载《法学》2009 年第 6 期；肖海军：《论公司设立登记撤销制度——以〈公司法〉第 199 条的适用展开》，载《中国法学》2011 年第 2 期；王太高：《公司登记瑕疵制度研究——基于行政法的视角》，载《政治与法律》2012 年第 10 期；王晓宇：《论确认制下撤销公司登记的法律性质与适用——以〈公司法〉第一百九十八条为中心》，载《中国市场监管研究》2023 年第 2 期。

第四十条　【信息公示】

公司应当按照规定通过国家企业信用信息公示系统公示下列事项：

（一）有限责任公司股东认缴和实缴的出资额、出资方式和出资日期，股份有限公司发起人认购的股份数；

（二）有限责任公司股东、股份有限公司发起人的股权、股份变更信息；

（三）行政许可取得、变更、注销等信息；

（四）法律、行政法规规定的其他信息。

公司应当确保前款公示信息真实、准确、完整。

条文解读

本条是关于公司信息公示的规定。

本条是新增规定，吸收了《企业信息公示暂行条例》第十条的内容。

理解本条需留意以下几点：

1. 从年度检验到年度报告及信息公示的制度革新，既是公司由对行政机关负责转为对社会负责的体现，也是政府职能转变、减少对公司干预的重要举措。公司需要公示的信息往往是在从事生产经营活动过程中形成的信息，又或者是政府部门在履行职责过程中产生的能够反映公司状况的信息。这些信息大致可分为公司年度报告信息、即时信息和其他涉企信息，后两者也可能在年度报告中有所体现。公司应当于每年1月1日至6月30日，通过国家企业信用信息公示系统向公司登记机关报送上一年度年度报告，并向社会公示。本条规定的公示事项主要是股东或者发起人的出资或认购情况、股权变动及行政许可信息等，主要为公司在生产经营活动过程中形成的即时信息。

2. 按照《企业信息公示暂行条例》的要求，公司应当在相关信息形成之日起20个工作日内通过国家企业信用信息公示系统向社会公示。因此，本条规定的相关信息虽然可能都在公司年度报告中有所体现，但相关信息一旦发生变化，就应当及时公示，而不能延迟至下一年公示年度报告时再公示。

3. 公司登记机关应当将公司登记事项通过国家企业信用信息公示系统向社会公示（【第三十二条】）**；相关部门也应当通过国家企业信用信息公示系统公示其在履行职责过程中产生的相关公司信息，包括注册登记或备案信息、动产抵押登记信息、股权出**

质登记信息、行政处罚信息等。

·典型案例·

（2022）苏04民终1451号民事判决书：第七传媒公司章程载明股东的出资时间为2020年7月7日前，但该公司在国家企业信用信息公示系统公示的2014年至2018年各年度报告均载明股东认缴相应出资的期限为2014年7月14日。股东史某主张股东出资期限应以公司章程中的记载为准。法院认为，对公司外部主体而言，国家企业信用信息公示系统中的记载具有公示公信效力，基于对公司债权人信赖利益的保护，应以国家企业信用信息公示系统中记载的出资期限为准。

关联规则

《民法典》第六十六条；《市场主体登记管理条例》第三十五条；《企业信息公示暂行条例》第七条至第十条。

文献参考

陈甦：《商法机制中政府与市场的功能定位》，载《中国法学》2014年第5期；赵磊：《商事信用：商法的内在逻辑与体系化根本》，载《中国法学》2018年第5期；赵树文：《认缴资本制下公司信息披露的法律规制》，载《法商研究》2020年第3期；董淳锷：《市场事前监管向事中事后监管转变的经济法阐释》，载《当代法学》2021年第2期；刘俊海：《公司登记制度现代化的解释论与立法论：公共信息服务、公示公信效力与可诉可裁标准的三维视角》，载《法律适用》2023年第1期。

第四十一条 【公司登记便利化与法制化】

公司登记机关应当优化公司登记办理流程，提高公司登记效率，加强信息化建设，推行网上办理等便捷方式，提升公司登记便利化水平。

国务院市场监督管理部门根据本法和有关法律、行政法规的规定，制定公司登记注册的具体办法。

条文解读

本条是关于公司登记便利化与法制化的规定。

本条是新增规定，吸收了《市场主体登记管理条例》第六条的内容。

理解本条需留意以下几点：

1. 促进公司登记的便利化是持续深化“放管服”改革优化营商环境的重要举措。公司登记机关应当加强信息化建设，制定统一的公司登记数据和系统建设规范；同时，应优化公司登记办理流程，提高公司登记效率，推行当场办结、一次办结、限时办结等制度，实现集中办理、就近办理、网上办理、异地可办，提升公司登记便利化程度。

2. 根据《市场监管总局办公厅关于提升信息化水平统一规范市场主体登记注册工作的通知》（市监注〔2020〕85 号）的要求，统一企业登记业务规范、统一数据标准和统一平台服务接口为提升信息化水平、统一规范市场主体登记注册工作的三大任务。第一，统一企业登记业务规范主要包括执行企业登记文书材料规范、实施经营范围规范表述、优化住所登记、推进企业开办服务规范化等。第二，统一数据标准主要包括统一规范数据采集、数据汇集、数据质量等。第三，统一平台服务接口主要包括统一登记注册实名认证服务应用接口、统一名称规范管理系统接口、统一社会信用代码赋码应用接口、统一电子营业执照应用接口、统一外资登记负面清单禁限要求校验应用接口等。总之，促进公司登记的便利化需要大力推进云计算、大数据、物联网、移动互联、人工智能、区块链等现代信息技术在统一规范登记注册工作中的广泛应用，提升信息共享和应用支撑保障能力。

3. 国务院市场监督管理部门主管全国市场主体登记管理工作，依法行使制定公司登记注册具体办法的职权。

• 典型案例 •

近年来，随着商事制度改革向纵深发展，市场准入便利化在激发市场经济发展活力上的效用愈加显著。北京市海淀区市场监督管理局依托前沿技术创新，以科技赋能登记注册业务办理，在全国率先开启企业登记全程电子化试点工作，并在全国推广应用，实现企业群众登记注册业务可以“随时随地办”的目标。同时，海淀区推广线上办理，拓宽电子化业务覆盖面，通过集成场景优化，设立“企业开办一站式”

服务专区、“绿色通道”，并在北京市率先开展“告知承诺制”试点，系列举措的推出让登记注册“更快、更简单”。①

关联规则

《优化营商环境条例》第三十六条、第三十七条；《市场主体登记管理条例》第六条。

文献参考

王湘军：《商事登记制度改革背景下我国市场监管根本转型探论》，载《政法论坛》2018年第2期；石佑启、陈可翔：《合作治理语境下的法治化营商环境建设》，载《法学研究》2021年第2期；罗培新：《优化营商环境视域下我国商事主体登记制度之完善》，载《华东政法大学学报》2021年第6期。

① 参见《海淀区线上线下双渠道优化企业登记服务》（2022年12月17日），载微信公众号“海淀政务”，https://mp.weixin.qq.com/s/DdmRSsVY5BKnGQvnhuX-ig，最后访问时间2024年1月25日。

第三章

有限责任公司的设立和组织机构

第一节　设　　立

第四十二条　【股东人数】

有限责任公司由一个以上五十个以下股东出资设立。

条文解读

本条是关于有限责任公司股东人数的规定。

与修订前的条文相比,本条规定增加"一个以上"之下限,并无实质变化。

理解本条需留意以下几点:

1. 设立有限责任公司,股东人数下限为1人,上限为50人。有限责任公司是兼具人合性的资合公司,股东人数过多,理论上可能不利于股东之间合作以及公司的运营和决策的开展。倘若公司在存续期间因为股权变动导致股东人数超过50人,公司应当通过一定途径,如通过公司回购部分股东的股权,甚至是变更公司形式、分立等,及时将股东人数减少至50人以下。

2. 依文义理解,设立时的股东都应当出资。当然,后续加入公司的股东并不必然以出资为前提,还可能通过受赠、继承等方式取得股权(**【第九十条】**)。同时,股东的出资方式也渐趋多元化(**【第四十八条】**)。

3.《民法典》第一百二十五条规定,民事主体依法享有股权和其他投资性权利。个人独资企业、合伙企业等非法人组织也是民事主体,其参与出资设立有限责任公司不存在法律障碍。当然,股东是否必须是民事主体,尚有争议。机构投资者在近几十年来对全球公司融资和治理产生了愈加重要的影响,在我国公司实践中亦是如此。大量契约型私募基金、资产管理计划、信托计划甚至员工持股平台等也可能成为股东,它们不是民事主体,但可称为"法律实体",其主要由管理人或受托人作为代表依法行使股东权利。

·典型案例·

(2022)鲁11民终1265号民事判决书：东方工贸股份公司实行内部职工募股，第一期股东名单包括赵某等共115人，之后东方工贸股份公司类型发生变更，变更为东方工贸有限公司。在公司类型发生转变后，赵某请求确认自己为东方工贸有限公司的股东。法院认为，判断股东身份应结合公司章程、股东名册、公司登记信息、出资情况以及赵某是否实际行使股东权利等情形综合认定，若确认赵某等一百余人股东身份，将严重超过公司法规定的有限责任公司股东人数上限，应认定赵某不具备东方工贸有限公司股东身份。

关联规则

《民法典》第一百二十五条。

文献参考

戴鑫泽：《企业IPO中的"三类股东"——从私法和监管角度谈"三类股东"之适格性》，载蒋锋、卢文道主编：《证券法苑》总第24卷，法律出版社2018年版；李安安、张仪昭：《结构化商事交易中的"客体主体化"：兴起、挑战与法律回应》，载《经贸法律评论》2020年第1期；冯珏：《作为组织的法人》，载《环球法律评论》2020年第2期。

第四十三条 【设立协议】

有限责任公司设立时的股东可以签订设立协议，明确各自在公司设立过程中的权利和义务。

条文解读

本条是关于有限责任公司设立时的股东签订设立协议的规定。

本条是新增规定。《公司法》(2018年修正)只在股份有限公司部分对发起人协议作了规定，而对有限责任公司设立时的股东所签订的设立协议未作规定。在实践中，有限责任公司的股东通常也会就公司设立事宜以及各股东间的权利义务签订协议；而《公司法解释(三)》第一条已将有限责任公司设立时的股东纳入发起

人的范畴。由此可见,公司法确有必要对有限责任公司设立时的股东签订设立协议事宜作出规定。

理解本条需留意以下几点:

1. 本条规定并未采取将有限责任公司设立时的股东纳入发起人范畴的做法,而是仍沿用设立时的股东这一称谓。从语义来看,设立时的股东是一种客观的事实状态,并不需要根据其他条件予以认定;而发起人则需要根据其是否出资、是否参与公司设立或者是否签署公司章程等予以综合判断。结合本法规定,本书并不严格区分设立时的股东和发起人这两个称谓。

2. 与股份有限公司发起人协议的规定不同,有限责任公司设立时的股东签订设立协议并不是强制的,而是由当事人根据实际需要自行决定(【第九十三条】)。

3. 有限责任公司设立时的股东订立设立协议并未明确要求采用书面形式。结合《民法典》第四百六十九条第一款的规定,设立时的股东可以采用书面形式、口头形式或者其他形式订立协议。当然,实践中当事人若有意向订立相关协议,通常也以书面形式为宜,明确各自在公司设立过程中的权利和义务,以免发生争议。这也符合本条规定中"签订"的文义。

4. 本条规定在适用方面可能存在的难点是如何看待设立协议与公司章程、公司决议之间的关系问题。设立协议与公司章程、公司决议基于不同法律关系产生。前者更多是行为法(合同法)的问题,后者更多是组织法(公司法)的问题,不应混淆。一方面,设立协议原则上不因公司成立而终止,其是否继续生效主要看当事人的约定;另一方面,基于合同相对性原理,设立协议通常只能约束设立时的股东,对公司、后续加入的股东及其他相关主体并无约束力,故而应注意避免以协议替代治理的情形发生。因此,包括设立协议在内的诸多股东间协议可能都会存在"有效但不适于强制履行"的情形,在一方违约时其他主体通常只能请求违约方采取补救措施或者赔偿损失等。

· 典型案例 ·

(2022)粤01民终10746号民事判决书:何某、德智公司为睿诚公司发起人,睿诚公司章程与发起人协议确定的出资缴纳期限不一致。何某认为应当以发起人协议的约定为准。法院认为,出资期限应以公司章程为准,德智公司主张其认缴出资未届出资期限具有合理性,对何某的主张不予支持。

关联规则

《民法典》第四百六十九条、第五百七十七条、第五百八十条。

文献参考

张学文：《股东协议制度初论》，载《法商研究》2010 年第 6 期；吴建斌：《合意原则何以对决多数决——公司合同理论本土化迷思解析》，载《法学》2011 年第 2 期；许德风：《组织规则的本质与界限——以成员合同与商事组织的关系为重点》，载《法学研究》2011 年第 3 期；周游：《公司发起人范围界定难题及其破解》，载《中国政法大学学报》2022 年第 5 期；葛伟军：《股东合意的结构体系》，载《华东政法大学学报》2023 年第 4 期。

第四十四条 【设立责任】

有限责任公司设立时的股东为设立公司从事的民事活动，其法律后果由公司承受。

公司未成立的，其法律后果由公司设立时的股东承受；设立时的股东为二人以上的，享有连带债权，承担连带债务。

设立时的股东为设立公司以自己的名义从事民事活动产生的民事责任，第三人有权选择请求公司或者公司设立时的股东承担。

设立时的股东因履行公司设立职责造成他人损害的，公司或者无过错的股东承担赔偿责任后，可以向有过错的股东追偿。

条文解读

本条是关于有限责任公司设立时的股东的设立责任的规定。

本条是在充分参考借鉴既有规则基础上新增的规定。首先，虽然《公司法》（2018 年修正）并未对有限责任公司设立时的股东的设立责任作明确规定，而仅在股份有限公司部分就发起人责任设置了相关规则，但是《公司法解释（三）》第一条等规定已将股份有限公司发起人责任规定扩张适用于有限责任公司设立时的股东。其次，《民法典》第七十五条针对设立人责任也作了规定。本条规定主要以《民法典》的规定为基础加以完善而成。

理解本条需留意以下几点：

1. 本次公司法修订虽然未将有限责任公司设立时的股东也一并称作发起人，但是在有限责任公司部分新增本条规定体现了对设立时的股东责任的强化，反映了两类公司相关规则的趋同态势。

2. 本条第一款沿袭《民法典》第七十五条第一款前半句“设立人为设立法人从事的民事活动，其法律后果由法人承受”的规定。与之类似，本条第一款将公司承受法律后果的前提限定为“为设立公司从事的民事活动”，从而区别于《公司法解释(三)》第二条、第三条所采取的发起人究竟是“为自己的利益”还是“为公司的利益”的区分标准。据此，只要有证据证明股东是为设立公司从事民事活动，那么由此产生的无论是权利还是义务，皆由成立后的公司承受。

3. 本条第二款沿袭《民法典》第七十五条第一款后半句的规定，并充分借鉴《公司法》(2018 年修正)第九十四条关于股份有限公司发起人设立责任的规定。一般认为，发起人之间是合伙关系，故而公司不能成立时所产生的债权债务也由全体发起人共同承受。当然，依照《民法典》第一百七十八条第一款的规定，二人以上依法承担连带责任的，权利人有权请求部分或者全部连带责任人承担责任。故而，债权人亦可根据实际情况只请求部分设立时的股东承担责任，被要求承担责任的股东不能以自身无过错为由抗辩。

4. 本条第三款沿袭《民法典》第七十五条第二款“设立人为设立法人以自己的名义从事民事活动产生的民事责任，第三人有权选择请求法人或者设立人承担”的规定。结合本条第一款，设立时的股东为设立公司从事的民事活动的法律后果由公司承受，至于是以发起人自己的名义还是以设立中公司的名义，最终可能只是影响公司与发起人之间的损益分配问题，实属公司内部事务。

5. 本条第四款在《公司法解释(三)》第五条规定基础上修订而成。由本条第二款、第三款的规定可知，公司或者股东在特定情形下虽然需要对他人先行承担法律责任，但其可能并非最终的责任主体。一方面，公司在成立后，对于设立时的股东因履行公司设立职责造成他人损害的情形应当首先承担赔偿责任，继而再向有过错的股东追偿。依照《民法典》第一千一百九十一条第一款的规定，用人单位的工作人员因执行工作任务造成他人损害的，由用人单位承担侵权责任。用人单位承担侵权责任后，可以向有故意或者重大过失的工作人员追偿。设立时的股东履行公司设立职责造成他人损害亦可视为职务侵权；但本条与《民法典》上述规定不同，设立时的股东的侵权行为发生时公司尚未成立,只有在公司成立后才可能要求公司承担责任,故而确有作出特别规定的必要。另一方面,公司未成立的,对于设立时的股东因履行公司设立职责造成他人损害的情形,全体设立时的股东都是承担赔偿责任的主体。依照《民法典》第一百七十八条第二款的规定,实际承担责任超过自己责任份额的连带责任人,有权向其他连带责任人追偿。

·典型案例·

1. 针对本条第一款

(2022)宁01民终2290号民事判决书:柴某为水天公司发起人,其以公司名义与吴某在公司设立前签订劳务合同。后水天公司拖欠吴某劳务费。法院认为,发起人以设立中公司名义对外签订合同,公司成立后合同相对人请求公司承担合同责任的,应予支持。

2. 针对本条第二款

(2022)鲁07民终3875号民事判决书:新岳公司与富通公司签订协议约定共同设立公司。新岳公司向王某出具承诺书,证明尚欠工程款24余万元。而后,约定设立的公司未能成立。王某因其工程款始终未被清偿,遂提起诉讼。法院认为,案涉欠款是在设立公司过程中产生的债务,由于公司未成立,新岳公司与富通公司应对公司设立过程中所产生的债务承担连带清偿责任。

3. 针对本条第三款

(2022)京01民终9096号民事判决书:宝迪公司与曲某签订房屋租赁合同,以曲某名义租用宝迪公司房屋以开办公司。曲某与丛某继而成立红波罗公司。后红波罗公司拖欠租金等费用64余万元,宝迪公司遂提起诉讼,请求红波罗公司支付租金并承担违约责任。法院认为,宝迪公司有权选择请求曲某或者红波罗公司承担租赁合同项下的合同责任。

4. 针对本条第四款

(2017)鲁0211民初15493号民事判决书:金恒基公司为环亚太商品交易中心发起人之一。公司设立期间,金恒基公司以环亚太商品交易中心名义与万利公司签订协议,并以自己名义收取席位费100万元,且未向环亚太商品交易中心交付上述款项。之后,万利公司诉请环亚太商品交易中心赔偿了120万元。环亚太商品交易中心认为金恒基公司存在过错,遂向其追偿。法院认为,公司在承担赔偿责任后,可以向有过错的发起人追偿,故对环亚太商品交易中心的主张,应予支持。

关联规则

《民法典》第七十五条、第一百七十八条、第一千一百九十一条。

文献参考

周游:《驱散公司发起人连带责任制度的迷雾》,载《暨南学报(哲学社会科学版)》2013年第9期;方斯远:《先公司合同问题研究》,载《中国法学》2015年第3期;徐强胜:《设立中的法人制度的功能及缺陷——兼评〈民法总则〉第75条》,载《法学杂志》2017年第4期;许中缘:《论发起人对公司设立中债务的承担》,载《法学》2021年第12期。

第四十五条 【公司章程制定】

设立有限责任公司,应当由股东共同制定公司章程。

条文解读

本条是关于有限责任公司股东共同制定公司章程的规定。

《公司法》(2018年修正)第二十三条明确列举了设立有限责任公司应当具备的各项条件,包括股东人数、股东出资、公司章程、公司名称、组织机构及公司住所等,此次修订未保留该条规定。这些条件实际上在本法的相应部分已分别作了规定,本条以及第四十六条正是涉及公司章程的规定(【第四十六条】)。

理解本条需留意以下几点:

1. 公司章程是重要的法律文件,依法制定公司章程是设立公司的必要条件(【第五条】)。法人依章程开展业务活动,是其与非法人组织的重要区别之一。股东之间可以签订协议,明确各自权利和义务,但基于合同相对性原理,股东协议只能在股东之间产生约束力(**【第四十三条】**)。股东协议和公司章程涉及公司事务的内容不一致的,应当以公司章程记载为准。

2. 股东是公司章程的制定主体。制定公司章程既是法定的股东权利,也是股东的职责,不得交由股东以外的主体为之。虽然实践中无论是初始章程还是后续修订的章程,可能都先由董事会或者其他组织机构甚至是律师等专业人士拟订草案,但最终应由股东确定。共同制定意味着股东之间应就章程条款充分协商，达成一致意见，从而体现全体股东的意志。

3.“制定”而非“制订”，这是有限责任公司与股份有限公司相关规定的区别之一（**【第九十四条】**）。“制定”含有决定或确定之意，表明有限责任公司股东对章程内容是有决定权的；而“制订”则强调创制拟订之意，表明股份有限公司章程内容不完全由发起人决定。这是考虑到以募集设立方式设立的股份有限公司的公司章程应由认股人依法表决通过（**【第一百零四条】**）。当然，以发起设立方式设立的股份有限公司其实并无严格区分“制定”和“制订”的必要。

·典型案例·

（2019）辽01行终675号行政判决书：永淑镁商贸公司成立，安某被登记为公司的法定代表人。但安某认为该公司设立登记有误，诉请撤销该公司设立登记。法院认为，设立有限责任公司应当由股东共同制定公司章程。但公司章程中的签名经鉴定不是安某本人所为，不能认定安某参与制定公司章程。永淑镁商贸公司不符合法律关于有限责任公司设立的条件。

关联规则

《民法典》第七十九条；《国有企业公司章程制定管理办法》第十六条、第二十六条。

文献参考

参见**【第五条】**列示的相关文献。

第四十六条 【公司章程记载事项】

有限责任公司章程应当载明下列事项：

（一）公司名称和住所；

（二）公司经营范围；

（三）公司注册资本；

（四）股东的姓名或者名称；

（五）股东的出资额、出资方式和出资日期；
（六）公司的机构及其产生办法、职权、议事规则；
（七）公司法定代表人的产生、变更办法；
（八）股东会认为需要规定的其他事项。
股东应当在公司章程上签名或者盖章。

条文解读

本条是关于有限责任公司章程记载事项的规定。

本条规定较《公司法》（2018 年修正）第二十五条并无实质变化，只是针对个别内容略作调整。一是明确公司法定代表人的产生、变更办法为章程记载事项，由此，公司在变更法定代表人而不涉及法定代表人产生或变更办法修改的，无须修改公司章程；二是将《公司法》（2018 年修正）第二十五条第二款的“签名、盖章”改为“签名或者盖章”，从而避免是否应当同时签名及盖章的争议。实践中，股东为自然人的，多采取签名的方式，股东为法人或其他组织的，则多采取负责人签名并加盖组织印章的方式。

有限责任公司章程记载事项主要包括公司基本情况、股东基本情况、公司治理规则等内容。公司基本情况包括公司名称和住所（【第六条】【第八条】）、公司经营范围（【第九条】）、公司注册资本（【第四十七条】）、公司法定代表人的产生、变更办法（【第十条】）等。股东基本情况包括股东的姓名或者名称（【第三十二条】）、股东的出资方式、出资额和出资日期（【第四十八条】【第四十九条】）等。公司治理规则主要是指公司的机构及其产生办法、职权、议事规则（【第三章第二节各条】）。

理解本条规定的关键在于厘清公司章程记载事项的类型。

1. 一般认为，章程记载事项可分为绝对必要记载事项、相对必要记载事项和任意记载事项三类。绝对必要记载事项的缺失将导致章程无效，公司也可能因此无法成立。相对必要记载事项则是必须记载于章程方能发生效力的事项，即该类事项的记载与否不会影响章程的效力，然而特定事项的生效只能经章程载明，而不能通过其他途径。任意记载事项则是由公司自行决定是否需要记载于章程的事项，与相对必要记载事项不同的是，任意记载事项还可能通过协议或者其他途径予以明确，而非必须载明于章程方能发生效力。

2. 本条规定并未明确所列具体记载事项的类型归属。本条第一款开头虽然出现了“应当”字样，但该款第八项兜底条款的表述又似乎无法归入“应当”之列，这意味着不宜将第一款所列事项皆视为绝对必要记载事项。过多的绝对必要记载事项将对章程效力认定带来严重影响，也与降低公司的制度性交易成本的立法理念不相契合，最终也不利于投资者采用公司制的形式投资创业。《公司法》规定公司章程可另有规定的事项通常应作为相对必要记载事项；依照本条第一款第八项规定，公司可以考虑将类别股的种类及其权利义务、股权转让限制、解散事由等涉及公司利益或者股东权益的特定事项列为相对必要记载事项，以契合优化公司治理乃至公司合规需要。

·典型案例·

1. 针对本条第一款

(2018)粤0391民初5394号民事判决书：吴某、蔡某等人为德基公司股东。德基公司章程未规定股东出资期限。德基公司与启燕公司签订房屋租赁合同，后因德基公司拖欠租金，启燕公司主张德基公司的股东对公司债务不能清偿部分承担补充责任。法院认为，德基公司章程未载明股东出资期限，致使公司承担责任的财产范围在法律上处于不确定状态，给公司债权人实现债权带来严重隐患，为平衡保护债权人和公司股东利益，对启燕公司的主张应予支持。

2. 针对本条第二款

(2022)豫15民终6387号民事判决书：李某为信阳公司股东。信阳公司召开股东会会议，经表决通过了作废原公司章程而启用新公司章程的决议，并将新公司章程报公司登记机关备案。李某主张此决议是对公司章程的重新制定，故自己未在公司章程上签字导致公司章程无效。法院认为，本案中所涉决议的实质意图为修改公司章程而非制定公司章程，李某的主张缺乏依据。关于股东应当在公司章程上签名或者盖章的规定并非效力性强制性规定，李某未签字并不导致案涉公司章程无效。

关联规则

《民法典》第五十八条、第六十一条、第六十三条；《市场主体登记管理条例》第十六条；《国有企业公司章程制定管理办法》第五条。

文献参考

参见【**第五条**】列示的相关文献。

第四十七条 【注册资本】

有限责任公司的注册资本为在公司登记机关登记的全体股东认缴的出资额。全体股东认缴的出资额由股东按照公司章程的规定自公司成立之日起五年内缴足。

法律、行政法规以及国务院决定对有限责任公司注册资本实缴、注册资本最低限额、股东出资期限另有规定的,从其规定。

条文解读

本条是关于有限责任公司注册资本的规定。

《公司法》(2005 年修订)打破原来规定的公司成立前的实缴制,改为两年内缴足(投资公司为五年内缴足)的分期缴纳制;《公司法》(2013 年修正)进一步取消了缴纳期限的限制,即所谓真正意义上的注册资本认缴登记制。本条规定的主要变化是增加股东应当自公司成立之日起五年内缴足所认缴出资额的规定。

理解本条需留意以下几点:

1. 在注册资本认缴登记制背景下,股东在认缴出资额时无须实际缴纳出资,而是根据公司章程规定的出资方式、出资额和出资日期履行出资义务。此外,《公司法》(2013 年修正)已取消注册资本最低限额以及首次出资额的要求。总之,注册资本认缴登记制的确拓宽了股东在出资期限方面的自由度,一定程度上降低了公司在设立阶段的制度性交易成本。但是,在缺乏维护交易安全配套制度的情况下,大幅度降低股东出资的要求也会带来诸多问题。各类“侏儒公司”“无赖公司”屡见不鲜,并可能导致公司资本虚报、虚假出资及抽逃出资等问题的泛滥。近几年来,包括董事会催缴出资(【**第五十一条**】)、股东失权(【**第五十二条**】)、股东提前缴纳出资(【**第五十四条**】)、转让股权后的出资责任(【**第八十八条**】)等在内的规则探索,都是对注册资本认缴登记制改革的必要反思。作为对践行十年的注册资本认缴登记制的一种制度修补,要求股东自公司成立之日起五年内缴足所认缴出资额的限期实缴制具有比较显著的现实意义。一方面,限期实缴制并不意味着债权人保护策略应当仅仅锚定资本一隅,而是意图引导公司资本制度回归到相对理性的状态。限期实缴制的施行,有助于大幅度减少注册资本虚高的公司,从而倒逼股东切实考量资本对其公司的实际意义,沥干无限期认缴可能带来的资本"水分",还原一个更真实的公司资本状况。另一方面,限期实缴制有助于"引流"部分投资者选择拟推行授权资本制的股份有限公司形式,从而在适用更具弹性的出资规定的同时也必须遵守更高要求的公司治理规范,以进一步彰显两类公司在资本制度方面的辨识度。

2. 所谓有限责任公司的注册资本,指的是公司在公司登记机关登记的全体股东认缴的出资额,而非股东实缴的出资额。这其中既包括公司设立时的股东认缴的出资额,也包括公司增资时的股东认缴的出资额。公司资本具有筹集资金、吸收经营损失和缓解股东与债权人等相关主体利益冲突的功能。公司章程记载的注册资本应与公司登记机关登记的注册资本一致,注册资本发生变更的,应当依法办理变更登记,否则不得对抗善意相对人(【第三十四条】)。股东应当按期足额缴纳公司章程规定的各自所认缴的出资额(【第四十九条】)。公司章程规定的股东出资期限不得超过五年。当然,股东之间所约定的出资期限也并非绝对的。一旦公司不能清偿到期债务,公司或者已到期债权的债权人就有权要求已认缴出资但未届出资期限的股东提前缴纳出资(【第五十四条】)。依照本条第二款规定,法律、行政法规以及国务院决定有权设置长于或短于五年的出资期限。此外,对于本法施行前已登记设立的公司的股东出资期限需要相应的过渡调整规则(【第二百六十六条】)。

3. 本条第一款是对有限责任公司注册资本的原则性规定,而银行、保险、证券等诸多领域的公司仍有在公司成立前实缴注册资本以及设置注册资本最低限额的必要。本条第二款对此作了规定。

·典型案例·

(2011)闵民二(商)初字第1259号民事判决书:上海A电器公司于2009年成立,何某为公司股东。依照《公司法》(2005年修订)的相关规定,何某应于2011年前缴足出资。后因何某未足额出资,上海A电器公司提起诉讼。法院认为,股东承担出资义务,是公司资本制度的内在要求,同时也体现了保护交易安全的需要。然而直至上海 A 电器公司起诉之日，早已超过《公司法》所规定的截止出资期限，何某仍未履行缴纳出资款的义务；对上海 A 电器公司要求何某缴纳出资款的主张，予以支持。

关联规则

《商业银行法》（2015 年修正）第十三条；《保险法》（2015 年修正）第六十九条；《证券法》（2019 年修订）第一百二十一条；《市场主体登记管理条例》第九条、第十三条。

文献参考

甘培忠、周游：《注册资本认缴登记之语义释疑及制度解构》，载《中国工商管理研究》2013 年第 5 期；赵旭东：《资本制度变革下的资本法律责任——公司法修改的理性解读》，载《法学研究》2014 年第 5 期；刘燕：《公司法资本制度改革的逻辑与路径——基于商业实践视角的观察》，载《法学研究》2014 年第 5 期；施天涛：《公司资本制度改革：解读与辨析》，载《清华法学》2014 年第 5 期；周游：《有限责任公司注册资本限期实缴的制度考量》，载《中国市场监管研究》2023 年第 9 期；林一英：《公司注册资本认缴登记制的完善》，载《国家检察官学院学报》2023 年第 6 期。

第四十八条　【出资方式】

股东可以用货币出资，也可以用实物、知识产权、土地使用权、股权、债权等可以用货币估价并可以依法转让的非货币财产作价出资；但是，法律、行政法规规定不得作为出资的财产除外。

对作为出资的非货币财产应当评估作价，核实财产，不得高估或者低估作价。法律、行政法规对评估作价有规定的，从其规定。

条文解读

本条是关于股东出资方式的规定。

本条规定较《公司法》（2018 年修正）第二十七条的内容并无实质变化，主要是明确股权、债权也可以作为非货币财产的出资方式。《公司法解释（三）》第十一条

已有关于股权出资的规定，原《公司注册资本登记管理规定》也有关于股权出资、债转股的规定。实践中这些出资方式并不少见。此次修订对这些出资方式加以明确，具有现实意义。

理解本条需留意以下几点：

1. 货币具有支付、结算等功能，股东可以用货币出资。在我国，股东可以用人民币出资，也可以用外币出资。外币可以依法折算成人民币或者套算成约定的外币。当然以外币出资需注意：一是汇率折算和手续费可能增加出资成本；二是结合《市场主体登记管理条例》第十三条第一款的规定，公司的注册资本最终需要以人民币表示。

2. 股东倘若以非货币财产出资则有若干特殊要求：

第一，可用以出资的非货币财产需同时满足“可以用货币估价”与“可以依法转让”两个条件。《市场主体登记管理条例》第十三条第二款之所以规定劳务、信用、自然人姓名、商誉、特许经营权或者设定担保的财产等不得用以作价出资，也是由于这些出资方式往往不能同时满足上述两个条件。

第二，非货币财产并不像货币那样能呈现一个直观的数额，故而在用以出资时应当评估作价、核实财产。此举首先是有助于确定各股东之间的真实出资比例。不过股东之间权利义务关系主要是内部问题，通常不涉及外部相对人利益，应以尊重当事人意思自治为原则。故而，对非货币财产评估作价更多是出于交易安全的考虑，以期避免弄虚作假、欺骗公司登记机关和社会公众（**【第二百五十条】**）。但是从当前相关规则来看，这一理念也在发生变化。依照本法规定，公司登记事项仅包括注册资本和有限责任公司股东的姓名或名称等（**【第三十二条】**）；再结合《市场主体登记管理条例》第八条、第九条的规定，有限责任公司股东认缴的出资数额仅为备案事项，而非登记事项。至于股东实际缴纳出资的情况，根据《企业信息公示暂行条例》第八条至第十条的规定，一是公司在股东实际缴纳出资之日起 20 个工作日内通过国家企业信用信息公示系统向社会公示，二是公司于每年 1 月 1 日至 6 月 30 日期间报送和公示的企业年度报告中予以体现。

第三，各类非货币财产出资除了应办理本法规定的财产权转移手续外（**【第四十九条】**），还可能基于出资方式的不同，需要满足特定条件才可被认定为已履行出资义务。例如，根据过往实践，股权出资除了需要满足非货币财产出资前述两个基本条件外，还需要履行关于股权转让的法定手续，包括拟用于出资的股权是否满足本法规定的股东向股东以外的人转让股权的要求，如通知原公司其他股东以及其他股东在同等条件下行使优先购买权等(**【第八十四条】**)。再如,在"债转股"的情形下,债权人应已履行债权所对应的合同义务,或是债权已经人民法院生效裁判或仲裁机构裁决确认,又或是公司破产重整或者和解期间,列入经人民法院批准的重整计划或者裁定认可的和解协议等。不过原《公司注册资本登记管理规定》将可以作价出资的债权限定为"债转股"的情形,从而过分限制了可出资债权的范围,不利于促进投资。从理论上讲,债权能够以货币估价,且原则上可以依法转让,故而其作为出资在法律上不存在障碍。但由于债权实现可能存在一定的不确定性,故而《民法典》规定了债权让与的限制(第五百四十五条)、通知要求(第五百四十六条)、债务人的抗辩保护(第五百四十八条)等内容。

3. 值得注意的是,法律对股东出资方式的规制在总体上有愈加尊重公司自治的趋势,股东出资方式也将渐趋多元化。尤其是在注册资本认缴登记制改革背景下,股东在实际缴纳出资前,对于股东究竟要采取何种出资方式,法律实际上并无过多干涉的必要。

· 典型案例 ·

(2022)湘01民终5694号民事判决书:妙盛公司为聚能充公司股东。聚能充公司章程载明妙盛公司以非货币财产出资方式认缴出资额2700万元。后妙盛公司与妙盛孵化公司签订债权转让通知函,约定将妙盛孵化公司对聚能充公司享有的100万元债权让与妙盛公司,并以该100万元债权向聚能充公司出资。此外,妙盛公司拟向聚能充公司转让多项专利作为出资,并委托资产评估机构估值。后妙盛公司将其专利权的全部权益让与聚能充公司。但聚能充公司主张:自己所欠租金不能直接作为出资;案涉专利至今未取得国家知识产权局的专利授权,妙盛公司并未完成出资。法院认为,首先,聚能充公司未对债权转让通知函提出异议,股东可以债权出资;其次,案涉专利的评估价值远超过妙盛公司认缴出资额,且已办理财产权转移手续。故而认定妙盛公司已经以相关债权、专利权履行出资义务。

关联规则

《民法典》第三百五十三条至第三百五十七条;《市场主体登记管理条例》第八条、第九条、第十三条;《企业信息公示暂行条例》第八条、第九条、第十条;《最高人民法院关于审理与企业改制相关的民事纠纷案件若干问题的规定》(2020年修正)第十四条至第十六条。

文献参考

罗培新:《论资本制度变革背景下股东出资法律制度之完善》,载《法学评论》2016 年第 4 期;刘斌:《股东出资形式的规制逻辑与规范重构》,载《法学杂志》2020 年第 10 期;张其鉴:《论公司出资债权不得抵销——以出资债权的法律构造为中心》,载《中国政法大学学报》2022 年第 2 期。

第四十九条 【股东履行出资义务】

股东应当按期足额缴纳公司章程规定的各自所认缴的出资额。

股东以货币出资的,应当将货币出资足额存入有限责任公司在银行开设的账户;以非货币财产出资的,应当依法办理其财产权的转移手续。

股东未按期足额缴纳出资的,除应当向公司足额缴纳外,还应当对给公司造成的损失承担赔偿责任。

条文解读

本条是关于有限责任公司股东履行出资义务的规定。

与修订前的条文相比,本条规定的主要变化有:一是删除《公司法》(2018 年修正)关于股东因瑕疵出资应向履约股东承担违约责任的规定;二是增加股东因瑕疵出资给公司造成损失承担赔偿责任的规定。

理解本条需留意以下几点:

1. 股东出资义务的内容原则上由股东之间协商确定,并将出资方式、出资额和出资日期等事项记载于公司章程。只有当股东按照公司章程规定按期足额缴纳所认缴的出资后,方能被认定为已经履行出资义务。由于《公司法》(2013 年修正)取消注册资本最低限额、首次出资额以及出资期限等要求,实践中常有股东认缴较高的出资额但同时设置相对较长的出资期限的情形,且通常在公司设立时并不实际缴纳出资。当然,公司章程规定的股东出资期限不得超过 5 年(**【第四十七条】**)。而且,股东之间所约定的出资期限也并非绝对的。一旦公司不能清偿到期债务,公司或者已到期债权的债权人就有权要求已认缴出资但未届出资期限的股东提前缴纳出资(**【第五十四条】**)。

2. 股东以货币出资的,应当将货币出资足额存入公司在银行开设的账户。倘若公司尚未成立,则可以将货币资金存入拟设立公司在银行已开设的临时账户。股东若以非货币财产出资,办理相应的财产权转移手续则为履行出资义务的必要条件。例如,以房屋、土地使用权或者需要办理权属登记的知识产权等财产出资,应及时办理财产权的转移手续。如果只是允许公司使用特定财产或行使特定权利,却未办理前述手续,那么可能会被认定为未履行出资义务。只有在股东依照本条第二款规定方式履行出资义务的条件下,才能形成独立的公司财产,公司也方能依法享有法人财产权,从而彰显公司人格独立和股东有限责任的公司法特征(**【第三条】【第四条】**)。

3. 依照本条第一款规定,股东有按照公司章程规定向公司足额缴纳所认缴出资额的法定义务。本条之所以删除《公司法》(2018 年修正)中关于违约责任的内容,是因为此次修订已然增设关于设立时的股东签订设立协议的规定,股东之间对于缴纳出资的约定及其违约责任按照协议约定内容处理,无须另作规定(**【第四十三条】**)。股东不履行出资义务除违反股东之间的约定外,还违反公司章程关于股东出资的规定。《民法典》第五百八十三条明确规定一方违约给对方造成其他损失的,应当赔偿损失。本条规定则针对股东和公司之间的法律关系明确股东因瑕疵出资对公司承担的赔偿责任。股东不履行出资义务将严重侵蚀公司资本,属于损害公司及其债权人合法权益的侵权行为。股东瑕疵出资导致公司遭受损失的,除应当向公司足额缴纳出资外,还应当对给公司造成的损失承担赔偿责任。

· 典型案例 ·

1. 针对本条第一款

(2019)沪 02 民终 8024 号民事判决书:鸿大公司作出修改公司章程的股东会决议,将公司章程规定的股东姚某等人的出资期限提前了近 20 年。截至起诉前,鸿大公司账户余额仅为 25, 754. 07 元。鸿大公司认为,股东会决议修改公司章程规定的出资期限具有紧迫性、合理性。法院认为,修改公司章程中关于股东出资期限的规定不能适用资本多数决规则,此次关于修改公司章程的决议无效。

2. 针对本条第二款

(2022)鲁民终 450 号民事判决书:现代农业公司以土地使用权向澳利公司出资,经评估资产价值为 600 多万元,并已将土地实际交付澳利公司占有使用,但未办理土地使用权过户手续。后澳利公司进入破产程序，破产管理人认为现代农业公司未依法办理财产权的转移手续，要求现代农业公司缴纳相应出资款。法院认为，虽然土地已实际交付澳利公司使用，但并未办理土地使用权变更手续，将影响公司的使用和处分，且使公司承担将来无法处分该项权利的法律风险，进而威胁股东或公司债权人的利益。故认定现代农业公司未完全履行出资义务。

3. 针对本条第三款

（2021）京04民初737号民事判决书：梅某甲为微塞特公司的名义股东，梅某乙为实际出资人。后微塞特公司因面临债务危机，经股东会决议出资期限提前1年。出资期限届满，梅某甲未履行出资义务。微塞特公司认为梅某乙为实际出资人，应和梅某甲共同承担出资义务。法院认为，公司要求股东履行出资义务时应依据实质主义规则，由具有真实出资意思的股东承担履行出资义务的责任，应由梅某乙承担出资义务；且股东未按期足额缴纳出资导致公司占有资金的利息损失，故除缴纳出资外，梅某乙还应当向微塞特公司赔偿利息损失。

关联规则

《民法典》第二百零九条、第二百二十四条、第三百五十五条、第五百八十三条；《市场主体登记管理条例》第九条。

文献参考

钱玉林：《以非货币财产首次出资何以成为问题——为〈公司法〉第28条辩护》，载《法学》2011年第5期；蒋大兴：《“合同法”的局限：资本认缴制下的责任约束——股东私人出资承诺之公开履行》，载《现代法学》2015年第5期；朱慈蕴：《股东出资义务的性质与公司资本制度完善》，载《清华法学》2022年第2期。

第五十条　【设立时股东的资本充实责任】

有限责任公司设立时，股东未按照公司章程规定实际缴纳出资，或者实际出资的非货币财产的实际价额显著低于所认缴的出资额的，设立时的其他股东与该股东在出资不足的范围内承担连带责任。

条文解读

本条是关于设立时股东的资本充实责任的规定。

与修订前的条文相比,本条规定的主要变化有:一是明确设立时的股东承担资本充实的连带责任限于公司设立时即实际缴纳出资的情形;二是吸收《公司法解释(三)》第十三条第三款的规定,将承担连带责任的范围从非货币财产出资扩张至货币出资;三是不再赘述瑕疵出资股东补足差额的规定。

理解本条需留意以下几点:

1. 从文义来看,本条规定的适用场景是公司章程规定股东应当在公司设立时实际缴纳出资的情形。此时公司尚未成立,并不存在董事会履行催缴出资职责的可能。故而,本条明确"公司设立时"的时间点,既有助于框定设立时的股东的责任边界,也旨在实现与本法第五十一条关于公司成立后应由董事会负责催缴出资的规定的逻辑衔接。

2. 股东有依照本法和公司章程规定向公司按期足额缴纳各自所认缴出资额的法定义务(【第四十九条】)。股东对公司的出资,尤其是设立时的股东的出资对于公司设立和初期发展至关重要。无论是未履行货币出资还是非货币出资义务,又或者是实际出资的非货币财产的实际价额显著低于所认缴的出资额,都可能危及公司资本充实,影响公司设立和发展,对公司债权人利益也将产生较大威胁。因此,瑕疵出资的股东应当在出资不足的范围内补足差额。

3. 除瑕疵出资股东的补足义务外,设立时的其他股东承担连带责任的范围也有必要明确。《公司法解释(三)》第十三条第三款实际上已将《公司法》(2018 年修正)第九十三条关于股份有限公司发起人对出资承担的连带责任扩张适用于有限责任公司设立时的股东。需要注意的是,无论是瑕疵出资的股东,还是设立时的其他股东,其承担责任的范围应以出资不足的部分为限,并不是公司不能清偿的全部债务。要求股东承担公司债务的连带责任应满足公司人格否认制度的相关要件(**【第二十三条】**),与股东是否履行出资义务并无直接联系。

·典型案例·

(2010)穗中法民二终字第2167号民事判决书：高新投资公司的发起人天普公司、高新工业公司、化十公司在1994年公司成立时实际缴纳的货币出资存在瑕疵。后高新投资公司的财产不足以清偿债务，该公司债权人粤财公司请求发起人在未缴出资范围内对高新投资公司的债务承担连带清偿责任。法院认为，虽然《公司法》(1993年)第二十八条并未要求发起人对于货币出资瑕疵承担连带责任，但依循相关立法精神，并考虑到发起人未足额出资的过错，天普公司、高新工业公司、化十公司不仅应在各自出资瑕疵范围内对高新投资公司所欠粤财公司债务的本金及相应利息承担清偿责任，而且应在其他未履行出资义务的发起人不能履行的范围内向债权人承担连带清偿责任。

关联规则

《民法典》第五百一十八条、第五百一十九条、第九百七十三条。

文献参考

陈甦：《公司设立者的出资违约责任与资本充实责任》，载《法学研究》1995年第6期；周游：《驱散公司发起人连带责任制度的迷雾》，载《暨南学报(哲学社会科学版)》2013年第9期；石冠彬、江海：《论公司发起人的出资补缴责任——兼评〈公司法解释三〉第13条》，载《法商研究》2014年第2期。

第五十一条　【董事会催缴出资】

有限责任公司成立后，董事会应当对股东的出资情况进行核查，发现股东未按期足额缴纳公司章程规定的出资的，应当由公司向该股东发出书面催缴书，催缴出资。

未及时履行前款规定的义务，给公司造成损失的，负有责任的董事应当承担赔偿责任。

条文解读

本条是关于董事会催缴出资的规定。

本条是新增规定，吸收了《公司法解释（三）》第十三条第四款的部分内容，旨在明确董事会有向股东催缴出资的职责。

理解本条需留意以下几点：

1. 本条明确规定负责催缴出资的公司机构是董事会。董事会负责公司日常运营决策，由董事会负责催缴出资，有其必要性与合理性。但同时，董事会针对催缴事宜是否应当作出决议，以及董事若同为瑕疵出资的股东是否应当在该表决中回避，尚有争议。董事会既是以团体决策方式开展工作，那么对于是否催缴出资事宜其理应作出决议，而存在利害关系的董事应当回避表决也合乎法理。实际上，这属于董事会的议事方式和表决程序事宜，公司可以根据自身需要在公司章程中作出特别规定（**【第七十三条】**）。在不设董事会的公司，由行使董事会职权的董事履行催缴职责（**【第七十五条】**）。

2. 股东应当按期足额缴纳公司章程规定的各自所认缴的出资额（【第四十九条】）。虽然股东协议、股东名册等也都可能涉及股东出资事宜，但公司资本充实属于公司事务，应以公司章程记载为准。而且，公司章程对公司、股东、董事、监事、高级管理人员皆有约束力（**【第五条】**）。因此，董事会核查股东出资情况并向股东催缴出资，应当以公司章程关于股东出资义务的记载为依据。此外，董事会核查股东出资是否包括实际出资的非货币财产的实际价额显著低于所认缴的出资额的情形，尚存疑惑。比照本法第五十条的规定，且基于公司资本充实的目的，董事会核查出资的范围有必要涵盖上述情形。

3. 董事会核查股东出资情况的时间点为有限责任公司成立后。依照本法规定，公司营业执照签发日期为公司成立日期（**【第三十三条】**）。一方面，在公司成立前，股东履行出资义务主要根据股东协议，并侧重于强调设立时的股东在出资方面的连带责任（**【第四十三条】【第五十条】**）。另一方面，公司也只有在成立后，才能获得法律上的人格，从而以公司自己的名义要求股东按照公司章程记载履行出资义务。

4. 董事会经核查发现股东出资存在瑕疵的，应当依法履行催缴职责。第一，董事会应直接向存在出资瑕疵的股东催缴，而不是通过在董事会会议或者列席股东会会议时通报或者采取公告方式。第二，董事会向股东发出催缴书应采用书面形式，以便瑕疵出资股东全面而清晰地了解出资或失权事宜（**【第五十二条】**），并切实履行出资义务；同时，书面催缴书也是证明董事履行催缴职责的依据。第三，董事会是公司机构，并不具有以自己名义从事民事活动的资格，且董事会催缴出资也是为了维护公司利益，故而向瑕疵出资股东发出书面催缴书应以公司的名义。

5. 董事履行确保公司资本充实的职责是董事对公司负有勤勉义务的必然要求（**【第一百八十条】**）。当然，由于股东会可以在董事任期届满前依法解任董事（**【第七十一条】**），这可能弱化董事催缴股东出资的积极性。本条第二款的规定正是为了进一步明确董事的该项义务，并落实违反义务而对公司所遭受损失承担的赔偿责任。

·典型案例·

（2022）苏07民终4074号民事判决书：张某为宏业公司股东。宏业公司增资1000万元，由张某一人认缴。李某时任宏业公司董事。宏业公司因未向环强公司支付剩余工程款，经法院判决后环强公司申请强制执行，并请求追加张某为被执行人，同时要求李某对张某缴纳出资义务承担连带责任。法院认为，董事负有向未履行或未全面履行出资义务的股东催缴出资的义务，追缴股东出资属于董事勤勉义务范围，故支持环强公司的诉讼请求。

关联规则

《期货和衍生品法》第七十五条；《证券法》（2019年修订）第一百四十一条。

文献参考

郭富青：《资本认缴登记制下出资缴纳约束机制研究》，载《法律科学（西北政法大学学报）》2017年第6期；袁碧华：《"认"与"缴"二分视角下公司催缴出资制度研究》，载《中国法学》2019年第2期；李建伟、岳万兵：《董事对债权人的信义义务——公司资本制度视角的考察》，载《中国政法大学学报》2022年第2期。

第五十二条　【股东失权】

股东未按照公司章程规定的出资日期缴纳出资，公司依照前条第一款规定发出书面催缴书催缴出资的，可以载明缴纳出资的宽限期；宽限期自公司发出催

缴书之日起，不得少于六十日。宽限期届满，股东仍未履行出资义务的，公司经董事会决议可以向该股东发出失权通知，通知应当以书面形式发出。自通知发出之日起，该股东丧失其未缴纳出资的股权。

依照前款规定丧失的股权应当依法转让，或者相应减少注册资本并注销该股权；六个月内未转让或者注销的，由公司其他股东按照其出资比例足额缴纳相应出资。

股东对失权有异议的，应当自接到失权通知之日起三十日内，向人民法院提起诉讼。

条文解读

本条是关于股东失权的规定。

本条是新增规定，旨在构建与董事会催缴出资规则相对应的股东失权制度。

理解本条需留意以下几点：

1. 董事会向股东催缴出资需要遵循相应的法定程序。第一，所谓股东出资存在瑕疵，指的是股东未按期足额缴纳公司章程规定的各自所认缴的出资额（**【第四十九条】**）。如果股东出资未届出资期限，原则上不属于瑕疵出资，除非满足本法关于股东应提前缴纳出资的要求（**【第五十四条】**）。第二，董事会应以公司名义向瑕疵出资股东发出书面催缴书（**【第五十一条】**），且为了落实实际缴纳出资事宜，可以在书面催缴书中载明不少于 60 日的缴纳出资宽限期；未载明宽限期的，则以 60 日为限。第三，股东未在宽限期届满前履行出资义务的，公司可以向其发出失权的书面通知。不过，本条虽未强制公司必须向未缴纳出资的股东发出失权通知，但在多个股东存在出资瑕疵的情形下，倘若公司只是向个别股东发出失权通知，则可能有违股东平等原则。第四，董事会向股东发出失权通知应当经董事会决议，即应当有过半数的董事出席，并经全体董事的过半数通过（**【第七十三条】**）。需要注意的是，宽限期和股东失权的日期起算采发出主义，股东提起失权异议之诉的期间起算则采到达主义。

2. 相较于《公司法解释（三）》第十七条、第十八条规定的瑕疵出资股东权利行使限制以及股东除名规则，股东失权规则具有更明显的灵活性与合理性。一方面，瑕疵出资股东权利行使限制并未涉及公司催缴出资事宜，也无法相应减少未缴纳出资股东的股权,而仅是对股东权利作出限制。另一方面,股东除名只针对完全未履行出资义务或者抽逃全部出资的情形,其后果就是解除股东资格,如果股东已履行部分出资义务,则难以适用该规则。股东除名可以说是一项“全有或者全无”的规定,无疑过于绝对、失之偏颇。股东失权规则能较好地回应上述两方面的疑难之处。其一,股东失权的理论基础是,股权是可分割的。与股东除名规则不同,股东失权的后果是丧失未缴纳出资相应的股权,而非解除股东资格。股东资格并无分割的可能,而股权则可根据股东实际缴纳出资情况作出相应调整。其二,股东失权可以涵盖股东除名的适用情形。股东失权的极端状态就是股东因完全未履行出资义务而丧失其全部股权,此时股东失权与股东除名在法律效果上是相同的。

3. 公司应当对股东丧失的股权及时作出处理。第一种方式是由股东或者股东以外的人受让股权(**【第八十四条】**)。第二种方式是相应减少注册资本并注销该股权。公司如果采取第二种方式,则需要履行减少注册资本的法定程序(**【第二百二十四条】**)。同时,为了确保公司资本的相对稳定性,给予公司债权人必要且合理的预期,倘若依照本条第一款规定丧失的股权未在6个月内转让或者注销,则由公司其他股东按照其出资比例足额缴纳相应出资。所谓其他股东,本条并没有明确为设立时的股东,则应理解为转让或者注销股东丧失的股权的6个月期限届满时公司的现有股东。从表面上看,这一制度安排似乎打破了股东有限责任,实际上是敦促公司尽快处理股东丧失的股权,以消除该状况对公司资本和公司治理的不良影响。所谓出资比例,究竟是指认缴还是实缴的出资比例,尚有争议。考虑到目前大多数股东在公司设立时都选择以认缴的方式出资,且本条也并未明确指出需以实缴为准,故理解为认缴的出资比例更妥当。由此也能避免出现其他股东皆未实缴因而无人有义务缴纳出资的尴尬境地。

4. 从股东和公司的关系来看,股东对于丧失股权的部分虽然不再需要履行出资义务,但该股东仍应承担因未按期足额缴纳出资给公司造成损失的赔偿责任(【第四十九条】),以及按照股东签订的设立协议或达成的其他约定对其他股东承担违约责任(【第四十三条】)。此外,虚假出资或未出资还可能需要承担相应的行政责任和刑事责任(**【第二百五十二条】【第二百六十四条】**)。

5. 本条第三款针对股东失权设置了救济规则。《合伙企业法》(2006年修订)第四十九条第三款规定,被除名人对除名决议有异议的,可以自接到除名通知之日起30日内,向人民法院起诉。与之类似,股东对失权有异议的,应当自接到失权通知之日起30

日内,向人民法院提起诉讼。至于股东基于目前规定的何种案由提起股东失权异议之诉,尚存疑惑。股东失权可能涉及公司决议、股东资格确认、股东名册记载或请求变更公司登记、股权转让等多个案由,《民事案件案由规定》将来也可增设股东失权纠纷的新案由。需要注意的是,股东提起失权异议之诉的期间起算则采到达主义,这与宽限期和股东失权的日期起算采发出主义有所不同。

· 典型案例 ·

(2018)京02民终12476号民事判决书:北京完达公司向其股东黑龙江完达公司催缴出资后,黑龙江完达公司并未补足出资。北京完达公司遂作出股东会决议,由其他股东认缴黑龙江完达公司未缴出资额,并修改持股比例。黑龙江完达公司认为,该决议违法而无效。法院认为,股东未按期足额缴纳出资则不应享有完全的股东权利,并应当承担不利后果;从公司意思自治的角度,公司以股东失权的方式自主救济,并不违反法律、行政法规的强制性规定,故该决议应为有效。

关联规则

《期货和衍生品法》第七十五条;《证券法》(2019年修订)第一百四十一条;《合伙企业法》(2006年修订)第四十九条。

文献参考

凤建军:《公司股东的"除名"与"失权":从概念到规范》,载《法律科学(西北政法大学学报)》2013年第2期;王琦:《有限责任公司股东失权程序的建构路径》,载《法律适用》2022年第7期;葛伟军:《从股东资格解除到股东失权的嬗变》,载《北京理工大学学报(社会科学版)》2022年第5期;刘胜军:《论股东除名的事由与程序再造》,载《法学》2023年第3期;王东光:《股东失权制度研究》,载《法治研究》2023年第4期;于莹、申玮:《股东失权制度的法律构造》,载《吉林大学社会科学学报》2023年第6期。

第五十三条　【抽逃出资】

公司成立后,股东不得抽逃出资。

违反前款规定的,股东应当返还抽逃的出资;给公司造成损失的,负有责任的董事、监事、高级管理人员应当与该股东承担连带赔偿责任。

条文解读

本条是关于股东抽逃出资及其法律后果的规定。

本条第二款是新增规定，在吸收《公司法解释(三)》第十四条规定基础上修订完善而成。

理解本条需留意以下几点：

1. 抽逃出资这一概念源于20世纪80年代国家在清理和整顿公司时对公司应以自有资金开展经营活动的要求，带有明显的时代特质。本条未规定股东抽逃出资行为的具体情形。《公司法解释(三)》第十二条规定包括虚增利润进行分配、虚构债权债务关系将其出资转出或利用关联交易将出资转出等在内的情形都可能构成抽逃出资。从既往理论与实践来看，抽逃出资的含义与适用标准都是不清晰的。对此，目前主要有两种解决思路：一是以资本维持原则为基础的侵蚀股本标准，即借助资产负债表的财务数据，省察公司资本流出是否导致净资产小于实收股本；二是聚焦于公司现金流或可立即变现资产的实际偿付能力标准，即将公司利润分配、股份回购、减资等事项置于资本流出这一统合概念下，并以适当方法测试公司是否具有实际偿付一定期限内到期债务的能力。当然，两种思路孰优孰劣，争议较大。实际上，两者也并不完全冲突。在判断股东是否抽逃出资时，可根据资本流出的具体情形，两种解决思路可以综合运用。

2. 从行为结果来看，股东抽逃出资与本法第五十条所规定的瑕疵出资类似，都是侵蚀公司资本的行为，也可能给公司造成其他损失。因此，本条第二款规定抽逃出资的股东在返还出资的同时，公司还有其他损失的，应当承担赔偿责任(**【第四十九条】**)。相比《公司法解释(三)》第十四条的规定，本条第二款规定的责任主体在删去实际控制人的同时增加了监事。当然，实际控制人如果被认定为事实董事、影子董事或影子高级管理人员且对股东因抽逃出资对公司造成损失负有责任，则应当依照本条第二款规定承担连带赔偿责任(**【第一百八十条】【第一百九十二条】**)。此外，《最高人民法院关于适用〈中华人民共和国企业破产法〉若干问题的规定(二)》(2020年修正)第二十条第二款规定，管理人依据公司法的相关规定代表债务人提起诉讼，主张公司的发起人和负有监督股东履行出资义务的董事、高级管理人员，或者协助抽逃出资的其他股东、董事、高级管理人员、实际控制人等，对股东违反出资义务或者抽逃出资承担相应责任，并将财产归入债务人财产的，人民法院应予支持。上述规定适用于公司进入破产程序的情形。

3. 本条规定在适用方面可能存在的难点在于本法第五十二条关于股东失权的规定是否适用于股东抽逃出资的场合。结合前述行为结果的分析，抽逃出资可纳入广义上的瑕疵出资范畴。既然瑕疵出资情形下都有适用股东失权规定的可能，那么具有类似行为后果的抽逃出资情形也可适用类似规则。此外，抽逃出资还可能需要承担相应的行政责任和刑事责任(**【第二百五十三条】【第二百六十四条】**)。

· 典型案例 ·

1. 针对本条第一款

(2023)京02民终495号民事判决书：圆益泰公司为中金国科公司股东，实缴出资2750万元。后圆益泰公司向中金国科公司借款844万元，到期后未及时还款。中金国科公司起诉称圆益泰公司抽逃出资，需补足抽逃出资本金844万元。法院认为，圆益泰公司在借款已到期的情况下拒不履行还款义务，其借款行为应当认定为抽逃出资。

2. 针对本条第二款

(2022)闽08民终313号民事判决书：林某为皓森公司股东及法定代表人，牛某为经理。后皓森公司向林某账户转账40万元，而无相对应的会计账目记录。因皓森公司资不抵债，故其债权人请求认定林某抽逃出资，牛某协助股东抽逃出资。法院认为：林某已构成抽逃出资，应向公司返还抽逃的出资本息；高级管理人员牛某协助股东抽逃出资，应当承担连带清偿责任。

关联规则

《民法典》第八十三条；《刑法》(2023年修正)第一百五十九条；《最高人民法院关于适用〈中华人民共和国企业破产法〉若干问题的规定(二)》(2020年修正)第二十条；《最高人民法院关于民事执行中变更、追加当事人若干问题的规定》(2020年修正)第十八条；《最高人民检察院、公安部关于公安机关管辖的刑事案件立案追诉标准的规定(二)》(2022年修订)第四条。

文献参考

张保华：《分配概念解析——兼评〈公司法司法解释(三)〉中的抽逃出资》，载《政治与法律》2011年第8期；樊云慧：《从"抽逃出资"到"侵占公司财产"：一个概念的厘清——以公司注册资本登记制度改革为切入点》，载《法商研究》2014年第1期；刘燕：《重构“禁止抽逃出资”规则的公司法理基础》，载《中国法学》2015年第4期；王军：《抽逃出资规则及公司分配制度的系统性改造》，载《法学研究》2021年第5期。

第五十四条 【股东提前缴纳出资】

公司不能清偿到期债务的，公司或者已到期债权的债权人有权要求已认缴出资但未届出资期限的股东提前缴纳出资。

条文解读

本条是关于股东提前缴纳出资的规定。

本条是新增规定，旨在进一步完善注册资本认缴登记制。自《公司法》(2018年修正)确立注册资本认缴登记制以来，未届出资期限的股东的期限利益应依法予以保护(【第四十七条】)。然而在实践中，股东恶意约定过长出资缴纳期限等拖延履行出资义务的现象层出不穷，如何平衡股东出资期限利益与债权人利益成为注册资本认缴登记制下的新难题。本条规定在《九民纪要》第6点规定基础上，并结合注册资本认缴登记制实践经验，作进一步凝练和完善。

理解本条需留意以下几点：

1. 既有规则侧重强调股东期限利益的保护。《企业破产法》第三十五条规定，人民法院受理破产申请后，债务人的出资人尚未完全履行出资义务的，管理人应当要求该出资人缴纳所认缴的出资，而不受出资期限的限制。《最高人民法院关于适用〈中华人民共和国企业破产法〉若干问题的规定(二)》(2020年修正)第二十条第一款进一步规定，管理人代表债务人提起诉讼，主张出资人向债务人依法缴付未履行的出资或者返还抽逃的出资本息，出资人以认缴出资尚未届至公司章程规定的缴纳期限或者违反出资义务已经超过诉讼时效为由抗辩的，人民法院不予支持。上述规定明确了只有在人民法院受理破产申请后，股东出资责任的履行才不受约定的出资期限的保护。此外，《公司法解释(三)》第十三条第二款关于公司债权人可以请求股东在未出资本息范围内对公司债务不能清偿的部分承担补充赔偿责任的规定限制在股东必须存在瑕疵出资的情形。但理论上，既然未届出资期限，那么股东尚未缴纳出资的行为就不属于瑕疵出资，从而公司债权人的上述请求也难以得到人民法院支持。

2. 为了回应上述实践疑难，《九民纪要》第6点明确指出，虽然在注册资本认缴登记制下，股东依法享有期限利益，但在特定情形下，未届出资期限的股东应当在未出资范围内对公司不能清偿的债务承担补充赔偿责任。所谓特定情形主要是指：(1)公司作为被执行人的案件，人民法院穷尽执行措施无财产可供执行，已具备破产原因，但不申请破产的；(2)在公司债务产生后，公司股东会决议或以其他方式延长股东出资期限的。《九民纪要》规定的第二种情形试图打破具备破产原因作为要求股东提前缴纳出资的前提条件。

3. 此次《公司法》修订有机吸收上述规定的内容，设置了股东提前缴纳出资的概括性规定。所谓"公司不能清偿到期债务"，而不要求"且明显缺乏清偿能力"，表明本条规定的情形与《企业破产法》第二条规定的破产原因有别，也扩充了本条规定的适用情形，有利于权利人依法维护自身合法权益。只要符合上述条件，公司或者已到期债权的债权人皆有权要求已认缴出资但未届出资期限的股东提前缴纳出资。此前相关规定主要回应了债权人的诉求，本条规定明确将公司也列为权利主体，与公司董事会催缴出资的规定相契合。当然，催缴出资不仅是公司的权利，对于公司资本充实及公司债权人保护而言，公司也有此义务(**【第五十一条】**)。

4. 当已到期债权的债权人依照本条规定要求股东提前缴纳出资时，该债权人能否就股东提前缴纳的出资个别受偿，尚有争议。从法律关系来看，股东向公司履行出资义务，并不直接对公司债权人承担责任(**【第四条】**)。若公司债权人依照《民法典》第五百三十五条的规定代位行使公司对股东的催缴权利，又必须以股东认缴的出资已届出资期限为前提。这也是在本条规定创设前，债权人难以行使代位权的原因。本条规定既然不要求公司具备破产原因，则不必然要求采取《企业破产法》关于债权人之间公平清偿的策略。况且，依照本条规定，股东出资期限已被依法提前，债权人行使代位权也符合《民法典》第五百三十七条的规定：一旦代位权成立，则由债务人的相对人向债权人履行义务。继而，从制度功能来看，若债权人在此情形下并无优先受偿权，也将减损债权人依法主张股东提前缴纳出资的积极性；而且本条规定的适用也不妨碍其他债权人依照《企业破产法》行使申请公司破产的权利。

· 典型案例 ·

(2022)皖03民终3702号民事判决书：中菱公司因未履行到期债务而被盛中意公司申请强制执行，盛中意公司申请追加中菱公司股东中科公司、中菱公司发起人高投公司和华菱公司为被执行人。法院认为，中科公司作为中菱公司股东，在中菱公司无法清偿到期债务时，丧失其期限利益，出资义务加速到期，而高投公司和华菱公司作为中菱公司发起人，亦应当承担资本充实责任，即作为公司设立者所需承担的相互担保出资义务履行的民事责任，故此二者应当对中菱公司的债务在其认缴出资范围内承担连带赔偿责任，其承担债务后，可向中科公司追偿。

关联规则

《民法典》第五百三十五条、第五百三十七条；《企业破产法》第二条、第三十五条；《最高人民法院关于适用〈中华人民共和国企业破产法〉若干问题的规定（二）》（2020年修正）第二十条。

文献参考

李建伟：《认缴制下股东出资责任加速到期研究》，载《人民司法》2015年第9期；丁勇：《认缴制后公司法资本规则的革新》，载《法学研究》2018年第2期；蒋大兴：《论股东出资义务之"加速到期"——认可"非破产加速"之功能价值》，载《社会科学》2019年第2期；陈妮：《非破产下股东出资期限利益保护限度实证研究》，载《法学评论》2020年第6期；郗伟明：《股东出资义务"常态加速到期理论"之反思——兼论对不诚信认缴出资行为的可行规制》，载《法商研究》2022年第3期；周游、马健淇：《有限责任公司股东期限利益保护之边界省思》，载《中国市场监管研究》2024年第1期。

第五十五条 【出资证明书】

有限责任公司成立后，应当向股东签发出资证明书，记载下列事项：

（一）公司名称；

（二）公司成立日期；

（三）公司注册资本；

（四）股东的姓名或者名称、认缴和实缴的出资额、出资方式和出资日期；

（五）出资证明书的编号和核发日期。

出资证明书由法定代表人签名，并由公司盖章。

条文解读

本条是关于股东出资证明书的规定。

与修订前的条文相比，本条规定的主要变化有：一是增加认缴的出资额作为出资证明书的记载事项；二是明确出资证明书除了由公司盖章外，还应当由法定代表人签名。

理解本条需留意以下几点：

1. 向股东签发出资证明书是公司的一项法定义务。所谓出资证明书，是有限责任公司向股东签发的证明其已经履行出资义务的法律文件。与本法第五十一条等规定类似，向股东签发出资证明书的时间点为有限责任公司成立后。公司成立后方才获得法人独立地位及有权签发出资证明书。

2. 理论上，出资证明书是证权文件，而非设权文件。出资证明书记载和反映了股东出资的具体情况，但是，股东享有的股东权利源于出资或者继受等方式，而并非通过公司签发出资证明书创设。实践中，公司不向股东签发出资证明书的情形并不少见。如果将出资证明书视为设权文件，反而不利于保护股东的合法权益。与之类似，股东名册与公司章程的记载，以及公司登记机关登记等也可作为当事人享有股东权利的证权文件。

3. 本条第一款明确规定出资证明书需要记载的事项，包括公司名称、公司成立日期、公司注册资本等公司基本信息，以及与股东出资情况密切相关的信息。第一，记载公司名称是为了明确出资证明书的签发主体。第二，记载公司成立日期是为了明确股东可以向公司主张行使相关股东权利的起始时间，以及签发出资证明书的效力。第三，公司注册资本是公司在公司登记机关登记的全体股东认缴的出资额，记载该事项是为了明确股东出资额在公司注册资本中所占比例，并据此明确股东承受权利义务的范围。第四，记载股东的姓名或者名称、认缴和实缴的出资额、出资方式和出资日期则彰显了出资证明书的核心功能。股东分期缴纳出资的，公司应当在股东每一次缴纳出资后向其签发出资证明书；新的出资证明书签发后，公司应当收回并注销原出资证明书。此外，股东依照本法转让股权后，公司应当及时注销原股东的出资证明书，向新股东签发出资证明书(**【第八十七条】**)。由此可见，出资证明书因其相关记载具有显著的特定性，故而并非可流通的有价证券。记载股东的出资日期既是为了明确股东履行出资义务的时间是否符合公司章程规定，也是为了厘定与实际缴纳出资相关的股东权利行使的起始时间。第五，记载出资证明书的编号和核发日期是为了便于保管、查阅与核对。

4. 签发出资证明书应符合本条第二款规定的形式要件，否则不发生法律效力。此前规定仅要求公司盖章，本条第二款增加法定代表人签名的规定，也使签发出资证明书的形式要件更加完善。

·典型案例·

(2022)粤01民终12426号民事判决书：黄某请求确认其在沃福公司的股东资格。法院认为，股东资格应包括实质要件和形式要件两方面。前者是股东的出资，为取得股东资格的必要条件；后者是对股东出资的记载和证明，是实质要件的外在表现。本案的形式要件即出资证明书上有沃福公司加盖公章及法定代表人签名，可认定该出资证明书有效。该出资证明书证实黄某为沃福公司的股东。

关联规则

《最高人民法院关于人民法院强制执行股权若干问题的规定》第十七条。

文献参考

李建伟：《有限责任公司股权变动模式研究——以公司受通知与认可的程序构建为中心》，载《暨南学报(哲学社会科学版)》2012年第12期；刘凯湘：《股东资格认定规则的反思与重构》，载《国家检察官学院学报》2019年第1期。

第五十六条　【股东名册】

有限责任公司应当置备股东名册，记载下列事项：

（一）股东的姓名或者名称及住所；

（二）股东认缴和实缴的出资额、出资方式和出资日期；

（三）出资证明书编号；

（四）取得和丧失股东资格的日期。

记载于股东名册的股东，可以依股东名册主张行使股东权利。

条文解读

本条是关于有限责任公司股东名册的规定。

本条规定在《公司法》（2018 年修正）第三十二条第一款、第二款内容基础上加以完善，新增股东出资方式、出资日期、取得和丧失股东资格的日期的记载事项要求。

理解本条需留意以下几点：

1. 置备股东名册是公司的一项法定义务。所谓股东名册，是有限责任公司依法对本公司股东的基本信息、出资情况及股东资格变动事宜予以登记造册的法律文件。

2. 本条第一款明确规定股东名册需要记载的与上述定义相关的事项。与出资证明书记载的事项相比，股东名册还需要记载股东的住所，以便公司或相关主体向特定股东送达文件，如公司向股东发出书面催缴书或失权通知、股东向其他股东发出股权对外转让通知书等。此外，与出资证明书类似，股东名册所记载的出资额包括股东的认缴和实缴的出资。此次修订规定股东名册还需要记载取得和丧失股东资格的时间。

3. 通常认为，股东名册在处理公司与股东之间关系方面具有推定效力。故而，本条第二款规定，记载于股东名册的股东，可以依股东名册主张行使股东权利。股东当然可以依据出资证明书等文件主张行使股东权利，但如果这些文件的记载与股东名册记载不一致，则应以股东名册记载为准，除非当事人有证据证明股东名册记载有误。涉及外部相对人权益时，则应适用关于公司登记的规定。其中，有限责任公司股东的姓名或者名称是公司登记事项，未经登记或者未经变更登记，不得对抗善意相对人（**【第三十二条】【第三十四条】**）。

4.《九民纪要》第 8 点指出，当事人之间转让有限责任公司股权，受让人以其姓名或者名称已记载于股东名册为由主张其已经取得股权的，人民法院依法予以支持。股东名册固然重要，然其事项的记载及变更不应作为股权变动的生效要件。与出资证明书类似，宜将股东名册视为一种证权文件而非设权文件（**【第五十五条】**）。即便增加取得和丧失股东资格的时间作为记载事项，也只是为了更清晰地反映股权变动的情况，以尽可能减少不必要的争议。此外，股东转让其股权的，应当书面通知公司，请求变更股东名册（**【第八十六条】**）；依照本法转让股权后，公司应当及时修改股东名册中有关股东及其出资额的记载（**【第八十七条】**）。上述规定都是股东名册作为证权文件的体现。

·典型案例·

（2022）京01民终9284号民事判决书：于某入股阳光公司，后因其并未记载于阳光公司的公司登记信息中而被认为并非阳光公司股东。法院认为，股东履行出资义务并被记载于股东名册后，即获得股东资格并可以行使股东权利。股东名册等信息表明于某已经取得阳光公司的股东资格，公司登记机关登记仅产生对抗效力，不影响于某股东资格的取得。

关联规则

《商业银行法》（2015年修正）第十五条；《保险公司股权管理办法》第六十一条；《最高人民法院关于人民法院强制执行股权若干问题的规定》第十七条。

文献参考

虞政平：《股东资格的法律确认》，载《法律适用》2003年第8期；王东敏：《股东名册与公司登记机关的登记对股权确认的意义——对公司法第三十三条的理解与适用》，载《人民司法》2006年第8期；张双根：《论有限责任公司股东资格的认定——以股东名册制度的建构为中心》，载《华东政法大学学报》2014年第5期；胡晓静：《股权转让中的股东资格确认——基于股权权属与股东资格的区分》，载《当代法学》2016年第2期。

第五十七条　【股东查阅权】

股东有权查阅、复制公司章程、股东名册、股东会会议记录、董事会会议决议、监事会会议决议和财务会计报告。

股东可以要求查阅公司会计账簿、会计凭证。股东要求查阅公司会计账簿、会计凭证的，应当向公司提出书面请求，说明目的。公司有合理根据认为股东查阅会计账簿、会计凭证有不正当目的，可能损害公司合法利益的，可以拒绝提供查阅，并应当自股东提出书面请求之日起十五日内书面答复股东并说明理由。公司拒绝提供查阅的，股东可以向人民法院提起诉讼。

股东查阅前款规定的材料，可以委托会计师事务所、律师事务所等中介机构进行。

股东及其委托的会计师事务所、律师事务所等中介机构查阅、复制有关材料，应当遵守有关保护国家秘密、商业秘密、个人隐私、个人信息等法律、行政法规的规定。

股东要求查阅、复制公司全资子公司相关材料的，适用前四款的规定。

条文解读

本条是关于有限责任公司股东查阅权的规定。

本条规定在《公司法》(2018 年修正)第三十三条以及《公司法解释(四)》第十条、第十一条规定基础上修改完善而成。本条第一款新增股东可以查阅、复制股东名册的规定；第二款将股东可以查账的范围扩张至公司会计凭证；第三款和第四款明确股东查阅公司文件材料时可以委托中介机构进行，同时需要遵守保密义务；第五款新增股东对公司全资子公司“穿越”行使查阅权的规定。

理解本条需留意以下几点：

1. 本条第一款新增股东名册作为股东可以查阅、复制的内容，对应关于有限责任公司应当置备股东名册的规定(【第五十六条】)。以往实践中，股东通常也可以查阅、复制股东名册，只不过由于有限责任公司股东人数不多，股东之间可能不需要通过股东名册了解相关信息。一旦立法强化了股东名册的作用，就有必要在股东查阅和复制范围方面加以明确，以免发生争议。

2. 本条第二款将股东可以查账的范围从原来仅限于会计账簿扩张至会计凭证，有助于判断公司的真实经营情况、核对会计账簿记载的真实与否。在公司实务和司法实践中，对股东究竟能否查阅公司会计凭证一直存在较大争议。查阅权作为股东知情权的重要内容，是公司法赋予股东的法定权利。为了使股东更好地了解乃至监督公司经营管理，本次修订明确规定股东可以查阅公司会计凭证。依照《会计法》（2017 年修正）第十四条第一款的规定，会计凭证包括原始凭证和记账凭证。

3. 为了实现股东与公司之间的利益平衡，本条第二款也通过"正当目的"的要求对股东查阅公司会计账簿、会计凭证予以合理限制。首先，股东应当向公司提出书面请求，说明查阅的目的；其次，公司可以以股东查阅会计账簿、会计凭证有不正当目的为由拒绝提供查阅。何为"正当目的"尚难以判断。《公司法解释（四）》第八条列举了股东可能存在"不正当目的"的情形，主要涉及竞业、通报信息等行为。

4. 对于公司会计账簿、会计凭证，股东可以自行查阅，也可以委托专业的中介机构查阅。考虑到查阅的材料可能涉及非常专业的财务、会计知识，如果只允许股东自行查阅，那么也可能无法实现制度设置的目的。根据《公司法解释（四）》第十条第二款的规定，股东委托中介机构查阅特定文件材料，首先，需要有人民法院生效判决，也就是其查阅材料的诉讼请求得到人民法院支持；其次，股东还必须"在场"。此次修订后，本条第三款并无要求以生效判决为前提，但结合第二款关于查阅权诉讼的内容来看，生效判决仍可能是在股东与公司之间产生纠纷时行使查阅权的重要依据。至于股东是否必须在场，则在所不问。

5. 本条第四款规定股东及其委托的中介机构应当在行使查阅权的同时需要遵守相关保密义务。《公司法解释（四）》第十一条仅限于公司商业秘密保护的规定，本条第四款在此基础上将保密范围扩张至国家秘密、个人隐私、个人信息等，具有现实必要性。

6. 在公司集团化运营的趋势下，股东对公司全资子公司相关材料的查阅权作为股东权利"穿越"行使的重要制度，能更好地体现对股东合法权益的保护。股东要求查阅、复制公司全资子公司相关材料的，应当遵守本条前四款的相关规定。从文义来看，本条第五款规定股东"穿越"行使查阅权的对象仅限于公司全资子公司，而不包括公司控股子公司（**【第十三条】**）或者公司全资子公司设立的全资子公司等。

典型案例

1. 针对本条第一款

（2022）京 02 民终 11294 号民事判决书：周口店公司为龙业公司股东，起诉要求查阅龙业公司的董事会会议记录。法院认为，《公司法》仅规定股东有权查阅、复制董事会会议决议，而非董事会会议记录，因此周口店公司的请求缺乏法律依据，不应予以支持。

2. 针对本条第二款

（2022）吉 02 民终 2164 号民事判决书：宇成公司股东李某起诉要求查阅公司的会计凭证。法院认为，《公司法》并未明文限制股东查阅会计凭证。会计凭证虽然不属于会计账簿的范畴，但是其为会计账簿的基础和依据；且从立法目的看，股东对公司账目的查阅权是股东知情权的重要部分，而当股东对会计账簿内容的真实性和完整性有异议时，会计凭证是必不可少的判断依据。不查阅原始凭证，股东可能无法准确了解公司真正的经营状况，其知情权也无法得到切实保障，因此李某的主张应当得到支持。

3. 针对本条第三款、第四款

（2023）皖 05 民终 116 号民事判决书：恒丰公司在诉讼中主张，其股东陈某委托三人辅助查阅，人数过多，可能泄露恒丰公司的商业秘密。法院认为，《公司法解释（四）》规定股东可以由会计师、律师等依法或者依据执业行为规范负有保密义务的中介机构执业人员辅助查阅，并未限制股东查阅公司相关文件材料时可委托的相关专业人士的数量，而三人也并不会显著增加公司商业秘密泄露的风险，因此其主张不能成立。

4. 针对本条第五款

（2017）苏执监 648 号执行裁定书：金浦集团为投资管理型公司，其收入及重大资产均来源于旗下数家控股子公司。金浦集团的股东郭某甲认为金浦集团长期被大股东郭某乙操控，财务极不规范，欲查阅其子公司账簿。法院认为，金浦集团作为投资性主体的母公司，通过资本增值、投资收益或者两者兼有而让投资者获得回报，其提供相关服务的全部子公司均被纳入合并财务报表的范围。而且，其业务及收益也全部来源于其投资的企业，其编制的合并报表反映的也是母公司和其全部子公司形成的企业集团整体财务状况、经营成果及其现金流量。鉴于投资性控股公司情形之下，股东的实际利益在子公司而非母公司，郭某甲作为财务报表使用者，有权知晓金浦集团在其子公司中的权益对企业财务状况、经营成果及现金流量的影响，金浦集团也有义务向郭某甲披露这方面信息。因此，对郭某甲的主张予以支持。

关联规则

《民法典》第一千零三十二条、第一千零三十四条；《刑法》（2023 年修正）第一百六十二条；《保守国家秘密法》（2010 年修订）第十六条、第二十四条、第二十五条、第二十六条；《会计法》（2017 年修正）第十三条、第十四条、第二十三条；《个人信息保护法》第十条、第十三条；《反不正当竞争法》（2019 年修正）第九条、第二十一条；《最高人民法院关于审理侵犯商业秘密民事案件适用法律若干问题的规定》第十六条。

文献参考

叶林、林一：《论公司信息报告制度》，载《河北学刊》2007 年第 6 期；蔡元庆：《股东知情权制度之重构》，载《北方法学》2011 年第 3 期；李建伟：《股东知情权诉讼研究》，载《中国法学》2013 年第 2 期；董新义：《股东对公司所控股公司的知情权》，载《财经法学》2021 年第 3 期。

第二节　组 织 机 构

第五十八条　【股东会的组成和定位】

有限责任公司股东会由全体股东组成。股东会是公司的权力机构，依照本法行使职权。

条文解读

本条是关于有限责任公司股东会组成和定位的规定。

理解本条需留意以下几点：

1. 有限责任公司股东会是由全体股东组成的机构。依循股东平等原则，无论出资多寡，每一位股东理所当然都是股东会的成员，都有资格出席股东会会议，并依照法律和公司章程规定参与公司治理。相反，未按照公司章程规定向公司认缴或实缴出资，或者未依法继受公司股权的人，就不是公司的股东，也不可能是股东会的成员。需要注意的是，有必要辨析作为机构的股东会和作为会议的股东会。[①] 与英美法系通常仅强调作为会议的股东会（meeting）不同，两种语义的股东会在我国《公司法》中皆有体现。此次修订有意识地针对两种语义作出区分。例如，依职权作出决议的应当为股东会，而非股东会会议（【**第六十六条**】）；而依法召开的应当为股东会会议，而非股东会（【**第一百一十三条**】）。

2. 依照《民法典》第八十条第一款的规定，营利法人应当设权力机构。公司作为营利法人，股东会是其权力机构。既然是权力机构，那么股东会对公司的重大问题都应当有决策权（【**第五十九条**】）。当然，股东会虽是公司的权力机构，但依循两权分离的基本原理，其通常不是公司的常设机构。因此，股东会通常没有设置类似于董事会办公室的日常办公场所，也没有安排相应的办公人员；其会议召集和主持还需要由董事会或者监事会或者代表1/10以上表决权的股东负责（【**第六十三条**】）。

3. 既然股东会不是常设机构，而主要是以会议的形式行使权力，那么为了确保股东参与公司治理，体现股东会作为公司权力机构的法律定位，公司法对股东会会议的类型和召开方式、召集和主持、通知和记录、表决权的行使、议事方式和表决程序等方面都作出了具体规定（【第六十二条】至【第六十六条】）。

· 典型案例 ·

（2022）津02民终8439号民事判决书：瀚居公司股东会作出决议：出资期限届满而股东未及时足额实缴出资的，并经股东会2/3以上表决权通过，即可除名。股东刘某不同意以上决议，主张该决议无效。法院认为，股东会作为公司权力机构，行使职权属于公司自治的范畴。股东会有权就除名规则、认缴出资期限、公司的经营以及公司章程的修改作出决议。现刘某提供的证据不足以证实上述决议内容违反我国法律、法规强制性规定，因此对刘某的主张不予支持。

关联规则

《民法典》第八十条；《证券交易所管理办法》（2021年修订）第十八条。

---

① 根据《现代汉语词典》的解释，“会”既可能指“有一定目的的集会”，也可能指“某些团体”。参见中国社会科学院语言研究所词典编辑室编：《现代汉语词典》，商务印书馆2016年版，第583页。

文献参考

周游:《公司法上的两权分离之反思》,载《中国法学》2017 年第 4 期;梁上上:《公司权力的归属》,载《政法论坛》2021 年第 5 期;刘凯湘、刘晶:《我国股东会中心主义的历史成因——以国有企业改制为线索》,载《法学论坛》2021 年第 6 期;潘林:《论公司机关决策权力的配置》,载《中国法学》2022 年第 1 期。

第五十九条 【股东会的职权】

股东会行使下列职权:

(一)选举和更换董事、监事,决定有关董事、监事的报酬事项;

(二)审议批准董事会的报告;

(三)审议批准监事会的报告;

(四)审议批准公司的利润分配方案和弥补亏损方案;

(五)对公司增加或者减少注册资本作出决议;

(六)对发行公司债券作出决议;

(七)对公司合并、分立、解散、清算或者变更公司形式作出决议;

(八)修改公司章程;

(九)公司章程规定的其他职权。

股东会可以授权董事会对发行公司债券作出决议。

对本条第一款所列事项股东以书面形式一致表示同意的,可以不召开股东会会议,直接作出决定,并由全体股东在决定文件上签名或者盖章。

条文解读

本条是关于有限责任公司股东会职权的规定。

与修订前的条文相比,本条规定的主要变化有:一是删除“决定公司的经营方针和投资计划”的表述;二是将“审议批准公司的年度财务预算方案、决算方案”从股东会法定职权中剔除;三是允许股东会授权董事会对发行公司债券作出决议。这些修改都有利于提升公司内部决策的灵活性。

理解本条需留意以下几点：

1. 股东会以会议形式行使权力，通过团体决策体现所有者权益，是股东权益享有与行使的重要方式（【第五十八条】）。依照本法的原则性规定，股东对公司依法享有资产收益、参与重大决策和选择管理者等权利（【第四条】）。这些权利也大致与本条规定的股东会职权相对应。一是选择管理者的权利，即人事任免决定权。本条第一款第一项规定股东会选举和更换董事、监事，并决定有关董事、监事的报酬事项。二是资产收益权。具体而言，利润分配请求权、异议股东股权收购请求权、剩余财产分配请求权，甚至包括股权对外转让时其他股东的优先购买权、增资时现有股东的优先认缴权等涉及财产利益的权利都是资产收益权的体现。本条第一款第四项、第五项、第七项等规定的审议批准公司的利润分配方案和弥补亏损方案、对公司增加或者减少注册资本作出决议以及对公司解散、清算作出决议等都与股东的资产收益权紧密相连。三是参与重大决策权。股东会是公司的权力机构，本条第一款第二项、第三项、第六项、第七项、第八项等规定的各项职权都是股东通过股东会参与公司重大决策的体现。当然，前两点关于人事任免决定权和资产收益权的内容，实际上也属于公司重大决策范畴。上述三点解构只是为了便于理解，而非对股东会职权的严格分类。

2. 本条第二款为授权性规范，股东会可以授权董事会对发行公司债券作出决议。公司发行公司债券虽是一项重大经营行为，但与增加注册资本将直接涉及股东利益不同的是，债券本质上是发行人与债券持有人之间的债权债务关系，与公司的买卖等交易行为类似，可以由董事会根据公司实际需要适时作出决策。值得注意的是，本条第二款仅规定发行公司债券事宜可授权董事会作出决议，那么股东会的其他职权能否授权董事会为之则不无疑惑。从文义并结合我国股东会作为权力机构的法律定位来看，股东会若将发行公司债券之外的职权授权董事会行使可能存在合规风险。此外，本法还设有不需股东会决议的特殊规定，如股权转让、授权董事会决定发行股份等引起的公司章程修改（【第八十七条】【第一百五十二条】）、简易合并（【第二百一十九条】）等。

3. 本条第三款是通常被称为书面表决制度的规定。虽然本款规定使用“股东以书面形式一致表示同意”的表述，但不宜将书面表决视为一种契约。首先，股东书面一致同意所形成的文件为“决定”，而非协议。股东一致同意作出的决定，凸显企业的科层特质：不仅股东要遵守，公司内部其他机关也必须依照决定执行相关事务。其次，即便存在一致同意的外观，但容易忽视的是，这是一种“同意不开会 + 同意待决定事项”之

“双同意”机制，仍蕴含公司程式的意味。换言之，即便股东同意待决定事项，但并未排除其要求召开股东会会议权利的行使。最后，不召开股东会会议而形成的决定同样产生决议的法律效果，因此，本法有关决议的规定可适用于书面表决场合（**【第二十五条】**至**【第二十八条】**）。这也与协议存在本质区别。

·典型案例·

1. 针对本条第一款

（2022）津02民终7605号民事判决书：王某为百可诚公司法定代表人，其与百可诚公司订立借款合同，内容为王某以股利67.5万元转为公司向个人借款的方式，将所借款项计入公司短期借款科目项下。现王某诉请公司向其偿还该笔借款。法院认为，审议批准公司的利润分配方案和弥补亏损方案是有限责任公司股东会的职权。王某并未提交载明具体分配方案的股东会决议，亦未举证证明上述利润分配符合法定程序，故王某主张缺乏依据。

2. 针对本条第三款

（2022）浙10民终1963号民事判决书：杨某为迈诚公司股东。迈诚公司作出股东会决议，该决议载明：“本公司已根据公司法及章程的有关规定通知全体股东……经代表100%表决权股东同意，作出如下决议……”杨某认为该决议实际上并未召开股东会会议，程序不合法，诉请法院确认决议不成立。法院认为，股东会对其职权范围内的事项以书面形式一致表示同意的，可以不召开股东会会议，直接作出决定，并由全体股东在决定文件上签名或者盖章。故对杨某请求不予支持。

关联规则

《民法典》第八十条；《证券公司治理准则》（2020年修正）第十二条；《证券交易所管理办法》（2021年修订）第十八条。

文献参考

钱玉林：《股东大会中心主义与董事会中心主义——公司权力结构的变迁及其评价》，载《学术交流》2002年第1期；许可：《股东会与董事会分权制度研究》，载《中国法学》2017年第2期；曹兴权、黄超颖：《股东会授权董事会的底线：权利配置基础结构维持原则》，载《财经法学》2017年第3期；梁上上：《公司权力的归属》，载《政法论坛》2021年第5期；刘俊海:《论股东会中心主义治理模式的勃兴:评〈公司法(修订草案)〉中股东会的权力机构地位》,载《法学杂志》2023 年第 5 期。

第六十条　【一人有限责任公司的股东决定】

> **只有一个股东的有限责任公司不设股东会。股东作出前条第一款所列事项的决定时,应当采用书面形式,并由股东签名或者盖章后置备于公司。**

条文解读

本条是关于一人有限责任公司股东决定的规定。

本条规定较此前规定并无实质变化,只是针对个别表述略作调整。一人有限责任公司的股东除自然人外,还可能是法人或其他组织,故本次修订增加“盖章”的内容。

理解本条需留意以下两点:

1. 一人有限责任公司并无设置股东会的必要性和可能性。股东会以团体决策为基础,通过严格的程式化要求尽可能减少股东之间的利益冲突。一人有限责任公司只有一个股东,并不存在股东之间利益冲突的问题,也当然没有团体决策的可能。

2. 虽然一人有限责任公司不设股东会,但基于公司人格独立的要求,唯一的股东在处理公司事务时也应当遵守必要的程序性规定。唯一的股东单独作出“决定”,与股东会团体决策作出“决议”有别。一人有限责任公司理论上缺失了在普通公司中可能具有的股东之间相互制衡、相互监督的机能,也可能更容易出现股东滥用公司法人独立地位和股东有限责任的情形。唯一的股东若不能证明公司财产独立于股东自己的财产,则应对公司债务承担连带责任(**【第二十三条】**)。因此,在只有一个股东的有限责任公司场合,股东在处理公司事务时更应当注意相关程序性规定,降低合规风险。本条设置的程序性规定主要包括:一是决定应当采用书面形式,股东处理公司事务不得通过口头方式肆意为之。二是书面决定应由股东签名或者盖章。股东为自然人的,采取签名的方式;股东为法人或其他组织的,则采取负责人签名并加盖组织印章的方式。三是书面决定应置备于公司,以便利益相关者查阅并及时了解公司经营状况,这也是交易安全原则的要求。

· 典型案例 ·

（2022）粤15民终348号民事判决书：吴某为启航公司唯一的股东。吴某和潘某签订股权赠与协议，约定吴某将其持有的启航公司10%股权赠与潘某，但由吴某代持该部分股权。启航公司在该协议落款处盖章确认。潘某后以该协议为依据，要求启航公司分配利润。法院认为，公司是否进行利润分配及分配多少，应当由股东会作出具体方案；一人公司虽不设股东会，但股东作出分配利润决定时，应当采用书面形式，并由股东签名后置备于公司。本案中证据无法证明启航公司已有相关决定并分配利润，故对潘某诉请不予支持。

关联规则

《证券交易所管理办法》（2021年修订）第十七条。

文献参考

朱慈蕴：《一人公司对传统公司法的冲击》，载《中国法学》2002年第1期；刘俊海：《一人公司制度难点问题研究》，载《中国社会科学院研究生院学报》2005年第6期；李欢：《一人公司的立法演进与司法驱动》，载《经贸法律评论》2023年第4期。

第六十一条　【首次股东会会议】

首次股东会会议由出资最多的股东召集和主持，依照本法规定行使职权。

条文解读

本条是关于有限责任公司首次股东会会议的规定。

理解本条需留意以下几点：

1. 股东会会议的召开需要有召集人和主持人。召集的意义主要是确保各股东知悉会议召开事宜，包括会议召开的时间、地点和拟决议事项等。主持的意义则在于维持会议秩序和掌控会议进程，并最终确保会议召开目的的实现。首次股东会会议在职权范围方面与后续召开的股东会会议并无实质差别，故本条对其作出原则性规定（**【第五十九条】**）。

2. 由出资最多的股东召集和主持首次股东会会议是一种针对现实需要的制度考量。股东会会议在通常情况下应由董事会召集，董事长主持(【第六十三条】)。然而，公司董事由股东会选举产生，在首次股东会会议召开前，董事会成员和董事长都尚未确定，并无履职的可能。此时，负责会议召集和主持的人选就只能在股东当中确定。出资最多的股东通常更关切公司发展，其承受的风险也可能更高，由其召集和主持首次股东会会议符合效益原则的要求。

3. 本条规定中的出资，究竟是指认缴还是实缴的出资额，尚有争议。考虑到目前大多数股东在公司设立时都选择以认缴的方式出资，且本条也并未明确指出需以实缴为准，故理解为认缴的出资额更妥当。这也避免在全体股东皆只认缴而尚未实缴的情形下，无法确定负责召集和主持会议的股东的尴尬局面。

· 典型案例 ·

(2020)苏01民终9269号民事判决书：福珀斯公司由易某、陈某、黄某和何某共同出资设立，易某持股49%，陈某持股10%，黄某和何某共同持股41%。自公司成立起，福珀斯公司没有召开过股东会会议。后陈某召集股东会会议，形成免除易某所有职务并由陈某担任法定代表人、不设董事会的董事兼总经理职务的决议。易某主张首次股东会会议应由其召集，案涉股东会会议程序违法，决议无效。法院认为，易某在任董事期间，自公司成立起从未召集股东会会议的情况下，陈某作为公司监事召集和主持股东会会议不违背公司章程，也不违反公司法的相关规定。

关联规则

《中国保监会关于加强保险公司筹建期治理机制有关问题的通知》第五条。

文献参考

甘培忠：《公司法适用中若干疑难争点条款的忖度与把握》，载《法律适用》2011年第8期；王湘淳：《股东会决议：内涵界定与理论依托》，载《甘肃政法大学学报》2022年第3期。

第六十二条 【股东会会议的类型和召开要求】

> 股东会会议分为定期会议和临时会议。
>
> 定期会议应当按照公司章程的规定按时召开。代表十分之一以上表决权的股东、三分之一以上的董事或者监事会提议召开临时会议的，应当召开临时会议。

条文解读

本条是关于有限责任公司股东会会议的类型和召开要求的规定。

理解本条需留意以下几点：

1. 股东会作为公司的权力机构，主要通过召开会议并由股东表决的方式体现其法律地位（**【第五十八条】【第五十九条】**）。除首次股东会会议外（**【第六十一条】**），公司后续召开的股东会会议可分为定期会议和临时会议两种。

2. 定期会议是按照公司章程规定在一定时期内必须召开的会议。与股份有限公司的规定不同，本条对于有限责任公司股东会定期会议并未硬性要求每年召开一次年会（**【第一百一十三条】**）。这就意味着有限责任公司应当在公司章程中明确规定定期会议的召开频率和大致的召开时间，如一年召开一次或者两次，在每一会计年度的上半年结束之日起两个月内或者每一会计年度结束之日起四个月内召开等。

3. 临时会议是在定期会议之外，由于特定主体依法提议或基于法定事由的出现而应当召开的不定期会议。与股份有限公司的规定不同，有限责任公司临时股东会会议的召开主要是由于特定主体依法提议，而未列举应当召开临时会议的特定事由，如董事人数不足或公司未弥补的亏损达到一定比例等（**【第一百一十三条】**）。当然，有限责任公司可以在公司章程中根据公司实际需要，规定应当召开临时股东会会议的特殊情形。本条第二款规定可以依法提议召开临时会议的主体为三类，即特定股东、一定比例的董事或者监事会。首先，股东会由全体股东组成，每一位股东当然都是股东会的成员，股东理应享有提议召开临时会议的权利。不过，既然已有关于定期会议的规定，且频繁召开会议也可能给公司运营增加诸多成本，那么对于股东提议召开临时会议应当设置一定的限制条件。本条第二款规定股东应当满足“代表十分之一以上表决权”的要求，实属必要。对于该比例宜解释为单独或者合计达到1/10，且“以上”包括本数。

其次，董事往往直接参与公司经营管理，更容易知悉涉及公司利益或股东权益诸事宜，故而赋予董事提议召开临时股东会会议的职权，理所应当。临时会议通常都需要处理相对紧急的事务，设置过高的董事人数比例显然不妥。继而，既然只需要达到1/3的比例，那么在提议召开临时股东会会议前无须形成董事会决议。最后，监事会也可以提议召开临时股东会会议。与董事在公司内部通常有各自具体分工的情形不同，我国公司的监督机构往往采取团体决策、统一行动的方式。因此，监事会提议召开临时股东会会议前应当经全体监事的过半数通过。此外，对于在董事会中设置审计委员会的公司，审计委员会因行使监事会的职权，故而也应有权提议召开临时股东会会议（**【第六十九条】**）。与监事会团体决策类似，审计委员会提议召开临时股东会会议前应当经审计委员会全体成员过半数通过。对于只设一名监事的公司，该监事在必要时可以直接提议召开临时股东会会议（**【第八十三条】**）。

· 典型案例 ·

（2021）湘01民终9929号民事判决书：黄金宝公司为黄金珠宝公司股东，持股比例为10%。黄金宝公司向黄金珠宝公司提议召开临时股东会会议，黄金珠宝公司以其召开理由不能成立而拒绝其召开请求。后黄金宝公司所持股权因其他纠纷而丧失。法院认为，黄金宝公司在发函通知提议召开会议时仍为黄金珠宝公司持股10%的股东，不因现有股权丧失导致原法定提议权丧失，故黄金宝公司有权提议召开临时股东会会议。

关联规则

《保险公司股东权利义务手册》第一章第四节第3点。

文献参考

石柏林：《论有限责任公司组织机构的运行机制》，载《中南工业大学学报（社会科学版）》1999年第3期；林少伟：《公司法程序规范优化的逻辑转向》，载《南京师大学报（社会科学版）》2023年第1期。

第六十三条 【股东会会议的召集和主持】

股东会会议由董事会召集，董事长主持；董事长不能履行职务或者不履行职务的，由副董事长主持；副董事长不能履行职务或者不履行职务的，由过半数的董事共同推举一名董事主持。

董事会不能履行或者不履行召集股东会会议职责的，由监事会召集和主持；监事会不召集和主持的，代表十分之一以上表决权的股东可以自行召集和主持。

条文解读

本条是关于有限责任公司股东会会议的召集和主持的规定。

与修订前的条文相比，本条规定的主要变化是将董事长、副董事长不能履行或不履行主持股东会会议时推举一名董事主持的人数比例从“半数以上”改为“过半数”。

理解本条需留意以下几点：

1. 为了确保股东会会议的顺利召开，会议需要有召集人和主持人（**【第六十一条】**）。除首次股东会会议外，股东会会议由董事会召集。实践中，董事会通常按照公司章程或者公司内部规则的要求，以董事会的名义通知股东参加会议并及时安排会务，因此，董事会召集会议与向股东发出会议通知是紧密联系的两项规则（**【第六十四条】**）。继而，股东会会议由董事长主持。主持的意义是维持会议秩序和掌控会议进程，当董事长未履职时，则由副董事长主持。公司可能设多名副董事长，则各副董事长此时都有主持股东会会议之责（**【第六十八条】**）。副董事长未履职，或者公司未设副董事长的，则由过半数的董事共同推举一名董事主持。在不设董事会而只设一名董事的公司，该董事因依法行使董事会职权而需要肩负召集和主持股东会会议的职责（**【第七十五条】**）。

2. 监事会作为公司的监督机构，在董事会未履行召集和主持股东会会议职责时，理应肩负相应职责。鉴于监事会更强调团体决策、统一行动的特性，因此，股东会会议的主持也由监事会负责，而并未类似于董事长主持的规定那样由监事会主席主持。实践中，监事会通常指定一名监事（也多为监事会主席）主持股东会会议。在不设监事会而设审计委员会或者只设一名监事的公司，审计委员会或监事因依法行使监事会职权而需要肩负召集和主持股东会会议的职责（【第六十九条】【第八十三条】）。

3. 当公司的董事会、监事会都未履行相应职责时，代表1/10以上表决权的股东可以自行召集和主持会议。该情形既包括定期会议，也包括临时会议。相比之下，由代表1/10以上表决权的股东提议召开临时股东会会议而董事会、监事会皆置之不理的情形更常见。本条第二款关于“十分之一”的比例要求也与提议召开临时会议的规定相同，从而实现两项规则之间的衔接（【第六十二条】）。

·典型案例·

1. 针对本条第一款

（2021）豫16民终6952号民事判决书：四方药业公司拟召开股东会年度会议。鉴于公司股东众多，四方药业公司将股东会会议召开事项予以公告。此外，四方药业公司委托该公司董事张某以电话形式通知股东王某按时到公司参加股东会会议。后四方药业公司股东会会议召开，因董事长李某身体不适，且无副董事长，过半数董事推选董事张某主持会议。王某认为四方药业公司召集程序和表决程序违法，本次股东会决议应被撤销。法院认为，四方药业公司股东会在会议召集程序、表决方式上符合《公司法》和公司章程的规定，不符合撤销条件。

2. 针对本条第二款

（2022）皖08民终1302号民事判决书：杨某与金美济公司为锦港公司股东，其中金美济公司持股90%。金美济公司向董事会提议召开临时股东会会议，未果；其又向监事提议，亦未得到同意。金美济公司遂自行召集、主持股东会会议并作出决议。后杨某以召集程序违法请求撤销该决议。法院认为，董事会不同意召开股东会会议，应认定董事会不履行召集股东会会议的职责。故在董事会及监事均不召集股东会会议的情形下，金美济公司有权自行召集并主持股东会会议。

关联规则

《证券交易所管理办法》（2021年修订）第二十条。

文献参考

梁上上：《自行召集的股东会议所作出的决议是否有效》，载《法学》2003年第1期；黄学武、葛文:《股东会召集程序瑕疵与撤销——一则申请撤销股东会决议纠纷案评析》,载《法学》2007 年第 9 期。

第六十四条 【股东会会议的通知和记录】

召开股东会会议,应当于会议召开十五日前通知全体股东;但是,公司章程另有规定或者全体股东另有约定的除外。

股东会应当对所议事项的决定作成会议记录,出席会议的股东应当在会议记录上签名或者盖章。

条文解读

本条是关于有限责任公司股东会会议的通知和记录的规定。

本条规定较此前规定并无实质变化,只是针对个别表述略作调整。股东除自然人外,还可能是法人或其他组织,故本次修订增加"盖章"的内容。

理解本条需留意以下几点:

1. 向全体股东发出会议通知是股东会会议召集人的重要职责。召开股东会会议,董事会或其他召集人应当提前通知全体股东。会议通知应当载明本次会议拟讨论议题、议程、时间、地点等事项,以便股东提前安排和准备。所谓全体股东,原则上应当以股东名册记载为准(【第五十六条】)。

2. 无论是定期会议还是临时会议,原则上都应当于会议召开 15 日前发出通知。实践中不少公司根据实际需要依法对该期限作出调整,既可以是股东在公司章程中对该期限另有规定,也可以是全体股东对此另有约定。前者通常在初始章程中规定,又或者是修改章程时体现。倘若仅是变更会议通知的期限而不是对章程作系统性修改,则此种因特定事项变更导致章程记载事项相应发生变化的情形,一般只需经代表过半数表决权的股东通过即可(【第六十六条】)。至于全体股东另有约定的情形,也不局限于签订股东协议,还可以是全体股东一致通过的决议或者其他能够证明股东形成合意的行为。

3. 至于会议通知应当采取何种方式,理论上只要能实现股东知悉会议召开具体事项的方式即可,包括电话(包括固定电话、移动电话、网络语音通话等),短信,传真,电

子邮件,群聊,视频等。通常情况下,召集人理应选择有利于股东知悉会议召开事宜的方式,尤其是该公司往日发出会议通知的惯常方式。当然,为了避免争议,公司章程或者全体股东的约定也有必要明确公司的会议通知方式。

4. 股东会的会议决议和会议记录是两份不同的法律文件,不应混淆。会议决议主要反映的是所议事项的表决结果,一般包括会议召开时间、地点、所议事项、会议通知及出席人数情况、表决比例、表决结果、出席会议的股东签章、公司盖章及落款日期等内容。会议记录则是股东会会议召开的全过程反映,除了会议决议记载的事项外,会议记录通常还需要详细记录所议事项的讨论过程、各股东发表的意见等内容。公司如需依法披露股东会所议事项的情形,则披露的是会议决议,而非会议记录。会议记录经制作后留存于公司,属于重要的公司内部文件。股东会会议记录的法律意义主要有以下三个方面:第一,会议记录属于股东行使知情权的法定范围,股东除了解会议表决结果外,可能还有必要知悉会议讨论的全过程(**【第五十七条】**)。第二,会议记录详细记载各股东对所议事项的具体意见以及会议决议无法反映的会议讨论细节,这有利于公司董事、监事、高级管理人员或者所议事项的其他执行人员更好地理解事项的详细情况,以便有序开展公司生产经营活动。第三,会议记录既然详细记录各股东发表的意见,故其可能成为特定主体承担责任或者免除责任的重要证据。不过,本条第二款规定的会议记录是针对股东会所议事项的决定作成的,并未涵盖通常意义上会议记录的全部内容,反而与会议决议的内容类似。此外,本法并未明确规定决议必须采取书面形式。为了避免争议,公司章程有必要对此作出更明确的规定。

· 典型案例 ·

1. 针对本条第一款

(2021)京02民终13417号民事判决书:悦途公司通过微信群召集股东会会议,并通知各股东会议召开时间为当日12点半。股东摩之玛公司知情并提议将时间推迟至当日14点,悦途公司未予采纳。股东会如期召开会议,而摩之玛公司未参会。后摩之玛公司以股东会会议未提前15日通知为由请求法院撤销该次决议。法院认为,涉案股东会会议虽未提前15日通知,但摩之玛公司知情且未反对,仅提议时间略微推迟,该召集程序的瑕疵属轻微瑕疵,故决议效力不受影响。

2. 针对本条第二款

(2021)川01民终21515号民事判决书：金邦达公司与成都智慧合伙企业为中软公司股东。中软公司就董事任免事项作出股东会决议，金邦达公司在表决中投了反对票。后金邦达公司以此次股东会会议记录中无成都智慧合伙企业盖章为由，主张决议存在重大瑕疵，应予撤销。法院认为，中软公司此次股东会会议虽未按照规定制作股东会会议记录，但属于轻微瑕疵，未对决议产生实质性影响。因此，对金邦达公司的主张不予支持。

关联规则

《保险公司股东权利义务手册》第一章第四节第9点。

文献参考

蒋大兴：《股东会会议通知制度分析与缺陷检讨——以〈公司法〉的修改为中心》，载《南京大学学报(哲学·人文科学·社会科学版)》2001年第4期。

第六十五条 【股东表决权】

股东会会议由股东按照出资比例行使表决权；但是，公司章程另有规定的除外。

条文解读

本条是关于有限责任公司股东行使表决权的规定。

理解本条需留意以下两点：

1. 有限责任公司虽具有一定程度的人合性，但本质上仍属于以资本为基础的资合公司。股东在股东会会议上无论出资多寡都有发表意见的权利，但在行使表决权时，原则上取决于股东各自的出资比例，即所谓资本多数决。因此，出资越多的股东原则上也享有越高比例的表决权。不过，本条规定的出资比例，究竟是指认缴还是实缴的出资比例，尚有争议。考虑到目前大多数股东在公司设立时都选择以认缴的方式出资,且本条也并未明确指出需以实缴为准,故理解为认缴的出资比例更妥当;否则,将可能出现全体股东皆未实缴出资而无人享有表决权的尴尬境地。当然,为了避免争议,公司章程可以对此作出明确规定。

2. 公司可以根据自身发展及经营决策的特殊情况,改变股东按照出资比例行使表决权的原则性规定,并就此在公司章程中另作规定。这也是对有限责任公司兼具一定程度的人合性的制度回应。公司章程除可以明确规定按照前述实缴的出资比例行使表决权外,还可以规定股东会会议由股东按照一人一票的方式行使表决权,即所谓人头多数决。此外,考虑到并非所有股东都有参与经营管理的意愿,股东之间也可以确定仅由部分股东行使表决权,并将特殊的表决权安排记载于公司章程。实践中,基于稳固公司控制权等目的,股东之间可能会签订表决权拘束协议。应当注意,协议中关于表决权行使的特殊约定并不因为与公司章程规定不一致而无效,但基于合同相对性原理,即便是有效的协议也只在协议各方之间产生约束力,而无法约束公司及其他股东。总之,表决权的行使既是股东享有股东权利的体现,也关乎公司事务及公司利益,故对表决权形式的特殊安排应以公司章程规定为准,以防止股东之间随意通过私下订立的协议替代公司治理。

· 典型案例 ·

(2023)豫16民终1206号民事判决书:明亮农康公司、刘某、荣某、陈某甲、陈某乙、张某、李某为鑫能公司股东,陈某丙任公司法定代表人、不设董事会的董事兼经理。公司章程规定,股东会会议由股东按认缴出资比例行使表决权;不设董事会的董事由股东会过半数表决权选举产生。后鑫能公司经监事荣某召集召开临时股东会会议,此次会议通过更换公司法定代表人、不设董事会的董事兼经理的决议。陈某丙、鑫能公司以会议召集程序和表决方式违反法律法规及公司章程规定为由不配合公司变更登记。法院认为,陈某甲等六人作为股东均有表决权,持股比例共计60%,临时股东会会议召集程序、表决方式及决议内容并不违反法律法规或者公司章程,决议合法有效。

关联规则

《证券公司监督管理条例》(2014年修订)第十四条;《期货公司监督管理办法》第四十六条。

文献参考

梁上上：《股东表决权：公司所有与公司控制的连接点》，载《中国法学》2005 年第 3 期；周游：《公司法语境下决议与协议之界分》，载《政法论坛》2019 年第 5 期；王真真：《股东治理协议与股东会决议关系之辨》，载《清华法学》2023 年第 2 期；王丹：《〈公司法〉修订背景下有限责任公司适用类别股的实践路径与理论证成》，载《财经法学》2023 年第 4 期；汪青松：《股东协议暗箱治理的公司法回应》，载《中国法学》2023 年第 5 期。

第六十六条 【股东会决议通过比例】

股东会的议事方式和表决程序，除本法有规定的外，由公司章程规定。

股东会作出决议，应当经代表过半数表决权的股东通过。

股东会作出修改公司章程、增加或者减少注册资本的决议，以及公司合并、分立、解散或者变更公司形式的决议，应当经代表三分之二以上表决权的股东通过。

条文解读

本条是关于有限责任公司股东会决议通过比例的规定。

与修订前的条文相比，本条增加关于股东会会议作出普通决议通过比例的规定。

理解本条需留意以下几点：

1. 有限责任公司相较于股份有限公司通常有更广阔的自治空间。本条第一款规定，除本法有规定的外，有限责任公司可以根据自身情况确定股东会的议事方式和表决程序，并由公司章程规定。依照《民法典》第一百三十四条第二款的规定，法人、非法人组织依照法律或者章程规定的议事方式和表决程序作出决议的，该决议行为成立。股东会作出决议应遵守法律和公司章程规定的议事方式和表决程序。决议是公司意思形成的基础性制度。与意思表示（尤其是自然人的意思表示）不同，公司意思形成具有鲜明的组织特征，股东会等组织机构作出决议应当遵守相应的程式化规则以确保公司正义。所谓议事方式，是指股东会在对特定事项作出决议前采取何种方式发表意见和展开讨论，以保证各股东全面了解所议事项并实现充分的意思沟通。所谓表决程序，是指股东会在对特定事项作出决议时采取何种程序投票和计票，同时也包括达到何种比例方能通过决议的要求。一旦议事方式或表决程序不符合要求，则可能导致股东会决议被撤销或被确认不成立（**【第二十六条】【第二十七条】**）。在有限责任公司场合，公司自治理念应得到更大程度的彰显，不同的公司之间在议事方式和表决程序方面也可能存在较大差别。故而本条第一款规定，股东会的议事方式和表决程序，除本法有规定的外，由公司章程规定。

2. 为了避免争议，并确保公司就特定事项作出决议尽可能反映集体意志及维护公司利益，本法有必要对股东会决议的表决比例作出相应规定。《公司法》（2018 年修正）并无股东会作出普通决议的通过比例要求，倘若公司章程对此也无相应规定，就可能引发纠纷。此次修订明确规定股东会作出决议应当经代表过半数表决权的股东通过，这符合资本多数决的基本原理和实践需要。至于涉及公司事务的重大事项，如作出修改公司章程、增加或者减少注册资本的决议，以及公司合并、分立、解散或者变更公司形式的决议，学理上称其为特别决议，应有更高的通过比例要求。故而，本条第二款、第三款的规定属于强制性规范，公司章程不得设置低于法定要求的通过比例。

3. 公司章程能否设置高于法定要求的通过比例，尚有争议。例如，公司可能根据自身情况在公司章程中规定特定事项应当经代表 3/4 以上表决权的股东通过，甚至需要全体股东一致通过。从目前司法实践来看，法院倾向于认为《公司法》仅是确立了决议通过的最低比例要求，只要公司章程设置的比例不低于法定比例，原则上应认定为合法有效。

4. 至于涉及公司章程修改的决议是否都应当经代表 2/3 以上表决权的股东通过，也有可商榷空间。实践中，公司诸多事项的变化都会引起公司章程记载内容的变化，如公司名称、住所、经营范围、法定代表人、股东的姓名或名称等。倘若前述每一事项的变化都因为需要同时修改公司章程而必须经过特别决议，无疑极大影响公司运营效率，也就无单列增资、减资、合并、分立等事项的必要。本法已对股权转让、授权董事会决定发行股份等引起的公司章程修改作出不需再由股东会表决的规定（**【第八十七条】【第一百五十二条】**），但对于其他事项的变化应如何处理，尚有疑惑。从目前司法实践来看，法院倾向于认为只有对公司章程作出全面修改或是对公司经营造成特别重大影响的事项引起公司章程修改的才需要特别决议。当然，何为特别重大影响的事项可能对于不同的公司也不能一概而论。为了避免争议，公司宜根据自身情况在公司章程中明确规定应当经过特别决议的事项范围。

·典型案例·

(2022)陕01民终13807号民事判决书：冠生园公司股东为邵某、杨某、刘某等合计37人。公司章程规定股东会修改公司章程的决议应经全体股东一致同意方为有效。后冠生园公司股东会就变更公司章程作出决议，该决议加盖冠生园公司印章及37名股东签名，但邵某、杨某、刘某三人的签名经鉴定为伪造。法院认为，冠生园公司章程明确规定修改公司章程应经全体股东一致同意，并不违反法律规定，应为有效。故该次作出修改公司章程的决议因未经全体股东一致同意而不成立。

关联规则

《民法典》第一百三十四条。

文献参考

陈醇：《意思形成与意思表示的区别：决议的独立性初探》，载《比较法研究》2008年第6期；梁上上：《论公司正义》，载《现代法学》2017年第1期；王湘淳：《论公司意思独立的程序之维》，载《中外法学》2021年第4期；吴飞飞：《决议行为“意思形成说”反思——兼论决议行为作为法律行为之实益》，载《比较法研究》2022年第2期。

第六十七条 【董事会的职权】

有限责任公司设董事会，本法第七十五条另有规定的除外。

董事会行使下列职权：

（一）召集股东会会议，并向股东会报告工作；

（二）执行股东会的决议；

（三）决定公司的经营计划和投资方案；

（四）制订公司的利润分配方案和弥补亏损方案；

（五）制订公司增加或者减少注册资本以及发行公司债券的方案；

（六）制订公司合并、分立、解散或者变更公司形式的方案；

（七）决定公司内部管理机构的设置；

（八）决定聘任或者解聘公司经理及其报酬事项，并根据经理的提名决定聘任或者解聘公司副经理、财务负责人及其报酬事项；

（九）制定公司的基本管理制度；

（十）公司章程规定或者股东会授予的其他职权。

公司章程对董事会职权的限制不得对抗善意相对人。

条文解读

本条是关于有限责任公司董事会职权的规定。

与修订前的条文相比，本条规定的主要变化有：一是删除“董事会对股东会负责”的规定；二是将“制订公司的年度财务预算方案、决算方案”从董事会法定职权中剔除；三是明确除公司章程规定外，股东会也可通过授权方式扩大董事会的职权范围；四是规定公司章程对董事会职权的限制不得对抗善意相对人。

理解本条需留意以下几点：

1. 董事会的定位及职权范围是现代公司治理实践及立法的焦点议题。除规模较小或者股东人数较少的情形外（**【第七十五条】**），有限责任公司应当设董事会，董事会以团体决策方式行使职权。从本条第二款规定来看，董事会的职权可归纳为以下三个方面：一是涉及董事会与股东会实质关系的职权，股东会作为公司的权力机构（**【第五十八条】**），董事会应当向股东会报告工作、执行股东会的决议。二是制订由股东会作出决议的重大事项的方案，涉及公司利润分配、弥补亏损、发行公司债券以及增资、减资、合并、分立、变更公司形式等事项。三是公司内部管理权，包括召集股东会会议、决定内部管理机构设置、决定经理层人事任免及报酬、制定公司基本管理制度等。

2. 基于公司可能存在的差异化治理需求，董事会的功能定位及职权范围也必然有所区别。结合《民法典》第八十一条关于营利法人执行机构的规定，董事会也常被定位为公司的执行机构。当然，执行机构的法律定位并不意味着董事会只是被动地服从指令。我国《公司法》的当前改革及未来实践，试图将董事会作为公司治理模式选择设置的中心，即先确定董事会在本公司的职能定位，再考虑其他机构的设置及其职权范围。其一，在设监事会的公司，董事会更多彰显管理职能；其二，在不设监事会的公司，无论是否在董事会中设置审计委员会，董事会都需要同时兼具管理和监督职能（**【第六十九条】【第八十三条】**）。本质上，董事会的功能定位受到公司的股权结构、企业文化、发展规模等多种因素的综合影响。

3. 本条第三款明确规定公司章程对董事会职权限制的效力范围。公司章程对公司而言固然重要，但作为公司内部的组织和行为规范，且并非对外公示的登记事项（**【第三十二条】**），公司外部相对人通常不易知悉其内容，故而，在确定公司章程外部效力方面，需要考虑对善意相对人的合法权益保护。

4. 关于股东会和董事会的职权如何划分及剩余权应由哪个机构行使，一直以来都是争议较大的议题。本次修订维持列示股东会和董事会职权的做法（**【第五十九条】【第六十七条】**），并未明确是否应当由董事会行使剩余权。本条规定董事会的职权包括股东会授权的内容，似乎隐含应当由股东会行使剩余权的意味。但从股东会和董事会职权列示最后都涉及公司章程规定的其他职权来看，两者职权划分及剩余权行使事宜最终应当由公司自行决定。因此，本条关于董事会职权的规定不宜被理解为强制性规定。一方面，依照本条第二款第十项的规定，公司章程或股东会授权可以扩大董事会的职权范围。另一方面，从本条第三款规定来看，公司章程对董事会职权的限制虽不得对抗善意相对人，但这一限制在公司内部仍将产生约束力。可见，无论是从法条文义、商业实践还是基础理论来看，董事会职权范围在不同公司中理应有别。

·典型案例·

1. 针对本条第二款

（2022）桂04民终971号民事判决书：崔某为中恒公司副总经理，中恒公司召开董事会会议，审议通过解聘崔某的副总经理职务。崔某认为董事会调整其职务没有事实和法律依据。法院认为，董事会有权决定聘任或者解聘公司经理及其报酬事项，并根据经理的提名决定聘任或者解聘公司副经理、财务负责人及其报酬事项。因此，董事会解聘崔某的副总经理职务属于董事会行使职权范畴，并无不当。

2. 针对本条第三款

（2021）最高法民申7872号民事裁定书：李某甲为光谷公司的法定代表人兼不设董事会的董事。王某与李某乙签订借款协议，光谷公司为债务人李某乙出具了记有李某甲的签名并加盖光谷公司印章的担保函。后光谷公司以未经公司董事会决议为由主张案涉担保函无效。法院认为,李某甲具有法定代表人兼董事的双重身份。光谷公司章程无论是否规定该董事享有相当于董事会职权,都不能对抗善意相对人,李某甲的签字具有相当于经过董事会决议的效力。因此,对光谷公司的主张不予支持。

关联规则

《民法典》第八十一条;《中央企业合规管理办法》第八条。

文献参考

邓峰:《中国法上董事会的角色、职能及思想渊源:实证法的考察》,载《中国法学》2013年第3期;蒋大兴:《公司董事会的职权再造——基于"夹层代理"及现实主义的逻辑》,载《现代法学》2020年第4期;甘培忠、马丽艳:《董事会中心主义治理模式在我国公司法中的重塑》,载《财经法学》2021年第5期;潘林:《论公司机关决策权力的配置》,载《中国法学》2022年第1期;傅穹、陈洪磊:《董事会权力中心的生长与回归》,载《北京理工大学学报(社会科学版)》2022年第5期;刘斌:《董事会权力的失焦与矫正》,载《法律科学(西北政法大学学报)》2023年第1期;刘俊海:《董事会中心主义神话破灭后的董事会角色定位:兼评〈公司法(修订草案二审稿)〉》,载《财经法学》2023年第4期。

第六十八条　【董事会的组成】

有限责任公司董事会成员为三人以上,其成员中可以有公司职工代表。职工人数三百人以上的有限责任公司,除依法设监事会并有公司职工代表的外,其董事会成员中应当有公司职工代表。董事会中的职工代表由公司职工通过职工代表大会、职工大会或者其他形式民主选举产生。

董事会设董事长一人,可以设副董事长。董事长、副董事长的产生办法由公司章程规定。

条文解读

本条是关于有限责任公司董事会组成的规定。

与修订前的条文相比，本条规定的主要变化有：一是取消董事会成员人数上限的规定；二是董事会成员是否应当有职工代表的权衡标准有所改变，除所有制因素外（【第一百七十三条】），还需要考虑职工人数及是否设有公司职工代表的监事会等因素。

理解本条需留意以下几点：

1. 公司究竟需要多少名董事，实际上属于公司内部事务，应由公司根据自身情况确定。但同时，考虑到董事会团体决策的需要，倘若公司依法设董事会，则应当满足至少三人的最低限制。倘若董事会只有两名成员，一旦两人意见不合，则容易引发公司僵局。董事会人数能否是三人以上的偶数，比如四人或六人，尚有疑惑。基于公司自治理念，公司可以设人数为偶数的董事会，然而，在董事会表决采取一人一票规则的背景下，即便出现平票，公司也无法通过赋予特定董事更高权重投票比例的方式化解僵局，从而增加公司治理风险。公司对此应有所注意，尽量避免出现董事会人数为偶数的情形（【第七十三条】）。

2. 通常而言，公司可以根据自身情况决定在董事会成员中是否要有公司职工代表。然而，一旦职工人数达到一定规模，公司除了依法保护职工合法权益、组织工会并开展工会活动外（【第十六条】【第十七条】），还应当深入落实民主管理。依照本条第一款的规定，职工人数 300 人以上的有限责任公司，应当在监事会（【第七十六条】）或者董事会成员中有公司职工代表。换言之，倘若公司不设监事会而在董事会中设审计委员会，且职工人数300 人以上，那么该公司董事会成员中就应当有公司职工代表。当然，公司的职工人数即便达到 300 人，也可能满足“股东人数较少”的条件，从而可能不设董事会和监事会（【第七十五条】【第八十三条】），如何贯彻关于职工代表的要求，仍需具体规则的落实。还需注意，董事会成员中的职工代表与其他董事是由股东会选举产生不同（【第五十九条】），既然作为公司职工代表，则由公司职工通过职工代表大会、职工大会或者其他形式民主选举产生。

3. 有限责任公司的董事长肩负主持股东会会议、召集和主持董事会会议等重要职责（【第六十三条】【第七十二条】），故而公司一旦设置董事会，则必须同时设一名董事长。至于副董事长的设置则由公司根据自身情况决定，且人数不限。与股份有限公司董事会的董事长、副董事长的规定不同（【第一百二十二条】），有限责任公司董事会的董事长、副董事长的产生办法并未要求必须以全体董事的过半数选举产生，而是由公司章程规定。实践中，董事长、副董事长既可以由股东会或董事会选举产生，也可以根据股东所持表决权比例大小决定由何人担任，还可以由股东会或者董事会确定数人轮值担任等。为了避免争议，公司应当根据自身情况在公司章程中对此予以明确。

· 典型案例 ·

（2020）渝 04 民终 1691 号民事判决书：德诚投资中心为万物春生公司股东。万物春生公司召开职工大会，选举周某为公司职工代表董事。之后，万物春生公司召开股东会会议，选举产生包括周某在内的五名董事。德诚投资中心在决议中投反对票，随后主张案涉股东会决议因违反公司章程规定应予撤销。法院认为，非职工代表出任董事或监事的，由股东会选举产生或罢免，职工代表出任的由职工大会民主选举产生或更换。职工大会投票选举周某为职工代表董事符合法律法规及公司章程规定，涉案决议不存在撤销情形。

关联规则

《国务院关于推进国有资本投资、运营公司改革试点的实施意见》第二部分第（四）项第 2 点。

文献参考

李建伟：《董事会规模强制规制模式的解释与反思》，载《法学杂志》2019 年第 10 期；葛宝东：《职工董事制度的困境与出路——基于混合所有制下公司治理监督制衡难题的法律分析》，载《人民司法》2020 年第 10 期；刘俊海：《职工参与公司治理的体系化设计：立法宗旨、制度重构与股权纽带的三重视角》，载《北方法学》2023 年第 4 期。

第六十九条　【审计委员会和监事会的选择设置】

有限责任公司可以按照公司章程的规定在董事会中设置由董事组成的审计委员会，行使本法规定的监事会的职权，不设监事会或者监事。公司董事会成员中的职工代表可以成为审计委员会成员。

条文解读

本条是关于有限责任公司可以选择设置审计委员会或者监事会的规定。

本条是新增规定，旨在赋予公司在内部监督机构设置方面享有选择权。

理解本条需留意以下几点：

1. 在董事会中设置审计委员会的做法并非此次修订的创新。早在2002年中国证券监督管理委员会发布的《上市公司治理准则》第五十二条即已规定，上市公司董事会可以按照股东大会的有关决议，设立战略、审计、提名、薪酬与考核等专门委员会。随后，2004年国务院国有资产监督管理委员会发布的《中央企业内部审计管理暂行办法》第七条规定，国有控股公司和国有独资公司，应当依据完善公司治理结构和完备内部控制机制的要求，在董事会下设立独立的审计委员会。因此，本条规定实际上是对二十余年来我国公司实践的法律确认。

2. 从本条规定的文义来看，公司不能在董事会中设置审计委员会的同时还继续保留监事会。换言之，公司的监督机构规则采取的是“二选一”模式。这主要是基于提升监督质效的考虑，以期避免不同监督机构履行职权时可能存在的冲突。此外，这也是契合全球公司治理发展潮流的制度革新。从域外实践来看，越来越多的国家和地区渐次选择不设监事会的公司治理模式。

3. 尤为重要的是，审计委员会既然行使的是监事会的职权，就不能仅负责财务会计监督事宜，还应当对公司事务全面履行监督职责。审计委员会如何行使本法规定的监事会职权，需要相应的学理解释和实践协调。首先是职工代表的问题。本法规定职工人数300人以上的有限责任公司，应当在监事会或者董事会成员中有公司职工代表（**【第六十八条】**），而在不设监事会的场合，审计委员会在实践中主要由具备会计等相关专业背景的外部董事担任。即便本条规定公司董事会成员中的职工代表可以成为审计委员会成员，职工代表在董事会中究竟履行何种职责，也可能需要公司在章程或者董事会工作规则中予以明确。其次是股东代表诉讼的问题。履行监事会职权的审计委员会如何代表公司对董事、高级管理人员提起诉讼，值得忖度。审计委员会的成员皆为董事，且部分董事可能还同时担任除董事以外的其他职务。股东在此种情况下请求审计委员会提起相应诉讼的效果可能并不理想，从而也减损了股东代表诉讼的制度价值（**【第一百八十九条】**）。履行监督职能的委员会可能不仅是审计委员会。公司章程或者董事会工作规则有必要明确公司董事会各委员会的设置及其职权范围。

4. 审计委员会的成员必须为董事。本法虽然没有董事会人数上限的要求，但基于董事会运作成本和效率的考虑，董事会人数应维持在一个契合公司自身情况的合理限度。董事会下设各专门委员会的成员通常都在3人以上，倘若设置的委员会较多，则同一董事在不同委员会任职的可能性就较高。为了提升包括审计委员会在内各委员会的运作质效，公司还可能需要在经理层为其配置相应的委员会或工作组，以便具体事务开展。

· 典型案例 ·

中国南航集团财务有限公司为中国南方航空集团有限公司控股子公司。中国南航集团财务有限公司官网显示，该公司在董事会中设置审计委员会、战略与风险管理委员会等专门委员会，在经理层中也设置业务评审委员会。①

关联规则

《证券公司监督管理条例》(2014 年修订)第二十条。

文献参考

彭真明、江华：《美国独立董事制度与德国监事会制度之比较——也论中国公司治理结构模式的选择》，载《法学评论》2003 年第 1 期；虞政平：《构建中国多元化公司治理结构新模式》，载《中外法学》2008 年第 1 期；周游：《从被动填空到主动选择：公司法功能的嬗变》，载《法学》2018 年第 2 期；林一英：《公司监督机构的立法完善：超越单层制与双层制》，载《法学杂志》2022 年第 4 期；杨大可：《审计委员会能替代监事会吗？——兼论公司内部监督机构的应然职责》，载《中国政法大学学报》2022 年第 5 期；刘俊海：《论基于理性自治的公司监督模式创新——兼评〈公司法(修订草案)〉中监事会与董事会审计委员会“二选一”模式》，载《中国社会科学院大学学报》2023 年第 4 期。

第七十条　【董事的任期和辞任】

董事任期由公司章程规定，但每届任期不得超过三年。董事任期届满，连选可以连任。

董事任期届满未及时改选，或者董事在任期内辞任导致董事会成员低于法

① 参见《公司概况—组织架构》，载中国南航集团财务有限公司官网，http://www.csnfs.com.cn/about/display.php?aid=2，最后访问时间 2024 年 1 月 15 日。

定人数的，在改选出的董事就任前，原董事仍应当依照法律、行政法规和公司章程的规定，履行董事职务。

董事辞任的，应当以书面形式通知公司，公司收到通知之日辞任生效，但存在前款规定情形的，董事应当继续履行职务。

条文解读

本条是关于有限责任公司董事的任期和辞任的规定。

与修订前的条文相比，本条第三款关于董事辞任的内容为新增规定，同时将原来规定中的“辞职”改为“辞任”。

理解本条需留意以下几点：

1. 董事任期，即董事任职的时间限制，本质上属于公司事务，由公司根据自身情况在公司章程中规定。当然，设置过长的董事任期，可能不利于公司适时调整董事的职责、薪酬以及人选，故而设置董事每届任期的法定限制也并不旨在阻止董事连任，主要是基于公司治理灵活性的考虑。鉴于此，本法虽赋予公司章程规定董事任期的自由，但也设置了每届任期不得超过三年的规定；继而，只要董事依法定程序获得连选则可连任，本条并未限制连任届数。公司可根据自身情况考虑是否需要在公司章程中规定董事的连任届数限制。

2. 实践中常有董事任期届满但公司未及时改选，或者董事在任期内辞任导致董事会成员低于法定人数的情形，为了确保公司董事会正常运作，在改选出的董事就任前，原董事应当继续履行董事职务。这也是董事的一项法定义务，是其对公司负有忠实义务和勤勉义务的必然要求（**【第一百八十条】**）。不过，在各董事的任期并不一致的情况下，倘若个别董事任期届满未及时改选，但在任董事人数仍可达到法定人数，原董事是否应当遵守本条规定，尚有争议。从确保公司董事会正常运作的目的出发，且与任期内辞任的情形相统一，原董事在此情形下不再继续履行董事职务，也并无不妥。公司可根据自身情况在公司章程中对此予以明确。此外，公司应当在董事任期届满或在任期内辞任的情形下及时改选董事，否则对原董事而言也实属不公。对于职工董事，应由公司职工通过职工代表大会、职工大会或者其他形式及时改选；对于其他董事，则应由股东会召开会议及时改选（**【第五十九条】【第六十八条】**）。

3. 董事辞任应当以书面形式通知公司，这既是为了避免发生董事是否已辞任等争议，也是公司及时改选董事的重要依据。倘若董事在任期内辞任未导致董事会成员低于法定人数，辞任自公司收到通知之日起生效。

·典型案例·

（2021）苏02民终4231号民事判决书：单某曾在洲汇公司担任总裁助理职务，并在此期间被登记为洲汇公司董事。单某与洲汇公司解除劳动关系后，要求洲汇公司涤除其董事资格的登记事项。法院认为，董事任期由公司章程规定，但每届任期不得超过3年。董事任期届满，连选可以连任。单某在董事任期届满后已从公司离职，不再担任洲汇公司董事，因此单某不再具备可以在洲汇公司连选连任的资格。此外，洲汇公司虽有权要求单某在提出辞职后的过渡期间继续履行董事职务，但过渡期间时长应当合理。从单某提出辞职至今已5年多，洲汇公司未进行新董事的改选，拖延办理单某的董事辞职事项；且洲汇公司已经营异常，无法再行通过股东会完成董事补选。因此，对单某的主张应予支持。

关联规则

《金融机构国有股权董事管理暂行办法》第二十七条。

文献参考

蒋大兴：《董事离任义务立法规制研究——兼论我国〈公司法〉之修改》，载《法学评论》2001年第5期；郝绍彬、吕荣荣、刘智铭：《董事任期届满拒绝续任可请求涤除登记》，载《人民司法》2022年第20期；刘俊海：《公司法中四重制度失灵的破解之道——以董事辞职僵局为中心》，载《中国政法大学学报》2022年第6期。

第七十一条　【董事的解任】

股东会可以决议解任董事，决议作出之日解任生效。

无正当理由，在任期届满前解任董事的，该董事可以要求公司予以赔偿。

条文解读

本条是关于有限责任公司股东会解任董事的规定。

本条是新增规定，是在《公司法解释（五）》第三条规定基础上修改完善而成。与司法解释的规定相比，本条规定的主要变化有：一是将“解除职务”改为“解任”；二是将“补偿”改为“赔偿”，并明确股东会无正当理由在任期届满前解任董事的，公司负赔偿责任。

理解本条需留意以下几点：

1. 通常认为，董事与公司之间为委任关系。故而，股东会作为公司的权力机构，有权在董事任期届满前随时解任董事。股东会解任董事的，应当依法作出股东会决议（**【第五十九条】**）。本条并未规定股东会解任董事需要作出特别决议，则理解为作出普通决议即可，即应当经代表过半数表决权的股东通过（**【第六十六条】**）。实践中，通过股东会决议解任董事往往基于比较特殊或者紧急的情况，故而以召开临时股东会会议的方式更为常见。

2. 如何理解“赔偿”是本条第二款适用的关键。从组织法的角度来看，股东会既然有权解任董事，则不必然需要理由，也无须顾及董事任期是否届满。因而，只要符合本条第一款关于解任董事的程序性规则要求，则股东会解任董事的行为并不违法，不应涉及赔偿事宜。但从实践来看，董事与公司往往订立薪酬合同，甚至在特殊情况下存在劳动关系，这和董事与公司之间的委任关系并不冲突（**【第十六条】**）。故而从行为法的角度来看，公司在董事任期届满前无正当理由解任董事可能违反董事与公司之间相关约定，从而董事要求公司予以赔偿也存在请求权基础。

3. 倘若股东会决议解任董事导致董事会成员低于法定人数，被解任董事是否应当继续履行职务，尚有疑惑。基于确保公司董事会正常运作的目的，在改选出的董事就任前，被解任的董事应当继续履行董事职务（**【第七十条】**）。然而，从实践角度出发，被解任的董事往往存在不当行为，又或者与其他董事、股东之间存在不可调和的矛盾，若其仍需履行职务，则无法实现解任董事的目的。为了避免争议，股东会决议解任董事的，应当同时决议改选新的董事。此外，职工董事也可类推适用本条规定。换言之，公司职工可通过职工代表大会、职工大会或者其他形式解任职工董事。无正当理由，在任期届满前解任董事的，该董事可以要求公司予以赔偿。

·典型案例·

1. 针对本条第一款

(2022)鲁10民终1013号民事判决书：启程公司为蓝博公司持股70%的股东，从某持股30%并担任蓝博公司不设董事会的董事。后启程公司与从某关系恶化，公司监事宋某提议召开临时股东会会议，决议罢免从某董事的职务，从某借故离开导致此次会议中断。蓝博公司再次召开股东会会议，会前已通过邮寄、短信方式多次通知从某，从某拒绝出席会议。最终，蓝博公司股东会经70%表决权通过解任从某董事职务的决议。从某主张该次股东会决议无效。法院认为，从某自行决定不出席会议，并非启程公司的过错。启程公司并未利用大股东的优势地位损害从某作为股东的实质利益，且无论蓝博公司章程规定还是《公司法》的有关规定，都未对公司解任董事作出禁止性规定，因此案涉股东会决议不存在无效情形。

2. 针对本条第二款

(2020)最高法民再50号民事判决书：孙某为麦达斯公司董事长兼法定代表人。后基于企业内部正常职务调整，孙某被免去上述职务。孙某主张其与麦达斯公司之间存在无固定期限劳动关系，公司应当依法支付拖欠的劳动报酬及社会保险费用。法院认为，公司与董事之间的委任关系并不排斥劳动合同关系的存在，二者之间在符合特定条件时还可以同时构成劳动合同关系。本案中，麦达斯公司按月向孙某支付工资并委托外服公司代缴"五险一金"费用，并结合孙某的工作内容和工资情况，足以认定麦达斯公司与孙某同时形成委任关系和事实上的劳动合同关系。案涉委任关系及劳动关系一并解除后，麦达斯公司虽不再具有向孙某支付工资及缴纳社会福利费用的法定义务，但为平衡双方利益，综合考虑解聘原因、董事薪酬、剩余任期等因素，酌定麦达斯公司应参照孙某任职时的薪酬对其给予合理补偿。

关联规则

《保险公司董事、监事和高级管理人员任职资格管理规定》第三十八条。

文献参考

孙光焰：《也论公司、股东与董事之法律关系》，载《法学评论》1999年第6期；楼秋然：《董事职务期前解除的立场选择与规则重构》，载《环球法律评论》2020年第2期；李安安、张仪昭:《董事离职补偿制度的理论反思与规则再造》,载《证券市场导报》2022 年第 3 期;赵峰:《论董事职务期前解任与补偿请求权》,载《南大法学》2022 年第 5 期。

第七十二条 【董事会会议的召集和主持】

董事会会议由董事长召集和主持;董事长不能履行职务或者不履行职务的,由副董事长召集和主持;副董事长不能履行职务或者不履行职务的,由过半数的董事共同推举一名董事召集和主持。

条文解读

本条是关于有限责任公司董事会会议召集和主持的规定。

与修订前的条文相比,本条规定将董事在董事长、副董事长不能履行或不履行召集和主持董事会会议时推举一名董事召集和主持的人数比例从"半数以上"改为"过半数"。

理解本条需留意的是:

与股东会会议的相关规定类似(【第六十三条】),董事会会议的召开也需要召集人和主持人。召集的意义主要是确保各董事知悉会议召开事宜,包括会议召开的时间、地点和拟决议事项等。主持的意义则在于维持会议秩序和掌控会议进程,并最终确保会议召开目的的实现。董事会会议由董事长召集和主持。当董事长未履职时,则由副董事长召集和主持。公司可能设多名副董事长,则各副董事长此时都有召集和主持董事会会议之责(【第六十八条】)。副董事长未履职,或者公司未设副董事长的,则由过半数的董事共同推举一名董事召集和主持。

·典型案例·

(2019)鲁01民终649号民事判决书:银都公司董事长滕某在未能亲自召集并主持董事会的情况下,银都公司过半数董事共同推举另一名董事黄某召集和主持此次会议。沅源公司为银都公司股东,其诉称银都公司董事长为滕某,该公司并没有设副董事长;只有董事长拒绝履职情况下,才能由其他董事共同推举一名董事行使会议召集和主持权;案涉董事会会议明显违反法律和公司章程规定,依法应予撤销。法院认为，在董事长不履职的情况下，为了确保董事会正常运作，银都公司过半数董事共同推举一名董事召集和主持董事会会议符合《公司法》的规定。

关联规则

《证券交易所管理办法》（2021 年修订）第二十六条；《董事会试点中央企业董事会规范运作暂行办法》第一百零六条。

文献参考

肖海军、陈光星：《国有独资公司董事长的权源结构与运行》，载《现代法学》2004 年第 1 期；徐强胜：《公司权力的分配、分工与问责——董事会何以治理》，载《社会科学研究》2022 年第 4 期。

第七十三条　【董事会的议事方式和表决程序】

董事会的议事方式和表决程序，除本法有规定的外，由公司章程规定。

董事会会议应当有过半数的董事出席方可举行。董事会作出决议，应当经全体董事的过半数通过。

董事会决议的表决，应当一人一票。

董事会应当对所议事项的决定作成会议记录，出席会议的董事应当在会议记录上签名。

条文解读

本条是关于有限责任公司董事会的议事方式和表决程序的规定。

与修订前的条文相比，本条第二款关于董事会会议最低出席人数和表决通过比例的内容为新增规定，是将股份有限公司的相关规定适用于有限责任公司。

理解本条需留意以下几点：

1. 有限责任公司相较于股份有限公司通常有更广阔的自治空间。本条第一款规定，除本法有规定的外，有限责任公司可以根据自身情况确定董事会的议事方式和表决程序，并由公司章程规定。依照《民法典》第一百三十四条第二款的规定，法人、非法人组织依照法律或者章程规定的议事方式和表决程序作出决议的，该决议行为成立。董事会作出决议应遵守法律和公司章程规定的议事方式和表决程序。与股东会会议的相关规定类似（**【第六十六条】**），所谓议事方式，是指董事会在对特定事项作出决议前采取何种方式发表意见和展开讨论，以保证各董事全面了解所议事项并实现充分的意思沟通；所谓表决程序，是指董事会在对特定事项作出决议时采取何种程序投票和计票，同时也包括达到何种比例方能通过决议的要求。一旦议事方式或表决程序不符合要求，则可能导致董事会决议被撤销或被确认不成立（**【第二十六条】【第二十七条】**）。

2. 有限责任公司虽然公司自治程度更高，但若不设置董事会会议最低出席人数和表决通过比例，实践中可能引发诸多争议。因此，本次修订借鉴股份有限公司的相关规定增加本条第二款规定（**【第一百二十四条】**），设置了两个“过半数”的要求。需要注意的是，董事会作出决议应当经过半数董事通过，此处“过半数”是指全体董事，而不仅是出席会议的董事。此外，公司章程能否设置高于法定要求的通过比例，尚有争议。例如，公司可能根据自身情况在公司章程中规定特定事项应当经 2/3 以上的董事通过，甚至需要全体董事一致通过。从目前司法实践来看，法院倾向于认为《公司法》仅是确立了决议通过的最低比例要求，只要公司章程设置的比例不低于法定比例，原则上应认定为合法有效。

3. 与股东会决议通常采用资本多数决原则不同（【第六十六条】），董事会决议更强调董事之间平等、民主的团体决策机制，故而采用一人一票的人头多数决原则。即便是在董事会成员为偶数的情形下，公司也无权赋予任何董事（包括董事长）在平票时多一票或者直接以某一董事的意见为准。

4. 董事会的会议记录是董事会会议召开的全过程反映，除了会议决议记载的事项外，会议记录通常还需要详细记录所议事项的讨论过程、各董事发表的意见等内容；而董事会的会议决议主要反映的是所议事项的表决结果，一般包括会议召开时间、地点、所议事项、会议通知及出席人数情况、表决比例、表决结果、出席会议的董事签名、公司盖章及落款日期等内容。相比于股东会的会议决议和会议记录（**【第六十四条】**），董事会的会议决议和会议记录更有区分的必要。一方面，董事会的会议决议是股东行使查阅权的范围，但股东原则上无权查阅董事会的会议记录（**【第五十七条】**）。另一方面，董事会的会议记录详细记录各董事发表的意见，故其可能成为特定董事承担责任或者免除责任的重要证据。不过，本条第二款规定的会议记录是针对董事会所议事项的决定作成的,并未涵盖通常意义上会议记录的全部内容,反而与会议决议的内容类似。此外,本法并未明确规定决议必须采取书面形式。针对本条第四款和本法第六十四条第二款收录的两则典型案例对于会议记录的不同裁判立场也突显其中存在的问题。为了避免争议,公司章程有必要对此作出更明确的规定。

·典型案例·

1. 针对本条第一款

(2021)豫民申8467号民事裁定书:龙祥公司共有何某、朱某、曹某、赵某、王某5名董事,其中,何某担任董事长。在朱某、曹某的提议下,龙祥公司召开了董事会会议,何某认为案涉董事会会议召集程序违法,请求确认案涉龙祥公司董事会决议不成立。法院认为,董事会的议事方式和表决程序,除《公司法》有规定的外,由公司章程规定。龙祥公司章程关于董事会议事规则规定,1/3以上董事可以提议召开董事会会议。案涉董事会会议由曹某、朱某两名董事提议召开,故该董事会会议召集程序符合龙祥公司章程的规定。

2. 针对本条第二款

(2019)渝01民终3675号民事判决书:投资促进公司董事会召开临时会议决议解聘公司经理。投资促进公司于会议当天形成的两份决议皆显示董某、杨某、严某、王某4名董事就解聘公司经理事宜投了赞成票,区别在于第一份决议显示严某和王某并未出席会议,而由出席会议的董事代理投票。投资促进公司的股东宝益金公司认为出席会议的董事人数不符合公司章程规定且前后两份决议不一致而主张董事会决议不成立。法院认为,投资促进公司章程规定,董事会会议应当有过半数的董事出席方可举行,未禁止董事委托他人参会,且董事委托他人参加董事会不违反法律规定;董事会作出决议经全体董事的过半数即可。投资促进公司董事会成员7人,董事会决议在过半数董事出席及投赞成票的情形下形成,第二份决议实质上是严某、王某对代理投票行为的确认,故决议成立。

3. 针对本条第三款

(2017)粤03民终10039号民事判决书:怡锋公司的董事会经出席会议的4名董事中的3名董事(吴某甲、吴某乙和吴某丙)同意、1名董事(吴某丁)弃权,最终作出决议。怡锋公司的股东怡丰公司认为公司章程规定董事会成员为9名,该董事会决议没有经过半数董事表决同意通过,故其请求对该决议予以撤销。法院认为，因怡锋公司章程变更（增加董事至9名）采用虚假材料骗取审批、审批已被撤销，该次章程变更依法自始不具法律效力，怡锋公司仅有5名合法董事。出席会议的有4名董事，该次董事会决议形成了书面记录，根据“一人一票”的规定，赞成票超过了全体董事和全体出席董事的半数，故该次会议的表决方式不违反《公司法》和公司章程的规定。

4. 针对本条第四款

（2019）粤0703民初9188号民事判决书：瑞世德公司为信博公司的股东。瑞世德公司认为信博公司董事会所作某项决议的表决结果未达到公司章程规定的比例，即未经全体董事一致同意，故向法院诉请确认该决议不成立。法院认为，董事会应当对所议事项的决定作成会议记录，出席会议的董事应当在会议记录上签名。信博公司没有提交证据证实存在会议记录，无法完整体现会议的召开及表决情况，议事方式及表决程序均不符合法律规定，应确认决议不成立。

关联规则

《民法典》第一百三十四条；《董事会试点中央企业董事会规范运作暂行办法》第一百零七条。

文献参考

刘海红：《董事会召集程序和表决方式存在瑕疵的决议应予撤销》，载《人民司法》2008年第12期；雷桂森：《有限责任公司董事会决议效力审查中的难点问题分析——以对〈公司法〉第49条第1款规定的理解为中心》，载《法律适用》2009年第8期。

第七十四条 【经理及其职权】

有限责任公司可以设经理，由董事会决定聘任或者解聘。

经理对董事会负责，根据公司章程的规定或者董事会的授权行使职权。经理列席董事会会议。

条文解读

本条是关于有限责任公司经理及其职权的规定。

与修订前的条文相比，本条规定的主要变化是不再罗列经理职权的具体内容。

理解本条需留意以下几点：

1. 关于有限责任公司是否必须设经理的问题在本次修订中争议较大。最终，本法维持《公司法》（2018 年修正）的规定，即有限责任公司可以设经理，以体现对公司自治的尊重。从实践来看，绝大多数公司确实都设置了经理。然而，一项商业选择所具有的普遍性，并不必然成为将其上升为强制性规范的理由。此外，经理和经理层是两个存在关联但也有区别的概念。经理层成员应当包括公司所有高级管理人员，即除经理外，还包括副经理、财务负责人和公司章程规定的其他高级管理人员（**【第二百六十五条】**）。

2. 聘任或者解聘经理属于董事会的职权范围（【第六十七条】），因此，经理对董事会负责，其职权除公司章程规定外，还可基于董事会的授权。《公司法》（2018 年修正）第四十九条明确列示经理的各项职权。考虑到经理职权并不具有法定性，不同公司可以根据实际需要自行决定经理的职权范围，故在本条规定中确无列示具体内容的必要。根据最高人民法院指导案例 10 号的裁判立场，司法机关原则上不介入公司内部事务，董事会解聘经理职务的决议所依据的事实是否属实，不属于司法审查范围。

3. 列席董事会会议是经理的一项法定职责。经理负责公司具体业务的开展，不仅要向董事会报告工作，还应当准确而全面地理解董事会作出的各项决议。

· 典型案例 ·

（2021）豫 03 民终 2120 号民事判决书：吴某与宋某分别为康达公司的经理、员工。宋某向公司辞职后，要求公司依据吴某签字的业绩提成单给予补偿。康达公司认为公司并无提成制度，故而拒绝宋某的要求。法院认为，按照康达公司章程规定，公司的利润分配方案应由董事会制订、股东会审议批准，而公司章程中关于经理行使职权的规定中并未包含决定公司利润分配方案的相关内容，且无其他证据证明董事会曾授权吴某制订公司利润分配方案，因此，对宋某的主张不予支持。

关联规则

《中央企业合规管理办法》第九条。

文献参考

王保树、钱玉林：《经理法律地位之比较研究》，载《法学评论》2002 年第 2 期；吴伟央：《经理地位异化的〈公司法〉因应》，载《法治研究》2007 年第 11 期；赵旭东：《再思公司经理的法律定位与制度设计》，载《法律科学（西北政法大学学报）》2021 年第 3 期；胡晓静：《论我国公司经理的法律地位——基于德国经理人制度的思考》，载《吉林大学社会科学学报》2023 年第 6 期。

第七十五条 【不设董事会的董事及其职权】

规模较小或者股东人数较少的有限责任公司，可以不设董事会，设一名董事，行使本法规定的董事会的职权。该董事可以兼任公司经理。

条文解读

本条是关于有限责任公司不设董事会的董事及其职权的规定。

与修订前的条文相比，本条规定的主要变化有：一是不设董事会的董事不再称作“执行董事”；二是不设董事会的董事的职权适用本法关于董事会职权的相关规定。

理解本条需留意以下两点：

1. 相比《公司法》（2018 年修正）第五十条关于执行董事职权的规定，本条规定淡化了公司章程对于不设董事会的董事的职权另作规定的意味。从文义来看，不设董事会的董事同样行使本法第六十七条第二款列示的各项职权。继而，该董事还可能兼任公司经理。当然，经理职权可以通过公司章程另作规定（**【第七十四条】**），也可在该董事之外聘任他人为经理。而从制度功能出发，若禁止不设董事会的公司股东会对董事职权作出必要限制，可能会固化内部人控制，也与允许公司不设董事会是基于提升公司自治程度的目的相背离。

2. 何为规模较小或者股东人数较少，尚有疑惑。在规模方面，工业和信息化部、国家统计局、国家发展和改革委员会、财政部于2011年印发的《中小企业划型标准规定》所采取的标准也相对比较灵活，即根据企业从业人员、营业收入、资产总额等指标，并结合行业特点将中小企业划分为中型、小型和微型三种类型。在股东人数方面，有限责任公司股东人数上限为50人(**【第四十二条】**)，实践中公司股东人数多为3人以下。究竟多少个股东为较少，并无明确标准。况且，规模较小的公司也可能有人数众多的股东(如部分家族企业)，股东人数较少的公司也可能具有相当大的规模(如部分国有企业)。故而，问题的关键可能不在于规模和股东人数的客观标准，而在于设董事会是否符合公司实际需要。本条规定主要表明是否设董事会主要考虑公司规模和股东人数，但也可能需要衡量其他方面，本质上属于商业判断事宜，应由公司自行决定。

· 典型案例 ·

(2022)京01民终9965号民事判决书：赵某、郭某、王某等5人为兴科高智公司的股东，赵某担任不设董事会的董事兼经理。郭某与王某向公司发送查阅、复制公司股东会决议及董事决定的申请函。兴科高智公司认为，郭某与王某申请查看的文件范围不属于《公司法》规定的查阅、复制内容，故拒绝其请求。法院认为，兴科高智公司依法设董事1名，不设董事会。因此，《公司法》规定的股东有权查阅、复制的董事会会议记录在不设董事会的公司应当体现为董事的决定。故而，郭某与王某有权查看相关文件。

关联规则

《中小企业划型标准规定》第四部分；《中央文化企业公司制改制工作实施方案》第二部分第(四)项；《评估机构内部治理指引》第二十八条；《会计师事务所内部治理指南》第三十条。

文献参考

胡鹏翔：《论自然人公司执行董事制度之完善》，载《暨南学报(哲学社会科学版)》2003年第1期；周游：《从被动填空到主动选择：公司法功能的嬗变》，载《法学》2018年第2期；李昊东、谭中平：《公司执行董事决定对外担保的效力》，载《人民司法》2023年第17期。

第七十六条　【监事会的组成、会议召集和主持】

有限责任公司设监事会，本法第六十九条、第八十三条另有规定的除外。

监事会成员为三人以上。监事会成员应当包括股东代表和适当比例的公司职工代表，其中职工代表的比例不得低于三分之一，具体比例由公司章程规定。监事会中的职工代表由公司职工通过职工代表大会、职工大会或者其他形式民主选举产生。

监事会设主席一人，由全体监事过半数选举产生。监事会主席召集和主持监事会会议；监事会主席不能履行职务或者不履行职务的，由过半数的监事共同推举一名监事召集和主持监事会会议。

董事、高级管理人员不得兼任监事。

条文解读

本条是关于有限责任公司监事会的组成、会议召集和主持的规定。

与修订前的条文相比，本条规定的主要变化有：一是将不设监事会只设一名监事的规定另设一条（【第八十三条】）；二是将监事在监事会主席不能履行或不履行召集和主持监事会会议时推举一名监事召集和主持的人数比例从“半数以上”改为“过半数”。

理解本条需留意以下几点：

1. 作为本次修订的重大制度革新，监事会从原来的必设机构改为公司监督机构的一个选项。因此，有限责任公司符合以下情形之一的，可以不设监事会：一是在董事会中设置审计委员会（**【第六十九条】**）；二是在公司规模较小或者股东人数较少的情形下只设一名监事（**【第八十三条】**）。对于第二种情形，公司经全体股东一致同意，也可以不设监事。

2. 公司一旦选择监事会作为公司监督机构，应当在人数、职工比例等方面符合本条规定。依照本条规定，监事会成员为 3 人以上，与董事会的相关规定类似，这是考虑到监事会团体决策的需要。倘若监事会只有 2 位成员，一旦两人意见不合，则容易引发公司僵局。监事会人数能否是 3 人以上的偶数，比如 4 人或 6 人，尚有疑惑。基于公司自治理念，公司可以设人数为偶数的监事会，然而，在监事会表决采取一人一票规则的背景下,即便出现平票,公司也无法通过赋予特定监事更高权重投票比例的方式化解僵局,从而增加公司治理风险。公司对此应有所注意,尽量避免出现监事会人数为偶数的情形。

3. 监事会的组成充分体现了公司民主管理和维护相关主体合法权益的立法目的。一方面,监事会成员中应当有股东代表。股东依法履行监督职责,是股东权利原则性规定的一项具体表现(**【第四条】**);另一方面,监事会成员中应当有适当比例的职工代表。通过选举职工代表任公司监事,并由监事履行监督职责是职工参与公司民主管理并依法维护职工权益的重要途径。与董事会成员中的职工代表不同(**【第六十八条】**),监事会成员中应当有职工代表与公司职工人数无关。即便公司职工人数少,但只要选择设监事会,就应当有职工代表。职工代表的比例不得低于监事会成员总人数的1/3,具体比例由公司章程规定。还需注意,监事会成员中的职工代表与其他监事是由股东会选举产生不同(**【第五十九条】**),既然作为公司职工代表,则由公司职工通过职工代表大会、职工大会或者其他形式民主选举产生。当然,若公司选择设审计委员会,则审计委员会成员中是否需要有职工代表,则由公司自行决定(**【第六十九条】**)。

4. 与董事长的产生办法由公司章程规定不同(【第六十八条】),监事会主席依照本条规定由全体监事过半数选举产生。与股东会会议、董事会会议的相关规定类似(**【第六十三条】【第七十二条】**),监事会会议的召开也需要召集人和主持人。召集的意义主要是确保各监事知悉会议召开事宜,包括会议召开的时间、地点和拟决议事项等。主持的意义则在于维持会议秩序和掌控会议进程,并最终确保会议召开目的的实现。监事会会议由监事会主席召集和主持。当监事会主席未履职时,则由过半数的监事共同推举一名监事召集和主持。与股份有限公司的规定不同(**【第一百三十条】**),本条并未明确公司能否设监事会副主席。从尊重公司自治的角度出发,应当承认公司设监事会副主席的效力。公司应当将关于监事会副主席的设置及其职权的规定明确记载于公司章程。

5. 基于经营管理和监督的有效制衡,董事、高级管理人员不得兼任监事。在集团化运营趋势下,基于运营成本的考虑,实践中常有关联公司之间交叉任职的现象。例如,甲公司、乙公司是关联公司。甲公司的董事、高级管理人员担任乙公司的监事,乙公司的董事、高级管理人员担任甲公司的监事。此举在形式上虽然不违反本条规定,但从确保公司独立性等方面来看,仍存在一定的合规风险。当然,本法不再要求监事会或者监事为必设机构,上述现象也有望改观。

·典型案例·

1. 针对本条第二款

(2021)吉01民终6308号民事判决书：科技公司召开临时股东会会议并作出决议，选举武某为公司职工监事。法院认为，监事会成员中的职工代表由公司通过职工代表大会、职工大会或者其他形式民主选举产生。科技公司章程亦规定公司股东会有权选举和更换的是非由职工代表担任的监事。故关于选举武某为公司职工监事的决议违反法律规定，应为无效。

2. 针对本条第四款

(2021)浙06民终2894号民事判决书：贝基公司通过股东会决议，选举公司监事林某为兼任公司董事。法院认为，董事、高级管理人员不得兼任监事，因此将身为公司监事的林某选举为公司董事的股东会决议因违反法律规定而无效。

关联规则

《企业国有资产法》第二十五条；《证券交易所管理办法》(2021年修订)第三十条；《评估机构内部治理指引》第三十九条。

文献参考

常健、饶常林：《完善我国公司监事会制度的法律思考》，载《上海社会科学院学术季刊》2001年第3期；杨大可：《德国监事会合格履职的组织法保障及对我国的启示》，载《暨南学报(哲学社会科学版)》2023年第11期。

第七十七条 【监事的任期和辞任】

监事的任期每届为三年。监事任期届满，连选可以连任。

监事任期届满未及时改选，或者监事在任期内辞任导致监事会成员低于法定人数的，在改选出的监事就任前，原监事仍应当依照法律、行政法规和公司章程的规定，履行监事职务。

条文解读

本条是关于有限责任公司监事的任期和辞任的规定。

与修订前的条文相比，本条规定将原来规定中的“辞职”改为“辞任”，与董事的相关规定相统一（【第七十条】）。

理解本条需留意以下几点：

1. 监事任期，即监事任职的时间限制。与董事任期规定不同（【第七十条】），监事任期三年一届，为固定任期。当然，连选可以连任的规定与董事的规定相同。

2. 与董事的情形类似，实践中也有监事任期届满但公司未及时改选，或者监事在任期内辞任导致监事会成员低于法定人数的情形。为了确保公司监事会正常运作，在改选出的监事就任前，原监事应当继续履行监事职务。这也是监事的一项法定义务，是其对公司负有忠实义务和勤勉义务的必然要求（【第一百八十条】）。也与董事的情形类似，在各监事的任期并不一致的情况下，倘若个别监事任期届满未及时改选，但在任监事人数仍达到法定人数，原监事是否应当遵守本条规定，值得讨论。从确保公司监事会正常运作的目的出发及与任期内辞任的情形相统一，原监事在此情形下不再继续履行监事职务，也并无不妥。公司可根据自身情况在公司章程中对此予以明确。此外，公司应当在监事任期届满或在任期内辞任的情形下及时改选监事，否则对原监事而言也实属不公。对于职工监事，应由公司职工通过职工代表大会、职工大会或者其他形式及时改选；对于其他监事，则应由股东会召开股东会会议及时改选（【第五十九条】【第七十六条】）。

3. 股东会解任董事的规定能否适用于监事（【第七十一条】），尚存疑惑。从法律关系来看，监事和公司的关系与董事和公司的关系并无本质区别，皆为委任关系。股东会作为公司的权力机构，有权在监事任期届满前随时解任监事，在此情形下可以适用解任董事的规定。

· 典型案例 ·

1. 针对本条第一款

（2022）鲁 0302 民初 3701 号民事判决书：军安公司章程规定，监事任期 3 年，可以连选连任。该公司股东李某担任公司监事会主席一职，后辞去监事及监事会主席职务，但军安公司一直未予办理公司变更登记。法院认为，李某任期早已届满，在并未连选连任的情况下，军安公司应涤除李某监事及监事会主席的相关登记事项。

2. 针对本条第二款

（2021）赣02民终569号民事判决书：电化公司股东吴某绕过监事会自行召开临时股东会会议，后另一股东刘某请求撤销该决议，吴某认为该公司监事任期届满，已不存在监事会，因此程序并无瑕疵。法院认为，电化公司的监事虽任期已满未连选连任，但在改选出的监事就任前，原监事仍应履行监事职务，因此吴某绕过监事会自行召集召开股东会会议的行为存在瑕疵，决议应当予以撤销。

关联规则

《证券公司治理准则》（2020年修正）第十九条。

文献参考

刘俊海：《论董事、监事辞职难困境中的强制涤除登记之诉》，载《人民司法》2022年第20期；俞硒：《公司监事解任困境不宜以姓名权保护破解》，载《人民司法》2022年第20期。

第七十八条 【监事会的职权】

监事会行使下列职权：

（一）检查公司财务；

（二）对董事、高级管理人员执行职务的行为进行监督，对违反法律、行政法规、公司章程或者股东会决议的董事、高级管理人员提出解任的建议；

（三）当董事、高级管理人员的行为损害公司的利益时，要求董事、高级管理人员予以纠正；

（四）提议召开临时股东会会议，在董事会不履行本法规定的召集和主持股东会会议职责时召集和主持股东会会议；

（五）向股东会会议提出提案；

（六）依照本法第一百八十九条的规定，对董事、高级管理人员提起诉讼；

（七）公司章程规定的其他职权。

条文解读

本条是关于有限责任公司监事会职权的规定。

与修订前的条文相比,本条规定的主要变化是将"罢免"改为"解任",与本法其他条文相关表述相统一。

理解本条需留意以下几点:

1. 通常认为,监事会的监督职权可分为财务监督和业务监督两大类。本条第一项为财务监督的体现,其余各项主要是业务监督的内容。在财务监督方面,监事会对检查公司财务与股东行使查账权在目的方面有别。监事会履职是为了公司利益,检查公司财务的范围理应要比股东查阅的范围要广。除检查公司各类财务会计资料外,必要时还可以聘请会计师事务所等协助其工作(**【第七十九条】**)。在业务监督方面,监事会主要是为了公司利益监督董事、高级管理人员执行职务的行为。董事、高级管理人员的行为损害公司利益的,监事会应当要求相关人员予以纠正;董事、高级管理人员执行职务的行为违反法律、行政法规、公司章程或者股东会决议的,监事会可向股东会提出解任的建议。为了准确而全面了解董事的履职情况,监事有权列席董事会会议及对董事会决议事项提出质询或者建议(**【第七十九条】**),并可要求董事、高级管理人员提交执行职务的报告及如实提供有关情况和资料以配合监事会行使职权(**【第八十条】**)。监事还可基于股东请求,对董事、高级管理人员依法提起诉讼(**【第一百八十九条】**)。当然,财务监督和业务监督的分类只是为了便于理解监督职权的内容,而在实践中不宜割裂地看待两者。例如,监事会对董事、高级管理人员执行职务的行为进行监督也往往需要借助财务监督的各项手段。此外,监事会还行使提议召开临时股东会会议、依法召集和主持股东会会议以及向股东会会议提出提案等职权。

2. 监事会虽有本条及本法第七十九条、第八十条规定的职权,但从目前司法实践来看,法院倾向于认为监事会履行监督职权属于公司内部管理范畴,一旦公司、董事或高级管理人员不配合监事会行使职权,则监事会应当通过提议召开股东会等方式解决,而无法通过司法手段强行为之。

3. 监事会与审计委员会在履行监督职权方面各有其优劣之处(【第六十九条】)。相较于审计委员会,监事会的优势包括以下三点:第一,监事会与董事会都是股东会之下平行设置的机构,而审计委员会是董事会下设专门委员会。第二,监事会不参与公司具体业务决策,理论上能从旁观者视角更客观、中立地省察董事、高级管理人员的行为；而审计委员会成员同时为董事，其在参与审计委员会特殊事项表决的同时也要参与董事会会议的一般表决。第三，监事会的组成人员包括股东、职工等主体，在形式上更能反映公司民主管理的价值；而审计委员会成员人数有限，且多为专业人士。然而，监事会上述各项履职优势在实践中也可能成为劣势。监事会独立于董事会，虽可列席董事会会议，但毕竟无法深入参与公司具体业务决策，难以全面知悉决策背景及可能存在的风险；而理想状态下能够代表多方利益主体的监事会又常常简化为只设一名监事。因此，究竟设置何种监督机构，属于公司内部事务，宜由公司根据实际需要自行决定。

· 典型案例 ·

(2020)苏民申6315号民事裁定书：李某为兴峰公司监事，请求检查公司财务被拒绝后提起诉讼，要求行使其检查公司财务的权利。法院认为，《公司法》关于监事会职权的规定属于公司内部管理范畴，当公司不配合监事会行使职权时，后者应当通过提议召开股东会会议等方式解决，且《公司法》关于监事会或监事提起诉讼权利的规定仅限于特定情形，故在法无明文规定的情形下，司法不宜干预公司内部管理事务，李某的诉请不应得到支持。

关联规则

《民法典》第八十二条。

文献参考

郭雳：《中国式监事会：安于何处，去向何方？——国际比较视野下的再审思》，载《比较法研究》2016年第2期；施天涛：《让监事会的腰杆硬起来——关于强化我国监事会制度功能的随想》，载《中国法律评论》2020年第3期；杨大可：《中国监事会真的可有可无吗？——以德国克服监事会履职障碍的制度经验为镜鉴》，载《财经法学》2022年第2期。

第七十九条 【监事的质询建议权和监事会的调查权】

监事可以列席董事会会议，并对董事会决议事项提出质询或者建议。

监事会发现公司经营情况异常，可以进行调查；必要时，可以聘请会计师事务所等协助其工作，费用由公司承担。

条文解读

本条是关于有限责任公司监事的质询建议权和监事会的调查权的规定。

理解本条需留意以下几点：

1. 监事会对董事、高级管理人员执行职务的行为依法履行监督职责（【第七十八条】），故监事有权列席董事会会议，知悉董事会会议针对拟决议事项的详细信息和各董事发表的意见等情况，对其中尚有疑惑或可能存在的问题向董事提出质询或者建议。故而，监事既然有权列席董事会会议，也理应可以查阅董事会的会议决议和会议记录。与之类似，经理等高级管理人员通常也列席董事会会议（【第七十四条】），况且监事会有权要求高级管理人员提供执行职务的报告及有关情况和资料（【第八十条】），那么监事同样有权对高级管理人员执行职务的行为提出质询或者建议。

2. 本条第一款规定之所以使用"可以"一词，旨在强调董事会无权拒绝监事列席董事会会议的要求；而从监事履行自身职责的角度出发，其有"应当"列席董事会会议的义务。当然，监事是否列席董事会会议不影响董事会决议的效力。此外，为了便于监事会更好地了解公司运营情况以及对相关人员执行职务的监督，除监事列席董事会会议外，实践中还存在监事会要求董事、高级管理人员列席监事会会议并回答监事会所关注的问题。这在涉及上市公司监事会的相关规定中也有体现（【第一百三十一条】）。

3. 监事会依法履行监督职责过程中，通过检查公司财务或者监督董事、高级管理人员执行职务的行为发现公司经营存在异常情况的，有权进行调查。基于监事会团体决策、统一行动的运作方式（【第八十一条】），本条第二款规定行使调查权的主体是监事会，而不是监事会成员。因此，监事会对于行使调查权或在必要时聘请会计师事务所等协助工作等事项，理应作出监事会决议。否则，监事（不包括不设监事会的监事）单独开展调查并不符合本条规定，董事、高级管理人员也可以不配合其调查；其聘请会计师事务所等协助工作产生的费用，公司也无承担的义务。

· 典型案例 ·

1. 针对本条第一款

（2021）苏 01 民终 637 号民事判决书：金陵卷闸厂公司股东陈某主张，该公司董事会会议因未通知监事参加，故会议召集程序和决议均不合法。法院认为，《公司法》虽有关于监事可以列席董事会会议并行使其职权的规定，但这并不意味着没有监事参加的董事会会议及决议不合法。因此,陈某的主张没有法律依据。

2. 针对本条第二款

(2022)京03民终17496号民事判决书:翔云公司召开临时股东会会议作出修改公司章程的决议,其中第三项修改内容为:将“监事检查公司财务”改为“监事本人检查公司财务,如需第三方介入,需要代表三分之二以上表决权的股东通过决议”。翔云公司股东李某主张股东会决议涉及的上述修改无效。法院认为:《公司法》赋予监事检查公司财务的权利,目的是防止董事、高级管理人员滥用职权,损害公司及股东利益,对公司的经营发展具有重要的监督意义。若监事发现公司经营情况异常,聘请第三方会计师事务所协助进行调查,属于正常行使监事职权的行为。翔云公司该项决议属于对监事的财务监督权进行了限制,违反上述规定,应为无效。

关联规则

《商业银行监事会工作指引》第十四条;《评估机构内部治理指引》第四十一条。

文献参考

赵大伟:《监事会监督方式变革论》,载《当代法学》2017年第2期;潘雨祥、蒲俊丞:《论监事列席董事会会议监督权的改革》,载《河南科技大学学报(社会科学版)》2023年第3期。

第八十条 【董事、高级管理人员配合监事会行使职权】

监事会可以要求董事、高级管理人员提交执行职务的报告。

董事、高级管理人员应当如实向监事会提供有关情况和资料,不得妨碍监事会或者监事行使职权。

条文解读

本条是关于有限责任公司董事、高级管理人员配合监事会行使职权的规定。

本条第一款是新增规定,旨在进一步减少监事会行使职权的阻力,提升监督质效。

理解本条需留意以下两点:

1. 监事不直接参与公司经营管理事务,故其履行监督职责通常需要相关人员的配合。其中,监督董事、高级管理人员执行职务的行为是监事会行使监督职权的重要内容(**【第七十八条】**)。为了准确而全面地了解董事、高级管理人员执行职务的情况,监事会有权要求董事、高级管理人员提交执行职务的报告。本条第一款规定并未明确执行职务的报告的具体内容、提交频次等事项。通常而言,执行职务的报告理应切实反映董事、高级管理人员履职的详细情况,尤其应当充分体现与其职权范围相关的内容,以及对特定事项发表的意见。至于提交频次既可以是定期提交(如一年一次或两次),也可以是不定期提交(如针对重大事项决策)。公司章程有必要针对上述事宜细化相关规定。

2. 监事不直接参与公司经营管理,故而在履行监督职责时可能与董事、高级管理人员之间存在信息不对称的问题。为了便于监事会行使监督职权,董事、高级管理人员应当如实向监事会提供相应的公司经营管理情况、会计资料等。当然,董事、高级管理人员所提供情况和资料如何满足"如实"的要求,本条第二款并未明确。与本条第一款规定情形类似,公司章程有必要明确规定董事、高级管理人员应当向监事会提供有关情况和资料的具体范围。

· 典型案例 ·

(2020)京民终696号民事判决书:李某、王某分别任煜森公司的董事、监事。王某在代表煜森公司向李某提起的诉讼中主张,李某作为公司董事未能按照其要求提交需检查的资料,违反了勤勉义务。法院认为,监事会可以要求董事、高级管理人员如实提供监事履职所需的相关资料,相关人员应当予以配合。因此,李某拒不提交资料的行为违反了董事勤勉义务,王某的主张于法有据。

关联规则

《国有重点金融机构监事会暂行条例》第十三条。

文献参考

李东方、杨琴:《公司监事会职权行使障碍及其解决对策》,载《暨南学报(哲学社会科学版)》2008年第1期;陈苗苗:《监事会协商监督职能的进路构建》,载《河南财经政法大学学报》2022 年第 4 期。

第八十一条　【监事会的议事方式和表决程序】

> **监事会每年度至少召开一次会议，监事可以提议召开临时监事会会议。**
>
> **监事会的议事方式和表决程序，除本法有规定的外，由公司章程规定。**
>
> **监事会决议应当经全体监事的过半数通过。**
>
> **监事会决议的表决，应当一人一票。**
>
> **监事会应当对所议事项的决定作成会议记录，出席会议的监事应当在会议记录上签名。**

条文解读

本条是关于有限责任公司监事会的议事方式和表决程序的规定。

与修订前的条文相比，本条规定的主要变化有：一是将监事会决议的通过比例从原来的“半数以上”改为“过半数”，表述更规范；二是增加监事会决议采一人一票的规定，从而与董事会的规定相统一（【第七十三条】）。

理解本条需留意以下几点：

1. 监事会会议与股东会会议类似（【第六十二条】），也分为定期会议和临时会议。本条第一款首先对定期会议作了规定。与有限责任公司召开董事会会议的规定不同（**【第七十三条】**），监事会会议有每年度至少召开一次的要求。这与要求股份有限公司监事会每六个月至少召开一次会议也有区别（**【第一百三十二条】**）。实践中，有的公司多年不召开监事会的情形较为常见，本条规定旨在督促监事会依法定期召开会议，履行自身职责。此外，监事会成员通常不能单独行使监事会职权，但监事如发现异常情况，或者接到股东和职工的投诉、举报等，可以提议召开临时监事会会议。

2. 本条第二款规定，除本法有规定的外，有限责任公司可以根据自身情况确定监事会的议事方式和表决程序，并由公司章程规定。依照《民法典》第一百三十四条第二款的规定，法人、非法人组织依照法律或者章程规定的议事方式和表决程序作出决议的，该决议行为成立。监事会作出决议应遵守法律和公司章程规定的议事方式和表决程序。与股东会会议、董事会会议的相关规定类似（**【第六十六条】【第七十三条】**）。

所谓议事方式，是指监事会在对特定事项作出决议前采取何种方式发表意见和展开讨论，以保证各监事全面了解所议事项并实现充分的意思沟通。所谓表决程序，是指监事会在对特定事项作出决议时采取何种程序投票和计票，同时也包括达到何种比例方能通过决议的要求。不过，监事会的议事方式或表决程序不符合要求是否会导致监事会决议被撤销或被确认不成立，尚有争议（【第二十六条】【第二十七条】）。监事会虽不是公司必设机构，但一旦公司选择设置监事会，那么监事会也应当依照法律、行政法规和公司章程的规定行使职权，并依法召开会议和表决。监事会的议事方式和表决程序同样可能存在瑕疵，相关案例可以参照适用股东会、董事会的瑕疵决议规则。

3. 监事会采取团体决策、统一行动的方式。监事会决议应当经全体监事采取一人一票的方式过半数通过。与董事会的相关规定不同（【第七十三条】），监事会会议的举行并无最低出席人数的要求。至于公司章程能否设置高于法定要求的通过比例，尚有争议。例如，公司可能根据自身情况在公司章程中规定特定事项应当经2/3以上的监事通过，甚至需要全体监事一致通过。与股东会会议、董事会会议的相关规定类似，从目前司法实践来看，法院倾向于认为《公司法》仅是确立了决议通过的最低比例要求，只要公司章程设置的比例不低于法定比例，原则上应认定为合法有效。此外，即便是在监事会成员为偶数的情形下，公司也无权赋予任何监事（包括监事会主席）在平票时多一票或者直接以某一监事的意见为准。

4. 与董事会的相关规定类似（【第七十三条】），监事会的会议记录是监事会会议召开的全过程反映，除了会议决议记载的事项外，会议记录通常还需要详细记录所议事项的讨论过程、各监事发表的意见等内容。监事会的会议决议主要反映的是所议事项的表决结果，一般包括会议召开时间、地点、所议事项、会议通知及出席人数情况、表决比例、表决结果、出席会议的监事签名、公司盖章及落款日期等内容。相比股东会的会议决议和会议记录（【第六十四条】），监事会的会议决议和会议记录更有区分的必要。一方面，监事会的会议决议是股东行使查阅权的范围，但股东原则上无权查阅监事会的会议记录（【第五十七条】）。另一方面，监事会的会议记录详细记录各监事发表的意见，故其可能成为特定监事承担责任或者免除责任的重要证据。不过，本条第五款规定的会议记录是针对监事会所议事项的决定作成的，并未涵盖通常意义上会议记录的全部内容，反而与会议决议的内容类似。此外，本法并未明确规定决议必须采取书面形式。为了避免争议，公司章程有必要对此作出更明确的规定。

·典型案例·

(2021)粤03民终18001号民事判决书：天尚公司股东广华企业请求查阅公司监事会会议决议，天尚公司表示拒绝并主张其并未曾召开监事会会议。法院认为，公司应当定期召开监事会会议，并形成会议决议及作成会议记录。天尚公司仅主张其未召开监事会会议而未出具相关说明，其主张无法得到有效证明。故应当允许广华企业查阅天尚公司监事会会议决议。

关联规则

《民法典》第一百三十四条；《证券交易所管理办法》(2021年修订)第三十二条；《评估机构内部治理指引》第三十八条。

文献参考

张志坡：《如何构建独立、有效的监事会?》，载《经贸法律评论》2022年第2期；崔文玉：《公司治理优化视域下的监事会制度重塑及其功能实现》，载《现代法学》2022年第6期。

第八十二条　【监事会行使职权的费用承担】

监事会行使职权所必需的费用，由公司承担。

条文解读

本条是关于有限责任公司监事会行使职权的费用承担的规定。

理解本条需留意以下两点：

1.监事会在行使各项监督职权过程中会产生相应的费用。监事会行使职权的目的是维护公司利益。为了确保监事会更好履职，监事会在行使本法规定和公司章程规定的职权时所必需的费用，应当由公司承担。本条规定适用的关键在于如何理解所必需的费用的范围。结合本法关于监事会职权的规定(**【第七十八条】【第七十九条】**)，监事会在履行日常监督职权时所必需的会议费、资料费、文印费、差旅费、邮寄费、餐饮费，以及聘请会计师、律师或者其他专业人士所必需的服务费、咨询费及其他劳务报酬，乃至依法提起诉讼所必需的律师代理费、诉讼费等，都应属于由公司承担的费用范围。应当注意的是,监事会主要采取团体决策、统一行动的方式行使职权,对于监事会成员(不包括不设监事会的监事)未经监事会同意而单独采取行动所产生的费用,公司是否应当承担,尚有争议。公司可以根据自身情况在公司章程或者关于监事会或监事的具体行为规范中明确规定所必需的费用的具体项目及相关标准。

2. 鉴于不设监事会的监事或者董事会下设审计委员会依法行使监事会的职权(【第六十九条】【第八十三条】),故其在行使职权时所必需的费用,也应当由公司承担。

· 典型案例 ·

(2022)甘 09 民终 958 号民事判决书:殷某为润泽公司不设监事会的监事,委托律师协助其行使监事职责,后殷某向润泽公司主张该律师费用。法院认为,监事为行使其职权,有权委托律师代理其接受日常咨询、配合调查公司经营状况、提起诉讼等,由此产生的必需费用应由公司承担。殷某因行使其监事职权而委托律师所产生的律师费用并未超出合理范畴,应由润泽公司承担。

关联规则

《证券公司和证券投资基金管理公司合规管理办法》(2020 年修正)第二十五条。

文献参考

杨大可:《论监事独立性概念之界定——以德国公司法规范为镜鉴》,载《比较法研究》2016 年第 2 期;马更新:《〈公司法〉修订语境下的监事会制度架构变革探析》,载《上海政法学院学报(法治论丛)》2021 年第 3 期。

第八十三条 【不设监事会的监事及其职权】

规模较小或者股东人数较少的有限责任公司,可以不设监事会,设一名监事,行使本法规定的监事会的职权;经全体股东一致同意,也可以不设监事。

条文解读

本条是关于有限责任公司不设监事会的监事及其职权的规定。

与修订前的条文相比，本条规定的主要变化有：一是规模较小或者股东人数较少的有限责任公司在不设监事会而只设监事的情形下，监事人数从原来的“一至二名”改为“一名”；二是该类公司经全体股东一致同意也可以不设监事。

理解本条需留意以下几点：

1. 在规模较小或者股东人数较少的情形下，公司可以只设一名监事，不设监事会。从文义来看，不设监事会的监事依法行使监事会的各项职权(**【第七十八条】【第七十九条】**)。与董事会的规定类似，对于规模较小或股东人数较少的理解，存在较大模糊性(**【第七十五条】**)，问题的关键仍在于设监事会是否符合公司实际需要。本条规定主要表明是否设监事会主要考虑公司规模和股东人数，但也可能需要衡量其他方面。是否设监事会本质上属于商业判断事宜，应由公司自行决定。

2. 本次修订极大地拓宽公司在监督机构设置方面的自由度。本条规定，经全体股东一致同意，有限责任公司也可以不设监事。所谓全体股东一致同意，包括全体股东一致通过的决议或者签订的协议等。因此，公司可能既没有审计委员会，也没有监事会或者监事。尽管不同的公司在治理模式方面可能存在极大差异，但从功能视角来看，无论公司如何设置治理结构，监督机制在其中都不可或缺。换言之，基于公司运营需要，代理成本始终存在。即便在一个既不设监事(会)也不设审计委员会的公司，也并不意味着公司治理就没有监督机制。若公司有多个股东且皆为公司董事，则高度重合的主体之间为维护自身及公司利益需肩负相互监督职责；若情形相反(极端情形是董事都不是股东)，则股东为维护自身及公司利益需要监督董事的履职行为。而在只有一个股东且由该股东担任公司董事的情形下，如何防止股东财产与公司财产相混同从而阻却公司人格否认制度的适用也同样需要构建相应的监督机制。

3. 在既无审计委员会又无监事会或监事的公司，股东因董事、高级管理人员违法提起股东代表诉讼的，应当如何履行穷尽内部救济的前置程序，尚有疑惑(【第一百八十九条】)。倘若在此情形下股东可直接提起代表诉讼，则会减损本条允许公司不设监事的制度价值。依循前文有关公司治理客观存在监督机制的立场，此时股东应当请求负有监督职责的主体提起诉讼，包括股东会或董事会等。同时，上述机构就是否提起诉讼作出决议时，违法主体应当回避表决。当然，在不设董事会的董事违法而该公司又只有一名股东等特殊情形下，股东直接提起代表诉讼也并无不妥。公司章程可对此作出规定。未来司法解释等相关规定也有必要对此加以明确。

· 典型案例 ·

（2021）苏1324民初3542号民事判决书：世博公司通过股东会决议，解任该公司唯一监事殷某的职务，股东张某主张案涉股东会决议解任殷某监事职务后未选举新的公司监事，违反《公司法》规定。法院认为，世博公司不设监事会，应当至少设立一名公司监事，但这并不影响解任公司唯一监事的股东会决议的效力。因此，张某的主张于法无据。

关联规则

《中小企业划型标准规定》第四部分；《中央文化企业公司制改制工作实施方案》第二部分第（四）项；《评估机构内部治理指引》第三十六条；《会计师事务所内部治理指南》第三十六条。

文献参考

曹冬媛：《日本公司法上第三种监督模式的评介与思考》，载《北京科技大学学报（社会科学版）》2017年第1期；周游：《从被动填空到主动选择：公司法功能的嬗变》，载《法学》2018年第2期。

第四章

有限责任公司的股权转让

第八十四条　【股权的自愿转让】

有限责任公司的股东之间可以相互转让其全部或者部分股权。

股东向股东以外的人转让股权的，应当将股权转让的数量、价格、支付方式和期限等事项书面通知其他股东，其他股东在同等条件下有优先购买权。股东自接到书面通知之日起三十日内未答复的，视为放弃优先购买权。两个以上股东行使优先购买权的，协商确定各自的购买比例；协商不成的，按照转让时各自的出资比例行使优先购买权。

公司章程对股权转让另有规定的，从其规定。

条文解读

本条是关于有限责任公司股东自愿转让股权的规定。

与修订前的条文相比，本条规定的主要变化集中在股东向股东以外的人转让股权的部分：一是删除“经其他股东过半数同意”的程序性规定，二是参考《公司法解释（四）》第十八条规定细化通知其他股东的具体事项，三是参考《公司法解释（四）》第十九条规定明确股东自接到书面通知之日起30日内未答复的，视为放弃优先购买权。

理解本条需留意以下几点：

1. 有限责任公司的股东之间可以自由转让股权。

第一，股东之间转让股权的数量自由。股东可以仅转让部分股权，其结果是股东在人员方面并未发生变化，只是股东之间的持股比例有所调整。股东也可以转让全部股权，其结果是转让人因不再持有该公司股权而丧失股东资格并退出公司。

第二，股东之间转让股权无须通知其他股东，其他股东也不享有优先购买权。因此，只要股东之间达成股权转让的合意，即可产生股权变动的效果。

2. 有限责任公司具有一定的人合性特征，故而股东向股东以外的人转让股权的，其他股东依法享有优先购买权。

第一，转让人应当就股权转让事宜书面通知其他股东。本条规定明确通知事项至少包含股权转让的数量、价格、支付方式和期限等内容。为了降低沟通成本，提升股权转让效率，转让人应尽可能就股权转让所涉事项一次性通知其他股东。当然，其他股东也可以要求转让人补充告知与判断同等条件相关的其他详细信息。

第二，前述书面通知的具体事项，实际上也是判断何为同等条件的要素。转让价格固然重要，但股权转让的数量、支付方式和期限也应列入综合考虑的要素。"等"字更进一步表明在不同的股权转让行为中要考虑的事项可能不尽相同，需结合具体情形综合判断。实践中常有股东以外的人以特殊财产或权利（如知识产权、土地使用权等）的对价为由，主张其他股东因无法提供相应对价从而不享有优先购买权。股权转让本质上是一种交易行为，重点是判断其他股东和股东以外的人分别提供的条件的实际经济价值。因此，即便是特殊财产或权利，通常也可以用货币估价。当事人之间无法协商定价的，可聘请第三方评估机构对该特殊财产或权利评估作价。除非股东以外的人能证明该对价的履行具有人身专属性，否则其他股东仍可通过支付与特殊财产或权利作价相当的金钱行使优先购买权。同理，在股权赠与等场合，不能因为转让人与股东以外的人之间约定的对价为零而认定其他股东不享有优先购买权。基于股权本身的经济价值，此时仍可采取前述先协商后评估的方式处理。

第三，在其他股东的优先购买权得到保护的同时，转让人对股权转让效率享有合理的期限利益也应得到尊重。故而，其他股东在接到书面通知后若要行使优先购买权理应及时主张。当然，股权转让的对价可能数额较大，优先购买权行使期间也不宜设置过短。不过从文义来看，本条第二款规定的30日只是其他股东作出是否行使优先购买权的答复期间，而非优先购买权的行使期间。转让人可在书面通知中明确行使期间，通知确定的期间短于30日或者未明确行使期间的，行使期间为30日。

第四，两个以上股东行使优先购买权的，协商确定各自的购买比例；协商不成的，按照转让时各自的出资比例行使优先购买权。所谓出资比例究竟是指认缴还是实缴的出资比例，尚有争议。考虑到目前大多数股东在公司设立时都选择以认缴的方式出资，且本条也并未明确指出需以实缴为准，故理解为认缴的出资比例更妥当。

第五，股东向股东以外的人转让股权，未就其股权转让事项书面通知其他股东，或者以欺诈、恶意串通等手段，损害其他股东优先购买权的，其他股东可以主张按照同等条件购买该转让股权。但需要注意的是，即便是存在侵害其他股东优先购买权的情形，也并不能以此否定股东与股东以外的人所订立的股权转让合同的效力。股东以外的人因其他股东行使优先购买权而不能实现合同目的的，可以依法请求转让人承担相应责任。

3. 本条前两款为默示条款，公司可以根据自身情况在公司章程中对股权转让作出

特别规定。对于何为书面通知、判断同等条件的要素不明确应如何处理、各股东行使优先购买权的次序和比例、优先购买权的行使期间等问题，公司章程都可以作出更细化的规定。另外，公司章程另有规定还进一步体现在以下两个方面：

一方面，公司章程可以拓宽股东转让股权的自由。例如，公司章程可以规定，股东可以自由向股东以外的人转让股权，其他股东不享有优先购买权。

另一方面，公司章程也可以提高股东转让股权的限制。例如，基于维持公司股权结构的相对稳定性，公司章程可以针对股东之间的转让股权设置必要的限制性条款，包括通知其他股东或者经一定比例的股东同意等，也可如同向股东以外的人转让股权那样设置优先购买权的规定。再如，为了维持公司人合性或正常运营，实践中有公司章程规定在一定期限内股东不得转让股权或者每次转让股权的比例限制，即所谓锁定期条款；也有借鉴本法关于股份有限公司的相关规定针对董事、监事、高级管理人员所持股权的转让设置更严格的条件等（**【第一百六十条】**）。当然，公司章程另有规定不得剥夺股东的固有权利及违背公司法的基本理念。例如，公司章程不得永久禁止股东转让股权。

· 典型案例 ·

1. 针对本条第一款

(2022)闽02民终2267号民事判决书：刘某、甄某、李某和某村民委员会为南安公司股东。后刘某、李某与甄某签订股权转让协议，约定将刘某和李某所持公司股权转让给甄某。但某村民委员会不同意此次股权转让，主张此次转让无效。法院认为，有限责任公司的股东之间可以相互转让其全部或者部分股权。刘某将其在南安公司的股权转让给甄某不违反公司法的规定。

2. 针对本条第二款

(2022)桂04民终643号民事判决书：鸿坤建材公司的股东为岑某、刘某。岑某与第三人陈某签订股权转让协议时，未通知刘某。故刘某主张股权转让协议无效。法院认为，岑某虽负有通知刘某关于转让股权事宜的义务，但是，如未通知转让股权而损害刘某的权益，应由岑某向刘某承担赔偿责任，而不能主张股权转让协议无效。

3. 针对本条第三款

（2022）津03民终3783号民事判决书：北京东高公司为天津东高公司股东。天津东高公司章程规定，股东向股东以外的第三人转让股权须经代表超过2/3以上表决权的股东通过。北京东高公司与第三人刘某签订股权转让协议，约定向刘某转让其持有的天津东高公司股权。天津东高公司认为该转让行为违反公司章程规定，对股权变更登记不予配合。北京东高公司遂提起诉讼。法院认为，鉴于公司内部治理的自主性，股权转让应首先遵循公司章程的相关规定。北京东高公司的转让行为不符合公司章程规定程序，对其主张不予支持。

关联规则

《最高人民法院关于审理外商投资企业纠纷案件若干问题的规定（一）》（2020年修正）第十二条；《企业信息公示暂行条例》第九条；《证券公司股权管理规定》（2021年修正）第十七条。

文献参考

周游：《公司自治视角下股权转让价格确定机制探析——以司法介入途径下第三方评估方法为轴线》，载赵旭东、宋晓明主编：《公司法评论》第20辑，人民法院出版社2012年版；曹兴权：《股东优先购买权对股权转让合同效力的影响》，载《国家检察官学院学报》2012年第5期；赵旭东：《股东优先购买权的性质和效力》，载《当代法学》2013年第5期；郑彧：《股东优先购买权“穿透效力”的适用与限制》，载《中国法学》2015年第5期；王军：《实践重塑规则：有限公司股权转让限制规范检讨》，载《中国政法大学学报》2017年第6期；伍坚：《有限公司股权对外转让制度研究》，载《法学杂志》2019年第10期；钱玉林：《股权转让行为的属性及其规范》，载《中国法学》2021年第1期；梁上上：《有限公司股权对外转让的自由与限制——以利益位阶理论为视角展开》，载《清华法学》2022年第2期；董伟：《有限公司股权对外转让时的同意权之存废——兼评〈公司法（修订草案二次审议稿）〉第84条》，载《财经法学》2023年第1期。

第八十五条　【股权的强制转让】

人民法院依照法律规定的强制执行程序转让股东的股权时，应当通知公司及全体股东，其他股东在同等条件下有优先购买权。其他股东自人民法院通知之日起满二十日不行使优先购买权的，视为放弃优先购买权。

条文解读

本条是关于人民法院依法强制转让股东股权的规定。

理解本条需留意以下几点：

1. 所谓人民法院依法强制转让股东股权，是指人民法院依照《民事诉讼法》等法律规定的执行程序强制执行生效的法院判决、裁定或其他由人民法院执行的其他法律文书时，以拍卖、变卖或其他方式转让股东的股权。与股权的自愿转让规则类似(**【第八十四条】**)，本条规定也是基于有限责任公司具有一定的人合性特征的制度考量。对此需要注意的是，人民法院强制执行的只能是股东在公司持有的股权，而不得直接执行公司的财产。

2. 为确保公司及全体股东知悉人民法院依法强制转让作为被执行人的股东的股权，人民法院应当及时通知公司及全体股东。该通知的内容应当至少包含股权转让的数量、价格、支付方式和期限等事项。拍卖被执行人的股权，人民法院应当依照《最高人民法院关于人民法院确定财产处置参考价若干问题的规定》规定的程序确定股权处置参考价，并参照参考价确定起拍价。人民法院确定股权处置参考价，可以采取当事人议价、定向询价、网络询价、委托评估等方式。

3. 与股权的自愿转让类似，股权的强制转让情形下其他股东在同等条件下也有优先购买权。为了保证司法程序效率，其他股东应当及时作出是否行使优先购买权的决定。与股权的自愿转让规则不同的是，本条明确规定所谓“20 日”是优先购买权的行使期间。该期间的起算点应当是人民法院通知的送达日期。各股东由于收到通知的日期可能不一致，对于是否放弃优先购买权的判断应区分具体情形。

4. 人民法院依法强制转让股东股权的，不受公司章程、股东协议等关于股东转让股权特殊条款的限制。例如，在隐名出资情形下，名义股东所持股权被依法强制执行的，实际出资人不能以隐名出资协议的约定对抗善意相对人。

·典型案例·

(2022)鲁03执复18号执行裁定书：经调解，钱某持有的富海公司10%股权变更到孙某名下。法院作出民事调解书对此予以确认。后富海公司及其另一股东科威公司认为法院在执行中未通知公司及公司股东，向法院提出书面异议，请求撤销钱某与孙某的股权转让，并撤销孙某在富海公司的股东资格。法院认为，《公司法》(2018年修正)第七十二条是针对法院在执行过程中需要对公司股东的股权进行强制转让变现而作出的规定。而本案民事调解书已经确认将钱某名下的富海公司10%的股权变更到孙某名下，法院的执行内容只是要求相关部门协助办理股权变更登记手续，故驳回二者的执行异议。

关联规则

《最高人民法院关于人民法院强制执行股权若干问题的规定》第十一条至第十四条；《最高人民法院关于人民法院确定财产处置参考价若干问题的规定》第二条；《最高人民法院关于人民法院执行工作若干问题的规定(试行)》(2020年修正)第三十七条至第三十九条。

文献参考

张韬、魏青松、季俊东：《试论对公司股权的强制执行》，载《中国法学》1996年第2期；潘勇锋：《论股东优先购买权在司法拍卖中的实现》，载《法律适用》2012年第5期；刘俊海：《代持股权作为执行标的时隐名股东的异议权研究》，载《天津法学》2019年第2期；何东宁、邵长茂、刘海伟、王赫：《〈最高人民法院关于人民法院强制执行股权若干问题的规定〉的理解与适用》，载《中国应用法学》2022年第2期；高星阁：《有限责任公司股权执行程序中股东优先购买权保障论》，载《当代法学》2023年第2期。

第八十六条　【股权转让引起的变更股东名册和变更登记】

股东转让股权的，应当书面通知公司，请求变更股东名册；需要办理变更登记的，并请求公司向公司登记机关办理变更登记。公司拒绝或者在合理期限内不予答复的，转让人、受让人可以依法向人民法院提起诉讼。

股权转让的，受让人自记载于股东名册时起可以向公司主张行使股东权利。

条文解读

本条是关于股权转让引起的变更股东名册和变更登记的规定。

本条是新增规定，以进一步完善股权转让涉及的程序性规则。

理解本条需留意以下几点：

1. 无论是股东之间还是股东向股东以外的人转让股权，股东名册的相关记载都会发生变化（【第五十六条】）。同时，除了股东之间部分转让股权外，公司登记事项中的有限责任公司股东的姓名或者名称也将发生变更（【第三十二条】）。为了让公司及时变更股东名册及办理变更登记，股东转让股权的，应当书面通知公司。

2. 公司在收到股东转让其股权的通知后，应当履行相应的程序性义务。一方面，公司应当变更股东名册和向公司登记机关办理变更登记。另一方面，公司应当及时注销原股东的出资证明书，向新股东签发出资证明书，并相应修改公司章程（【第八十七条】）。相关记载对转让人和受让人都产生重要的法律效果：转让人因相关记载的变化而解除股东资格并退出公司法律关系；受让人则需以相关记载的变化确认其股东资格并主张行使股东权利。故而，在公司在收到股东转让其股权的通知后拒绝履行义务或者在合理期限内不予答复的，转让人、受让人都有向人民法院提起诉讼要求公司履行义务的权利。

3. 记载于股东名册的股东可以依股东名册主张行使股东权利（【第五十六条】），因此，本条第二款规定，股权转让的，受让人自记载于股东名册时起可以向公司主张行使股东权利。这是否意味着股权转让自变更股东名册时起生效，尚有争议。实践中，没有依法置备股东名册的公司大量存在，倘若公司一直没有股东名册，或者即便置备了股东名册但怠于变更股东名册记载，都将增加受让人主张行使股东权利的困难。本质上，公司登记事项（【第三十二条】）、设立协议（【第四十三条】）或股权转让协议、公司章程（【第四十六条】）、出资证明书（【第五十五条】）和股东名册（【第五十六条】）等都在确认股东资格时具有相应的证明力，都属于证权文件。但股权转让涉及转让人、受让人、其他股东、公司乃至公司债权人等主体，且有股东之间和股东向股东以外的人的自愿转让及法院强制转让等不同情形，再考虑不同公司在治理机制、人合性程度等方面可能存在的巨大差异，上述这些文件都难以作为股权转让的生效要件。故而，股东名册也并非设权文件，不应作为股权变动的效力依据。相反，即便股东名册并未变更相应记载，但其他证据已足以证明受让人为公司股东的，受让人有权向人民法院提起诉讼请求确认股东资格并要求公司变更股东名册。本质上，无论是本条还是第八十七条，都主要是强调股权转让后的程序性规则。一方面，股东转让其股权无须经公司同意，而仅需通知公司。只要股权转让本身符合法律规定，那么在公司收到通知时股权转让即对公司产生约束力。另一方面，变更股东名册、办理变更登记、签发新的出资证明书、修改公司章程等都是公司在股权转让后的义务。若因公司不履行相应义务却反过来否认受让人的权利主张，显然不合逻辑。

·典型案例·

1. 针对本条第一款

（2023）辽0203民初1053号民事判决书：王某甲、王某乙和田某为格林伯德公司股东。格林伯德公司作出股东会决议，一致同意股东王某乙将其股权全部转让给王某甲，其他股东放弃优先购买权，股东变更为王某甲、田某。因格林伯德公司与王某甲未配合办理股权变更手续，王某乙遂提起诉讼。法院认为，王某乙已将股权转让给王某甲，公司章程亦同时作出了修改，但公司登记机关登记的股东仍包含王某乙，其诉请王某甲和格林伯德公司办理变更登记具有事实依据，应予支持。

2. 针对本条第二款

（2021）最高法民申6526号民事裁定书：平棉集团为碧海公司股东。平棉集团与昌恒公司签订股权转让协议，约定转让持有的碧海公司的部分股权。后昌恒公司向碧海公司主张分红，但碧海公司认为平棉集团的股权转让违反了公司章程规定，对昌恒公司股东权利行使不予认可。法院认为，记载于股东名册的股东才可以向公司行使股东权利。昌恒公司未能提供公司登记、股东名册等能够证明其股东身份的证明文件，对昌恒公司的主张不予支持。

关联规则

《最高人民法院关于适用〈中华人民共和国民事诉讼法〉的解释》（2022年修正）第二十二条；《最高人民法院关于人民法院强制执行股权若干问题的规定》第十七条；《市场主体登

记管理条例》第八条、第二十四条。

文献参考

朱庆:《股权变动模式的再梳理》,载《法学杂志》2009 年第 12 期;叶林:《公司在股权转让中的法律地位》,载《当代法学》2013 年第 2 期;蔡元庆:《股权二分论下的有限责任公司股权转让》,载《北方法学》2014 年第 1 期;李建伟:《公司认可生效主义股权变动模式——以股权变动中的公司意思为中心》,载《法律科学(西北政法大学学报)》2021 年第 3 期;赵旭东、邹学庚:《股权变动模式的比较研究与中国方案》,载《法律适用》2021 年第 7 期;薛波:《有限公司股权转让公司意思介入问题研究——兼评〈公司法(修订草案二审稿)〉第 86 条》,载《财经法学》2023 年第 4 期。

第八十七条　【公司在股权转让后的义务】

依照本法转让股权后,公司应当及时注销原股东的出资证明书,向新股东签发出资证明书,并相应修改公司章程和股东名册中有关股东及其出资额的记载。对公司章程的该项修改不需再由股东会表决。

条文解读

本条是关于股权转让后公司应当履行的程序性义务的规定。

本条规定较此前规定并无实质变化,只是针对个别表述略作调整。

理解本条需留意以下两点:

1. 承接本法第八十六条第一款的规定,本条进一步明确了公司在股权转让后的程序性义务主要包括两个方面:一是出资证明书的处理。出资证明书是有限责任公司向股东签发的证明其已经履行出资义务的法律文件,因其相关记载具有显著的特定性,故而并非可流通的有价证券(**【第五十五条】**)。公司应当及时注销原股东的出资证明书,向新股东签发出资证明书。需要注意的是,既然出资证明书是股东履行相应出资义务的证明,那么,受让人若受让的是转让人尚未完成出资义务的股权,则对于尚未足额缴纳出资的部分不应签发出资证明书。二是公司章程和股东名册相关记载的修改。股东的姓名或者名称、出资方式、出资额和出资日期是公司章程的记载事项(**【第四十**

六条】)，前述事项以及股东的住所、出资证明书编号、取得和丧失股东资格的日期是股东名册的记载事项(**【第五十六条】**)，股权转让后，公司应当修改公司章程和股东名册中的相关记载。

2. 股权转让导致公司章程有关股东及其出资额的记载修改不需再由股东会表决。股权转让当然引起公司章程有关股东及其出资额的记载的变化，若因公司章程的该项修改而要求公司必须召开股东会会议且作出修改公司章程的决议，既不符合股权转让实则不直接涉及公司利益且不属于股东会职权范围的规则逻辑(**【第五十九条】【第六十六条】**)，也会给股权转让和公司治理带来不必要的麻烦。

·典型案例·

(2019)浙0482民初5357号民事判决书：王某与三羊公司签订股权转让协议，三羊公司将其持有的新华医院股权转让给王某，后新华医院未依法办理股权变更申请手续导致王某的合法权益未得到切实保护，王某提起诉讼。法院认为，股权转让协议合法有效，故新华医院在股东转让股权后应当及时注销原股东的出资证明书，向新股东签发出资证明书，并相应修改公司章程和股东名册中有关股东及其出资额的记载；三羊公司亦应对此履行协助义务。

关联规则

参见**【第八十六条】**列示的相关规则。

文献参考

参见**【第八十六条】**列示的相关文献。

第八十八条　【转让股权后的出资责任】

股东转让已认缴出资但未届出资期限的股权的，由受让人承担缴纳该出资的义务；受让人未按期足额缴纳出资的，转让人对受让人未按期缴纳的出资承担补充责任。

未按照公司章程规定的出资日期缴纳出资或者作为出资的非货币财产的实际价额显著低于所认缴的出资额的股东转让股权的，转让人与受让人在出资不足的范围内承担连带责任；受让人不知道且不应当知道存在上述情形的，由转让人承担责任。

条文解读

本条是关于股权转让情形下的出资责任的规定。

本条是新增规定，在吸收《公司法解释（三）》第十八条规定基础上作进一步完善，并对股权转让的出资责任作出以下区分：一是“已认缴出资但未届出资期限”，即尚未构成出资瑕疵的情形；二是“未按照公司章程规定的出资日期缴纳出资或者作为出资的非货币财产的实际价额显著低于所认缴的出资额”，即已存在出资瑕疵或出资不实的情形。

理解本条需留意以下几点：

1. 针对“已认缴出资但未届出资期限”的尚未构成出资瑕疵的情形，股权转让的出资责任采取的是“受让人承担、转让人补充”模式。对此需从以下两方面加以理解：一是转让人在转让股权时既然股权未届缴资期限，故存在合法的出资期限利益，不应认定转让人未履行或者未全面履行出资义务。受让人受让股权意味着股权所对应的出资义务也一并转移，而由受让人履行出资义务。这与《民法典》关于合同权利义务概括转移的规定类似，但股权转让无须经公司同意、只需通知公司的规则（**【第八十六条】**）与债务转移应当经债权人同意的规则有本质区别，不应混淆。二是对转让人出资期限利益的保护不能以危及公司资本充实为代价。转让人在转让股权时，虽不构成出资瑕疵，但转让人此前确有对公司履行出资义务的承诺。股权转让协议本质上仅改变转让人、受让人与其他股东基于股东出资及期限利益等事项的约定，但并不当然免除转让人基于对公司履行出资义务的承诺的全部责任。再考虑到转让人和受让人可能存在恶意串通逃避出资责任的情形，由转让人对受让人未按期缴纳的出资承担补充责任，实属必要。

2. 针对“未按照公司章程规定的出资日期缴纳出资或者作为出资的非货币财产的实际价额显著低于所认缴的出资额”的已存在出资瑕疵或出资不实的情形，股权转让

的出资责任采取的是“转让人与受让人连带、善意受让人无责”模式。对此需从以下两方面加以理解：一是未按期足额缴纳出资的股东除应当向公司足额缴纳外，还应当对给公司造成的损失承担赔偿责任(【**第四十九条**】)，该责任不因转让股权而免除，且应当对所转让的股权承担瑕疵担保责任。二是受让人在受让股权时应当对转让人是否已经履行出资义务负有查验的注意义务。根据出资方式的不同，受让人应当查验货币出资是否已足额存入有限责任公司在银行开设的账户，以及非货币财产出资是否已经依法办理财产权转移手续等(【**第四十九条**】)。受让人知道或者应当知道转让人存在出资瑕疵或出资不实的情形的，应当在出资不足的范围内与转让人承担连带责任。与本条第一款不同的是，本条第二款规定需要考虑受让人的主观状态。受让人对于转让人是否已经履行出资义务确有重大误解或受欺诈的可能，受让人对自己不知道或者不应当知道存在相关情形负举证责任。

3. 转让人和受让人关于出资责任的特殊约定虽不得对抗公司及其债权人，但可作为转让人和受让人内部确定出资责任承担的依据。如无特殊约定，则在本条第一款情形下承担出资补充责任的转让人原则上可以向未按期足额缴纳出资的受让人追偿；在本条第二款情形下在出资不足的范围内承担责任的受让人可以向未按期足额缴纳出资或者作为出资的非货币财产的实际价额显著低于所认缴的出资额的转让人追偿。此外，倘若股权存在多次转让的情形，则首次转让股权的股东为本条规定的转让人，其他主体都属于受让人。

· 典型案例 ·

1. 针对本条第一款

(2018)苏02民终1516号民事判决书：中铁集团为中铁物流公司唯一股东，在其持股期间中铁物流公司产生多笔债务。后中铁集团在认缴出资期限届满前将全部股权转让给远大公司。中铁物流公司认为中铁集团与远大公司应以出资额为限对公司债务承担责任。法院认为，虽然中铁集团股权转让在出资期限届满前，但中铁集团并未向中铁物流公司进行任何出资，且在公司债务形成后，也未积极履行债务，反而以零对价向远大公司转让股权。因此，中铁物流公司要求中铁集团承担责任的主张应予支持。

2. 针对本条第二款

(2022)湘09民终1993号民事判决书：杨某、佘某甲为鑫喜多公司股东。后杨某与屈某、佘某甲与佘某乙分别签订股权转让协议，将各自持有的鑫喜多公司全部股权以零元的价格分别转让给屈某、佘某乙。后鑫喜多公司因其他纠纷被强制执行并追加前述四人作为被执行人。法院认为，佘某甲未足额缴纳出资，杨某未履行出资义务。屈某、佘某乙以零元的价格分别受让杨某、佘某甲的股权，也没有实际出资，且从转让协议约定来看，受让人对转让人尚未缴足出资的情况应系明知，故应当分别在未出资范围内与转让人承担连带责任。

关联规则

《民法典》第五百五十五条、第五百五十六条、第六百一十七条。

文献参考

肖海军：《瑕疵出资股权转让的法律效力》，载《政法论坛》2013年第2期；刘敏：《论未实缴出资股权转让后的出资责任》，载《法商研究》2019年第6期；王东光：《论股权转让人对公司债权人的补充责任》，载《法律科学（西北政法大学学报）》2020年第2期；陈景善、郜俊辉：《股权转让后的未届期出资义务承担》，载《国家检察官学院学报》2022年第6期；陈甦：《股权受让人出资责任的规则建构分析》，载《环球法律评论》2023年第3期；罗昆、刘伟：《未届期股权转让后的股东出资责任研究》，载《南大法学》2023年第4期；陈彦晶：《论股权转让出让人的瑕疵担保责任》，载《法商研究》2023年第6期。

第八十九条　【股东股权收购请求权】

有下列情形之一的，对股东会该项决议投反对票的股东可以请求公司按照合理的价格收购其股权：

(一)公司连续五年不向股东分配利润，而公司该五年连续盈利，并且符合本法规定的分配利润条件；

(二)公司合并、分立、转让主要财产；

（三）公司章程规定的营业期限届满或者章程规定的其他解散事由出现，股东会通过决议修改章程使公司存续。

自股东会决议作出之日起六十日内，股东与公司不能达成股权收购协议的，股东可以自股东会决议作出之日起九十日内向人民法院提起诉讼。

公司的控股股东滥用股东权利，严重损害公司或者其他股东利益的，其他股东有权请求公司按照合理的价格收购其股权。

公司因本条第一款、第三款规定的情形收购的本公司股权，应当在六个月内依法转让或者注销。

条文解读

本条是关于有限责任公司股东依法请求公司收购股权的规定。

与修订前的条文相比，本条规定除调整个别表述外，主要变化有：一是规定公司的控股股东滥用股东权利，严重损害公司或者其他股东利益的，其他股东也有权请求公司收购其股权；二是规定公司收购本公司股权应当在六个月内依法转让或者注销。

理解本条需留意以下几点：

1. 由于是公司收购本公司的股权，且便于与公司收购其他公司股权的行为相区分，故而本条规定的公司行为也被称为股权回购。关于股权回购的本质，可从以下三个方面加以理解：其一，股权回购是一种特殊的股权转让，股东是转让人，公司是受让人，股东转让的是该公司的股权。对于其他股东而言，公司是股东以外的人，故而在股权回购情形下，其他股东在同等条件下原则上有优先购买权（**【第八十四条】**）。若公司最终回购本公司的股权，则公司成为本公司的股东，其持有的本公司的股权在学理上称为库存股。其二，股权回购本质上是一种股东取回出资并退出公司的行为，可能会对公司资本维持产生不利影响。股权回购需要公司支付合理价格，若公司回购的股权并未通过再次转让的方式回流资金，则需要通过减资的方式注销股权，而被收购股权的股东因不再持股而丧失股东资格。故而，法律对于股权回购的情形和程序设置相应的限制实属必要。其三，基于公司类型的不同，股权回购的法律限制也有差异。总体上，有限责任公司的自治程度较股份有限公司高，其股权回购规则较股份有限公司相对宽松,并无“公司不得收购本公司股份”的规定(【第一百六十二条】)。本条第一款、第三款的规定是有限责任公司应当收购特定股东股权的强制性规定,但并不意味着这些情形之外的股权回购皆为无效,而应当结合具体案件事实综合判断。根据最高人民法院指导案例96号的裁判立场,公司章程关于“人走股留”及公司回购的条款不违反公司法的禁止性规定,可认定为有效。实践中,公司、股东和外部投资人之间可能基于投融资活动需要约定特殊的回购情形,这种遵循协议约定或者章程记载引起的回购也称为股权回赎。原则上,只要在履行法定程序并确保不影响公司实际偿付能力的前提下,股权回购并不当然损害公司及其债权人利益,也不必然违反公司资本维持原则。

2. 本条第一款的规定在学理上称为异议股东股权收购请求权,由于实践中常常需要通过法定程序对股权价值进行公平评估,故而也称作评估权。所谓“异议”,是指股东对股东会相关决议投了反对票。因此,若股东仅在召开股东会会议时提出意见或建议,而最终投了赞成票或者弃权票,则不满足请求公司收购其股权的条件。至于股东在哪些情形下可主张股权收购请求权,则一般认为应当涉及公司重大变更或股东利益严重受损的情形,这些情形往往不符合投反对票的股东的利益期待或投资目的。具体而言,本条第一款第一项涉及分配利润事宜,属于股东利益严重受损的情形;第二项、第三项涉及公司合并、分立、转让主要财产、延长公司存续期限等事宜,属于公司重大变更的情形。本条第一款第一项规定体现的是“分配利润原则上为公司的权利而非义务”的公司法理念(【第二百一十条】)。公司分配利润将减少公司的净资产,进而影响公司的实际偿付能力,过度分配甚至违法分配都可能导致公司及其债权人利益的损害。故而,即便是在公司连续五年盈利且连续五年都不分配利润的情形下,股东原则上也不能强制公司分配利润,只能通过股权回购的方式维护自身权益。本条第一款第二项、第三项规定的公司重大变更情形,虽然公司股东会按照资本多数决作出了合法决议,但这些决议的执行可能与投了反对票的股东的合理利益期待不符,偏离了这些股东设立或者加入公司的初始意愿,理应允许其通过股权回购的方式退出公司。

3. 本条第一款规定的情形都需要以股东会作出决议为前提。然而在实践中,并非所有公司重大变动都有股东会决议,那么在无决议或者即便有决议但实质上可能规避法律限制的情形下,股东如何主张股权收购请求权,需要有相应的制度回应。以分配利润为例,控股股东滥用股东权利导致公司根本不就分配利润事宜召开股东会会议,更谈不上作出股东会决议;又或者是即便有分配利润决议,但所分配额与公司盈利状况严重不符,更有甚者通过不符合法律规定的会计处理使公司在实际盈利的情况下转为亏损状态。基于此，本条第三款规定，公司的控股股东滥用股东权利，严重损害公司或者其他股东利益的，其他股东有权请求公司按照合理的价格收购其股权。此外，在公司与其持股90%以上的公司合并的情形下，被合并的公司也不需经股东会决议，那么其他股东有权请求公司按照合理的价格收购其股权或者股份(**【第二百一十九条】**)。当然，由公司收购异议股东的股权也可能导致公司及其他未被收购股权的股东的利益损害。因此，在公司收购股权后，公司有权要求控股股东承担赔偿责任(**【第二十一条】**)。公司受控于控股股东而无法提起诉讼的，其他股东有权依法提起股东代表诉讼(**【第一百八十九条】**)。

4. 股东依照本条第一款、第三款请求公司按照合理的价格收购其股权的程序并不相同。本条第一款规定的情形以作出股东会决议为前提，考虑到决议对公司运营效率的影响，股东应当在股东会决议作出后及时行使股权收购请求权。与本条第三款规定的情形不同，在决议中投反对票的股东并不能当然推定其受到控股股东的压迫或侵害，故而在公司自治并未失灵的前提下，股东应首先寻求与公司达成股权收购协议的可能。自股东会决议作出之日起60日内不能达成股权收购协议的，股东可以自股东会决议作出之日起90日内向人民法院提起诉讼。至于本条第三款规定的情形，应适用《民法典》第一百八十八条关于诉讼时效的一般规定，即股东向人民法院请求公司按照合理的价格收购其股权的诉讼时效期间为3年。

5. 公司收购本公司股权后的法律效果是公司持有本公司的股权，这一特殊状态既在逻辑上可能存在公司向自己主张股东权利的矛盾，也不符合公司资本维持原则的要求。因此，本条第四款规定，公司依照本条第一款、第三款规定的情形收购的本公司股权，应当在6个月内依法转让或者注销。若是采取转让方式，则由其他股东或者股东以外的人依法受让股权，此时公司资本并未发生变化，而只在作为转让人的公司和受让人之间发生法律关系。若是采取注销方式，本质上是公司资本的减少，应当遵守本法关于减资的规定(**【第二百二十四条】**)。

· 典型案例 ·

1. 针对本条第一款第一项

(2022)苏04民终960号民事判决书：谈某为东平公司股东，在股东会上投票赞成利润分配方案，但该决议最终未获通过，后谈某诉请东平公司回购其持有的股权。谈某主张,东平公司在五年期间每年均具备分配利润的条件,但均未向股东分配利润。法院认为,谈某的赞成票实质上为对不分配利润决议投的反对票。本案中东平公司亦符合公司法关于回购股权的要求,故谈某作为异议股东,有权请求东平公司收购其持有的股权。

2. 针对本条第一款第二项

(2022)陕 04 民终 1418 号民事判决书:新城公司为原点公司股东。原点公司通过一项股东会决议,以公司土地使用权抵偿其对外欠付的债务,并同意签订以物抵债协议。新城公司就上述事项投反对票,并诉请原点公司收购其股权。法院认为,原点公司以土地使用权抵债实质上是转让公司的主要财产,符合公司法关于股权回购的相关要求,因此新城公司的诉请于法有据。

3. 针对本条第一款第三项

(2019)浙 02 民终 5663 号民事判决书:洪某为明州公司股东。明州公司在营业期限届满时通过股东会决议将营业期限延长,洪某在该次股东会上投反对票,并要求明州公司回购其股权。法院认为,本案情形符合公司法规定,明州公司应以合理价格收购洪某的股权。

4. 针对本条第三款

(2014)民申字第 2154 号民事裁定书:袁某为长江置业公司股东。经该公司股东会决议,公司对重大资产转让要求以股东会决议批准方式实施。长江置业公司转让某重大资产,未通知袁某参加股东会会议。后袁某对该转让行为表示反对,且认为公司及其他股东的行为侵犯自己的股东权利,主张公司回购其股权。法院认为,异议回购的立法精神在于保护异议股东的合法权益,意在要求异议股东将反对意见向其他股东明示。袁某未被通知参加股东会会议,无从了解股东会决议,更无法针对股东会决议投反对票。因此,对袁某的主张应予支持。

关联规则

《民法典》第一百八十八条。

文献参考

高永深:《论异议股东股份回购请求权》,载《河北法学》2008 年第 4 期;梁爽:《完善股东回购请求权价格认定制度的探讨——以日本法为参照》，载《政治与法律》2011 年第 12 期；袁碧华：《异议股东股权回购请求权适用范围探讨》，载《广东行政学院学报》2014 年第 5 期；薛亦飒：《股份回赎制度独立构造论》，载《法律科学(西北政法大学学报)》2023 年第 6 期。

第九十条 【股东资格继承】

自然人股东死亡后，其合法继承人可以继承股东资格；但是，公司章程另有规定的除外。

条文解读

本条是关于有限责任公司自然人股东的股东资格继承的规定。

理解本条需留意以下几点：

1. 我国有限责任公司虽具有一定的人合性特征，但本质上仍属于资合公司，故而在自然人股东死亡后，其合法继承人原则上可以继承股东资格。但是，公司也可以根据自身情况对于股东资格继承事宜另作安排。当然，法律对于这种人合性的维护并非毫无边界。公司若要改变股东资格继承的默示条款，应当在公司章程中明确规定。因此，倘若公司章程事先并无特别规定，一旦继承开始，公司就无法再通过事后的股东会决议或者其他方式阻止继承人继承股东资格。

2. 股东资格与股权并不能完全等同。所谓公司章程可就股东资格继承事宜另有规定，不意味着公司可以剥夺自然人股东的继承人依法继承股权财产利益的权利。《民法典》第一百二十四条规定，自然人依法享有继承权。自然人合法的私有财产，可以依法继承。因此，股权财产利益是自然人股东死亡时遗留的个人财产。即便公司章程规定继承人不得继承股东资格，公司也应当在继承开始后向继承人支付与股权财产利益相当的对价。对于该对价应当如何确定，以及去世的自然人股东的股权是由公司收购还是由其他股东受让等事宜，公司章程有必要一并作出明确规定，以免发生争议。

3. 即便公司章程并无特别规定，继承人也可以放弃股东资格的取得。此时，公司仍需向继承人支付与股权财产利益相当的对价。此外，当继承人为数人时，有可能导致公司的股东人数超过 50 人的上限(**【第四十二条】**)。基于减少股东人数的目的，当事人可以采取股权转让(**【第八十四条】**)、股权回购(**【第八十九条】**)、公司分立(**【第**

二百二十二条】）甚至是变更为股份有限公司（**【第十二条】**）等方式消除因继承而给公司造成的不利影响。公司章程也可以就此作出明确规定。

4. 从实际操作来看，继承人取得股东资格需以请求公司办理相应变更手续为条件（**【第八十六条】【第八十七条】**）。换言之，继承人因继承产生请求公司确认其为股东并变更股东名册及公司章程、办理变更登记的权利，只有完成相关程序，才能真正取得股东资格。故而，股权人身利益并不是简单适用《民法典》关于继承的相关规定，而是需要经过公司意思形成程序方能实现变动。

· 典型案例 ·

（2021）川15民终1854号民事判决书：宋某为红星公司股东，公司章程并未对股东资格继承作出特别规定。宋某去世后，红星公司股东会以2/3多数决作出股东会决议，不同意宋某的继承人继承股东资格。法院认为，股东会决议在效力上并不等同于公司章程关于股东资格继承的规定，因此不能否定宋某的继承人继承股东资格的权利。

关联规则

《民法典》第一百二十四条、第一千一百二十二条、第一千一百二十四条。

文献参考

楼建波：《论有限公司股东的股权继承与股东资格继承》，载《当代法学》2007年第5期；周游：《股权利益分离视角下夫妻股权共有与继承问题省思》，载《法学》2021年第1期；李飞：《〈民法典〉与共同继承人的股权行使》，载《武汉大学学报（哲学社会科学版）》2021年第4期；赵玉：《股权继承规则的系统性改造》，载《法律科学（西北政法大学学报）》2024年第1期。

第五章

股份有限公司的设立和组织机构

第一节　设　　立

第九十一条　【设立方式】

设立股份有限公司，可以采取发起设立或者募集设立的方式。

发起设立，是指由发起人认购设立公司时应发行的全部股份而设立公司。

募集设立，是指由发起人认购设立公司时应发行股份的一部分，其余股份向特定对象募集或者向社会公开募集而设立公司。

条文解读

本条是关于股份有限公司设立方式的规定。

本条规定较此前规定并无实质变化，只是针对个别表述略作调整。无论是发起设立还是募集设立，发起人认购股份时公司均尚未成立，故本条规定将发起人认购股份的时间点明确表述为"设立公司时"。

理解本条需留意以下几点：

1. 与有限责任公司相比，股份有限公司往往具有更显著的资合性特征。在淡化公司人合性的背景下，公司资本的来源也不必然局限于发起人或者特定对象的出资，还可以是向社会公开募集的股份。据此，设立股份有限公司的方式可分为发起设立和募集设立两种类型。除直接设立股份有限公司外，还存在通过有限责任公司变更为股份有限公司的方式（**【第一百零八条】**）。

2. 发起设立，是指由发起人认购设立公司时应发行的全部股份而设立公司。发起设立不涉及向发起人之外的其他人募集，故而设立程序相对比较简便。一是发起人应当认足公司章程规定的公司设立时应发行的全部股份（**【第九十七条】**），并在公司成立前按照其认购的股份全额缴纳股款（**【第九十八条】**）。二是依法向公司登记机关申请设立登记（**【第二十九条】**），并提交设立登记申请书、发起人共同制订的公司章程等文件(【**第三十条**】)。相较于募集设立情形,发起设立的登记程序比较简单。当然,公司通过发起设立方式成立后,如需增加资本,可以依法向特定对象发行或者向社会公开发行股份。

3.募集设立,是指由发起人认购设立公司时应发行股份的一部分,其余股份向特定对象募集或者向社会公开募集而设立公司。由此,募集设立也可细分为向特定对象募集和向社会公开募集两种情形。其中,结合《证券法》(2019年修订)的相关规则,向特定对象募集的人数不得超过200人,且不得采用广告、公开劝诱和变相公开方式。采取募集设立方式设立公司,发起人无须投入全部资金,并聚集认股人的资金使公司得以迅速达到相当数量的资本规模。考虑到发起人与认股人之间可能存在的信息不对称,为维护认股人的合法权益,募集设立的程序较为严格。一是发起人认购的股份原则上不得少于公司章程规定的公司设立时应发行股份总数的35%(【**第九十七条**】)。二是在发起人认购的股份缴足前,不得向他人募集股份(【**第九十六条**】)。三是向社会公开募集股份的,还应当公告招股说明书(【**第一百五十四条**】)并制作认股书(【**第一百条**】),由依法设立的证券公司承销,签订承销协议(【**第一百五十五条**】),并同银行签订代收股款协议(【**第一百五十六条**】),且在股款缴足后依法验资(【**第一百零一条**】)。四是自公司设立时应发行股份的股款缴足之日起30日内依法召开公司成立大会(【**第一百零三条**】)。五是在公司成立大会结束后30日内由董事会授权代表向公司登记机关申请设立登记(【**第一百零六条**】)。

·典型案例·

(2021)豫08民终355号民事判决书:华飞股份有限公司前身为华飞有限责任公司。李某取得华飞有限责任公司股权证。后华飞有限责任公司召开临时股东会会议,决定将公司类型变更为股份有限公司,由20名股东作为新公司出资人发起设立。该20名发起人召开创立大会(现为成立大会)暨首届股东会,参加大会的发起人中没有李某。李某主张华飞股份有限公司实质上是由发起人认购公司一部分股份,其余股份面向公司内部职工募集。法院认为,不能仅以该公司创立大会暨首届股东会会议记录以及公司登记机关的登记资料中没有李某的名字就否认其股东资格。

关联规则

《证券法》(2019年修订)第九条。

文献参考

刘迎霜:《我国公司类型改革探讨——以非公众股份有限公司为视角》,载《广东社会科学》2014年第1期;李政辉、童鑫宇:《公开募集设立存废辨析》,载陈洁主编:《商法界论集》第7卷,法律出版社2021年版。

第九十二条　【发起人的人数及住所要求】

设立股份有限公司,应当有一人以上二百人以下为发起人,其中应当有半数以上的发起人在中华人民共和国境内有住所。

条文解读

本条是关于股份有限公司发起人的人数及住所要求的规定。

与修订前的规定相比,本条规定除了调整个别表述外,主要变化是将发起人的人数下限从"二人"改为"一人"。

理解本条需留意以下两点:

1.从相关规定变化来看,本法对发起人的人数下限呈现不断放松管制的趋势。《公司法》(1993年)的规定为5人以上,《公司法》(2005年修订)的规定为2人以上。本次修订将其改为1人以上,从而与有限责任公司的相关规定实现趋同(**【第四十二条】**),即发起人可设立一人股份有限公司。设置200人的人数上限的立法初衷主要是规制非法集资等行为,以及便于监管部门对发起人设立行为的监督;从功能上看,设置发起人人数上限也有利于发起人有序分工筹办公司的各项事务,提高发起人达成合意和设立公司的效率。

2.除对人数的限制外,本条规定还对股份有限公司发起人提出了住所方面的要求,即应当有半数以上的发起人在中华人民共和国境内(以下简称中国境内)有住所。之所以对发起人的住所有要求,一是为了便于监管部门对发起人的监督管理,二是为了确保有足够数量的发起人在中国境内履行公司设立职责。依照《民法典》第二十五条的规定，自然人以户籍登记或者其他有效身份登记记载的居所为住所；经常居所与住所不一致的，经常居所视为住所。依照《民法典》第六十三条和本法的相关规定，公司以其主要办事机构所在地为住所(【第八条】)。合伙企业等非法人组织也有固定的主要经营场所。至于外国人或者无国籍人等在中国境内的住所，可以根据我国主管机关依法签发的有效居留证件等确定。由此可见，本条规定对于发起人的资格要求并无民事主体类型、国籍等方面的限制。无论是自然人、法人还是非法人组织，无论是中国人还是外国人，都可依法作为设立股份有限公司的发起人。当然，对于发起人住所的要求仅是发起人制度的其中一个面向，对于发起人行为可能存在的负外部性需要综合多方面因素予以防范，尤其是本节后续关于发起人的股款缴纳和设立公司过程中的行为约束及相关责任的规定，才是发起人制度的重点。

· 典型案例 ·

(2018)粤01民终8172号民事判决书：覃某甲、覃某乙与蔡某为宅品公司的股东。宅品公司发起设立后，蔡某认为覃某甲、覃某乙在签订发起人协议时具有外国国籍，主张二人不应获得股东资格。法院认为，《公司法》规定股份有限公司发起设立时，发起人须有半数以上在中国境内有住所。但上述规定并未对发起人的国籍等作出要求，覃某甲、覃某乙具有外国国籍不影响其获得股东资格。

关联规则

《民法典》第二十五条、第六十三条；《外商投资法》第二条。

文献参考

吕煜、甘培忠：《股份公司发起人的法律地位》，载《法学杂志》1993年第3期；周游：《公司发起人范围界定难题及其破解》，载《中国政法大学学报》2022年第5期。

第九十三条　【发起人筹办公司的义务及发起人协议】

股份有限公司发起人承担公司筹办事务。

发起人应当签订发起人协议，明确各自在公司设立过程中的权利和义务。

条文解读

本条是关于股份有限公司发起人筹办公司的义务及发起人协议的规定。

理解本条需留意以下几点：

1. 无论是采取发起设立方式还是募集设立方式，股份有限公司发起人都应当履行设立职责（【第九十一条】）。当然，发起人可以根据公司设立的实际情况，授权发起人代表或者在律师等专业人士辅助下办理公司设立事宜。与有限责任公司设立时的股东类似（【第四十四条】），股份有限公司发起人应当承担相应的设立责任。此外，发起人还应当承担在公司成立前全额缴纳股款、依法召开成立大会以及基于法定事由返还认股人所缴股款等责任（【第九十八条】【第一百零三条】【第一百零五条】）。

2. 与有限责任公司设立时的股东签订设立协议之任意性规范不同（【第四十三条】），股份有限公司发起人签订发起人协议为强制性规范。从本条规定的文义来看，发起人协议并未明确要求采用书面形式。依照《民法典》第四百六十九条的规定，发起人可以采用书面形式、口头形式或者其他形式订立协议。当然，实践中当事人若有意向订立相关协议，通常以书面形式为宜。因为这样能够明确各自在公司设立过程中的权利和义务，以免发生争议，也更符合本条规定中“签订”之文义。

3. 发起人协议的内容可能并不只是对公司设立过程中各自权利义务的约定，还可能包括其他利益安排。这些安排只要不违反法律、行政法规的强制性规定，应认定为有效。当然，发起人协议的有效约定并不一定适于强制履行，尤其是涉及公司利益的事项，需要妥善处理发起人协议与公司章程、公司决议之间的关系问题。发起人协议与公司章程、公司决议本质上基于不同法律关系产生，前者更多是行为法（合同法）问题，后者更多是组织法（公司法）问题，不应混淆。一方面，发起人协议原则上不因公司成立而终止，其是否继续生效主要看发起人的约定。另一方面，基于合同相对性原理，发起人协议通常只能约束发起人，对公司、认股人及其他相关主体并无约束力，故而应注意避免协议替代治理的情形发生。由此，包括发起人协议在内的诸多股东间协议可能都会存在“有效但不适于强制履行”的情形，在一方违约时其他主体通常只能请求违约方采取补救措施或者赔偿损失等。

·典型案例·

1. 针对本条第一款

(2019)冀11民终1878号民事判决书：刘某与王某拟设立圣鑫股份有限公司。刘某以设立中公司的名义向王某出具400万元投资款的收条。后圣鑫股份有限公司未能成立，王某向刘某索要资金400万元及利息未果。刘某主张自己仅负责“跑办”事务，不是发起人。法院认为，股份有限公司发起人承担公司筹办事务，从刘某的行为来看，刘某应属于拟设立公司的发起人，该案应定性为发起人责任纠纷。

2. 针对本条第二款

(2022)京民终525号民事判决书：华夏人寿、郭某等22名国能公司的股东共同签订发起人协议，以发起设立方式将国能公司从有限责任公司变更为股份有限公司。后华夏人寿以此前订立的增资协议为依据，主张郭某回购其股权；但郭某认为后来签订的发起人协议已明确约定各发起人不得以其他任何协议、备忘录或其他类似向公司或其他发起人主张任何其他权利。法院认为，发起人协议由全体发起人共同签署，是各方自愿作出的商业安排，各方均应承担签署发起人协议的相应法律后果。

关联规则

《民法典》第四百六十九条、第五百七十七条、第五百八十条。

文献参考

张秀全：《论股份有限公司发起人的若干问题》，载《法学家》1994年第4期；陈界融：《股东协议与公司章程若干法律问题比较研究》，载《北京航空航天大学学报(社会科学版)》2011年第3期；李心妍、许中缘：《发起人协议与公司章程的冲突适用分析》，载《江西理工大学学报》2022年第3期。

第九十四条　【公司章程制订】

设立股份有限公司，应当由发起人共同制订公司章程。

条文解读

本条是关于股份有限公司发起人共同制订公司章程的规定。

《公司法》(2018 年修正)第七十六条明确列举了设立股份有限公司应当具备的各项条件,包括发起人人数、股本总额、股份发行和筹办事项、公司章程、公司名称、组织机构及公司住所等,此次修订未保留该条规定。这些条件实际上在本法的相应部分已分别作了规定,本条以及第九十五条正是涉及公司章程的规定。

理解本条需留意以下两点:

1. 公司章程对于股份有限公司和有限责任公司而言同等重要,可参考有限责任公司相应部分的解读(【第四十五条】)。

2. "制订"而非"制定",这是股份有限公司与有限责任公司相关规定的区别之一。股份有限公司的规定之所以使用"制订"一词,表明股份有限公司章程内容不纯然由发起人决定。这是考虑到以募集设立方式设立的股份有限公司的公司章程应由认股人依法表决通过(**【第一百零四条】**)。当然,以发起设立方式设立的股份有限公司其实并无严格区分"制定"和"制订"的必要。无论是对于初始章程还是后续修订的章程,实践中不少公司可能都先由董事会、法务部门乃至律师等专业人士拟订公司章程草案,但最终应由股东确定。此外,上市公司董事会可依照公司章程的规定制订章程细则,但章程细则不得与章程的规定相抵触。

· 典型案例 ·

(2020)湘 08 民终 230 号民事判决书:龚某认购天门山公司(筹)的股份 5000 股,后缴纳股款、取得相应股票。龚某请求确认其为天门山公司发起人并进行公司变更登记。法院认为,股份有限公司发起设立应由全体发起人签订设立协议并制订公司章程,而龚某从未履行发起人参与签订设立协议、制订公司章程等公司设立程序的相关义务,不能认定其为发起人。

关联规则

《民法典》第七十九条;《国有企业公司章程制定管理办法》第十六条、第二十六条;《上市公司章程指引》(2023 年修正)第十条、第一百九十四条。

文献参考

参见【**第五条**】列示的相关文献。

第九十五条　【公司章程记载事项】

股份有限公司章程应当载明下列事项：

（一）公司名称和住所；

（二）公司经营范围；

（三）公司设立方式；

（四）公司注册资本、已发行的股份数和设立时发行的股份数，面额股的每股金额；

（五）发行类别股的，每一类别股的股份数及其权利和义务；

（六）发起人的姓名或者名称、认购的股份数、出资方式；

（七）董事会的组成、职权和议事规则；

（八）公司法定代表人的产生、变更办法；

（九）监事会的组成、职权和议事规则；

（十）公司利润分配办法；

（十一）公司的解散事由与清算办法；

（十二）公司的通知和公告办法；

（十三）股东会认为需要规定的其他事项。

条文解读

本条是关于股份有限公司章程记载事项的规定。

与修订前的条文相比，本条规定的主要变化有：一是明确公司章程载明每股金额的事项仅针对面额股；二是增加与类别股相关的章程记载事项；三是契合股份有限公司注册资本实缴的要求，不再将发起人的出资时间作为章程记载事项；四是明确公司法定代表人的产生、变更办法为章程记载事项。

理解本条需留意以下几点：

1. 股份有限公司章程记载事项主要包括公司基本情况、发起人基本情况、公司治理规则、公司重大事项处理等内容。公司基本情况包括公司名称和住所（**【第六条】【第八条】**）、公司经营范围（**【第九条】**）、公司注册资本（**【第九十六条】**）、公司法定代表人的产生和变更办法（**【第十条】**）等。发起人基本情况包括发起人的姓名或者名称（**【第三十二条】**）、认购的股份数、出资方式（**【第四条】【第四十八条】【第九十七条】**）等。公司治理规则主要是指公司的机构及其产生办法、职权、议事规则（**【第五章第二节至第四节各条】**）。公司重大事项处理主要包括公司利润分配办法（**【第二百一十条】**）、公司解散事由与清算办法（**【第二百二十九条】**）、公司通知和公告办法等。其中，公司通知和公告办法主要涉及通知的形式、各公司机构的会议通知方式、通知送达的认定以及指定公告的媒体等。

2. 学理上通常认为，公司章程记载事项可分为绝对必要记载事项、相对必要记载事项和任意记载事项三类。与有限责任公司章程记载事项的规定类似（**【第四十六条】**），本条并未区分公司章程记载事项的类型。考虑到法律对于股份有限公司尤其是上市公司提出了更严格的程式化要求，公司有必要将涉及公司利益或者股东权益的其他重大事项记载于公司章程。

3. 公司章程记载有关公司组织和行为的基本规则，是公司自治的重要文件，监管部门、司法机关应充分尊重公司章程的规定。但考虑到公司自治可能存在失灵现象，且基于提升公司治理质效的目的，相关部门对公司章程的制定与实施给予适度指引亦具有现实意义。例如，中国证券监督管理委员会结合上市公司实践制定并适时修改《上市公司章程指引》，实属必要。

· 典型案例 ·

《江苏亚太轻合金科技股份有限公司关于变更注册资本并修改〈公司章程〉的公告》（证券代码：002540，公告编号：2024－003）：江苏亚太轻合金科技股份有限公司根据《公司法》《深圳证券交易所上市公司自律监管指引第15号——可转换公司债券》等法律法规的规定，因公司2023年年度期间可转换公司债券持有人累计转股数13，988股，相应增加公司注册资本并修改公司章程。本事项已经董事会审议通过，尚需提交股东会审议。该公司章程包括总则，经营宗旨和范围，股份，股东和股东大会，董事会，总经理及其他高级管理人员，监事会，财务会计制度、利润分配和审计，通知和公告，合并、分立、增资、减资、解散和清算，修改章程及附则等内容。（公告时间：2024 年 1 月 13 日）

关联规则

《民法典》第五十八条、第六十一条、第六十三条；《市场主体登记管理条例》第十六条；《国有企业公司章程制定管理办法》第五条。

文献参考

参见【**第五条**】列示的相关文献。

第九十六条 【注册资本】

股份有限公司的注册资本为在公司登记机关登记的已发行股份的股本总额。在发起人认购的股份缴足前，不得向他人募集股份。

法律、行政法规以及国务院决定对股份有限公司注册资本最低限额另有规定的，从其规定。

条文解读

本条是关于股份有限公司注册资本的规定。

与修订前的条文相比，本条规定的主要变化有：一是不再区分发起设立和募集设立两种情形下的注册资本定义；二是删除法律、行政法规以及国务院决定对股份有限公司注册资本实缴另有规定的表述。

理解本条需留意以下几点：

1. 为了契合股份有限公司授权资本制改革需要（【第一百五十二条】），本条规定不再区分发起设立和募集设立两种情形，而将股份有限公司股东缴纳出资的规则统一为实缴制。从功能上看，授权资本制和认缴制都旨在缓解过于严苛的法定资本制可能带来的不利影响，两种制度如果同时适用，非但没有必要，还可能增加适用成本。授权资本制的逻辑本身就是公司按需筹集资金,倘若董事会根据公司实际资金需求决定发行新股,而股东针对新股却只需认购而无须足额缴纳,则无法实现融资目的。为契合授权资本制的实施,无论是发起设立还是募集设立,发起人或者认股人都应当在认购股份的同时全额缴纳股款(**【第九十八条】【第一百条】**),故而,本条不再区分两种情形下的股份有限公司注册资本定义。股份有限公司的注册资本为在公司登记机关登记的已发行股份的股本总额。需要注意的是,已发行股份的股本总额与公司章程规定的授权股份总额或名义资本总额并不相同。公司章程规定的授权股份总额或名义资本总额,是在授权资本制下授权董事会发行的资本总额,但不一定是实际发行完毕的资本,也不一定是实收股本,其仅表明公司注册资本的最高限额。而在公司登记机关登记的已发行股份的股本总额,是公司已实际向股东发行的股本总额。

2. 当然,**并非所有股份有限公司都采取授权资本制**。对于不采取授权资本制的股份有限公司而言,其能否继续适用认缴制,在此次修订中存在较大争议。考虑到股份有限公司资本制度的统一性,以及与有限责任公司限期实缴制相区分(**【第四十七条】**),即便是不采取授权资本制的股份有限公司,同样应实行注册资本实缴制。因此,本条第二款就没有保留法律、行政法规以及国务院决定对股份有限公司注册资本实缴另有规定之表述的必要。

3. 股份有限公司虽然实行注册资本实缴制,但本条并未就注册资本最低限额作出具体规定,公司可以根据自身情况自行决定。但是,法律、行政法规以及国务院决定对股份有限公司注册资本最低限额另有规定的,从其规定。例如,依照《商业银行法》(2015 年修正)第十三条第一款的规定,设立全国性商业银行的注册资本最低限额为 10 亿元人民币。设立城市商业银行的注册资本最低限额为 1 亿元人民币,设立农村商业银行的注册资本最低限额为 5000 万元人民币。依照《保险法》(2015 年修正)第六十九条第一款的规定,设立保险公司,其注册资本的最低限额为人民币 2 亿元。依照《证券法》(2019 年修订)第一百二十一条第一款的规定,证券公司经营证券经纪、证券投资咨询、与证券交易或证券投资活动有关的财务顾问业务的,注册资本最低限额为人民币 5000 万元;经营证券承销与保荐、证券融资融券、证券做市交易、证券自营或其他证券业务之一的,注册资本最低限额为人民币 1 亿元,经营前述业务中两项以上的,注册资本最低限额为人民币 5 亿元。

·典型案例·

(2021)鲁16民终523号民事判决书：兴华农业公司章程及公司登记信息载明，该公司股东为胡某、邢某、王某，认缴出资额分别为3500万元、3000万元、3000万元，出资时间均为2029年6月18日。为吸引外部投资人杜某投资200万元，王某、邢某各转让其100万元的原始股，但杜某支付投资款后公司未办理公司变更登记，杜某诉请返还投资款。法院认为，兴华农业公司各发起人认缴公司注册资本的时间为2029年6月18日，在各发起人认购的股份缴足前，不得向他人募集股份。

关联规则

《商业银行法》(2015年修正)第十三条；《保险法》(2015年修正)第六十九条；《证券法》(2019年修订)第一百二十一条。

文献参考

刘燕：《对我国企业注册资本制度的思考》，载《中外法学》1997年第3期；郭富青：《资本认缴登记制下出资缴纳约束机制研究》，载《法律科学(西北政法大学学报)》2017年第6期；丁勇：《认缴制后公司法资本规则的革新》，载《法学研究》2018年第2期；冯果：《论授权资本制下认缴制的去与留》，载《政法论坛》2022年第6期。

第九十七条 【发起人认购股份】

以发起设立方式设立股份有限公司的，发起人应当认足公司章程规定的公司设立时应发行的股份。

以募集设立方式设立股份有限公司的，发起人认购的股份不得少于公司章程规定的公司设立时应发行股份总数的百分之三十五；但是，法律、行政法规另有规定的，从其规定。

条文解读

本条是关于股份有限公司发起人认购股份的规定。

与修订前的条文相比，本条规定的主要变化有：一是将发起设立和募集设立两

种情形下的股份认购规定置于同一条文；二是契合授权资本制的实施，明确发起人认购的股份为公司章程规定的公司设立时应发行的股份。

理解本条需留意以下几点：

1. 发起人依法认购公司章程规定的公司设立时应发行的股份是公司资本充实原则的必然要求。依照本法规定，股份有限公司的注册资本为在公司登记机关登记的已发行股份的股本总额（【第九十六条】）。以发起设立方式设立股份有限公司的，公司注册资本全部来源于发起人认购的股份；以募集设立方式设立股份有限公司的，公司注册资本的来源则包括发起人认购的股份以及认股人认购的股份（【第一百条】）。应当注意的是，在实行授权资本制的公司，公司章程可能同时规定了授权股份总额或名义资本总额，以及公司设立时应发行的股份总额；所谓公司登记机关登记的注册资本以及发起人应当认购的股份，都是指公司设立时应发行的股份。

2. 发起人认购的股份基于设立方式的差异而在认购股份数方面有所不同。以发起设立方式设立股份有限公司的，因无其他认购人，故发起人应当全部认足公司章程规定的公司设立时应发行的股份。以募集设立方式设立股份有限公司的，虽然发起人无须认购全部股份，但发起人所认购的股份对于公司能否成立以及成立后能否顺利开展运营活动都发挥着至关重要的作用，故发起人认购的股份原则上不得少于公司章程规定的公司设立时应发行股份总数的35%。无论是以发起设立还是募集设立的方式设立股份有限公司，发起人都应当在公司成立前按照其认购的股份全额缴纳股款（【第九十八条】）。在发起人认购的股份缴足前，不得向他人募集股份（【第九十六条】）。

3. 实践中，发起人通常先在发起人协议中就认购股份事宜作出约定，而后在制订公司章程时将相关约定移入其中。发起人协议和公司章程相关内容不一致的，在确认发起人对公司认购股份的义务时应以公司章程记载为准，如发起人协议针对认购股份的特殊约定仅在发起人之间产生约束力（【第九十三条】）。

· 典型案例 ·

（2020）京02民终4348号民事判决书：房建公司于2000年11月28日成立，庞某为该公司股东。庞某以房屋作为出资，但一直未办理产权变更登记手续。后房建公司要求庞某履行出资义务。法院认为，发起人以书面认足公司章程规定发行的股份后，应即缴纳全部股款，以房屋抵作股款的应当办理其财产权的转移手续。庞某作为房建公司发起人，应当依法履行相关义务。

关联规则

参见【第九十六条】列示的相关规则。

文献参考

参见【第九十六条】列示的相关文献。

第九十八条 【发起人履行出资义务】

发起人应当在公司成立前按照其认购的股份全额缴纳股款。

发起人的出资，适用本法第四十八条、第四十九条第二款关于有限责任公司股东出资的规定。

条文解读

本条是关于股份有限公司发起人履行出资义务的规定。

与修订前的条文相比，本条规定的主要变化有：一是单列本条第一款，明确发起人认购的股份采取实缴制；二是增加规定有限责任公司股东出资的部分规定适用于股份有限公司发起人的出资。

理解本条需留意以下两点：

1. 为了契合股份有限公司授权资本制改革需要（【第一百五十二条】），本次修订将股份有限公司发起人缴纳出资的规则统一改为实缴制。发起人应当在公司成立前按照其认购的股份全额缴纳股款，这一规定与有限责任公司股东履行出资义务的规定不同（【第四十七条】）。有限责任公司的相关规定重在强调股东按照公司章程规定履行出资义务，但本条第一款并无类似表述。原因在于，股份有限公司注册资本实行实缴制，公司章程不再对发起人的出资时间作出规定（【第九十五条】）。无论是以发起设立还是募集设立的方式设立股份有限公司，发起人都应当在公司成立前按照其认购的股份全额缴纳股款，公司章程不得对此另作规定。

2. 本法第四十八条是关于股东出资方式的规定，第四十九条第二款是关于不同出资方式应当如何具体履行出资义务的规定。概言之，发起人可以用货币出资，也可以用实物、知识产权、土地使用权、股权、债权等可以用货币估价并可以依法转让的非货币财产作价出资(**【第四十八条】**)。股东以货币出资的,应当将货币出资足额存入有限责任公司在银行开设的账户;以非货币财产出资的,应当依法办理其财产权的转移手续(**【第四十九条】**)。上述规定适用于股份有限公司发起人的出资。

· 典型案例 ·

1. 针对本条第一款

(2021)湘01民终9474号民事判决书:张某与他人签订发起人协议,约定发起设立股份有限公司,后张某诉请解除该发起人协议。法院认为,以发起设立方式设立股份有限公司的,发起人应当按期对其认购的股份足额缴纳股款。本案中,在发起人协议有效成立后,各方并未按照协议的约定成立股份有限公司,亦未完成任何财产转移或过户。在不存在法定解除事由的情况下,各方应继续按照《公司法》的规定履行发起人协议,故案涉发起人协议不应被解除。

2. 针对本条第二款

参见**【第四十八条】【第四十九条】**列示的相关案例。

关联规则

参见**【第四十八条】【第四十九条】【第九十六条】**列示的相关规则。

文献参考

参见**【第四十八条】【第四十九条】【第九十六条】**列示的相关文献。

第九十九条　【发起人瑕疵出资的连带责任】

发起人不按照其认购的股份缴纳股款,或者作为出资的非货币财产的实际价额显著低于所认购的股份的,其他发起人与该发起人在出资不足的范围内承担连带责任。

条文解读

本条是关于股份有限公司发起人瑕疵出资的连带责任的规定。

与修订前的条文相比，本条规定的主要变化有：一是将《公司法》（2018 年修正）第九十三条关于瑕疵出资和出资不实的两款规定作合并处理；二是不再赘述瑕疵出资发起人补足差额的规定。

理解本条需留意以下两点：

1. 如果发起人履行出资义务存在瑕疵，可能同时违反了发起人协议的约定和公司章程的规定。一方面，发起人应当签订发起人协议，明确各自在公司设立过程中的权利和义务。发起人协议中往往会就股东出资事宜作出约定，这也是要求瑕疵出资的发起人承担违约责任的依据（**【第九十三条】**）。另一方面，公司章程明确记载了发起人认购的股份数和出资方式等事项（**【第九十五条】**），未履行出资义务的发起人在违反发起人协议相关约定的同时也违反了公司章程的相关规定。本法第四十九条第三款、第五十一条、第五十二条、第五十三条等规定侧重于回应违反公司章程的后果，主要是基于确保公司资本充实的制度考量，这些关于有限责任公司股东出资义务和责任的规定，同样适用于股份有限公司（**【第一百零七条】**）。无论是未履行货币出资义务或非货币出资义务，还是实际出资的非货币财产的实际价额显著低于所认缴的出资额，都可能危及公司资本充实，影响公司设立和发展，对公司债权人利益也将产生较大威胁。若发起人未依法履行出资义务，该股东应继续履行出资义务自不待言，故本条不再赘述瑕疵出资发起人补足差额的规定。

2. 发起人之间应当对于各发起人的出资义务承担连带责任。与发起人有关的规则之所以都以责任承担为重心，归根结底是因为该主体通常是公司的控制者，或者与控制者有紧密联系。就此而言，发起人连带责任制度实际上是一种法律对“不完备合同”的重要填补。发起人设立公司的行为基于信息不对称等原因可能对认股人以及公司债权人产生较大的负外部性，故在发起人责任设置方面理应体现更为显著的强制性色彩。依照本条规定，其他发起人应当与瑕疵出资的发起人在出资不足的范围内承担连带责任。当然，按照发起人协议的约定，其他发起人在承担相应责任后，有权向瑕疵出资的发起人追偿。

· 典型案例 ·

（2022）皖 03 民终 3702 号民事判决书：中菱公司发起人为中科公司、蚌埠高投、华菱公司。在盛中意公司与中菱公司买卖合同纠纷一案中，蚌埠仲裁委员会作出调解书，约定由中菱公司给付盛中意公司货款126万余元。后中菱公司未依约履行，因中菱公司及其发起人之一中科公司无财产可供执行，盛中意公司起诉请求蚌埠高投、华菱公司及中菱公司的董事、高级管理人员对中菱公司的债务承担连带责任。法院认为，蚌埠高投和华菱公司作为发起人，应承担资本充实责任，即公司设立者所需承担的相互确保出资义务履行的民事责任，故蚌埠高投和华菱公司需对发起人中科公司的出资义务承担相应责任，该责任延及出资不到位衍生的补充赔偿责任。

关联规则

《民法典》第五百七十七条、第五百八十二条。

文献参考

参见【**第五十条**】列示的相关文献。

第一百条 【公开募集股份的招股说明书和认股书】

发起人向社会公开募集股份，应当公告招股说明书，并制作认股书。认股书应当载明本法第一百五十四条第二款、第三款所列事项，由认股人填写认购的股份数、金额、住所，并签名或者盖章。认股人应当按照所认购股份足额缴纳股款。

条文解读

本条是关于股份有限公司发起人向社会公开募集股份应当公告招股说明书并制作认股书的规定。

理解本条需留意以下两点：

1. 发起人向社会公开募集股份，应该公告招股说明书。招股说明书是公司或发起人向社会公开募集股份时向社会公众公开的书面说明文件。依照《民法典》第四百七十三条第一款的规定，招股说明书属于要约邀请。为规范首次公开发行股票的信息披露行为，保护投资者合法权益，中国证券监督管理委员会公布了《公开发行证券的公司信息披露内容与格式准则第 57 号——招股说明书》，对招股说明书信息披露提出了最基本的规范要求。

2. 认股人通过填写及签署认股书，认购发起人向社会公开募集的股份。故发起人向社会公开募集股份时，应当制作认股书。认股书由于明确记载了认购股份数、金额、住所等内容，实为发起人向认股人发出的要约。认股人填写认股书并签名或者盖章是一种承诺，表明认股人同意认购股份的意思表示，自此认购股份的合同成立，发起人和认股人都应当履行合同义务。一方面，认股人应当按照所认购股份足额缴纳股款。另一方面，发起人应当履行依法召开公司成立大会(**【第一百零三条】**)、在未按期募足股份或者未按期召开成立大会情形下返还认股人股款及利息(**【第一百零五条】**)等义务。

· 典型案例 ·

(2020)桂 01 民终 5063 号民事判决书：何某和优长富公司拟设立一家有限责任公司，但二者在签订的发起人协议中约定，该公司注册资本平均划分为 100 股，发起人以股为单位进行认缴，且拟设立公司的还有黄某、张某等其他认股人。何某在发起人协议上签字并将资金转入为设立该公司所指定的银行账户后，拟设立的公司未成立，故何某诉请返还投资款。法院认为，案涉发起人协议的相关内容并不符合有限责任公司的成立条件，其中载明的公司注册资本的认缴方式实际上是以募集设立方式设立股份有限公司，但相关发起人并未按照《公司法》的规定公告招股说明书并制作认股书，以及委托证券公司承销，故该发起人协议因违法而无效，何某的投资款应当被返还。

关联规则

《民法典》第四百七十三条；《首次公开发行股票注册管理办法》第三十四条；《公开发行证券的公司信息披露内容与格式准则第 57 号——招股说明书》第四条、第八条。

文献参考

刘道远、王晓锦：《招股说明书要约性质研究——兼论缔约前陈述与保证法律化》，载《时代法学》2007 年第 6 期；沈朝晖：《我国的招股意向书为什么不是要约——来自首次公开发行实践的考察》，载洪艳蓉主编：《金融法苑》2008 年总第 77 辑，中国金融出版社 2008 年版;程茂军:《试论招股说明书内容与格式的法律规制》,载黄红元、卢文道主编:《证券法苑》总第22卷,法律出版社2017年版。

第一百零一条　【公开募集股份的验资】

向社会公开募集股份的股款缴足后,应当经依法设立的验资机构验资并出具证明。

条文解读

本条是关于向社会公开募集股份的股款缴足后验资的规定。

理解本条需留意以下两点:

1. 公司或发起人向社会公开募集股份涉及面广,为确保公司资本充实以及向认股人真实、准确、完整地披露募集股份的具体情况,验资是必不可少的法律程序。依照本法规定,发行人向社会公开募集股份的,在募足股款后应予公告(【第一百五十六条】)。而在公告前,发行人应当对收到的募集资金依法履行验资程序。验资应当由依法设立的验资机构进行,如依法设立的会计师事务所。依法作出的验资报告具有法定证明效力。对于发起设立或者非公开募集设立的股份有限公司,本法并未强制其验资。

2. 验资与对非货币财产出资的评估是两种不同的法律程序。一方面,评估程序仅针对非货币财产出资,与公司类型无关。无论是有限责任公司还是股份有限公司,也无论是以何种方式设立的股份有限公司,只要股东以非货币财产出资,就应当由具有评估资格的资产评估机构评估作价并出具评估报告(【第四十八条】)。另一方面,验资程序目前仅涉及公开募集股份的股份有限公司,但与出资方式无关。对于公开募集股份的股份有限公司,无论股东是以货币出资还是非货币财产出资,都应当进行验资。从实践来看,验资机构出具的验资证明主要包括公司实收股本总额、认购人的认购股份数及出资方式、发起人认购的股份占公司股份总数的比例等内容。同时,以货币出资的要在验资证明中说明出资额、开户银行、户名及账号,以非货币出资的要在验资证明中说明其评估情况和评估结果,以及非货币财产权属转移情况。

·典型案例·

(2019)湘01民终14084号民事判决书：奥莎公司拟增资扩股，徐某向奥莎公司提交认缴公司新增股份申请表，并支付了增资扩股款。但由于奥莎公司一直未完成股转系统相关手续，徐某诉请奥莎公司立即退还其增资扩股款。奥莎公司辩称退还投资款属于抽逃出资，不应退还。法院认为，发行股份的股款缴足后，应当经依法设立的验资机构验资并出具证明。奥莎公司并未办理验资手续，徐某与奥莎公司之间的增资行为违反强制性规定，属于无效行为，故徐某的诉请应予以支持。

关联规则

《证券法》(2019年修订)第十一条;《商业银行法》(2015年修正)第十五条。

文献参考

刘燕:《验资报告的"虚假"与"真实":法律界与会计界的对立——兼评最高人民法院法函〔1996〕56号》,载《法学研究》1998年第4期;赵旭东:《资本制度变革下的资本法律责任——公司法修改的理性解读》,载《法学研究》2014年第5期;陈甦:《实缴资本的多重效用及其保障措施》,载《法学杂志》2014年第12期。

第一百零二条 【股东名册】

股份有限公司应当制作股东名册并置备于公司。股东名册应当记载下列事项：

(一)股东的姓名或者名称及住所；

(二)各股东所认购的股份种类及股份数；

(三)发行纸面形式的股票的，股票的编号；

(四)各股东取得股份的日期。

条文解读

本条是关于股份有限公司股东名册的规定。

与修订前的条文相比，本条规定的主要变化有：一是因应公司不再发行无记名股票的规则革新，不再根据股票是否记名作相应区分；二是因应类别股的规则革新，明确股东名册需要记载股东认购的股份种类；三是明确只有采用纸面形式的股票才需要记载股票的编号。

理解本条需留意以下两点：

1. 股东名册是股份有限公司依法对本公司股东的基本信息、出资情况及股东资格变动事宜予以登记造册的法律文件。置备股东名册是公司的一项法定义务。与有限责任公司的规定相比（**【第五十六条】**），股份有限公司股东名册记载事项的不同之处有三点：一是发行类别股的公司应当在股东名册反映不同种类的股份情况；二是只有发行纸面形式的股票才有与出资证明书编号类似的股票编号；三是股份有限公司股东名册无须记载股东丧失股份的日期。

2. 应当注意的是，在公司发行的股份由证券登记结算机构集中登记、存管与结算的情形下，公司制作股东名册的流程比较特殊。首先，证券登记结算机构依法履行股东名册登记职责。股票在证券交易场所交易的，证券登记结算机构应当根据股票交易的交收结果办理股东名册的变更登记。其次，证券登记结算机构应当按照业务规则和协议向发行人（公司）发送其股东名册及有关资料，公司也可以申请查询相关资料。最后，公司依据证券登记结算机构提供的凭证建立股东名册。此外，股票终止上市或者终止挂牌且不再由证券登记结算机构登记的，发行人或者其清算组等应当按照证券登记结算机构的规定办理退出登记手续，证券登记结算机构应当将股东名册移出证券登记簿记系统并依法向其交付股东名册及其他登记资料。

· 典型案例 ·

（2021）川01民终13245号民事判决书：张某等34人为南辉公司的股东，起诉要求查阅公司股东名册。南辉公司主张其已将相关资料提交至成都托管公司进行公示，张某等人能够在托管公司查阅。法院认为，股份有限公司应当制作股东名册并置备于公司，且股东有权查阅。虽然南辉公司的股权由成都托管公司管理，但南辉公司仍为提供公司资料的义务主体，其应当按照法律及公司章程规定保障股东行使查阅权，故张某等人的请求应当得到支持。

关联规则

《最高人民法院关于人民法院强制执行股权若干问题的规定》第十七条；《证券登记结算管理办法》(2022 年修订)第九条、第十五条、第二十八条、第三十一条、第三十三条、第三十五条；《上市公司章程指引》(2023 年修正)第三十一条。

文献参考

参见【**第五十六条**】列示的相关文献。

第一百零三条 【成立大会的召开】

> 募集设立股份有限公司的发起人应当自公司设立时应发行股份的股款缴足之日起三十日内召开公司成立大会。发起人应当在成立大会召开十五日前将会议日期通知各认股人或者予以公告。成立大会应当有持有表决权过半数的认股人出席，方可举行。
>
> 以发起设立方式设立股份有限公司成立大会的召开和表决程序由公司章程或者发起人协议规定。

条文解读

本条是关于股份有限公司召开成立大会的规定。

与修订前的条文相比，本条规定的主要变化有：一是将"创立大会"改为"成立大会"；二是在计算成立大会最低出席比例时改为仅统计认股人的出席情况，而不包括发起人；三是因应类别股的制度革新，持有公司股份的股东并不必然都有表决权，故将出席成立大会的比例要求改为"持有表决权过半数"；四是新增发起设立情形下召开成立大会的规定，但相比募集设立情形更多体现公司和发起人的意思自治。

理解本条需留意以下几点：

1. 所谓股份有限公司成立大会，是指在股份有限公司成立前召开的，由全体发起人、认股人出席，并就与公司设立相关的重要事项作出决议的会议。由于此时公司尚未成立，并无股东会、董事会等公司组织机构，故由成立大会依法行使各项职权(**【第一百零四条】**)。本条对发起设立和募集设立两种情形下的成立大会分别作出规定。

2. 以募集设立方式设立股份有限公司的，发起人召开成立大会是强制性规范。第一，成立大会的召开有时间限制。发起人应当自公司设立时应发行股份的股款缴足之日起30日内召开成立大会。第二，成立大会的召开应当履行通知或公告程序。发起人应当在成立大会召开15日前将会议日期通知各认股人或者予以公告。第三，成立大会的召开有最低出席人数比例的要求。本次修订对此作了较大改动，成立大会应当有持有表决权过半数的认股人出席方可举行，即在统计出席人数时不包括发起人，从而对成立大会的召开提出了更高要求。

3. 以发起设立方式设立股份有限公司的，由公司章程或者发起人协议确定成立大会召开的各项事宜。《公司法》(2018年修正)并未对此类公司的成立大会作出规定。实际上，此类公司同样有召开成立大会的实践需求。但考虑到发起设立并不涉及发起人以外的其他认购人，成立大会主要是全体发起人对公司设立事宜作出决议，故可以由公司或全体发起人自行决定，并在公司章程或者发起人协议中明确成立大会的召开和表决程序等事项。

· 典型案例 ·

(2020)湘1126民初2827号民事判决书：周某向福嘉科技公司支付股份认购款，约定后者若不能在新三板挂牌上市，则应当向周某退还股份认购款。后福嘉科技公司未能成功上市，周某诉请福嘉科技公司返还股份认购款。法院认为，福嘉科技公司应当自股款缴足之日起30日内召开公司创立大会(现为成立大会)，若未能召开则理应返还收取的股份认购款。

关联规则

《律师从事证券法律业务尽职调查操作指引》第48条；《律师办理新三板挂牌业务操作指引》第34.5条。

文献参考

殷召良：《创立大会制度存在的问题及完善措施》，载《法商研究(中南政法学院学报)》1999年第2期；诗桐：《创立大会法律制度研究》，载《政法论坛》1999年第2期。

第一百零四条 【成立大会的职权】

公司成立大会行使下列职权：

（一）审议发起人关于公司筹办情况的报告；

（二）通过公司章程；

（三）选举董事、监事；

（四）对公司的设立费用进行审核；

（五）对发起人非货币财产出资的作价进行审核；

（六）发生不可抗力或者经营条件发生重大变化直接影响公司设立的，可以作出不设立公司的决议。

成立大会对前款所列事项作出决议，应当经出席会议的认股人所持表决权过半数通过。

条文解读

本条是关于股份有限公司成立大会职权的规定。

与修订前的条文相比，本条规定的主要变化是将“用于抵作股款的财产”改为“非货币财产出资”，从而与本法其他条文相关表述相统一。

理解本条需留意以下两点：

1. 公司成立大会是股份有限公司成立前召开的关键性会议；此时公司尚未成立，并无股东会、董事会等公司组织机构，故由成立大会依法行使各项职权。依照本条第一款的规定，成立大会的职权主要有以下几个方面：一是与发起人筹备设立公司有关的事项，包括审议发起人关于公司筹办情况的报告、审核公司的设立费用、审核发起人非货币财产出资的作价等；二是与公司治理相关的事项，包括通过公司章程、选举董事和监事等；三是特殊情形下对于不设立公司作出决议。

2. 公司成立大会行使职权以作出决议的方式实现。由于成立大会拟表决事项皆由发起人事先协商确定或提出方案，且发起人所持表决权数通常较多，再由发起人参与表决显然不妥。为确保认股人依法通过参加公司成立大会维护自身权益，本条第二款规定，成立大会作出决议，应当经出席会议的认股人所持表决权过半数通过。由此，成立大会作出有效决议有对认股人的最低出席人数比例和表决通过比例的要求，即应当有持有表决权过半数的认股人出席(【**第一百零三条**】),并经出席会议的认股人所持表决权过半数通过。

典型案例

(2019)川民再510号民事判决书:天宜通公司在未召开创立大会(现为成立大会)的情况下形成了所谓"首届股东会决议",规定了发起人及其出资事宜。后发起人之一天海泽公司诉请另一发起人盈田公司实缴出资。经查,因"首届股东会决议"被依法确认不成立,天宜通公司的设立登记已被撤销。法院认为,因天宜通公司不具备设立股份有限公司的法定条件而被法院依法撤销公司登记,天宜通公司并未成立。由此,盈田公司向天宜通公司履行出资义务的条件并未成就。最终法院对天海泽公司的主张不予支持。

关联规则

参见【**第一百零三条**】列示的相关规则。

文献参考

参见【**第一百零三条**】列示的相关文献。

第一百零五条　【股款返还和不得抽回股本】

公司设立时应发行的股份未募足,或者发行股份的股款缴足后,发起人在三十日内未召开成立大会的,认股人可以按照所缴股款并加算银行同期存款利息,要求发起人返还。

发起人、认股人缴纳股款或者交付非货币财产出资后,除未按期募足股份、发起人未按期召开成立大会或者成立大会决议不设立公司的情形外,不得抽回其股本。

条文解读

本条是关于认股人要求发起人返还股款以及发起人、认股人不得抽回股本的规定。

本条规定在《公司法》(2018年修正)第八十九条第二款、第九十一条内容基础上加以整合,其主要变化是将“抵作股款的出资”改为“非货币财产出资”,从而与本法其他条文相关表述相统一。

理解本条需留意以下两点:

1. 公司未成立将导致认股人认购股份的目的不能实现,认股人因此有依法请求发起人返还股款的权利。无论是股份未募足还是未依法召开成立大会,都将导致公司不成立的后果。依照《民法典》第七十五条第一款的规定,法人未成立的,其法律后果由发起人承受。因此,一旦公司未成立,发起人与认股人基于认股书所形成的合同之目的就不能实现,发起人因其违约行为应当承担民事责任。认股人所缴股款由银行代收和保存(**【第一百五十六条】**),股款作为银行存款应当计算存款利息,故发起人在返还认股人所缴股款的同时应当加算银行同期存款利息。

2. 除发生导致公司不成立的情形外,发起人、认股人缴纳的股款或者交付的非货币财产出资将在公司成立后计入实收股本,成为公司资产的组成部分。故而,发起人、认股人缴纳股款或者交付非货币财产出资后不得抽回其股本。应当注意的是,抽回股本与抽逃出资是不同的制度。不得抽回股本的时间起算点是缴付之日,而非公司成立之日,该规定与公司成立后股东不得抽逃出资的规定相衔接。换言之,从发起人、认股人缴纳股款或者交付非货币财产出资到公司成立存在一个时间差,此时,除出现本条第二款规定的导致公司不成立的情形外,即便是在公司成立前,发起人、认股人都无权抽回已缴纳的股款或者已交付的非货币财产出资。此后,若发起人、认股人在公司成立后抽逃出资,应适用抽逃出资的相关规定(**【第五十三条】【第一百零七条】**)。

·典型案例·

1. 针对本条第一款

参见**【第一百零三条】**列示的相关案例。

2. 针对本条第二款

(2022)皖03民终3117号民事判决书:李某、王某、聂某等人签订协议,拟设立股份有限公司开展某项目。王某代表李某等人与赵某签订股权协议,赵某拟持有的股份有限公司股份由李某代持,赵某将10万元交付李某,王某认可收到李某代付的赵某投资款10万元。后赵某以公司未办理公司登记为由请求解除相关协议并返还投资款。法院认为,根据《公司法》的规定,发起人、认股人缴纳股款或者交付抵作股款的出资后,除未按期募足股份、发起人未按期召开创立大会(现为成立大会)或者创立大会决议不设立公司的情形外,不得抽回其股本。故赵某无权向李某和王某主张返还10万元投资款和利息,且其不得以未办理公司登记为由要求解除股权协议、股权代持协议。

关联规则

《企业财务通则》(2006年修订)第十六条;《中华全国律师协会律师办理公司诉讼业务操作指引》第27.1条。

文献参考

陈甦:《公司设立者的出资违约责任与资本充实责任》,载《法学研究》1995年第6期;曹兴权:《抽逃出资禁止规范的变革》,载《法治研究》2015年第3期。

第一百零六条　【董事会授权代表申请设立登记】

董事会应当授权代表,于公司成立大会结束后三十日内向公司登记机关申请设立登记。

条文解读

本条是关于股份有限公司董事会授权代表申请设立登记的规定。

与修订前的条文相比,本条规定的主要变化有:一是删除申请设立登记需要报送文件材料的列示性规定;二是明确申请设立登记应由董事会授权代表为之;三是删除以募集方式设立股份有限公司公开发行股票还需报送相关核准文件的规定。

理解本条需留意以下两点:

1. 设立公司,应当依法向公司登记机关申请设立登记(【第二十九条】)。除了遵守本法关于公司设立登记的一般规定外,本条对于股份有限公司设立登记规定了更加具体的内容。第一，董事会是履行公司设立职责的机构。第二，董事会应当授权代表申请设立登记。第三，申请设立登记应当符合法定期限要求，即于公司成立大会结束后30日内向公司登记机关提出申请。董事会授权的代表在提出申请时，应当依法提交相关材料。除需要提交设立登记申请书、公司章程外，还应当提交申请人资格文件及自然人身份证明、住所相关文件等材料。申请人应当对提交材料的真实性、合法性和有效性负责（【第三十条】）。

2. 发起设立相较于募集设立在设立程序方面要更简便（【**第九十一条**】）。例如，在实践中，发起设立情形下全体发起人可在履行设立职责方面亲力亲为，也可委托中介机构代其办理设立登记手续。故而，本条规定重在明确董事会在申请设立登记方面的职责，但不宜理解为不通过董事会授权代表提出申请就属于违法行为。

· 典型案例 ·

（2019）川15行终22号行政判决书：盈田公司和天海泽公司拟设立天宜通公司。在未召开创立大会（现为成立大会）的情况下，天海泽公司主导形成了所谓天宜通公司“首届股东会决议”和“公司章程”，并委托天海泽公司员工张某持相关材料向公司登记机关申请设立登记。公司登记机关认为提交材料齐全，准予设立并颁发营业执照。后经另案确认“首届股东会决议”和“公司章程”不成立，故盈田公司起诉请求撤销公司登记。法院认为，有效的公司章程和股东会决议（成立大会决议）是申请设立股份有限公司的必要材料，故申请人不具备设立股份有限公司的法定条件，公司登记机关对不具备设立股份有限公司的法定条件的申请人作出的《准予设立/开业登记通知书》应当予以撤销。但公司登记机关的登记错误是因为申请人提交了事后被法院确认不成立的公司章程和股东会决议，公司登记机关已尽到了审慎合理的审查职责，不承担责任。

关联规则

《中华全国律师协会律师办理事业单位分类改革与相关法人治理业务操作指引》第45.2条。

文献参考

参见【**第二十九条**】【**第三十条**】列示的相关文献。

第一百零七条　【股东、董事、监事、高级管理人员的资本充实责任】

本法第四十四条、第四十九条第三款、第五十一条、第五十二条、第五十三条的规定,适用于股份有限公司。

条文解读

本条是关于股份有限公司股东、董事、监事、高级管理人员的资本充实责任的规定。

本条是新增规定,旨在将涉及有限责任公司股东、董事、监事、高级管理人员资本充实责任的部分规定适用于股份有限公司。

理解本条需留意以下几点:

1. 本法第四十四条是关于公司设立时的股东之设立责任的规定。其一,公司未成立的,其法律后果由发起人(公司设立时的股东)承受;发起人为二人以上的,享有连带债权、承担连带债务。其二,对于发起人为设立公司以自己的名义从事民事活动而产生的民事责任,第三人有权请求公司或者发起人承担。其三,发起人因履行公司设立职责造成他人损害的,公司或者无过错的发起人承担赔偿责任后,可以向有过错的发起人追偿。本法第四十九条第三款是关于股东瑕疵出资责任的规定。股东未按期足额缴纳出资的,除应当向公司足额缴纳外,还应当对给公司造成的损失承担赔偿责任。

2. 本法第五十一条是关于董事会催缴出资的规定。董事会依法负有确保公司资本充实的职责,故应向未按照公司章程规定出资的股东催缴出资。负有责任的董事应当承担因未及时履行催缴出资义务而给公司造成损失的赔偿责任。

3. 本法第五十二条是关于股东失权的规定。经董事会依法催缴后股东仍未按照公司章程规定缴纳出资的,该股东将丧失其未缴纳出资的股权。

4. 本法第五十三条是关于抽逃出资的规定。股东负有返还抽逃出资的义务,并与负有责任的董事、监事、高级管理人员承担对公司损失的连带责任。

· 典型案例 ·

参见【第四十四条】【第四十九条】【第五十一条】【第五十二条】【第五十三条】列示的相关案例。

关联规则

参见【第四十四条】【第四十九条】【第五十一条】【第五十二条】【第五十三条】列示的相关规则。

文献参考

参见【第四十四条】【第四十九条】【第五十一条】【第五十二条】【第五十三条】列示的相关文献。

第一百零八条　【变更公司形式的股本折合及公开发行股份规制】

有限责任公司变更为股份有限公司时，折合的实收股本总额不得高于公司净资产额。有限责任公司变更为股份有限公司，为增加注册资本公开发行股份时，应当依法办理。

条文解读

本条是关于有限责任公司变更为股份有限公司的实收股本折合及公开发行股份的规定。

理解本条需留意以下两点：

1. 依照本法规定，有限责任公司可以依法变更为股份有限公司（【第十二条】）。公司形式变更后，原有限责任公司股东的出资额将折合成股份有限公司股东的股份。为了确保变更后的股份有限公司之资本充实及保护公司债权人利益，折合的实收股本总额应以公司净资产额为限。所谓公司净资产额，是指公司的资产总额减去负债后的净额。

2. 由于只有股份有限公司可以公开发行股份，故而在实践中，有限责任公司变更为股份有限公司主要是基于公开发行股份的需要。有限责任公司变更为股份有限公司是为增加注册资本公开发行股份的，应当符合本法和《证券法》(2019 年修订）以及相关法律法规关于公开发行股份的规定，包括经中国证券监督管理委员会注册（**【第一百五十四条】**）、公告招股说明书并制作认股书（**【第一百条】**）、与证券公司签订承销协议（**【第一百五十五条】**）、与银行签订代收股款协议（**【第一百五十六条】**）、验资（**【第一百零一条】**）等法定程序。

· 典型案例 ·

(2020)鲁 04 民再 21 号民事判决书：田某向亿源股份有限公司的前身亿源有限责任公司出借 100 万元，公司变更形式后无力偿还该债务。经查，亿源股份有限公司发起人王某未履行出资义务，故田某提起诉讼主张王某在其出资不实范围内对公司债务承担连带责任。法院认为，有限责任公司变更为股份有限公司时，折合的实收股本总额不得高于公司净资产额。原亿源有限责任公司股东将净资产为负数的企业折合成实收股本 3228.55 万元，并设立亿源股份有限公司，该公司向社会展示的资产总值明显高于其实际净值。田某基于亿源股份有限公司折合的实收股本虚假的事实，要求王某承担出资不实的赔偿责任，应予支持。

关联规则

《首次公开发行股票注册管理办法》第十条。

文献参考

蒋大兴：《公司组织形态与证券（融资）权利——摈弃有限公司“改制上市”的法律习规》，载《现代法学》2013 年第 1 期；赵忠奎、周友苏：《整合与扩容：公司组织形态变革的本土路径》，载《社会科学研究》2021 年第 1 期。

第一百零九条　【公司特定文件材料的置备】

股份有限公司应当将公司章程、股东名册、股东会会议记录、董事会会议记录、监事会会议记录、财务会计报告、债券持有人名册置备于本公司。

条文解读

本条是关于股份有限公司置备特定文件材料的规定。

与修订前的条文相比，本条规定将"公司债券存根"改为"债券持有人名册"，从而与本法其他条文相关表述相统一。

理解本条需留意以下两点：

1. 股份有限公司应当依法置备各项特定文件材料。本条规定的公司特定文件材料中，公司章程、股东名册、股东会会议记录、财务会计报告为股东查阅权行使的范围（**【第一百一十条】**）；董事会会议记录、监事会会议记录关系公司具体事务的开展（**【第一百二十四条】【第一百三十二条】**），是明确相关人员法律责任的重要依据（**【第一百二十五条】**）；债券持有人名册则与公司发行公司债券的具体情况息息相关（**【第一百九十八条】**）。上述文件材料都有置备于公司的必要性。

2. 区分会议决议和会议记录是理解本条及本法其他相关条文的关键。会议决议主要反映的是所议事项的表决结果，一般包括召开时间、召开地点、所议事项、会议通知及出席人数情况、表决比例、表决结果、出席会议的相关人员签章、公司盖章及落款日期等内容。会议记录则是会议召开的全过程反映。除了会议决议记载的事项外，会议记录通常还需要详细记录所议事项的讨论过程、各相关人员发表的意见等内容。例如，按照《上市公司章程指引》（2023 年修正）第一百二十二条第二款、第一百二十三条的规定，董事会会议记录作为公司档案保存，保存期限不少于 10 年，并应当包括以下内容：（1）会议召开的日期、地点和召集人姓名；（2）出席董事的姓名以及受他人委托出席董事会的董事（代理人）姓名；（3）会议议程；（4）董事发言要点；（5）每一决议事项的表决方式和结果（表决结果应载明赞成、反对或弃权的票数）。公司如需依法披露相关机构所议事项，则披露的是会议决议，而非会议记录。继而，从相关规则文义来看，股东除可查阅股东会会议记录外，通常不得查阅董事会会议记录和监事会会议记录，只能查阅董事会会议决议和监事会会议决议。

· 典型案例 ·

（2021）川 01 民终 14136 号民事判决书：中汇合伙为昊特股份有限公司股东。中汇合伙向昊特股份有限公司发送函件，以充分了解昊特股份有限公司从成立以来的实际经营状况为由，请求查阅、复制 2013 年至 2019 年的所有公司章程、股东会会议决议、董事会会议决议、监事会会议决议和财务会计报告。昊特股份有限公司主张公司实际不存在 2014～2019 年年度的财务会计报告，无法向其提供，遂产生诉争。法院认为，《公司法》明确规定股份有限公司应当将财务会计报告置备于公司，昊特股份有限公司负有制作公司财务会计报告并置备于公司的义务。故昊特股份有限公司主张其实际不存在 2014～2019 年年度的财务会计报告，于法无据，不予支持。

关联规则

《上市公司章程指引》(2023 年修正)第一百二十二条、第一百二十三条、第一百四十八条;《上市公司股东大会规则》(2022 年修订)第四十一条。

文献参考

林一英:《利益平衡视角下的股东查阅权落实路径》,载《财经法学》2024 年第 1 期;吴维锭:《论公司决议程序瑕疵轻微的认定》,载《财经法学》2024 年第 1 期。

第一百一十条　【股东查阅权】

股东有权查阅、复制公司章程、股东名册、股东会会议记录、董事会会议决议、监事会会议决议、财务会计报告，对公司的经营提出建议或者质询。

连续一百八十日以上单独或者合计持有公司百分之三以上股份的股东要求查阅公司的会计账簿、会计凭证的，适用本法第五十七条第二款、第三款、第四款的规定。公司章程对持股比例有较低规定的，从其规定。

股东要求查阅、复制公司全资子公司相关材料的，适用前两款的规定。

上市公司股东查阅、复制相关材料的，应当遵守《中华人民共和国证券法》等法律、行政法规的规定。

条文解读

本条是关于股份有限公司股东查阅权的规定。

与修订前的条文相比，本条规定的主要变化在于实现股份有限公司和有限责任公司在股东查阅权方面的规则趋同：一是在查阅之外增加可复制公司相关文件材料的权利；二是可查阅公司会计账簿、会计凭证；三是明确股东可以依法查阅、复制公司全资子公司相关材料。

理解本条需留意以下几点：

1. 本条规定与有限责任公司股东查阅权的规定在文义理解方面大致相仿，故可参考有限责任公司相应部分的解读(【第五十七条】)。以下主要针对股份有限公司股东查阅权规定的特殊性作出阐述。

2. 股份有限公司股东依法享有对公司的经营提出建议或者质询的权利。股东对公司的经营依法行使建议权，可以通过电话、邮件或者公司章程规定的其他方式将相关建议向公司传达。至于质询权的行使，则主要通过召开股东会会议时要求董事、监事、高级管理人员列席并接受股东的质询实现(**【第一百八十七条】**)。当然，虽然本法对有限责任公司未设有类似规定，但并不意味着有限责任公司股东不享有相关权利。有限责任公司通常人合性更高，股东之间的协商沟通相对便利，且股东会会议召开的程序性规定也比较简单，故无明确规定建议权或者质询权的必要。若有限责任公司控股股东滥用权利损害其他股东利益，其他股东可通过请求控股股东承担赔偿责任(**【第二十一条】**)或者行使股东股权收购请求权(**【第八十九条】**)等方式依法维护自身合法权益。此外，上述董事、监事、高级管理人员列席股东会会议并接受股东质询的规定同样适用于有限责任公司。

3. 股份有限公司股东可依法查阅公司的会计账簿、会计凭证，但行使查账权的股东应当满足持股期限和持股比例的要求。在持股期限方面，股东应当连续180日以上持有该公司股份。相对持久的持股状态能够在一定程度上体现股东行使查账权的正当性。若允许股东买入股份后即享有查账权，可能诱使机会主义行为发生并损害公司利益。在持股比例方面，股东应当单独或者合计持有公司3%以上股份。本次修订对于是否应当赋予股份有限公司股东查账权，以及股东若享有查账权应当设置多高的持股比例等问题，争议较大。目前，大多数股份有限公司并非公众公司，股东之间、股东与公司之间的关系与有限责任公司的情形并无实质差别，故确有允许股份有限公司股东查阅公司账簿、会计凭证之必要。此类公司还可以根据实际情况在公司章程中对查阅会计账簿、会计凭证规定低于3%的持股比例，甚至不对持股比例作相应要求。

4. 上市公司的投资者众多，并涉及社会经济秩序和社会公共利益，与一般的股份

有限公司股东行使查阅权方面理应有所区别。故而，上市公司股东查阅、复制相关材料的，应当遵守证券法律制度的相关规定，尤其是与上市公司信息披露相关的各项规则(**【第一百六十六条】**)。

典型案例

1. 针对本条第一款

(2021)皖0207民初4260号民事判决书：梁某通过拍卖方式受让了博英公司的股份，其股份占博英公司全部股份的53.33%。后梁某要求博英公司提供自公司设立至今的股东名册、公司管理部门名册、现有公司全部职工名册等资料，但博英公司以书面形式拒绝梁某要求。梁某认为博英公司的行为损害了自己的股东知情权，诉至法院。法院认为，《公司法》仅赋予股份有限公司股东对股东名册的查阅权，并没有赋予其对其他名册的查阅权，故只对梁某查阅股东名册的诉请予以支持，对其他诉请不予支持。

2. 针对本条第二款

参见**【第五十七条】**列示的相关案例。

3. 针对本条第三款、第四款

(2017)京03民终2000号民事判决书：李某为上市公司蓝色光标公司股东，博杰公司为蓝色光标公司的全资子公司。李某要求查阅、复制蓝色光标公司债券存根(现为债券持有人名册)、股东会会议材料、董事会会议材料、监事会会议材料及其子公司的会计账簿、会计凭证，但未收到回复，遂诉至法院。蓝色光标公司辩称其作为上市公司已依据《证券法》《上市公司信息披露管理办法》规定的信息披露制度对相关公司材料进行了披露。法院认为，信息披露的公司材料与股东有权查阅的公司材料在范围和形式上有所不同，故上市公司履行信息披露义务不能排除股东依法行使查阅权。但李某要求复制蓝色光标公司及其子公司会计账簿、会计凭证，以及除董事会会议决议和监事会会议决议外的董事会会议材料和监事会会议材料的请求，明显超过当时《公司法》规定的关于股东知情权的范围。

关联规则

参见**【第五十七条】**列示的相关规则。

文献参考

参见【**第五十七条**】列示的相关文献。

第二节 股 东 会

第一百一十一条 【股东会的组成和定位】

> **股份有限公司股东会由全体股东组成。股东会是公司的权力机构，依照本法行使职权。**

条文解读

本条是关于股份有限公司股东会组成和定位的规定。

本条规定较此前规定并无实质变化，主要是将“股东大会”改为“股东会”，本法其他条文中的相关表述都作了统一修改。

理解本条需留意以下几点：

1. 本条规定与有限责任公司股东会组成和定位的规定在文义理解方面大致相仿，故可参考有限责任公司相应部分的解读(【第五十八条】)。以下主要针对股份有限公司股东会相关规定的特殊性作出概述。

2. 在股东会会议的类型和召开要求方面，股份有限公司股东会应当每年召开一次年会，如出现法定情形则应当在两个月内召开临时股东会会议(【第一百一十三条】)。有限责任公司股东会的定期会议并未硬性要求每年召开一次年会，公司章程可以根据实际需要规定定期会议的召开频率和大致的召开时间(【**第六十二条**】)。继而，有限责任公司召开临时股东会会议的法定事由并不涉及董事人数不足、公司未弥补的亏损达到一定比例等情形，也无两个月的召开期限要求。此外，单独或者合计持有公司10%以上股份的股东请求召开临时股东会会议的，董事会、监事会应当在收到请求之日起

10日内作出是否召开临时股东会会议的决定，并书面答复股东(【第一百一十四条】)。本法对于有限责任公司股东会并未设置类似规定。

3. 在股东会会议的通知方面，股东会年会应当于会议召开20日前通知各股东，临时股东会会议应当于会议召开15日前通知各股东(【第一百一十五条】)。与有限责任公司股东会的规定不同(【第六十四条】)，上述通知期限为法定期限，公司章程不得缩短该期限。

4. 在股东会决议通过比例方面，股份有限公司以出席会议的股东所持表决权计算(【第一百一十六条】)。本法在有限责任公司部分未有类似规定，故其股东会决议通过比例应理解为以全体股东所持表决权计算(【第六十六条】)。此外，股份有限公司股东会会议表决以一股一权为原则；发行类别股的公司，类别股股东也将组成类别股股东会议，并对可能影响类别股股东权利的重大事项享有表决权(【第一百四十六条】)。有限责任公司则可以在公司章程中规定股东不按照出资比例行使表决权(【第六十五条】)。

5. 在确保股东参与公司治理方面，本法明确规定股份有限公司股东依法享有临时提案权(【第一百一十五条】)，**且股东会在选举董事、监事时可以实行累积投票制**(【第一百一十七条】)。本法对于有限责任公司股东会并未设置类似规定。当然，这并不意味着有限责任公司的股东不享有临时提案权，也不意味着有限责任公司不可以实行累积投票制。其一，有限责任公司通常人合性更高，股东之间的协商沟通相对便利，且股东会会议召开的程序性规定也比较简单，故无明确规定临时提案权的必要。若有限责任公司控股股东滥用权利损害其他股东利益，其他股东可通过请求控股股东承担赔偿责任(【第二十一条】)或者行使股东股权收购请求权(【第八十九条】)等方式依法维护自身合法权益。其二，有限责任公司既然可以在公司章程中规定股东不按照出资比例行使表决权，那么股东会在选举董事、监事时，股东行使表决权的方式也可按照公司章程规定作相应调整。

· 典型案例 ·

(2022)川07民终2878号民事判决书：王某为皇龙公司发起人。皇龙公司召开股东会会议，并形成回购王某股权的决议。王某反对，并诉至法院请求查阅、复制公司相关文件。法院认为，现无证据证明双方曾经通过法定途径确认股东会决议无效、不成立或者予以撤销。股份有限公司股东会由全体股东组成。股东会是公司的权力机构，依照《公司法》行使职权。案涉决议对于王某具有法律效力。

关联规则

《民法典》第八十条；《证券交易所管理办法》(2021 年修订)第十八条；《上市公司章程指引》(2023 年修正)第四十一条。

文献参考

汪青松、赵万一：《股份公司内部权力配置的结构性变革——以股东"同质化"假定到"异质化"现实的演进为视角》，载《现代法学》2011 年第 3 期。

第一百一十二条 【股东会的职权和一人股份有限公司的股东决定】

本法第五十九条第一款、第二款关于有限责任公司股东会职权的规定，适用于股份有限公司股东会。

本法第六十条关于只有一个股东的有限责任公司不设股东会的规定，适用于只有一个股东的股份有限公司。

条文解读

本条是关于股份有限公司股东会职权和一人股份有限公司股东决定的规定。

与修订前的条文相比，本条规定的主要变化是因应一人股份有限公司的制度革新，增加了一人股份有限公司的股东决定的相关规定。

理解本条需留意以下几点：

1. 本法第五十九条第一款是关于具体列示股东会职权的规定，第二款是关于股东会可以授权董事会对发行公司债券作出决议的规定，上述规定适用于股份有限公司股东会，可参考有限责任公司相应部分的解读(【第五十九条】)。

2. 依照本法规定，股份有限公司股东会可以授权董事会决定的事项并不只有发行

公司债券。可授权事项还包括：第一，授权董事会依法决定发行股份（**【第一百五十二条】**）；第二，授权董事会决定特定情形下收购本公司股份（**【第一百六十二条】**）；第三，授权董事会为公司利益决定为他人取得本公司或者其母公司的股份提供财务资助（**【第一百六十三条】**）；第四，授权董事会决定发行可转换为股票的公司债券（**【第二百零二条】**），此项也属于授权董事会决定发行公司债券的特别规定。此外，公司为国有独资公司的，董事会还可基于履行出资人职责的机构授权行使股东会的部分职权（**【第一百七十二条】**）。

3. 本次修订的一项重要改革是允许设立只有一个股东的股份有限公司（**【第九十二条】**）。只有一个股东的公司不设股东会，股东作出本应由股东会决议的事项之决定时，应当采用书面形式，并由股东签名或者盖章后置备于公司。本法第六十条关于只有一个股东的有限责任公司不设股东会的规定，适用于只有一个股东的股份有限公司，可参考有限责任公司相应部分的解读（**【第六十条】**）。

典型案例

参见**【第五十九条】【第六十条】**列示的相关案例。

关联规则

《民法典》第八十条；《证券公司治理准则》（2020 年修正）第十二条；《证券交易所管理办法》（2021 年修订）第十七条、第十八条；《上市公司章程指引》（2023 年修正）第四十一条。

文献参考

参见**【第五十九条】【第六十条】**列示的相关文献。

第一百一十三条　【股东会会议的类型和召开要求】

股东会应当每年召开一次年会。有下列情形之一的，应当在两个月内召开临时股东会会议：

（一）董事人数不足本法规定人数或者公司章程所定人数的三分之二时；

（二）公司未弥补的亏损达股本总额三分之一时；

（三）单独或者合计持有公司百分之十以上股份的股东请求时；

（四）董事会认为必要时；

（五）监事会提议召开时；

（六）公司章程规定的其他情形。

条文解读

本条是关于股份有限公司股东会会议的类型和召开要求的规定。

与修订前的条文相比，本条规定的主要变化有：一是将“临时股东大会”改为“临时股东会会议”；二是将“实收股本总额”改为“股本总额”。

理解本条需留意以下两点：

1. 股份有限公司的股东会会议分为定期会议和临时会议。定期会议是依照法律或者公司章程规定在一定时期内必须召开的会议。临时会议是在定期会议之外，由于特定主体依法提议或基于法定事由的出现而应当召开的不定期会议。与有限责任公司的规定不同（【**第六十二条**】），股份有限公司股东会的定期会议为每年召开一次，故常称之为股东会年会；如出现法定情形则应当在两个月内召开临时股东会会议。

2. 本条明确列举了应当召开临时股东会会议的各项情形。与有限责任公司的规定不同（【**第六十二条**】），在股份有限公司中，除了一定比例的股东、董事会或者监事会可提议召开临时股东会会议外，还有董事人数不足、未弥补亏损达一定比例等应当召开临时股东会会议的法定情形。对此有必要注意以下几个关键点：第一，所谓董事人数不足，既包括设置董事会的董事人数不足三人（【**第一百二十条**】），或者不设董事会的董事空缺（【**第一百二十八条**】），也包括董事人数不足公司章程所定人数的2/3之情形。第二，所谓股本总额，是指股份有限公司发行股份所得股款计入注册资本的金额，故不包括溢价发行面额股所得溢价款以及发行无面额股所得股款未计入注册资本的金额。第三，对于单独或者合计持有公司10%以上股份的股东，本条规定并未对其设有持股期限的要求。第四，所谓董事会认为必要或者监事会提议召开，都应当以团体决策方式提出，即形成提议召开临时股东会会议的董事会决议或者监事会决议。该规定与有限责任公司关于“三分之一以上的董事”可提议召开的规定存在区别。此外，股份有限公司可以在公司章程中根据公司实际需要，规定应当召开临时股东会会议的特殊情形。

· 典型案例 ·

（2019）辽民申4972号民事裁定书：铁岭银行董事会、监事会的成员任期届满，并且董事人数已不足公司章程规定人数的2/3，铁岭银行的董事会和监事会并未在法定期限内召集召开股东会会议。据此，地方金融监管部门向铁岭银行下发监管意见书，明确要求铁岭银行召开股东会会议落实解决相关问题。但此后，铁岭银行的董事会和监事会仍然未能在规定期限内召集召开股东会会议，后合计持股比例超过10%的股东铁法能源公司和铁岭交通投资公司自行召集召开临时股东会会议。股东新蓝公司以未收到通知为由请求撤销此次股东会会议作出的决议。法院认为，此次临时股东会会议的召集程序和表决程序符合法律和公司章程的规定。新蓝公司在预留信息发生变化后并没有向铁岭银行进行变更登记，导致其在会议当天未能参加会议，该事实应当由新蓝公司自行承担责任。

关联规则

《上市公司章程指引》（2023年修正）第四十三条至第四十九条；《保险公司股东权利义务手册》第一章第四节第3点。

文献参考

周剑龙：《中国股东大会制度的改革与完善》，载《法学评论》2005年第2期；林少伟：《程序型公司法的证成与实现》，载《当代法学》2022年第1期。

第一百一十四条　【股东会会议的召集和主持】

股东会会议由董事会召集，董事长主持；董事长不能履行职务或者不履行职务的，由副董事长主持；副董事长不能履行职务或者不履行职务的，由过半数的董事共同推举一名董事主持。

董事会不能履行或者不履行召集股东会会议职责的，监事会应当及时召集和主持；监事会不召集和主持的，连续九十日以上单独或者合计持有公司百分之十以上股份的股东可以自行召集和主持。

单独或者合计持有公司百分之十以上股份的股东请求召开临时股东会会议的，董事会、监事会应当在收到请求之日起十日内作出是否召开临时股东会会议的决定，并书面答复股东。

条文解读

本条是关于股份有限公司股东会会议的召集和主持的规定。

与修订前的条文相比，本条规定的主要变化有：一是将董事在董事长、副董事长不能履行或不履行主持股东会会议的职务时推举一名董事主持的人数比例从“半数以上”改为“过半数”；二是增设第三款关于股东依法请求召开临时股东会会议时董事会、监事会的决定和答复的规定。

理解本条需留意以下几点：

1. 为了确保股东会会议的顺利召开，会议需要有召集人和主持人。股东会会议由董事会召集，董事长主持。当董事会未履职时，则由监事会替之；监事会也未履职时，连续90日以上单独或者合计持有公司10%以上股份的股东可以自行召集和主持。该规定既适用于股东会年会，也适用于临时股东会会议。与有限责任公司相关规定不同（【第六十三条】），股份有限公司自行召集和主持股东会会议的股东需要满足持股期限的要求。

2. 单独或者合计持有公司10%以上股份的股东请求召开临时股东会会议的，应当在两个月内召开（【第一百一十三条】）。董事会或者监事会应当依照本条规定履行召集和主持召开临时股东会会议的职责。确有正当理由不应当召开的，董事会或者监事会应当依照本条第三款的规定，在向股东作出的书面答复中详细说明。本条增加第三款的规定也为股东自行召集和主持临时股东会会议提供了程序上的依据。

3. 股东请求召开临时股东会会议以及股东自行召集和主持股东会会议这两项规则的逻辑关系尚待梳理。一方面，股东有权请求召开临时股东会会议，董事会、监事会应当作出是否召开临时股东会会议的决定并书面答复股东，这一程序性规定对于股东而言仅有持股比例而无持股期限的要求。另一方面，若董事会、监事会未依股东请求召开临时股东会会议，则单独或者合计持有公司10%以上股份的股东需要满足连续90日的持股期限要求，方可自行召集和主持。

典型案例

1. 针对本条第一款、第二款

参见【**第一百一十三条**】列示的相关案例。

2. 针对本条第三款

（2023）辽06民终176号民事判决书：曙光公司股东贾某等7人连续90日合计持股比例为14.35%。2022年1月27日，上述7名股东以电子邮件方式请求公司董事会召集和主持股东会会议。同日，董事会回复召集人，认为召集人提交的材料存在瑕疵。2月9日，召集人请求监事会召集和主持股东会会议。2月13日，监事会回复召集人，认为召集人尚未走完董事会程序，要求召集人先走董事会前置程序。3月29日，召集人以电子邮件方式通知公司董事会，召集人将自行召开股东会会议。法院认为，贾某等7名股东符合涉案股东会会议召集人的法定条件和资格。

关联规则

《上市公司章程指引》（2023年修正）第四十八条至第五十二条、第六十八条；《上市公司股东大会规则》（2022年修订）第六条至第十二条、第二十七条。

文献参考

参见【**第六十三条**】列示的相关文献。

第一百一十五条　【股东会会议的通知和股东临时提案权】

召开股东会会议，应当将会议召开的时间、地点和审议的事项于会议召开二十日前通知各股东；临时股东会会议应当于会议召开十五日前通知各股东。

单独或者合计持有公司百分之一以上股份的股东，可以在股东会会议召开十日前提出临时提案并书面提交董事会。临时提案应当有明确议题和具体决议

事项。董事会应当在收到提案后二日内通知其他股东，并将该临时提案提交股东会审议；但临时提案违反法律、行政法规或者公司章程的规定，或者不属于股东会职权范围的除外。公司不得提高提出临时提案股东的持股比例。

公开发行股份的公司，应当以公告方式作出前两款规定的通知。

股东会不得对通知中未列明的事项作出决议。

条文解读

本条是关于股份有限公司股东会会议的通知和股东临时提案权的规定。

与修订前的条文相比，本条规定的主要变化有：一是因应公司不再发行无记名股票的制度革新，删除与之相关的内容；二是降低股东行使临时提案权的持股比例要求，从“百分之三”改为“百分之一”；三是明确公司不得提高提出临时提案股东的持股比例，若公司降低该比例则并无不可；四是规定公开发行股份的公司应以公告方式通知股东。

理解本条需留意以下几点：

1. 与有限责任公司的规定不同（【第六十四条】），股份有限公司通知股东召开股东会年会和临时股东会会议的期限分别为20日前和15日前，且公司章程不得缩短该期限。向全体股东发出会议通知是股东会会议召集人的重要职责。召开股东会会议，董事会或其他召集人应当提前通知全体股东。会议通知应当载明本次会议拟讨论议题、议程、时间、地点等事项，以便股东提前安排和准备。至于会议通知应当采取何种方式，理论上只要是能实现股东知悉会议召开具体事项的方式皆可，如电话（包括固定电话、移动电话、网络语音通话等）、短信、传真、电子邮件、群聊、视频等。在通常情况下，召集人理应选择有利于股东知悉会议召开事宜的方式，尤其是该公司往日发出会议通知的惯常方式。为了避免争议，公司章程有必要明确公司的会议通知方式。公开发行股份的公司，应当以公告方式作出通知，且相关公告应当在符合中国证券监督管理委员会规定条件的媒体和证券交易场所网站上公布。

2. 所谓股东临时提案权，是指符合一定条件的股东，在股东会会议召开前一定期限内，提出符合法律、行政法规及公司章程规定且属于股东会职权范围的临时提案，并由股东会就临时提案依法作出决议的权利。理解股东临时提案权需要注意以下几个方面：

第一，股东行使临时提案权应当满足单独或者合计持有公司1%以上股份的持股比例要求。这一规定对于股东而言仅有持股比例而无持股期限的要求，且公司不得提高提出临时提案股东的持股比例。此外，本条虽未明确规定提出临时提案的股东应当享有表决权，但从临时提案应当属于股东会职权范围的规定来看，本条规定的股东应当是指对于股东会决议享有表决权的股东。

第二，股东的临时提案应当在股东会会议召开10日前提出，并书面提交董事会。由于此时召开股东会会议的通知已经发出，故而董事会在收到提案后2日内应当发出股东会会议的补充通知，并公告临时提案的内容。

第三，临时提案应当有明确议题和具体决议事项，不得违反法律、行政法规或者公司章程的规定，且应当属于股东会职权范围。本次修订过程中，针对股东临时提案所涉及的事项范围问题争议较大。本条规定最终原则上维持了《公司法》(2018年修正)的基本立场。只要不违反法律、行政法规或者公司章程的规定，且属于股东会职权范围的事项，就可依法提出临时提案。应当注意的是，议题和具体决议事项是不同的，所以临时提案应当同时涉及这两方面的内容。在通常情况下，具体决议事项也会反映议题的主旨。例如，股东可以提出议题为“解任董事”、具体决议事项为“解任董事王某”的临时提案。

3.股东会不得对通知中未列明的事项作出决议。这是为了防止股东(尤其是控股股东)通过临时动议扰乱股东会会议秩序或者影响公司正常运营。股东会可以作出决议的事项，既包括会议常规通知中列明的事项，也包括因股东提出临时提案而发布的补充通知中列明的事项。

· 典型案例 ·

1.针对本条第一款

(2022)鲁02民终10014号民事判决书：2019年1月30日，捷能公司监事会盖章出具捷能公司监事会关于2019年2月17日召开临时股东会会议的通知。股东马某以违反公司章程所规定的召开临时股东会会议须提前30日通知为由，主张该次股东会会议的召集无效。法院认为，虽然公司章程规定召开临时股东会会议须提前30日通知，但捷能公司是股份有限公司，依照《公司法》的规定，股份有限公司临时股东会会议应当于会议召开15日前通知各股东。故该公司监事会所召集的临时股东会会议符合法律规定。

2. 针对本条第二款

（2021）浙06民终3045号民事判决书：富浙公司是创新公司持股比例超过3%的股东。富浙公司于2020年11月12日以电子邮件向创新公司董事发送了临时提案的材料，而创新公司以纸质材料未送达、缺乏股东身份有效证件等理由拒绝将案涉临时提案提交股东会审议。法院认为，富浙公司通过邮件提出临时议案是可行有效的，创新公司在认为临时提案材料有瑕疵后未及时就补充材料与富浙公司沟通，而径自以此为由拒绝将案涉临时提案列入临时股东会会议议程，损害了富浙公司的股东临时提案权。

3. 针对本条第三款

《华夏银行股份有限公司关于召开2022年年度股东大会的通知》（证券代码：600015，公告编号：2023－24）：股东会召开时间为2023年5月19日9点00分；召开地点为北京市东城区建国门内大街22号华夏银行大厦二层多功能厅；本次股东大会审议关于《华夏银行董事会2022年度工作报告》《华夏银行监事会2022年度工作报告》等议案。（公告时间：2023年4月28日）

4. 针对本条第四款

（2021）沪0115民初96567号民事判决书：玖创公司举行临时股东会会议，作出关于公司解散并成立清算组，以及选任包某、王某为清算组成员的决议。玖创公司股东九川公司以成立清算组及选任包某、王某为清算组成员的议案并不在预先披露的会议通知中为由请求撤销该决议。法院认为，通过邮寄方式向各股东送达的临时股东会会议通知中的议题均未涉及成立清算组、选任清算组成员等事宜，故与会股东无权对于未经通知的事项进行表决。

关联规则

《上市公司章程指引》（2023年修正）第五十三条至第五十八条；《上市公司股东大会规则》（2022年修订）第十三条至第十九条、第五十二条。

文献参考

伍坚：《股东提案权制度：美国的立法与启示》，载《证券市场导报》2012年第1期；刘胜军：《论我国上市公司股东提案权——以美国法为借鉴》，载《河北法学》2016年第9期；梁上上、[日]加藤贵仁:《中日股东提案权的剖析与借鉴——一种精细化比较的尝试》,朱大明译,载《清华法学》2019 年第 2 期。

第一百一十六条　【股东表决权和股东会决议通过比例】

股东出席股东会会议,所持每一股份有一表决权,类别股股东除外。公司持有的本公司股份没有表决权。

股东会作出决议,应当经出席会议的股东所持表决权过半数通过。

股东会作出修改公司章程、增加或者减少注册资本的决议,以及公司合并、分立、解散或者变更公司形式的决议,应当经出席会议的股东所持表决权的三分之二以上通过。

条文解读

本条是关于股份有限公司股东表决权和股东会决议通过比例的规定。

与修订前的条文相比,本条规定的主要变化有:一是明确类别股股东作为一股一权规则的例外情形;二是将原在同一款的股东会决议通过比例的规定拆分为本条第二款和第三款。

理解本条需留意以下几点:

1. 所谓股东所持每一股份有一表决权,即一股一权规则,是股份有限公司股东会表决的基本规则。与有限责任公司可以在公司章程中规定股东不按照出资比例行使表决权的规定不同(**【第六十五条】**),股份有限公司只有在依法发行类别股的情形下,才能通过分类表决的方式打破一股一权规则。发行类别股的公司中,类别股股东将组成类别股股东会议,并对可能影响类别股股东权利的重大事项享有表决权(**【第一百四十六条】**)。

2. 公司持有的本公司股份计入库存股。库存股名为公司持有,实则受控于公司控股股东、实际控制人等主体。对于库存股设置的规则限制,旨在弱化控制者对公司的不当控制及可能出现的不当利益输送。故而,公司持有的本公司股份不仅没有表决权,也不享有分配利润的权利(**【第二百一十条】**)。为了尽量减少库存股对公司可能产生的不利影响,公司除应当依照本条规定的期限及时处理所持有的本公司股份外,还不得接受本公司的股份作为质权的标的(【第一百六十二条】)。

3. 根据拟表决事项是否需要经过特别多数通过为标准,可将股东会决议分为普通决议和特别决议。股东会对于公司运营过程中需要决议的一般事项,只需要简单多数通过即可;而需要股东会作出特别决议的事项往往是涉及公司利益的重大事项,如作出修改公司章程、增加或者减少注册资本的决议,以及公司合并、分立、解散或者变更公司形式的决议,应有更高的通过比例要求。本条第二款、第三款的规定属于强制性规范,公司章程不得设置低于法定要求的通过比例。

4. 股份有限公司以出席会议的股东所持表决权计算股东会决议通过比例。本法在有限责任公司部分未有类似规定,故其股东会决议通过比例应理解为以全体股东所持表决权计算(【第六十六条】)。同时,无论是普通决议还是特别决议,股东会会议的召开都并未设置最低出席人数比例的要求,而是经出席会议的股东所持表决权过半数或2/3以上通过。这也是基于确保公司顺利召开股东会会议的考虑。

5. 公司章程能否设置高于法定要求的通过比例,以及涉及公司章程修改的决议是否都应当经出席会议的股东所持表决权的2/3以上通过的问题,目前尚无定论。对于上述问题的解析可参考有限责任公司相应部分的解读(【第六十六条】)。

· 典型案例 ·

1. 针对本条第一款

(2021)京01民终7069号民事判决书:恒泰公司为上市公司。硕晟公司、李某为一致行动人。二者在增持恒泰公司股份达到5%、10%节点时,均有超买情况,但后续均按照规定履行了报告通知义务。后恒泰公司召开股东会会议,并形成了限制硕晟公司、李某超买部分股份表决权的决议。硕晟公司、李某不服,诉至法院。法院认为,投资人履行权益披露义务之后所买入的股份不在表决权限制范围内。《公司法》及恒泰公司章程均规定,股东出席股东会会议,所持每一股份有一表决权。除非基于法律规定或公司章程的规定,公司任何机关不得对股东行使表决权进行限制。因此,恒泰公司无权基于公司自我管理决策的理由,限制其股东表决权的行使。

2. 针对本条第二款

(2022)京02民终10329号民事判决书:北方公司股东天颐公司持有49%的股份,股东丰厚公司持有51%的股份。北方公司召开2021年度第一次临时股东会会议时，仅丰厚公司出席了会议，决议经过出席会议股东即丰厚公司所持表决权100%通过。法院认为，依照《公司法》和公司章程的规定，股东会作出决议必须经出席会议的股东所持表决权过半数通过，而非针对公司所有股东所持表决权。因此，虽然天颐公司既未自行参与本次股东会会议，也未委托代理人参加，出席本次会议的股东仅有丰厚公司，但是作出的股东会决议依然合法有效。

3. 针对本条第三款

(2022)鄂0804民初1000号民事判决书：荆门融资担保集团为国有控股公司，其对东光公司享有670万余元债权。东光公司实施兼并重组，重组方案中对债务进行债转股，其中包含荆门融资担保集团的债权。后东光公司召开股东会会议，决定增加公司注册资本、变更荆门融资担保集团等多名债权人成为东光公司股东、修改公司章程等，但未通知荆门融资担保集团，荆门融资担保集团也未参加会议。东光公司自行将荆门融资担保集团作为其公司股东记入公司章程和股东名册。荆门融资担保集团遂起诉，请求法院判决案涉决议不成立并将其从股东名册移除。法院认为，东光公司未通知荆门融资担保集团，也未要求荆门融资担保集团在股东会会议记录上签名盖章，出席会议股东所持表决权也未达2/3，故案涉决议不成立。

关联规则

《上市公司章程指引》(2023年修正)第七十六条至第九十四条；《上市公司股东大会规则》(2022年修订)第二十条至第四十六条。

文献参考

张舫：《美国"一股一权"制度的兴衰及其启示》，载《现代法学》2012年第2期；汪青松：《论股份公司股东权利的分离——以"一股一票"原则的历史兴衰为背景》，载《清华法学》2014年第2期。

第一百一十七条　【累积投票制】

股东会选举董事、监事，可以按照公司章程的规定或者股东会的决议，实行累积投票制。

本法所称累积投票制，是指股东会选举董事或者监事时，每一股份拥有与应选董事或者监事人数相同的表决权，股东拥有的表决权可以集中使用。

条文解读

本条是关于股份有限公司选举董事、监事可以实行累积投票制的规定。

理解本条需留意以下几点：

1. 累积投票制是一种适用于股份有限公司在选举董事、监事时的表决机制，其基本原理是股东可以将原本只能分开投给各候选人的票数集中投给特定的一人或数人。理论上，累积投票制能在坚持资本多数决之基本规则背景下，为中小股东权益提供一种相对有效的保护策略。中小股东在该机制下虽然仍不能从根本上改变董事会或者监事会人员组成的基本面，但至少有望通过集中使用票数的方式推举其中一两位被认为能够代表其利益诉求的候选人进入董事会或者监事会。由此，累积投票制也在一定程度上提升了中小股东参与公司治理的积极性。不过，如果中小股东所持表决权过少，且未能联合起来集中使用，则可能难以发挥累积投票制的作用。此外，如果公司仅改选一名董事或者监事，即便实行累积投票制也无实际意义。

2. 累积投票制并非强制性规范。公司可以按照公司章程的规定或者股东会的决议实行累积投票制。不过，《上市公司章程指引》(2023 年修正)及《上市公司股东大会规则》(2022 年修订)都规定，单一股东及其一致行动人拥有权益的股份比例在 30% 及以上的上市公司，应当采用累积投票制。

3. 累积投票制的具体运用关键在于如何理解"每一股份拥有与应选董事或者监事人数相同的表决权"。对此，可参见以下事例：某股份有限公司股东会拟选举 3 名董事，甲、乙、丙、丁 4 名普通股股东各持有 300 股、400 股、500 股、600 股的股份，他们都希望戊能当选为董事。在实行累积投票制的情况下，每一股份拥有与应选董事人数(3 名)相同的表决权，4 名股东最多能为戊所投票数为 5400 票，具体计算过程为：$(300+400+500+600)\times 3=5400$；若公司不实行累积投票制，则该 4 名股东各自只能分开使用其表决权，从而最多能为戊所投票数为 1800 票，具体计算过程为：$300+400+500+600=1800$。此外，股东集中使用表决权也并不意味着只能将票数全部投给一个人。例如，上述事例中如果甲希望戊、己两人获得更多票数，则甲可以将其 300 票集中投给此二人,如每人各得150票。

· 典型案例 ·

(2023)闽04民终557号民事判决书:化工公司在公司登记机关备案的公司章程第七十八条规定:股东会就选举董事、监事进行表决时,根据本章程的规定或者股东会的决议,可以实行累积投票制。2022年7月25日,化工公司召开临时股东会会议,通过董事会部分董事改选采用直接投票制的议案。公司股东智胜公司诉至法院,认为该决议的内容不仅违法,还违反化工公司章程的规定,依法应予撤销。法院认为:第一,选举董事、监事的表决方式应当以公司章程的规定或是股东会的决议为依据;第二,"可以"实行累积投票制不等于必须实行。故撤销化工公司决议的诉请没有事实和法律依据,不予支持。

关联规则

《上市公司章程指引》(2023年修正)第八十二条;《上市公司股东大会规则》(2022年修订)第三十二条。

文献参考

王继军:《股份有限公司累积投票制度研究》,载《中国法学》1998年第5期;钱玉林:《累积投票制的引入与实践——以上市公司为例的经验性观察》,载《法学研究》2013年第6期;何青、郭泳秀:《公司治理模式下累积投票制的作用、问题与改进方案——基于国际比较的视角》,载《金融监管研究》2018年第2期;殷佳唯:《累积投票制的本土化困境及其出路——基于美国监管规则演进的反思》,载蔡建春、刘绍统主编:《证券法苑》总第35卷,法律出版社2022年版。

第一百一十八条　【股东表决权的代理行使】

股东委托代理人出席股东会会议的,应当明确代理人代理的事项、权限和期限;代理人应当向公司提交股东授权委托书,并在授权范围内行使表决权。

条文解读

本条是关于股份有限公司股东表决权代理行使的规定。

与修订前的条文相比，本条增加授权委托书"应当明确代理人代理的事项、权限和期限"的规定。

理解本条需留意以下几点：

1. 股东可以亲自出席股东会会议，也可以委托代理人代为出席和表决。依照《民法典》第一百六十一条第一款、第一百六十五条的规定，民事主体可以通过代理人实施民事法律行为。委托代理授权采用书面形式的，授权委托书应当载明代理人的姓名或者名称、代理事项、权限和期限，并由被代理人签名或者盖章。因此，股东委托代理人出席股东会会议的，应当向代理人出具授权委托书。授权委托书应当明确代理人代理的事项、权限和期限。本条规定虽未明确授权委托书是否应当采用书面形式，但从文义理解和实践操作来看，授权委托书应当采用书面形式。按照《上市公司章程指引》(2023 年修正)第六十二条的规定，股东出具的委托他人出席股东会的授权委托书应当载明下列内容：(1)代理人的姓名。(2)是否具有表决权。(3)分别对列入股东会议程的每一审议事项投赞成、反对或弃权票的指示。(4)委托书签发日期和有效期限。(5)委托人签名(或盖章)。委托人为法人股东的，应加盖法人单位印章。此外，该指引第六十三条规定，授权委托书应当注明如果股东不作具体指示，股东的代理人是否可以按自己的意思表决。

2. 对于代理股东出席股东会会议的代理人，本条规定并未要求其应当具有股东资格。与该规定不同的是，如董事因故不能出席董事会会议而需要委托他人代为出席的，代理人只能是其他董事(**【第一百二十五条】**)。

3. 在上市公司实践中，表决权代理和表决权征集是存在紧密联系的两项规则。依照《证券法》(2019 年修订)第九十条第一款的规定，上市公司董事会、独立董事、持有 1% 以上有表决权股份的股东或者依照法律、行政法规或者国务院证券监督管理机构的规定设立的投资者保护机构，可以作为征集人，自行或者委托证券公司、证券服务机构，公开请求上市公司股东委托其代为出席股东会，并代为行使提案权、表决权等股东权利。由此可见，表决权征集是特定主体主动向股东发出的希望股东委托其代理行使相应股东权利的意思表示。就积极的一面而言，由于本法并未对股东会会议表决的最低出席人数或其比例作出限制，表决权征集有助于提高股东在股东会会议表决时的投票率，从而在形式上形成更能代表全体股东乃至公司意志的股东会决议。但从消极的一面来看，表决权征集也可能成为特定主体争夺公司控制权的工具。相当一部分的股东实际上并不关心股东会的具体决议事项，一旦征集人为了获得更多代理权而向股东不当输送利益，就会引发巨大风险。因此，法律禁止表决权买卖，以防止该行为扰乱公司治理及资本市场秩序。通过有偿或者变相有偿方式公开征集股东权利，属于违法行为。

· 典型案例 ·

（2021）沪02民终11418号民事判决书：2020年8月28日，润杰公司召开2019年年度股东会。公告内容显示出席和授权出席本次股东会会议的股东共39人，持有表决权的股份总数占公司有表决权股份总数的87.50%。股东余某诉称，徐某等5名股东既未出席会议也未授权其他股东在2019年年度股东会上投赞成票，但却被错误地计入赞成票。法院认为，润杰公司未提供会议登记册、会议记录、授权委托书等来证明徐某等股东委托他人参加了会议，故润杰公司2019年年度股东会存在程序瑕疵，违反了《公司法》和公司章程的规定，所形成的股东会决议依法应予撤销。

关联规则

《民法典》第一百六十一条、第一百六十二条、第一百六十五条；《证券法》（2019年修订）第九十条；《上市公司章程指引》（2023年修正）第六十条、第六十二条、第六十三条、第七十九条；《上市公司股东大会规则》（2022年修订）第二十三条、第二十四条、第三十一条。

文献参考

李博翔、吴明晖：《论股东表决权征集制度的立法完善》，载黄红元、卢文道主编：《证券法苑》总第20卷，法律出版社2017年版；蒋学跃：《上市公司表决权委托问题研究》，载《证券市场导报》2018年第5期；龚浩川：《公司控制视域下表决权委托的规则构建》，载《国家检察官学院学报》2023年第6期。

第一百一十九条 【股东会会议记录】

股东会应当对所议事项的决定作成会议记录，主持人、出席会议的董事应当在会议记录上签名。会议记录应当与出席股东的签名册及代理出席的委托书一并保存。

条文解读

本条是关于股份有限公司股东会会议记录的规定。

理解本条需留意以下两点：

1. 股东会的会议决议和会议记录实质上是两种不同的法律文件，不应混淆。会议决议主要反映的是所议事项的表决结果，会议记录则是股东会会议召开的全过程反映。股东会会议记录的法律意义主要有以下三个方面：第一，股东会会议记录属于股东行使知情权的法定范围（【第一百一十条】）。第二，股东会会议记录详细记载各项细节，这有利于公司董事、监事、高级管理人员或者所议事项的其他执行人员更好地理解事项的详细情况，以便有序开展公司生产经营活动。第三，股东会会议记录可能成为特定主体承担责任或者免除责任的重要证据。本条规定与有限责任公司的相关规定大致相仿，故可参考有限责任公司相应部分的解读（【第六十四条】）。

2. 与有限责任公司的规定不同（【第六十四条】），股份有限公司股东会会议记录仅由主持人、出席会议的董事签名，出席会议的股东则另有签名册，且该次会议的会议记录应当与签名册以及代理出席的委托书一并保存。此外，上市公司股东会会议记录由董事会秘书负责，这也属于董事会秘书的法定职权范围。按照《上市公司章程指引》（2023 年修正）第七十三条第二款的规定，上市公司股东会会议记录记载以下内容：（1）会议时间、地点、议程和召集人姓名或名称；（2）会议主持人以及出席或列席会议的董事、监事、经理和其他高级管理人员姓名；（3）出席会议的股东和代理人人数、所持有表决权的股份总数及占公司股份总数的比例；（4）对每一提案的审议经过、发言要点和表决结果；（5）股东的质询意见或建议以及相应的答复或说明；（6）律师及计票人、监票人姓名；（7）该章程规定应当载入会议记录的其他内容。

· 典型案例 ·

参见【**第一百一十八条**】列示的相关案例。

关联规则

《上市公司章程指引》(2023 年修正)第七十三条、第七十四条;《上市公司股东大会规则》(2022 年修订)第四十一条。

文献参考

叶林:《股东会会议决议形成制度》,载《法学杂志》2011 年第 10 期。

第三节 董事会、经理

第一百二十条 【董事会的职权、组成和董事的任期及辞任、解任】

股份有限公司设董事会,本法第一百二十八条另有规定的除外。

本法第六十七条、第六十八条第一款、第七十条、第七十一条的规定,适用于股份有限公司。

条文解读

本条是关于股份有限公司董事会的职权、组成和董事的任期及辞任、解任的规定。

与修订前的条文相比,本条规定的主要变化有:一是允许规模较小或者股东人数较少的股份有限公司不设董事会,只设一名董事;二是删除股份有限公司董事会成员的人数上限,且人数下限与有限责任公司的规定相统一,皆为三人以上;三是增加董事的辞任、解任等规定。

理解本条需留意以下几点：

1. 董事会原则上是股份有限公司的必设机构，但规模较小或者股东人数较少的股份有限公司可以不设董事会，只设一名董事(【第一百二十八条】)。当然，基于公司可能存在的差异化治理需求，不同公司的董事会的功能定位及职权范围也必然有所区别。我国《公司法》的当前改革及未来实践，试图将董事会作为公司治理模式选择设置的中心，即先确定董事会在本公司的功能定位，再考虑其他机构的设置及其职权范围。其一，在设监事会的公司，董事会更多彰显管理职能；其二，在设置审计委员会的公司，董事会兼具管理和监督职能(【第一百二十一条】)。本质上，董事会的功能定位受到公司的股权结构、企业文化、发展规模等多种因素的综合影响。

2. 本法第六十七条是关于董事会职权的规定。董事会的职权可归纳为以下三个方面：一是涉及董事会与股东会实质关系的职权；二是制订由股东会作出决议的重大事项的方案；三是公司内部管理权。此外，公司章程对董事会职权的限制不得对抗善意相对人。

3. 本法第六十八条第一款是关于董事会组成的规定。一是董事会成员为 3 人以上；二是职工人数 300 人以上的公司，除依法设有公司职工代表的监事会以外，其董事会成员中应有公司职工代表。

4. 本法第七十条是关于董事的任期和辞任的规定。一是董事每届任期不超过三年，连选可以连任；二是因故离职的董事在改选出的董事就任前应当继续履行董事职务；三是董事辞任应当以书面形式通知公司。

5. 本法第七十一条是关于董事的解任的规定。股东会可以决议解任董事；无正当理由，在任期届满前解任董事的，该董事可以要求公司予以赔偿。

· 典型案例 ·

参见【第六十七条】【第六十八条】【第七十条】【第七十一条】列示的相关案例。

关联规则

参见【第六十七条】【第六十八条】【第七十条】【第七十一条】列示的相关规则。

文献参考

参见【第六十七条】【第六十八条】【第七十条】【第七十一条】列示的相关文献。

第一百二十一条　【审计委员会和监事会的选择设置】

股份有限公司可以按照公司章程的规定在董事会中设置由董事组成的审计委员会，行使本法规定的监事会的职权，不设监事会或者监事。

审计委员会成员为三名以上，过半数成员不得在公司担任除董事以外的其他职务，且不得与公司存在任何可能影响其独立客观判断的关系。公司董事会成员中的职工代表可以成为审计委员会成员。

审计委员会作出决议，应当经审计委员会成员的过半数通过。

审计委员会决议的表决，应当一人一票。

审计委员会的议事方式和表决程序，除本法有规定的外，由公司章程规定。

公司可以按照公司章程的规定在董事会中设置其他委员会。

条文解读

本条是关于股份有限公司可以选择设置审计委员会或者监事会的规定。

本条是新增规定，旨在赋予公司在内部监督机构设置方面享有选择权。

理解本条需留意以下几点：

1. 股份有限公司可以在董事会审计委员会和监事会两者之间择一设置监督机构，但不能在设置审计委员会的同时还继续保留监事会。审计委员会行使本法规定的监事会的职权，且公司董事会成员中的职工代表可以成为审计委员会成员。上述规定与有限责任公司的规定类似，可参考有限责任公司相应部分的解读（**【第六十九条】**）。以下主要针对股份有限公司审计委员会规定的特殊性作出阐述。

2. 由于审计委员会行使本法规定的监事会的职权，故对审计委员会的组成、议事方式和表决程序都相应设置了与监事会类似的规则（【第一百三十条】【第一百三十二条】）。一方面，审计委员会的组成应当符合成员人数及任职资格的要求。审计委员会成员为3名以上。同时，为保持审计委员会成员的独立性，过半数成员不得在公司担任除董事以外的其他职务，且不得与公司存在任何可能影响其独立客观判断的关系。这与董事、高级管理人员不得兼任监事的规定之立法目的类似。继而，监管部门还可能根据实际情况对审计委员会的组成提出更具体的要求。例如，按照《上市公司治理准则》（2018年修订）第三十八条第二款的规定，专门委员会成员全部由董事组成，其中审计委员会、提名委员会、薪酬与考核委员会中独立董事应当占多数并担任召集人，审计委员会的召集人应当为会计专业人士。另一方面，审计委员会作为公司监督机构，应有相应的议事方式和表决程序。审计委员会决议同样以一人一票过半数通过为基本规则，公司章程可以对相关规则予以细化。而且，本法对于上市公司董事会审计委员会还设置了特别规则。董事会对聘用、解聘承办公司审计业务的会计师事务所，聘任、解聘财务负责人，以及披露财务会计报告等事项作出决议前，应当经审计委员会全体成员过半数通过（**【第一百三十七条】**）。此外，按照《上市公司独立董事管理办法》第二十六条第二款的规定，审计委员会每季度至少召开一次会议，2 名及以上成员提议，或者召集人认为有必要时，可以召开临时会议。审计委员会会议须有 2/3 以上成员出席方可举行。

3. 审计委员会决议能否适用瑕疵决议规则尚无定论。从文义来看，本法设置的瑕疵决议规则仅适用于股东会决议和董事会决议（**【第二十五条】**至**【第二十八条】**）。监事会决议如有瑕疵，实践中主要是参照适用股东会、董事会的瑕疵决议规则。既然审计委员会行使的是监事会的职权，本条也明确规定了审计委员会的议事方式和表决程序等内容，且审计委员会在公司治理中发挥着越来越重要的作用，故法律有必要对其决议之效力问题予以重视，审计委员会决议也有必要参照适用瑕疵决议规则。

4. 除审计委员会外，公司可以根据自身情况及监管部门要求设置其他委员会。例如，上市公司、国家出资公司等都根据相关要求在董事会中设提名委员会、薪酬与考核委员会、审计委员会、战略与投资委员会、风险控制委员会等专门委员会（**【第一百三十六条】**）。

· 典型案例 ·

1. 针对本条第一款至第五款

《健之佳医药连锁集团股份有限公司董事会审计委员会工作细则》（证券代码：605266）：其一，关于审计委员会组成。审计委员会由 3 名委员组成；审计委员会由不在公司担任高级管理人员的董事组成。其二，每一委员有一票表决权。审计委员会会议作出决定，必须经全体委员过半数通过。其三，审计委员会必须遵守公司章程，在董事会授权的范围内独立行使职权，并直接向董事会负责。（公告时间：2023 年 12 月 11 日）

2. 针对本条第六款

《广东美信科技股份有限公司关于审计委员会及其他专门委员会的设置情况说明》(证券代码:301577,公告编号:2024－003):根据公司章程的规定,广东美信科技股份有限公司董事会下设审计委员会、提名委员会、战略委员会以及薪酬与考核委员会。审计委员会由王某等人组成;提名委员会由秦某等人组成;战略委员会由胡某等人组成;薪酬及考核委员会由王某等人组成。该公司各专门委员会自设立以来,能够按照法律法规、公司章程及各专门委员会工作制度的规定认真履行职责,运行情况良好。(公告时间:2024 年 1 月 11 日)

关联规则

《国务院办公厅关于进一步完善国有企业法人治理结构的指导意见》第二部分第(二)项第 3 点;《国务院办公厅关于上市公司独立董事制度改革的意见》第二部分第(二)项;《上市公司治理准则》(2018 年修订)第三十八条至第四十三条;《上市公司独立董事管理办法》第二十六条。

文献参考

参见【**第六十九条**】列示的相关文献。

第一百二十二条　【董事长和副董事长的产生办法、董事会会议的召集和主持】

董事会设董事长一人,可以设副董事长。董事长和副董事长由董事会以全体董事的过半数选举产生。

董事长召集和主持董事会会议,检查董事会决议的实施情况。副董事长协助董事长工作,董事长不能履行职务或者不履行职务的,由副董事长履行职务;副董事长不能履行职务或者不履行职务的,由过半数的董事共同推举一名董事履行职务。

条文解读

本条是关于股份有限公司董事长和副董事长的产生办法、董事会会议的召集和主持的规定。

与修订前的条文相比，本条规定的主要变化是将董事在董事长、副董事长不能履行或不履行职务时推举一名董事履行职务的人数比例从"半数以上"改为"过半数"。

理解本条需留意以下几点：

1.股份有限公司设董事会的，则应当同时设董事长一人，可以设副董事长。与有限责任公司的规定不同（**【第六十八条】**），股份有限公司董事长和副董事长的选举办法由本法明确规定，即由董事会以全体董事的过半数选举产生，而不是由公司章程规定。

2.与有限责任公司的规定不同（【第七十二条】），股份有限公司董事长除需要召集和主持董事会会议外，还肩负检查董事会决议实施情况的职责，副董事长则协助董事长工作。相关规则对上市公司董事长履职还提出了更具体的要求。例如，按照《上市公司治理准则》（2018年修订）第九十三条第一项的规定，董事长对上市公司信息披露事务管理承担首要责任。《上市公司章程指引》（2023年修正）第一百一十二条则规定，董事长行使主持股东会和召集、主持董事会会议，督促、检查董事会决议的执行以及董事会授予的其他职权。此外，为加强上市公司监管，促进上市公司依法规范运作，中国证券监督管理委员会公布《上市公司监管指引第6号——上市公司董事长谈话制度实施办法》，明确在上市公司存在特定重大情形时，中国证券监督管理委员会及其派出机构和主管业务部门应当约见上市公司董事长谈话。

3.董事长、副董事长均不能履行职务或者不履行职务的，由过半数的董事共同推举一名董事履行职务。该规定与有限责任公司的规定相同。

·典型案例·

1.针对本条第一款

《金堆城钼业股份有限公司关于选举董事长的公告》（证券代码：601958，公告编号：2023－015）：金堆城钼业股份有限公司于2023年4月23日召开第五届董事会第四次会议，审议通过关于选举公司第五届董事会董事长的议案。根据《公司法》和公司章程等有关规定，该公司董事会选举柳某担任第五届董事会董事长，任期自董事会选举通过之日起至第五届董事会任期届满止。（公告时间：2023 年 4 月 25 日）

2. 针对本条第二款

（2019）鲁 13 民终 7106 号民事判决书：鲁南制药公司设董事 5 名，分别为张某甲、张某乙、张某丙、王某、李某，其中张某甲任董事长。2017 年 3 月 2 日，王某将有关召开董事会更换董事长、法定代表人及总经理的提案发至张某甲邮箱，提请于 2017 年 3 月 12 日召开董事会会议。2017 年 3 月 11 日，王某又向全体董事发送邮件，表示自己已被张某丙、李某共同推举为召集人，并通知将于 2017 年 3 月 12 日召开董事会会议。次日召开的董事会会议通过了有关解除张某甲董事长职务的决议，张某甲、张某乙未出席本次董事会会议。法院认为，董事长张某甲在接到提议后 10 日内，未召集和主持董事会会议，应视为其未履行董事长的该项职务，故过半数董事推举王某履行召集和主持董事会会议的职务符合法律规定。但根据鲁南制药公司章程的规定，董事会会议应于通知到达 5 日后召开，而王某在通知次日即召开会议，属于董事会召集程序的重大瑕疵，作出的决议应予撤销。

关联规则

《上市公司治理准则》（2018 年修订）第三十三条、第九十三条；《上市公司章程指引》（2023 年修正）第一百一十一条至第一百一十三条；《上市公司监管指引第 6 号——上市公司董事长谈话制度实施办法》第三条、第四条、第五条。

文献参考

肖海军、陈光星：《国有独资公司董事长的权源结构与运行》，载《现代法学》2004 年第 1 期；刘海红：《董事会召集程序和表决方式存在瑕疵的决议应予撤销》，载《人民司法》2008 年第 12 期；徐强胜：《公司权力的分配、分工与问责——董事会何以治理》，载《社会科学研究》2022 年第 4 期。

第一百二十三条 【董事会会议的类型和召开要求】

董事会每年度至少召开两次会议，每次会议应当于会议召开十日前通知全体董事和监事。

代表十分之一以上表决权的股东、三分之一以上董事或者监事会，可以提议召开临时董事会会议。董事长应当自接到提议后十日内，召集和主持董事会会议。

董事会召开临时会议，可以另定召集董事会的通知方式和通知时限。

条文解读

本条是关于股份有限公司董事会会议的类型和召开要求的规定。

理解本条需留意以下几点：

1. 股份有限公司董事会会议分为定期会议和临时会议，有限责任公司并无类似规定。董事会定期会议为每年度至少召开两次。当然，两次会议的时间间隔由公司根据自身情况确定，这与监事会每六个月至少召开一次会议的要求有别（**【第一百三十二条】**）。

2. 股份有限公司临时董事会会议经适格主体提议而由董事长召集和主持。代表1/10以上表决权的股东、1/3以上董事或者监事会，可以提议召开临时董事会会议。该规定与有限责任公司临时股东会会议的提议召开主体的规定有相似之处（**【第六十二条】**）。继而，董事长应当自接到提议后10日内，召集和主持董事会会议。董事长接到提议后未在规定时间内召集和主持董事会会议的，如公司设有副董事长即由副董事长履行职务，无副董事长或副董事长不能履行、不履行职务的，由过半数的董事共同推举一名董事履行职务（**【第一百二十二条】**）。此外，召开临时董事会会议往往都是为了处理比较紧急的公司事务，故本条并未限定此时召集董事会的通知方式和通知时限，而是规定可以由董事会另行确定。

3. 由于监事有列席董事会会议之职权（【第七十九条】【第一百三十一条】），故董事会会议的召开应当通知监事。从文义来看，本条第一款规定似乎只要求董事会定期会议通知监事；但从监事的上述职权来看，董事会召开临时会议也应当通知监事，只是通知方式和通知时限可另作规定，不必然依照本条第一款的规定提前10天通知。

典型案例

1. 针对本条第一款

(2022)粤01民终9730号民事判决书:汉壹公司为汉麻公司股东,汉壹公司指派杨某为汉麻公司总经理。汉麻公司董事长聂某签发临时董事会会议通知,决定召开董事会会议,并提前10日通过微信告知各董事会议召开事宜。杨某认为通知未书面送达或者寄送正式文件,拒绝参会。汉壹公司认为召开此次董事会会议的方式不正确,作出的董事会决议应撤销,遂提起诉讼。法院认为,汉麻公司提前10日通过微信通知董事杨某,且杨某已知悉。该通知不影响杨某公平参会及表决的权利,未违反法律法规和公司章程。因此,对汉壹公司的主张不予支持。

2. 针对本条第二款

(2021)鲁02民终1507号民事判决书:宠贝龙公司为股份有限公司,位某为董事长,纪某为董事。宠贝龙公司章程规定,董事长应当自接到召开临时董事会会议的提议后10日内,召集和主持董事会会议。纪某通过微信群发布提议召开董事会会议的消息,但位某未回复。纪某以董事长收到提议后10日内不履行召集职责为由,召集董事举行临时董事会会议通过相关决议。法院认为,纪某主张通过在微信群发布消息的方式向董事长提议召开临时董事会会议,但未提交位某在微信群内确认收到消息的证据,故即使位某在2018年9月3日前未召集和主持董事会会议,也未指定其他董事召集和主持董事会会议,纪某仍无权于2018年9月4日代行董事长职权召集临时董事会会议。

关联规则

《上市公司章程指引》(2023年修正)第一百一十四条至第一百一十七条。

文献参考

参见【**第一百二十二条**】列示的相关文献。

第一百二十四条 【董事会的议事方式、表决程序和会议记录】

董事会会议应当有过半数的董事出席方可举行。董事会作出决议，应当经全体董事的过半数通过。

董事会决议的表决，应当一人一票。

董事会应当对所议事项的决定作成会议记录，出席会议的董事应当在会议记录上签名。

条文解读

本条是关于股份有限公司董事会的议事方式、表决程序和会议记录的规定。

理解本条需留意以下两点：

1. 与股份有限公司股东会会议的规定不同(【第一百一十六条】)，董事会会议的召开有最低出席人数的法定要求；但是，董事会决议在计票时应当以全体董事而非出席会议的董事为总数。与股东会决议通常采用资本多数决原则不同，董事会决议更强调董事之间平等、民主的团体决策机制，故而采用一人一票的人头多数决原则。此外，股份有限公司董事会应当对所议事项的决定作成会议记录。由于董事会会议记录详细记录了各董事发表的意见，故其可能成为特定主体承担责任或者免除责任的重要依据。此外，《上市公司章程指引》(2023 年修正)第一百二十三条明确规定，董事会会议记录应当包括会议召开的日期、地点和召集人姓名，出席董事的姓名以及受他人委托出席董事会的董事(代理人)姓名，会议议程，董事发言要点，每一决议事项的表决方式和结果(表决结果应载明赞成、反对或弃权的票数)等内容。本条规定与有限责任公司的规定类似，可参考有限责任公司相应部分的解读(【第七十三条】)。

2. 除本条规定外，股份有限公司董事会在针对特别事项作出决议时还需要符合本法其他相关规定的要求。第一，公司章程或者股东会授权董事会决定发行新股的，董事会决议应当经全体董事 2/3 以上通过(【第一百五十三条】)。第二，公司因特定情形收购本公司股份并授权董事会决定相关事宜的，应当经 2/3 以上董事出席的董事会会议决议(【第一百六十二条】)。第三，经授权董事会为公司利益决定为他人取得本公司或者其母公司的股份提供财务资助的，应当经全体董事 2/3 以上决议通过(【第一百六十三条】)。

· 典型案例 ·

1. 针对本条第一款、第二款

(2022)辽 02 民终 6186 号民事判决书:闻某为闻达公司职工,同时兼任工会主席和监事会主席。后由于闻某无正当理由长期不到岗办公。闻达公司董事会作出开除闻某的决议。闻某认为公司将其开除的决议程序违法,故诉至法院。法院认为,董事会会议中 5 名董事均到会,闻某作为监事会主席也列席会议。该董事会决议虽然仅有 4 名董事签字,但经过全体董事一人一票表决并过半数通过,符合《公司法》的规定,决议应属合法有效。

2. 针对本条第三款

(2020)浙 01 民终 1597 号民事判决书:朱某、柴某、张某、俞某为日日新公司董事。朱某、柴某、张某签字形成一份日日新公司董事会决议,载明已召开董事会会议及作出决议的事项。俞某认为上述董事会会议未召开,相应董事会决议不成立,遂诉至法院。法院认为,董事会应就会议所议事项作成会议记录,且由出席董事签名,但日日新公司未能提交会议记录。故案涉董事会决议不成立。

关联规则

《民法典》第一百三十四条;《董事会试点中央企业董事会规范运作暂行办法》第一百零七条;《上市公司治理准则》(2018 年修订)第三十二条;《上市公司章程指引》(2023 年修正)第一百一十八条、第一百二十二条、第一百二十三条。

文献参考

参见【**第七十三条**】列示的相关文献。

第一百二十五条　【董事出席董事会会议及董事决议责任】

董事会会议,应当由董事本人出席;董事因故不能出席,可以书面委托其他董事代为出席,委托书应当载明授权范围。

董事应当对董事会的决议承担责任。董事会的决议违反法律、行政法规或

者公司章程、股东会决议，给公司造成严重损失的，参与决议的董事对公司负赔偿责任；经证明在表决时曾表明异议并记载于会议记录的，该董事可以免除责任。

条文解读

本条是关于股份有限公司董事出席董事会会议及董事决议责任的规定。

与修订前的条文相比，本条规定将董事会会议记录的内容移至第一百二十四条，并针对个别表述略作调整。

理解本条需留意以下两点：

1. 董事原则上应当亲自出席董事会会议，这也是董事对公司负有勤勉义务的应然要求（【第一百八十条】）。当然，董事本人确实因正当理由不能出席董事会会议的，可以委托其他董事代为出席。与股东表决权代理不要求代理人具有股东资格的规定不同（【第一百一十八条】），董事委托出席董事会会议的代理人必须具有董事资格。而且，董事委托其他董事代为出席董事会会议，应当出具书面委托书，委托书中应当载明授权范围。此外，按照《上市公司治理准则》（2018 年修订）第二十二条第二款、《上市公司章程指引》（2023 年修正）第一百二十一条的规定，董事可以书面委托其他董事按其意愿代为投票，委托书中应载明代理人的姓名、代理事项、授权范围和有效期限，并由委托人签名或盖章。独立董事不得委托非独立董事代为投票。

2. 董事的决议责任主要体现为对公司损失的赔偿责任。理论上，决议责任可分为违反有效决议的责任以及导致决议存在瑕疵的责任。本条规定主要涉及后一种责任；但在违反股东会决议而作出董事会决议的情形下，则同时涉及上述两种责任。应当注意的是，董事会决议损害公司利益并不必然要求全体董事承担责任。董事应当承担决议责任的前提是董事违反了对公司的忠实义务和勤勉义务（【第一百八十条】）。若董事在表决时曾表明异议并记载于会议记录的，该董事可以免除责任。所谓“异议”宜作广义理解，即包括投反对票或弃权票的情形。此外，基于委托代理关系的基本原理，其他董事在代理权限内，以被代理的董事名义投票的，对被代理的董事发生效力；由此产生的法律责任，也应当由被代理的董事承担。

· 典型案例 ·

1. 针对本条第一款

(2022)京 02 民终 2344 号民事判决书：好行公司董事共 9 名，广视云公司、中网公司为好行公司股东。好行公司召开董事会会议，共 8 名董事出席会议。其中，董事梅某经广视云公司出具授权委托书，代董事刘某出席董事会会议。最终董事会通过相关决议。随后中网公司认为该决议的程序违反公司章程，请求撤销该决议。法院认为，董事刘某无法参会，应以个人名义委托他人，由广视云公司出具授权委托书不符合法律规定，应认定刘某未参会，梅某的代为表决行为无效。故此次董事会会议参会董事应为 7 名，投赞成票的董事为 5 名，超过全体董事半数，符合法律法规和公司章程规定，该决议有效。

2. 针对本条第二款

(2019)京 01 行初 298 号行政判决书：圣莱达公司因虚增利润被中国证券监督管理委员会处罚，时任公司独立董事的徐某也被处以警告及罚款。徐某不服，遂提起诉讼。法院认为，徐某为圣莱达公司的独立董事，对公司负有勤勉义务。其在审议年度报告的董事会决议上签字同意，承诺报告不存在虚假记载、误导性陈述或重大遗漏。在相关董事会会议记录中，徐某也未对有关事项提出异议，不属于董事在表决时曾表明异议并记载于会议记录的免责情形。因此，法院对徐某的主张不予支持。

关联规则

《民法典》第一百六十一条、第一百六十二条、第一百六十五条；《上市公司治理准则》(2018 年修订)第二十二条、第二十三条；《上市公司章程指引》(2023 年修正)第一百二十一条。

文献参考

陈醇：《论决议的民事责任——超越传统二元责任体系》，载《学术论坛》2010 年第 3 期；戴建庭、白明刚：《单方法律行为、合同、决议的瑕疵分析和责任比较》，载《东方法学》2012 年第 4 期；曾祥生：《董事责任规制的困境与应对——以董事个体差异为视角》，载《法学杂志》2022 年第 6 期。

第一百二十六条 【经理及其职权】

股份有限公司设经理，由董事会决定聘任或者解聘。

经理对董事会负责，根据公司章程的规定或者董事会的授权行使职权。经理列席董事会会议。

条文解读

本条是关于股份有限公司经理及其职权的规定。

与修订前的条文相比，本条规定的主要变化是不再参照有限责任公司部分罗列的经理职权具体内容。

理解本条需留意的是：

与有限责任公司的规定不同，股份有限公司必须设经理。这主要是基于股份有限公司通常应当形成更加健全的公司治理结构并规范开展各项公司事务的考虑。除此之外，两类公司在经理的聘任或者解聘及经理的职权方面的规定基本相同，可参考有限责任公司相应部分的解读（【**第七十四条**】）。

典型案例

参见【**第七十四条**】列示的相关案例。

关联规则

《中央企业合规管理办法》第九条；《上市公司章程指引》（2023 年修正）第一百二十四条、第一百二十八条。

文献参考

参见【**第七十四条**】列示的相关文献。

第一百二十七条 【董事兼任经理】

公司董事会可以决定由董事会成员兼任经理。

条文解读

本条是关于股份有限公司董事兼任经理的规定。

理解本条需留意以下两点：

1. 从公司治理的角度看，董事和包括经理在内的高级管理人员都主要负责公司经营管理。董事会采取团体决策方式，董事通常不能以个人名义决定公司事务。但董事在兼任经理或者其他高级管理人员的情形下，就可能通过所兼任的高级管理人员身份更具体地参与公司经营管理。由此，董事会成员兼任经理的，董事会内部的人员结构及职权配置也将发生变化。在此种情形下，公司董事在学理上分为执行董事和非执行董事两类。通常认为，执行董事，是指除董事职务外，同时担任该公司其他职务，或者虽不担任其他职务，但按照公司章程的规定或者股东会、董事会授权对公司负有直接经营管理职责的董事；非执行董事，是指除董事职务外，不再担任该公司其他职务，也不参与公司经营管理事务的董事。由此，执行董事可以兼任经理或其他高级管理人员，甚至担任法定代表人(**【第十条】**)；非执行董事则主要肩负监督职责，如成为审计委员会等专门委员会的成员(**【第一百二十一条】**)。

2. 董事会成员是否兼任经理，属于公司内部事务。既然经理由董事会决定聘任或者解聘，那么董事会成员兼任经理也应当由董事会决定。不过，监管部门基于特定公司的治理需要，可以在董事会成员兼任经理方面作出相应限制。例如，为了优化国有企业内部治理，避免出现内部人控制等问题，按照《国务院办公厅关于进一步完善国有企业法人治理结构的指导意见》的相关要求，国有独资、全资公司的董事长、总经理原则上分设。此外，董事会成员兼任经理的，应当保证有足够的时间和精力承担董事及经理应当负责的各项工作。

典型案例

(2022)鲁0782民初266号民事判决书：飞龙股份有限公司的股东为大汉集团及王某。飞龙股份有限公司决定由董事赵某兼任经理。但赵某任职期间消极怠工，被飞龙公司解除了董事及经理职务。后赵某未交还公司证照、印章及账务账册，并辩称上述财物并不由其保管，无法交还。飞龙股份有限公司遂提起诉讼。法院认为，作为经营管理者，赵某的职责之一就是善意保管公司财物，即使赵某不直接保管公司财物，其他管理人员也需要得到赵某授权才能进行保管。如上述财物确实由其他管理人员保管，赵某就应当负责追回，并办理移交手续。故对赵某无法履行的主张不予支持。

关联规则

《国务院办公厅关于进一步完善国有企业法人治理结构的指导意见》第二部分第（二）项第 2 点；《国务院办公厅关于上市公司独立董事制度改革的意见》第二部分第（四）项；《上市公司章程指引》（2023 年修正）第九十六条。

文献参考

王红一：《关于董事会成员兼任经理职务的法律分析——兼评公司法第 120 条第 2 款之规定》，载《中外法学》1999 年第 4 期。

第一百二十八条 【不设董事会的董事及其职权】

规模较小或者股东人数较少的股份有限公司，可以不设董事会，设一名董事，行使本法规定的董事会的职权。该董事可以兼任公司经理。

条文解读

本条是关于股份有限公司不设董事会的董事及其职权的规定。

本条是新增规定，旨在提升公司在董事会设置方面的自治性与灵活性。

理解本条需留意的是：

《公司法》（2018 年修正）要求股份有限公司必须设董事会，这可能不符合规模较小或者股东人数较少的股份有限公司的治理需求。本次修订借鉴有限责任公司的相关规定，明确上述类型的股份有限公司也可以不设董事会，设一名董事。应当注意的是，不设董事会的董事同样行使本法规定的董事会的职权。由于本条规定与有限责任公司的规定基本相同，故可参考有限责任公司相应部分的解读（**【第七十五条】**）。

· 典型案例 ·

参见【**第七十五条**】列示的相关案例。

关联规则

参见【**第七十五条**】列示的关规则。

文献参考

参见【**第七十五条**】列示的关文献。

第一百二十九条　【董事、监事、高级管理人员的报酬披露】

公司应当定期向股东披露董事、监事、高级管理人员从公司获得报酬的情况。

条文解读

本条是关于股份有限公司定期披露董事、监事、高级管理人员报酬情况的规定。

理解本条需留意以下两点：

1. 董事、监事、高级管理人员的报酬由不同的公司组织机构决定。第一，董事、监事的报酬由股东会决定(【**第五十九条**】)。第二，经理、副经理、财务负责人的报酬由董事会决定(【**第六十七条**】)。第三，本法并未明确经理、副经理、财务负责人之外的其他高级管理人员的报酬应由哪个机构决定，实践中多是由经理决定或者由经理提议再由董事会决定。此外，《上市公司治理准则》(2018 年修订)就上市公司董事、监事、高级管理人员的报酬事宜设置了更细化的规定。董事、监事报酬事项由股东会决定，在董事会或者薪酬与考核委员会对董事个人进行评价或者讨论其报酬时，该董事应当回避。上市公司对高级管理人员的绩效评价应当作为确定高级管理人员薪酬以及其他激励的重要依据；高级管理人员的薪酬分配方案应当经董事会批准，向股东会说明，并予以充分披露。

2. 无论是由股东会决定报酬还是由董事会决定报酬，董事、监事、高级管理人员从公司获得的报酬都来自公司资产；若其报酬与其职责及对公司的贡献不成正比，将可能损害公司及股东的利益。因此，公司定期向股东披露相关人员从公司获得报酬的情况，也是保护股东知情权的应有之义。从实践来看，公司主要是在股东会的定期会议（如股份有限公司股东会年会）上向股东披露相关情况。若公司未依法披露，或者披露的信息不足以让股东了解具体情况，股东可以依法行使质询权，要求董事、监事、高级管理人员就从公司获得报酬事宜接受股东的质询（**【第一百八十七条】**）。

· 典型案例 ·

（2022）京0108民初28098号民事判决书：肖某为冠瑞通公司股东。肖某向冠瑞通公司提交了查阅董事、监事和高级管理人员从冠瑞通公司获得报酬情况的书面请求。冠瑞通公司拒绝了肖某的请求，肖某遂提起诉讼。法院认为，冠瑞通公司为股份有限公司，依照《公司法》的规定，公司应当定期向股东披露董事、监事、高级管理人员从公司获得报酬的情况。肖某作为公司股东，有权了解相关情况。因此，法院对于肖某的主张予以支持。

关联规则

《上市公司治理准则》（2018年修订）第五十八至第六十条；《上市公司章程指引》（2023年修正）第一百二十六条。

文献参考

邓辉、张怡超：《公司高管薪酬信息披露制度功能之辨正》，载《当代法学》2010年第6期；赵金龙、付建荣：《论股东对公司高管薪酬的投票权》，载《比较法研究》2016年第3期；王彦明、王红云：《国企高管自定薪酬的局限性及其法律规制》，载《法学》2019年第8期。

第四节　监　事　会

第一百三十条　【监事会的组成、监事会会议的召集和主持、监事的任期】

股份有限公司设监事会，本法第一百二十一条第一款、第一百三十三条另有规定的除外。

监事会成员为三人以上。监事会成员应当包括股东代表和适当比例的公司职工代表，其中职工代表的比例不得低于三分之一，具体比例由公司章程规定。监事会中的职工代表由公司职工通过职工代表大会、职工大会或者其他形式民主选举产生。

监事会设主席一人，可以设副主席。监事会主席和副主席由全体监事过半数选举产生。监事会主席召集和主持监事会会议；监事会主席不能履行职务或者不履行职务的，由监事会副主席召集和主持监事会会议；监事会副主席不能履行职务或者不履行职务的，由过半数的监事共同推举一名监事召集和主持监事会会议。

董事、高级管理人员不得兼任监事。

本法第七十七条关于有限责任公司监事任期的规定，适用于股份有限公司监事。

条文解读

本条是关于股份有限公司监事会的组成、监事会会议的召集和主持、监事的任期的规定。

与修订前的条文相比，本条规定的主要变化有：一是契合公司内部监督机构选择设置的规则革新，明确不设监事会的情形；二是将监事在监事会主席、监事会副

主席不能履行或不履行召集和主持监事会会议的职务时推举一名监事召集和主持的人数比例从“半数以上”改为“过半数”。

理解本条需留意以下两点：

1. 本次修订赋予公司在监督机构设置方面较为充分的选择权。股份有限公司的监督机构可以在董事会审计委员会和监事会两者之间择一设置(**【第一百二十一条】**)。此外,规模较小或者股东人数较少的股份有限公司还可以不设审计委员会或者监事会,只设一名监事(**【第一百三十三条】**)。

2. 除明确规定可以设监事会副主席及其履行召集和主持监事会会议的相应职责外,股份有限公司监事会的组成、监事会会议的召集和主持、监事的任期等规定都与有限责任公司的相关规定类似,故可参考有限责任公司相应部分的解读(【第七十六条】【第七十七条】)。

· 典型案例 ·

1. 针对本条第二款

(2021)渝0112民初30332号民事判决书:何某主张其并非疆商公司的监事,也不是该公司的股东、高级管理人员或者普通员工,从来没有到该公司工作过,与该公司没有任何关系,更从未履行过任何监事的职责,故请求涤除其作为疆商公司监事的登记事项。法院认为,监事会成员应当包括股东代表和适当比例的公司职工代表,担任股份有限公司的监事应当是公司的股东或职工等主体。何某并非疆商公司的股东,又无任何证据证明何某为疆商公司职工或从疆商公司领取过报酬,故何某并不符合担任该公司监事的条件,对其主张予以支持。

2. 针对本条第三款

《中国建设银行股份有限公司监事会会议决议公告》(证券代码:601939,公告编号:临2023-41):中国建设银行股份有限公司监事会会议于2023年10月26日在北京以现场会议方式召开。该公司于2023年10月16日以书面形式发出本次会议通知。半数以上监事共同推举监事林某召集并主持会议。本次会议应出席监事5名,实际亲自出席监事4名,监事刘某委托监事林某代为出席并表决。本次会议的召开符合《公司法》和公司章程等规定。(公告时间:2023年10月26日)

3. 针对本条第四款

(2018)闽08民终493号民事判决书:刘某、张某为上杭佳和公司股东,兰某为该公司董事。上杭佳和公司股东会作出决议,选举蓝某为公司监事。刘某等人认为兰某与蓝某为夫妻关系,实质为蓝某或兰某同时兼任董事、监事,要求撤销上述决议。法院认为,董事、高级管理人员不得兼任监事是指具有董事、高级管理人员身份的人不得同时兼任监事,该兼任是指同一人兼任。董事兰某并未兼任监事,而其妻子蓝某任监事不为法律所禁止。

4. 针对本条第五款

参见【**第七十七条**】列示的相关案例。

关联规则

《上市公司治理准则》(2018年修订)第四十五条;《上市公司章程指引》(2023年修正)第一百三十六条、第一百三十八条、第一百三十九条、第一百四十四条;《上市公司监事会工作指引》第五条、第八条。

文献参考

参见【**第七十六条**】【**第七十七条**】列示的相关文献。

第一百三十一条 【监事会的职权及其行使职权的费用承担】

本法第七十八条至第八十条的规定,适用于股份有限公司监事会。

监事会行使职权所必需的费用,由公司承担。

条文解读

本条是关于股份有限公司监事会的职权及其行使职权的费用承担的规定。

与修订前的条文相比,本条规定在表述上并无实质变化,但结合本法第七十八至第八十条关于有限责任公司监事会职权的规定来看,股份有限公司监事会的职权得以相应强化。

理解本条需留意以下几点：

1. 本法第七十八条是关于监事会职权的规定。监事会的监督职权可分为财务监督和业务监督两大类。

2. 本法第七十九条是关于监事的质询建议权和监事会的调查权的规定。一方面监事会对董事、高级管理人员执行职务的行为依法履行监督职责，故监事有权列席董事会会议，并对董事会决议事项提出质询或者建议。另一方面监事会依法履行监督职责过程中，通过检查公司财务或者监督董事、高级管理人员执行职务的行为发现公司经营存在异常情况的，有权进行调查。

3. 本法第八十条是关于董事、高级管理人员应当配合监事会行使职权的规定。监事会有权要求董事、高级管理人员提交执行职务的报告。为了便于监事会行使监督职权，董事、高级管理人员应当如实向监事会提供相应的公司经营管理情况、会计资料等。

4. 本条第二款关于股份有限公司监事会行使职权的费用承担的规定与有限责任公司的规定相同，故可参考有限责任公司相应部分的解读(【第八十二条】)。

·典型案例·

参见【第七十八条】【第七十九条】【第八十条】【第八十二条】列示的相关案例。

关联规则

《上市公司章程指引》(2023 年修正)第九十八条、第一百四十一条、第一百四十五条；《上市公司治理准则》(2018 年修订)第四十六条；《上市公司监事会工作指引》第十四条至第二十条。

文献参考

周剑龙：《论股份有限公司经营的内部监督机制——中国公司法发展之前瞻》，载《法学评论》1995 年第 1 期；梅慎实：《现代股份公司经营监督模式比较与评析》，载《中国法学》1996 年第 3 期。

第一百三十二条　【监事会的议事方式、表决程序和会议记录】

监事会每六个月至少召开一次会议。监事可以提议召开临时监事会会议。

监事会的议事方式和表决程序，除本法有规定的外，由公司章程规定。

监事会决议应当经全体监事的过半数通过。

监事会决议的表决，应当一人一票。

监事会应当对所议事项的决定作成会议记录，出席会议的监事应当在会议记录上签名。

条文解读

本条是关于股份有限公司监事会的议事方式、表决程序和会议记录的规定。

与修订前的条文相比，本条规定的主要变化有：一是将监事会决议的通过比例从原来的“半数以上”改为“过半数”，表述更规范；二是增加监事会决议采一人一票的规定，从而与董事会的规定相统一（【第一百二十四条】）。

理解本条需留意的是：

除监事会会议召开频次的规定外，本条规定与有限责任公司监事会的议事方式和表决程序的规定基本相同，故可参考有限责任公司相应部分的解读（**【第八十一条】**）。理论上，股份有限公司（尤其是上市公司）涉及众多利益相关者，故而需要设置更规范的公司监督机制。相较于有限责任公司，本法对股份有限公司在公司监督机构的运作方面提出了更高要求。股份有限公司设监事会的，监事会每六个月至少召开一次会议，而有限责任公司监事会会议召开频次为每年度至少一次。

· 典型案例 ·

1.针对本条第一款

（2018）粤02民初94号民事判决书：海德公司为前海公司股东。海德公司主张，依照《公司法》的规定，股份有限公司监事会每六个月至少召开一次会议，但前海公司一直无法召开监事会会议并形成有效决议，故请求判令解散前海公司。法院认为，前海公司确实未依法召开监事会会议，但依照《公司法》的规定，未按期召开监事会会议并非公司解散的法定条件，故海德公司的该项主张无法律依据。

2. 针对本条第二款至第五款

《焦作万方铝业股份有限公司第九届监事会第五次会议决议公告》(证券代码:000612,公告编号:2023－039):本次会议通知于2023年10月16日以电子邮件方式发出,会议于2023年10月26日采取现场和通信方式召开。本次会议应出席监事3人,实际出席3人,监事孟某以通信方式参加会议,监事王某、任某以现场方式参加会议。本次会议议案采用书面记名投票表决方式进行,会议对《公司2023年第三季度报告》《关于修订〈公司监事会议事规则〉的议案》作出表决,有权表决票数3票,同意3票,反对0票、弃权0票,两项议案皆表决通过。在《公司监事会议事规则》的修订中,增加"参加会议的监事人数达到全体监事人数的三分之二以上,会议有效",增加"记录人员"也应签字确认,即与会监事和记录人员应当对会议记录进行签字确认"等内容。《关于修订〈公司监事会议事规则〉的议案》尚需提交公司股东会审议。(公告时间:2023年10月27日)

关联规则

《民法典》第一百三十四条;《上市公司章程指引》(2023年修正)第一百四十六条至第一百四十九条;《上市公司监事会工作指引》第二十一条、第二十二条。

文献参考

参见【**第八十一条**】列示的相关文献。

第一百三十三条 【不设监事会的监事及其职权】

规模较小或者股东人数较少的股份有限公司,可以不设监事会,设一名监事,行使本法规定的监事会的职权。

条文解读

本条是关于股份有限公司不设监事会的监事及其职权的规定。

本条是新增规定,旨在提升股份有限公司在监事会设置方面的自治性与灵活性。

理解本条需留意的是：

《公司法》(2018 年修正)要求股份有限公司必须设监事会，这可能不符合规模较小或者股东人数较少的股份有限公司的治理需求。本次修订借鉴有限责任公司的相关规定，明确上述类型的股份有限公司也可以不设监事会，设一名监事。应当注意的是，不设监事会的监事同样行使本法规定的监事会的职权。与有限责任公司的规定不同，股份有限公司若不在董事会中设审计委员会且不设监事会，仍需设一名监事。除此之外，本条规定与有限责任公司的规定基本相同，故可参考有限责任公司相应部分的解读(【**第八十三条**】)。

· 典型案例 ·

参见【**第八十三条**】列示的相关案例。

关联规则

参见【**第八十三条**】列示的相关规则。

文献参考

参见【**第八十三条**】列示的相关文献。

第五节　上市公司组织结构的特别规定

第一百三十四条　【上市公司的定义】

本法所称上市公司，是指其股票在证券交易所上市交易的股份有限公司。

条文解读

本条是关于上市公司定义的规定。

理解本条需留意以下几点：

1. 根据目前的规则要求，只有股份有限公司才有上市交易的主体资格。上市公司是股份有限公司，其向社会发行股份，股票在证券交易所公开竞价交易。有限责任公司若试图上市，就必须首先依法变更为股份有限公司(**【第一百零八条】**)。股份发行是股票上市交易的前提，上市交易是充分实现股份发行目的的手段。

2. 由于上市公司仅指在证券交易所上市交易的公司，故不包括在证券交易所以外的其他证券交易场所挂牌交易的公司(**【第一百五十八条】**)。按照《非上市公众公司监督管理办法》(2023年修订)第二条、第四条的相关规定，所谓非上市公众公司，是指股票不在证券交易所上市交易，而是在全国中小企业股份转让系统(新三板)转让，且股票向特定对象发行或者转让导致股东累计超过二百人，又或者股票公开转让的股份有限公司。

3.《公司法》作为典型的组织法，对上市公司设置的特别规定也集中在组织结构方面。故本部分主要涉及以下几个方面的内容：一是与上市公司决议有关的事项，包括股东会特别决议(**【第一百三十五条】**)、上市公司审计委员会的职权(**【第一百三十七条】**)以及关联董事回避表决(**【第一百三十九条】**)等内容。二是与公司治理有关的人员及机构配置要求，包括设独立董事及专门委员会(**【第一百三十六条】**)、董事会秘书(**【第一百三十八条】**)等内容。三是与股权结构有关继而可能影响公司控制权的事项，包括披露股东、实际控制人信息及禁止代持(**【第一百四十条】**)，禁止相互持股(**【第一百四十一条】**)等内容。关于上市公司的其他规定则主要体现在《证券法》(2019年修订)及其相关法规、规章等。

·典型案例·

(2020)川01民终17785号民事判决书：袁某等与成信公司签署对赌协议，约定若锐丽元公司三年内未上市或未被并购，袁某等原股东需承担相应的违约责任。后双方产生纠纷，对“上市”的具体含义理解发生分歧。袁某等认为协议中的“上市”应作包括主板、创业板、新三板、新四板等在内的广义理解。法院认为，该广义理解并不符合《公司法》关于上市公司的定义。新三板、新四板融资的通常表述均为“挂牌”，而非“上市”。因此，协议中的“上市”仍应依照《公司法》关于上市公司的规定作限定解释。

关联规则

《首次公开发行股票注册管理办法》第十条;《非上市公众公司监督管理办法》(2023 年修订)第二条、第四条;《国有企业、上市公司选聘会计师事务所管理办法》第二条。

文献参考

朱慈蕴、王莉萍:《"上市信用"是上市公司的特有信用》,载《中国法学》2004 年第 1 期;彭冰:《中央和地方关系中的上市公司治理》,载《北京大学学报(哲学社会科学版)》2008 年第 6 期。

第一百三十五条 【上市公司须经股东会特别决议的事项】

> 上市公司在一年内购买、出售重大资产或者向他人提供担保的金额超过公司资产总额百分之三十的,应当由股东会作出决议,并经出席会议的股东所持表决权的三分之二以上通过。

条文解读

本条是关于上市公司须经股东会特别决议的事项的规定。

与修订前的条文相比,本条规定的主要变化是将"担保金额"改为"向他人提供担保的金额"。

理解本条需留意以下两点:

1. 上市公司是股份有限公司,故而本法关于股份有限公司股东会特别决议的规定也适用于上市公司。股份有限公司股东会作出修改公司章程、增加或者减少注册资本的决议,以及公司合并、分立、解散或者变更公司形式的决议,应当经出席会议的股东所持表决权的 2/3 以上通过(**【第一百一十六条】**)。除上述股份有限公司股东会作出特别决议的一般规定外,如有本条规定之情形,也应当经股东会特别决议。股东会或者公司章程不得授权董事会就本条所列事项作出决议。所谓公司资产总额,是指公司资产负债表的资产总计项,包括公司过去的交易、事项形成并由公司拥有或者控制的全部资产,如流动资产、长期投资、固定资产、无形及递延资产、其他长期资产等。故而,资产总额与净资产额不同,后者是资产总额减去负债后的净额(**【第一百零八条】**)。

2. 公司购买、出售资产以及向他人提供担保，本可以由董事会作出决议；但如果相关交易涉及金额较大，对上市公司及中小股东的利益造成重大影响，则应当由股东会作出决议。本条规定的情形包括两种：一是上市公司在一年内购买、出售重大资产超过公司资产总额30%。公司一定时期内集中购买重大资产可能导致公司资金大量流出，出售重大资产则可能导致公司主营业务发生根本变化。二是上市公司在一年内向他人提供担保的金额超过公司资产总额30%。此处所谓“向他人提供担保”，与本法关于公司对外提供担保的规定中的“为他人提供担保”之意旨是否相同（**【第十五条】**），尚有疑问。从语义来看，“向他人”比“为他人”的范围要广，既包括为他人债务向他人提供担保，也包括为自己债务向他人提供担保。但是，提供担保必然是“向他人”的，并不存在与之相对应的“向自己”提供担保的情形；而且从当前实践来看，目前监管部门的相关规定也都以上市公司对外提供担保为规制对象。故而，本条规定也主要指上市公司对外提供担保的情形。如上市公司是为自己债务提供担保，对公司和股东而言并不会产生为他人提供担保那样的不利影响，法律对此不宜过多干预。

· 典型案例 ·

（2021）湘10民初27号民事判决书：金贵公司拟收购鑫贵赢公司的子公司，后经多方协商签订协议。现金贵公司以协议的签订没有经过股东会决议、用章流程不规范等事由否认其合法性。法院认为，协议签订时最近一期经审计的财务报表显示，金贵公司净资产金额为37亿元，案涉合同的金额为5000万元，尚未达到净资产的10%。因此，该协议不属于需要经过金贵公司股东会作出特别决议的事项，本案并不存在法律法规及公司章程所规定的无效情形。

关联规则

《上市公司监管指引第8号——上市公司资金往来、对外担保的监管要求》第九条、第十五条；《上市公司章程指引》（2023年修正）第四十二条、第七十八条；《上市公司股东大会规则》（2022年修订）第四十五条。

文献参考

马更新：《公司担保中决议形成程序与合同效力认定间牵连关系探析》，载《法学杂志》2020年第6期；高圣平：《上市公司对外担保特殊规则释论——以法释〔2020〕28号第9条为中心》,载《法学》2022 年第 5 期;房绍坤、寇枫阳:《论上市公司对外担保公告的体系定位——以〈民法典担保制度解释〉第 9 条为中心》,载《法学评论》2022 年第 5 期。

第一百三十六条 【上市公司独立董事和章程特别记载事项】

上市公司设独立董事,具体管理办法由国务院证券监督管理机构规定。

上市公司的公司章程除载明本法第九十五条规定的事项外,还应当依照法律、行政法规的规定载明董事会专门委员会的组成、职权以及董事、监事、高级管理人员薪酬考核机制等事项。

条文解读

本条是关于上市公司独立董事和章程特别记载事项的规定。

与修订前的条文相比,本条规定的主要变化是进一步明确制定上市公司独立董事具体管理办法的部门为国务院证券监督管理机构。

理解本条需留意以下几点:

1. 中国证券监督管理委员会于 2001 年发布《关于在上市公司建立独立董事制度的指导意见》(已失效),要求上市公司建立独立董事制度。《公司法》(2005 年修订)在法律层面规定上市公司应当设独立董事。2022 年,中国证券监督管理委员会在上市公司法规整合工作中在《关于在上市公司建立独立董事制度的指导意见》的基础上制订了《上市公司独立董事规则》。为进一步优化上市公司独立董事制度、提升独立董事履职能力、充分发挥独立董事作用,国务院办公厅于 2023 年 4 月公布《关于上市公司独立董事制度改革的意见》。随后,中国证券监督管理委员会于 2023 年 8 月公布《上市公司独立董事管理办法》,以期推动形成更科学的独立董事制度体系,促进独立董事发挥应有作用。

2.《上市公司独立董事管理办法》共六章四十八条,主要内容如下:

一是明确独立董事的定义、职责定位及其在董事会成员中的比例要求。独立董事是指不在上市公司担任除董事外的其他职务,并与其所受聘的上市公司及其主要股东、实际控制人不存在直接或者间接利害关系,或者其他可能影响其进行独立客观判断关系的董事。独立董事应当在董事会中发挥参与决策、监督制衡、专业咨询作用。独立董事占董事会成员的比例不得低于 1/3;上市公司应当在董事会中设置审计委员会，其中独立董事应当过半数（【第一百二十一条】）；上市公司设置提名委员会、薪酬与考核委员会的，独立董事也应当过半数。

二是明确独立董事的独立性要求、任职资格及选任制度。独立董事的独立性主要从任职、持股、重大业务往来等方面细化独立性的判断标准。在独立性要求之外，独立董事应当符合一般董事的任职条件（【第一百七十八条】），并具备上市公司运作的专业知识，5 年以上履行独立董事职责所必需的法律、会计、经济等工作经验，以及良好的个人品德等。上市公司董事会、监事会、单独或者合计持股 1% 以上的股东可以提出独立董事候选人，但不得提名与其存在利害关系等情形的人员；上市公司设置提名委员会的，应当对被提名人是否符合任职资格进行审查，形成审查意见；股东会选举独立董事应当实行累积投票制（【第一百一十七条】）。

三是明确独立董事的职责及履职方式。独立董事应重点关注上市公司与其控股股东、实际控制人、董事、高级管理人员之间的潜在重大利益冲突事项。独立董事可以独立聘请中介机构、向董事会提议召开临时股东会会议（【第一百一十三条】）、提议召开临时董事会会议（【第一百二十三条】）、依法公开征集股东权利（【第一百一十八条】）、对可能损害上市公司或者中小股东权益的事项发表独立意见等。独立董事应当制作工作记录，详细记录履行职责的情况，并应当向上市公司股东会提交年度述职报告。

此外，《上市公司独立董事管理办法》还对独立董事的履职保障、监督管理与法律责任等内容作了规定。

3. 上市公司通常需要更规范的公司治理，故其公司章程应当载明董事会专门委员会的组成、职权及董事、监事、高级管理人员薪酬考核机制等事项。按照《上市公司治理准则》（2018 年修订）第三十八条的规定，上市公司董事会应当设立审计委员会，并可以根据需要设立战略、提名、薪酬与考核等相关专门委员会。专门委员会成员全部由董事组成，其中审计委员会、提名委员会、薪酬与考核委员会中独立董事应当占多数并担任召集人，审计委员会的召集人应当为会计专业人士。上市公司董事会审计委员会主要负责审核公司财务信息及其披露、监督及评估内外部审计工作和内部控制。上市公司董事会提名委员会主要负责研究董事、高级管理人员的选择标准和程序并提出建议，遴选合格的董事人选和高级管理人员人选对董事人选和高级管理人员人选进行审核并提出建议。上市公司董事会薪酬与考核委员会主要负责：（1）研究董事、高级管理人员的考核标准，进行考核并提出建议；（2）研究、审查董事、高级管理人员的薪酬政策与方案。

· 典型案例 ·

1. 针对本条第一款

《宣城市华菱精工科技股份有限公司关于独立董事辞职暨补选独立董事的公告》(证券代码:603356,公告编号:2023 - 085):根据《上市公司独立董事管理办法》、《上海证券交易所上市公司自律监管指引第 1 号——规范运作》(2023 年 8 月修订)①及公司章程等有关规定,经董事会提名委员会审查,宣城市华菱精工科技股份有限公司于 2023 年 11 月 16 日召开第四届董事会第八次会议,审议通过了《关于补选独立董事的议案》,同意提名贺某为该公司第四届董事会独立董事候选人,任期自该公司股东会审议通过之日起至 2026 年 6 月 27 日。(公告时间:2023 年 11 月 18 日)

2. 针对本条第二款

《迈赫机器人自动化股份有限公司章程》(证券代码:301199):该公司章程涉及董事会专门委员会的组成、职权,以及董事、监事、高级管理人员薪酬考核机制的内容。其一,关于专门委员会的组成。专门委员会成员全部由董事组成,其中审计委员会、提名委员会、薪酬与考核委员会中独立董事占多数并担任召集人,审计委员会成员应当为不在上市公司担任高级管理人员的董事,召集人为会计专业人士。其二,关于专门委员会的职权。审计委员会负责审核公司财务信息及其披露、监督及评估内外部审计工作和内部控制;战略委员会的主要职责是对公司长期发展战略和重大投资决策进行研究并提出建议等。其三,关于董事、监事、高级管理人员薪酬考核机制。薪酬与考核委员会负责制定董事、高级管理人员的考核标准并进行考核,制定、审查董事、高级管理人员的薪酬政策与方案。(公告时间:2023 年 12 月 22 日)

关联规则

《上市公司治理准则》(2018 年修订)第三十四条至第四十三条;《上市公司独立董事管理办法》第二条至第九条、第十一条、第十二条、第十七条、第十八条、第二十三条、第二十五条至第二十九条、第三十一条、第三十三条。

---

① 《上海证券交易所上市公司自律监管指引第 1 号——规范运作》于 2023 年 12 月再次修订。

文献参考

方流芳：《独立董事在中国：假设和现实》，载《政法论坛》2008 年第 5 期；姜朋：《独立董事相对论》，载《中外法学》2015 年第 6 期；曾洋：《重构上市公司独董制度》，载《清华法学》2021 年第 4 期；黄辉：《独立董事的法律义务与责任追究：国际经验与中国方案》，载《中外法学》2023 年第 1 期。

第一百三十七条 【上市公司审计委员会的职权】

上市公司在董事会中设置审计委员会的，董事会对下列事项作出决议前应当经审计委员会全体成员过半数通过：

（一）聘用、解聘承办公司审计业务的会计师事务所；

（二）聘任、解聘财务负责人；

（三）披露财务会计报告；

（四）国务院证券监督管理机构规定的其他事项。

条文解读

本条是关于上市公司审计委员会的职权的规定。

本条是新增规定，主要吸收了中国证券监督管理委员会发布的《上市公司独立董事管理办法》第二十六条第一款的相关内容。

理解本条需留意以下两点：

1. 上市公司董事会审计委员会主要负责审核公司财务信息及其披露、监督及评估内外部审计工作和内部控制。按照《上市公司独立董事管理办法》第二十六条第一款的规定，下列事项应当经审计委员会全体成员过半数同意后，提交董事会审议：（1）披露财务会计报告及定期报告中的财务信息、内部控制评价报告；（2）聘用或者解聘承办上市公司审计业务的会计师事务所；（3）聘任或者解聘上市公司财务负责人；（4）因会计准则变更以外的原因作出会计政策、会计估计变更或者重大会计差错更正；（5）法律、行政法规、中国证券监督管理委员会规定和公司章程规定的其他事项。

2. 从时间先后顺序来看，审计委员会实际上为董事会就本条所列事项作出决议起

到重要的“看门人”作用。董事会虽肩负重要的经营管理职责,但基于专业背景及职能分工的不同,不可能要求全体董事对董事会所作的每一项决议涉及的内容都有超过其能力范围的理解。尤其是涉及财务会计领域的事项,先由会计专业人士为召集人的审计委员会(**【第一百二十一条】**)予以审核并作出决议,无疑能在很大程度上确保董事会决议的准确性和稳健性。因此,如果涉及聘用、解聘承办公司审计业务的会计师事务所,聘任、解聘财务负责人,以及披露财务会计报告等事项,应当先由审计委员会作出决议,继而再提交董事会审议。

· 典型案例 ·

《深圳市拓日新能源科技股份有限公司第六届审计委员会第三次会议决议》(证券代码:002218):深圳市拓日新能源科技股份有限公司第六届审计委员会第三次会议于 2022 年 10 月 26 日以现场及通信方式召开。会议应到委员 3 名,实际参加会议并表决的委员 3 名。会议审议通过《关于公司 2022 年度第三季度财务报告》《关于公司 2022 年第三季度内部审计报告》《关于聘请 2022 年度审计机构的议案》。表决结果皆为:3 票赞成,0 票反对,0 票弃权。(公告时间:2022 年 10 月 26 日)

关联规则

《上市公司独立董事管理办法》第二十六条;《上市公司治理准则》(2018 年修订)第三十九条。

文献参考

郭远:《民营上市公司财务监督问题——兼评〈上市公司治理准则〉〈证券法〉的相关修订》,载《财经法学》2020 年第 2 期;刘斌:《公司治理中监督力量的再造与展开》,载《国家检察官学院学报》2022 年第 2 期。

第一百三十八条　【上市公司董事会秘书及其职责】

上市公司设董事会秘书,负责公司股东会和董事会会议的筹备、文件保管以及公司股东资料的管理,办理信息披露事务等事宜。

条文解读

本条是关于上市公司董事会秘书及其职责的规定。

理解本条需留意以下两点：

1. 依照本法规定，上市公司董事会秘书是公司的高级管理人员（【第二百六十五条】）。从本条规定来看，上市公司董事会秘书的职责可归结为以下四个方面：一是会议筹备。董事会秘书负责公司股东会和董事会会议的组织筹备工作。二是资料管理。董事会秘书负责公司投资者关系管理和股东资料管理工作。此外，上市公司股东会会议记录、董事会会议记录等也由董事会秘书负责。三是信息披露。董事会秘书负责办理公司信息披露事务，如组织制定公司信息披露事务管理制度、督促公司及相关信息披露义务人遵守信息披露相关规定、督促董事会及时回复监管部门问询及股东质询等。四是董事会秘书还应当负责公司信息保密工作。可见，上市公司董事会秘书虽不直接参与公司决策，但在维持公司内部正常运营、维护公司形象及保障投资者合法权益方面都起到了非常重要的作用。作为高级管理人员的董事会秘书未履行本条规定的职责的，将因违反对公司负有的忠实义务和勤勉义务而承担法律责任（**【第一百八十条】**）。

2. 上市公司董事会秘书依法履行职责对公司及股东利益保护乃至维持资本市场秩序都有着重要的意义。按照《上市公司治理准则》（2018年修订）第二十八条第二款的规定，董事会秘书作为上市公司高级管理人员，为履行职责有权参加相关会议，查阅有关文件，了解公司的财务和经营等情况。董事会及其他高级管理人员应当支持董事会秘书的工作。任何机构及个人不得干预董事会秘书的正常履职行为。

· 典型案例 ·

中国证券监督管理委员会上海监管局沪〔2022〕9号行政处罚决定书：鹏起科技公司为上市公司。鹏起科技公司未按照规定及时披露宋某于2018年9月5日签署声明函引起的权益变动相关情况。直至2019年7月，鹏起科技公司才先后发布关于公司实际控制人的一致行动人持股变化的公告及简式权益变动报告书，对上述相关情况进行披露。证券监管部门认为，朱某时任鹏起科技公司董事会秘书，负责信息披露等事务，而在案证据证明其在知悉股东权益变动有关事项的情况下未积极履职，故对朱某给予警告、罚款。

关联规则

《上市公司治理准则》(2018 年修订)第二十八条;《上市公司章程指引》(2023 年修正)第七十三条、第一百三十三条;《上市公司股东大会规则》(2022 年修订)第四十一条。

文献参考

陈历幸:《论我国公司秘书制度的建构》,载《法学》2001 年第 4 期;郭富青:《公司秘书与公司治理》,载《法律科学(西北政法学院学报)》2002 年第 3 期。

第一百三十九条　【上市公司有关联关系的董事回避表决】

上市公司董事与董事会会议决议事项所涉及的企业或者个人有关联关系的,该董事应当及时向董事会书面报告。有关联关系的董事不得对该项决议行使表决权,也不得代理其他董事行使表决权。该董事会会议由过半数的无关联关系董事出席即可举行,董事会会议所作决议须经无关联关系董事过半数通过。出席董事会会议的无关联关系董事人数不足三人的,应当将该事项提交上市公司股东会审议。

条文解读

本条是关于上市公司有关联关系的董事回避表决的规定。

与修订前的条文相比,本条规定的主要变化有:一是扩大关联关系的范围,除所涉及的企业外,还包括相关个人;二是建立有关联关系的董事向董事会书面报告制度。

理解本条需留意以下几点:

1. 关联董事报告制度是董事对公司负有忠实义务的必然要求。董事应当采取措施避免自身利益与公司利益冲突,不得利用职权牟取不正当利益(**【第一百八十条】**)。上市公司董事与董事会会议决议事项所涉及的企业或者个人有关联关系的,该董事应当及时向董事会书面报告。

2. 关联董事就有关事项向董事会书面报告的同时,应当回避表决。根据决议的一般原理，在计算出席人数表决比例时，回避表决的董事都应当从总数中剔除。因此，该董事会决议采取无关联关系董事过半数出席及全体无关联关系董事过半数通过的方式。若出席董事会的无关联关系董事人数不足3人，则无法形成有效的董事会决议，从而应将该事项提交股东会审议。

3. 在对董事义务的一般规定中，本次修订也对相关规则予以同步优化。在董事会对涉及关联交易（**【第一百八十二条】**）、利用公司商业机会（**【第一百八十三条】**）和竞业（**【第一百八十四条】**）等事项作出决议时，关联董事应当就有关事项向董事会报告。同时，关联董事应当就上述事项回避表决（**【第一百八十五条】**）。本条规定是上述规则在上市公司情形下的特别规定。上市公司董事与董事会会议决议事项所涉及的企业或者个人有关联关系的，即应当适用本条规定，而不限于关联交易、利用公司商业机会和竞业这三种情形。

·典型案例·

（2018）沪0110民初4339号民事判决书：华平股份有限公司为上市公司，熊某为华平股份有限公司董事、股东。熊某认为该公司第四届董事会第四次临时会议决议涉及关联交易，而关联董事未回避表决，故起诉请求撤销该决议。法院认为，涉诉董事会会议决议事项为关于取消华平股份有限公司召开临时股东会会议的事项，并不涉及与关联企业开展关联交易，不属于法律及公司章程规定的回避表决情形，该公司全体董事均参与表决并不违反规定。故法院对熊某的主张不予支持。

关联规则

《上市公司章程指引》（2023年修正）第一百一十九条；《金融控股公司关联交易管理办法》第二十七条。

文献参考

温长庆：《论公司决议的形成规则及其在回避表决时的运用——从“万科董事会决议”的争议点切入》，载《法商研究》2018年第1期；高富平、孔洁琼：《论公司决议中的表决权回避》，载《扬州大学学报（人文社会科学版）》2019年第3期。

第一百四十条 【上市公司披露股东和实际控制人的信息及禁止股票代持】

上市公司应当依法披露股东、实际控制人的信息，相关信息应当真实、准确、完整。

禁止违反法律、行政法规的规定代持上市公司股票。

条文解读

本条是关于上市公司披露股东和实际控制人的信息及禁止股票代持的规定。

本条是新增规定，是对上市公司监管实践经验的法律确认。

理解本条需留意以下两点：

1. 持有一定比例股份的股东乃至控股股东、实际控制人对公司治理具有重要影响。对于股东、实际控制人的相关信息，上市公司应当通过年度报告、中期报告、临时报告等真实、准确、完整披露（**【第一百六十六条】**）。同时，上市公司的股东、实际控制人发生相关重大事件时，应当主动告知上市公司董事会，并配合上市公司履行信息披露义务。

2. 禁止代持上市公司股票实际上是信息披露制度的必然要求。依照《证券法》（2019 年修订）第七十八条第二款和《上市公司信息披露管理办法》（2021 年修订）第三条第一款的规定，信息披露义务人披露的信息，应当真实、准确、完整，简明清晰，通俗易懂，不得有虚假记载、误导性陈述或者重大遗漏。因此，若上市公司股票仅由披露的股东代持，而实际出资人却未被依法披露，则会影响所披露信息的真实性、准确性和完整性，对上市公司监管及投资者保护都可能带来不利后果。故而，上市公司股票代持协议因违背证券市场的基本交易规范以及损害广大投资者的合法权益而无效。从目前实践来看，确认上市公司股票代持协议无效后可能存在两种情形：一是实际出资人的投资款已转给代持人，但代持人尚未认购上市公司股份。此时代持人应当向实际出资人返还投资款。二是实际出资人的投资款已由代持人认购上市公司股份。此时协议双方通常仅能就投资款的现实价值进行分割，实际出资人不能要求代持人返还投资款。

·典型案例·

1. 针对本条第一款

中国证券监督管理委员会〔2022〕170号行政处罚事先告知书：宏达新材的实际控制人由伦伟公司变更为杨某，但其并未及时对新实际控制人的信息进行真实、准确、完整的披露，被中国证券监督管理委员会认定为构成虚假记载，进而受到处罚。

2. 针对本条第二款

(2019)鄂03民终1274号民事判决书：颜某、罗某甲作为代持人向罗某乙出具股票代持证明，该两人代表罗某乙持有华昌达公司股份，罗某乙请求法院判决该股票代持证明有效。法院认为，上市公司首次公开募股过程中不允许隐匿真实股东，即上市公司股权不得代持。若上市公司的股东信息不真实，将使上市公司的信息披露要求、关联交易审查、高级管理人员任职回避等相关具体监管举措落空，从而损害广大投资者合法权益以及资本市场基本交易秩序、基本交易安全，最终损害社会公共利益。故法院对罗某乙的主张不予支持。

关联规则

《民法典》第一百五十七条；《证券法》(2019年修订)第七十八条、第八十二条；《上市公司信息披露管理办法》(2021年修订)第三条。

文献参考

王保树、杨继：《论股份公司控制股东的义务与责任》，载《法学》2002年第2期；郑彧：《上市公司股份代持法律问题研究——兼论股份代持对信息披露监管制度的挑战与完善》，载黄红元、徐明主编：《证券法苑》总第7卷，法律出版社2012年版；徐佳咏：《上市公司股权代持及其纠纷之处理》，载《中国政法大学学报》2019年第3期。

第一百四十一条 【上市公司与其控股子公司相互持股的禁止】

上市公司控股子公司不得取得该上市公司的股份。

上市公司控股子公司因公司合并、质权行使等原因持有上市公司股份的，不得行使所持股份对应的表决权，并应当及时处分相关上市公司股份。

条文解读

本条是关于上市公司与其控股子公司禁止相互持股的规定。

本条是新增规定，主要吸收了各证券交易所上市规则的相关制度实践经验。

理解本条需留意以下两点：

1. 两个公司之间相互持有对方公司的股份，这一持股关系学理上称为相互持股或者交叉持股。本条第一款规定，上市公司控股子公司不得取得该上市公司的股份。上市公司与其控股子公司之间相互持股可能存在诸多弊病：一是造成公司资本空虚。相互持股的公司之间会出现股权重复计算和相互增加，导致可能存在虚假出资的风险。二是容易产生内部人控制问题。相互持股的公司的管理者可能都由对方公司选举或者聘任，两个公司的管理者之间极有可能针对公司治理形成默契或达成承诺。三是掩盖真实的股权结构。相互持股会弱化监管部门对控股股东、实际控制人等关键少数的监管质效。

2. 不过，上市公司控股子公司基于公司合并、质权行使等原因持有上市公司股份的情形不能完全避免。为了尽可能消除不可避免的相互持股关系带来的负面影响，本条第二款设置了"两道防线"：一是上市公司控股子公司持有该上市公司股份的，不得行使所持股份对应的表决权。二是上市公司控股子公司应当对所持的该上市公司股份及时处分。"及时处分"的表述不无模糊之处。各证券交易所的相关规定设置的期限通常为一年，如根据《深圳证券交易所股票上市规则》(2023 年 8 月修订) 第 3.4.15 条的规定，上市公司控股子公司确出于特殊原因持有股份的，应当在一年内消除该情形。

· 典型案例 ·

《广西东方智造科技股份有限公司关于处置公司股票资产完成的公告》(证券代码:002175，公告编号:2022－054)：广西东方智造科技股份有限公司实施资本公积转增股本用以引进重整投资人及偿还公司对外负债。该公司全资子公司无锡广陆公司、未来城公司以及上海量具刃具厂在本次重整中作为大额普通债权人获得公司抵债股份共计 14,811,712 股。上述股份已于 2021 年 12 月 27 日登记至三家全资子公司的股票账户。根据《深圳证券交易所股票上市规则》(2022 年修订) 第

3.4.13 条“上市公司控股子公司不得取得该上市公司发行的股份。确因特殊原因持有股份的,应当在一年内消除该情形,在消除前,上市公司控股子公司不得对其持有的股份行使表决权”的规定,公司管理层择机出售上述三家全资子公司所持有的公司 14,811,712 股股票,现已全部出售完毕,不存在《深圳证券交易所股票上市规则》规定的违规情形。(公告时间:2022 年 12 月 22 日)

关联规则

《北京证券交易所股票上市规则(试行)》(2023 年修订)第 4.1.12 条;《上海证券交易所股票上市规则》(2023 年 8 月修订)第 3.4.15 条;《深圳证券交易所股票上市规则》(2023 年 8 月修订)第 3.4.15 条。

文献参考

甘培忠:《论公司相互持股的法律问题》,载《法制与社会发展》2002 年第 5 期;郭雳:《交叉持股现象的分析框架与规范思路》,载《北京大学学报(哲学社会科学版)》2009 年第 4 期。

第六章

股份有限公司的股份发行和转让

第一节　股份发行

第一百四十二条　【股份的种类】

公司的资本划分为股份。公司的全部股份，根据公司章程的规定择一采用面额股或者无面额股。采用面额股的，每一股的金额相等。

公司可以根据公司章程的规定将已发行的面额股全部转换为无面额股或者将无面额股全部转换为面额股。

采用无面额股的，应当将发行股份所得股款的二分之一以上计入注册资本。

条文解读

本条是关于股份有限公司的股份以是否注明金额为标准分为面额股和无面额股的规定。

与修订前的条文相比，本条规定的主要变化是增加无面额股的相关内容。

理解本条需留意以下几点：

1. 与有限责任公司股东缴纳出资额的规定不同(【第四条】)，股份有限公司的资本划分为股份。股份是对公司资本作等额切分后的抽象计量单位，以股票为表现形式(【第一百四十七条】)。所有股份的总和即为公司资本总额。股东以认购股份并缴纳股款的方式履行出资义务，继而享有股东权利。因此，持有股份的数额及比例成为股东享有相应权利的计量基础。

2. 以股票票面是否注明金额为标准，股份可分为面额股和无面额股。一方面，面额股是在股票票面上记载一定金额的股份。公司发行面额股时，每一股的金额相等，这既便于公司资本的计算和股份的统计，也是一股一权(【第一百一十六条】)、同股同权(【第一百四十三条】)等规则构建的前提条件。另一方面，无面额股是在股票票面上不记载面额的股份。无面额股虽不记载每股金额，但会记载股票代表的股份数（**【第一百四十九条】**）。无面额股只是票面上不记载面额，不代表其无发行价格（**【第一百五十四条】**），且其交易价格通常更能反映该股份在市场上的供需情况。无面额股制度能在一定程度上提升公司融资的灵活性，对推动资本市场健康发展具有积极意义。

3.依照本条第一款的规定，公司只能在面额股和无面额股之间择一采用，同一公司的股份不能既有面额股又有无面额股。故而，本条第二款进一步规定面额股和无面额股在按照公司章程的规定转换时，必须全部转换。

4.无面额股未记载票面金额，对公司资本的确定可能带来一定的影响。为此，本条第三款规定，采用无面额股的公司应当将发行股份所得股款的1/2以上计入注册资本。公司发行无面额股的，股东会应当对新股发行所得股款计入注册资本的金额作出决议（**【第一百五十一条】**）。继而，依照本法规定，未计入注册资本的金额应当列入资本公积金（**【第二百一十三条】**），该资金的使用应当遵守本法的相关规定（**【第二百一十四条】**）。

·典型案例·

《中国海洋石油有限公司首次公开发行人民币普通股（A股）上市公告书》（证券代码：600938）：本公司首次公开发行A股股票已经中国证券监督管理委员会“证监许可〔2022〕632号”文核准。本次发行采用向战略投资者定向配售、网下向符合条件的投资者询价配售和网上向持有上海市场非限售A股股份和非限售存托凭证市值的社会公众投资者定价发行相结合的方式进行。本公司A股股票上市也已经上海证券交易所“自律监管决定书〔2022〕108号”文批准。本公司发行的A股股票在上海证券交易所上市，证券简称“中国海油”，证券代码“600938”。本次发行价格为10.80元/股，发行人为注册于中国香港特别行政区的红筹企业，根据《公司条例》第135条，公司本次发行的人民币普通股（A股）股票无面值。（公告时间：2022年4月20日）

关联规则

《上市公司章程指引》（2023年修正）第十七条。

文献参考

傅穹：《股票面额取舍之辩》，载《比较法研究》2004年第6期；朱慈蕴、梁泽宇：《无面额股制度引入我国公司法路径研究》,载《扬州大学学报(人文社会科学版)》2021 年第 2 期;叶林、张冉:《无面额股时代公司资本制度的体系性调适》,载《国家检察官学院学报》2023 年第 6 期。

第一百四十三条　【股份发行的原则】

股份的发行,实行公平、公正的原则,同类别的每一股份应当具有同等权利。

同次发行的同类别股份,每股的发行条件和价格应当相同;认购人所认购的股份,每股应当支付相同价额。

条文解读

本条是关于股份有限公司股份发行原则的规定。

本条规定较此前规定并无实质变化,只是针对个别表述略作调整。

理解本条需留意以下两点:

1. 本条规定确立了股份发行的公平、公正原则,同股同权规则为其具体表现。“同股同权”和“一股一权”是两项不同的规则。所谓同股同权,主要是指以下两方面内容:一是权利同等。同类别的每一股份具有同等权利,包括表决权、利润分配请求权等股东权利,持有同类别股份的股东之间应当同等行使。即便是不同次发行的同类别股份,也需要遵守该规则。二是对价相当。同次发行的同类别股份的每股发行条件和价格应当相同,在履行缴纳股款义务时,每股支付价额相同。当然,不同次发行的同类别股份,其发行价格可能因市场环境等影响而有所不同;同次发行的不同类别股份,无论是发行价格还是股份权利方面都存在差别。相比之下,一股一权主要针对表决权而言,是指股东出席股东会会议,所持每一股份有一表决权,类别股股东除外(**【第一百一十六条】**)。

2. 应当注意的是,本条第二款规定中的认购人与认股人是两个不同的概念。本次修订将《公司法》(2018 年修正)相关规定中的“任何单位或者个人”改为“认购人”,表述更规范。所谓认购人,应当包括所有认购公司股份的主体,故而涵盖发起人和认股人两者。无论是发起人还是认股人,其所认购的股份,每股应当支付相同价额。这主要是股东平等原则的体现。尤其是对于发起人，不能因其地位特殊而在支付价额方面予以特别对待。

·典型案例·

（2015）马民二终字第00076号民事判决书：马某从张某等含瓷股份公司中高层管理人员处受让该公司股份。后马某发现自己受让股份的价格与张某等中高层管理人员从卜某等股东处受让的股份的价格不一样。马某认为这违反了同股同权的规定。法院认为，马某从张某等中高层管理人员处受让的股份是早年员工转让的股份，不同的股份所有人在不同时期通过不同的方式取得的股份，虽然都是含瓷股份公司的股份，但两次转让之间显然已不是同股，当然也不能同价。实际上，马某受让股份的价格也高于张某等中高层管理人员从卜某等股东处受让股份的价格。

关联规则

《上市公司章程指引》（2023年修正）第十六条。

文献参考

汪青松：《论股份公司股东权利的分离——以"一股一票"原则的历史兴衰为背景》，载《清华法学》2014年第2期；李洪健：《同股同权规则的再释义与我国公司股权结构改革》，载《西南政法大学学报》2018年第5期。

第一百四十四条　【类别股的种类】

公司可以按照公司章程的规定发行下列与普通股权利不同的类别股：

（一）优先或者劣后分配利润或者剩余财产的股份；

（二）每一股的表决权数多于或者少于普通股的股份；

（三）转让须经公司同意等转让受限的股份；

（四）国务院规定的其他类别股。

公开发行股份的公司不得发行前款第二项、第三项规定的类别股；公开发行前已发行的除外。

公司发行本条第一款第二项规定的类别股的，对于监事或者审计委员会成员的选举和更换，类别股与普通股每一股的表决权数相同。

条文解读

本条是关于股份有限公司发行类别股的种类的规定。

本条是新增规定，是类别股制度革新的重要内容。《公司法》(2018 年修正)第一百三十一条仅规定国务院可以对公司发行本法规定以外的其他种类的股份另行作出规定，本条则明确规定了公司可以发行与普通股权利不同的类别股的种类。

理解本条需留意以下几点：

1. 类别股在本质上体现为持有不同类别股份的股东在股东权利的行使方面存在差异性。股东权利的样态及内涵随着市场经济发展与繁荣而不断进化，股份所承载的利益也可通过一定方式重新安排、分离行使。以不同的权利内容为划分标准，类别股存在多种不同的分类。实际上，普通股也属于广义上的类别股，而本法所称类别股，是指普通股以外的特别股。

2. 本条第一款列示的类别股包括：一是优先股或劣后股，即对利润分配请求权或剩余财产分配请求权作出调整而有所区分的股份，不同的类别股存在分配上的先后次序。二是超级表决权股或劣等表决权股，即对表决权作出调整而有所区分的股份，就特定事项作出决议时，不同的类别股所享有的表决权数存在差异。三是转让受限股，这意味着股份有限公司也可如同有限责任公司那样通过公司章程的规定设置股份转让的限制。归结起来，类别股主要是对股东的财产分配权、表决权、转让权等作出相应限制。由于类别股对股东权利的内容及行使方式都可能作出了较大改变，故而公司章程应当对其作出明确规定，并设置保护中小股东权益的相应措施(**【第一百四十五条】**)。

3. 依照本条第二款的规定，公开发行股份的公司只能发行上述第一种类别股，即优先股或劣后股，除非公开发行前就已发行特殊表决权股(超级表决权股、劣等表决权股)或转让受限股的可继续保留。当前实践中，在实行差异化表决权的上市公司都是先按照相关办法在上市前进行表决权差异安排。例如，按照《上海证券交易所科创板股票上市规则》(2023 年修订)的相关要求，发行人首次公开发行并上市前设置表决权差异安排的，应当经出席股东会的股东所持 2/3 以上的表决权通过；发行人在首次公开发行并上市前不具有表决权差异安排的，不得在首次公开发行并上市后以任何方式设置此类安排。因此，公开发行股份的公司目前主要通过发行优先股的方式践行类别股制度。按照《优先股试点管理办法》(2023 年修订)第三条的规定，上市公司可以发行优先股，非上市公众公司可以向特定对象发行优先股。

4. 类别股制度主要针对特定股份在特定权利内容方面设置相应限制，而并非剥夺其股东权利。尤其是类别股股东在对公司行使监督权利方面，法律应当提供充分的制度保障。因此，为了确保类别股股东通过公司监督机构行使监督权利，依照本条第三款规定，即便是在发行超级表决权股或劣等表决权股的公司，对于监事或者审计委员会成员的选举和更换，类别股与普通股每一股的表决权数相同。

·典型案例·

1. 针对本条第一款第一项

《杭州银行股份有限公司优先股股息发放实施公告》(证券代码：600926，公告编号：2023－058)：本次股息发放的计息起始日为 2022 年 12 月 15 日，按照杭银优 1 票面股息率 4.00% 计算，每股优先股发放现金股息人民币 4.00 元(含税)，以杭银优 1 发行量 1 亿股计算，合计发放现金股息人民币 4.00 亿元(含税)。本次股息发放对象为截至 2023 年 12 月 14 日上海证券交易所收市后，在中国证券登记结算有限责任公司上海分公司登记在册的全体杭银优 1 股东。(公告时间：2023 年 12 月 8 日)

2. 针对本条第一款第二项、第三款

《优刻得科技股份有限公司章程》(证券代码：688158)：公司上市前股本由具有特别表决权的股份(以下简称 A 类股份)及普通股份(以下简称 B 类股份)组成。其中，季某、莫某及华某为 A 类股份持有者，其所持公司股份为 A 类股份，除持有 A 类股份的股东丧失相应履职能力、离任、死亡等情形外，每份 A 类股份具有 5 份表决权，公司其他股东所持公司股份为 B 类股份。

A 类股份及 B 类股份持有人就所有提交公司股东会表决的决议案进行表决时，A 类股份持有人每股可投 5 票，而 B 类股份持有人每股可投 1 票，但是股东会就下述事宜的议案进行表决时，每一 A 类股份享有的表决权数量应当与每一 B 类股份的表决权数量相同，即均可投 1 票：(1)对公司章程作出修改；(2)改变 A 类股份享有的表决权数量;(3)聘请或者解聘公司的独立董事;(4)聘请或者解聘为公司定期报告出具审计意见的会计师事务所;(5)公司合并、分立、解散或者变更公司形式。(公告时间:2023 年 4 月 27 日)

关联规则

《优先股试点管理办法》(2023 年修订)第二条、第三条;《上市公司章程指引》(2023 年修正)第十六条;《上海证券交易所科创板股票上市规则》(2023 年修订)第 4. 5. 2 条。

文献参考

任尔昕:《关于我国设置公司种类股的思考》,载《中国法学》2010 年第 6 期;朱慈蕴、沈朝晖:《类别股与中国公司法的演进》,载《中国社会科学》2013 年第 9 期;冯果:《股东异质化视角下的双层股权结构》,载《政法论坛》2016 年第 4 期;周游:《股权的利益结构及其分离实现机理》,载《北方法学》2018 年第 3 期;赵玲:《我国类别股创设的法律路径》,载《法学杂志》2021 年第 3 期。

第一百四十五条　【发行类别股的公司章程记载事项】

发行类别股的公司,应当在公司章程中载明以下事项:

(一)类别股分配利润或者剩余财产的顺序;

(二)类别股的表决权数;

(三)类别股的转让限制;

(四)保护中小股东权益的措施;

(五)股东会认为需要规定的其他事项。

条文解读

本条是关于股份有限公司发行类别股的公司章程记载事项的规定。

本条是新增规定,是类别股制度革新的重要内容。

理解本条需留意以下几点：

1. 本条规定的前三项与本法对于类别股的分类相对应(【第一百四十四条】)。发行类别股的公司，类别股股东可能在财产利益分配、表决权行使、转让股份的条件等方面与普通股股东有较大差异，对此，公司章程应当予以载明，以便股东查阅和知悉相关事项。例如，按照《上市公司章程指引》(2023 年修正)的相关要求，发行优先股的公司，应当在章程中明确以下事项：(1)优先股股息率采用固定股息率或浮动股息率，并相应明确固定股息率水平或浮动股息率的计算方法；(2)公司在有可分配税后利润的情况下是否必须分配利润；(3)如果公司因本会计年度可分配利润不足而未向优先股股东足额派发股息，差额部分是否累积到下一会计年度；(4)优先股股东按照约定的股息率分配股息后，是否有权同普通股股东一起参加剩余利润分配，以及参与剩余利润分配的比例、条件等事项；(5)其他涉及优先股股东参与公司利润分配的事项；(6)除利润分配和剩余财产分配外，优先股是否在其他条款上具有不同的设置；(7)优先股表决权恢复时，每股优先股股份享有表决权的具体计算方法。其中，公开发行优先股的，应当在公司章程中明确：(1)采取固定股息率；(2)在有可分配税后利润的情况下必须向优先股股东分配股息；(3)未向优先股股东足额派发股息的差额部分应当累积到下一会计年度；(4)优先股股东按照约定的股息率分配股息后，不再同普通股股东一起参加剩余利润分配。

2. 类别股股东通常在公司治理中处于弱势地位，故而发行类别股的公司应当在公司章程中载明保护中小股东权益的措施。虽然从市场交易的角度来看，类别股股东与公司是自愿达成认购类别股股份的合意，对相关权利的限制通常以其他方面的利益补偿为对价；但基于信息不对称等可能引发的市场失灵，公司章程也有必要明确保护中小股东权益的具体措施，以避免类别股发行违背股东实质平等理念。

3. 发行类别股的公司的章程不仅应当载明与类别股股东相关的事项，还需要对普通股股东的权利及其边界予以明确。例如，《上海证券交易所科创板股票上市规则》(2023 年修订)要求：上市公司章程应当规定每份特别表决权股份的表决权数量；除公司章程规定的表决权差异外，普通股份与特别表决权股份具有的其他股东权利应当完全相同。

· 典型案例 ·

《中国工商银行股份有限公司章程》(证券代码:601398):本行优先股股东享有以下权利:(1)优先于普通股股东分配股息;(2)本行清算时,优先于普通股股东分配本行剩余财产;(3)出现本章程第三百一十条规定的情形时,本行优先股股东可以出席本行股东大会并享有表决权;(4)出现本章程第三百一十一条规定的情形时,按照该条规定的方式恢复表决权;(5)享有对本行业务经营活动提出建议或质询的权利;(6)有权查阅本章程、股东名册、公司债券存根、股东大会记录、董事会会议决议、监事会会议决议、财务会计报告;(7)法律、行政法规、规章和本章程规定的优先股股东应享有的其他权利。

除以下情况外,本行优先股股东不出席股东大会会议,所持股份没有表决权:(1)修改本章程中与优先股相关的内容;(2)一次或累计减少本行注册资本超过10%;(3)本行合并、分立、解散或变更本行公司形式;(4)发行优先股;(5)本章程规定的其他变更或者废除优先股股东权利等情形。上述事项的决议,除须经出席会议的普通股股东(含表决权恢复的优先股股东)所持表决权的2/3以上通过之外,还须经出席会议的优先股股东(不含表决权恢复的优先股股东)所持表决权的2/3以上通过。本行就发行优先股事项召开股东会的,将为股东提供网络投票。

在以下情形发生时,本行优先股股东在股东大会批准当年不按约定分配利润的方案次日起,有权出席本行股东大会与普通股股东共同表决:本行累计3个会计年度或连续2个会计年度未按约定支付优先股股息。对于股息不可累积的优先股,本行优先股股东表决权恢复直至本行全额支付当年股息。(公告时间:2023年11月10日)

关联规则

《优先股试点管理办法》(2023年修订)第八条、第九条;《上市公司章程指引》(2023年修正)第十六条;《上海证券交易所科创板股票上市规则》(2023年修订)第4.5.4条、第4.5.5条。

文献参考

参见【**第一百四十四条**】列示的相关文献。

第一百四十六条 【类别股股东会议决议】

发行类别股的公司，有本法第一百一十六条第三款规定的事项等可能影响类别股股东权利的，除应当依照第一百一十六条第三款的规定经股东会决议外，还应当经出席类别股股东会议的股东所持表决权的三分之二以上通过。

公司章程可以对需经类别股股东会议决议的其他事项作出规定。

条文解读

本条是关于股份有限公司类别股股东会议决议的规定。

本条是新增规定，是类别股制度革新的重要内容。

理解本条需留意以下两点：

1. 分类表决是类别股制度的重要内容，本条第一款规定的是应当分类表决的法定情形。对于修改公司章程，增加或者减少注册资本，以及公司合并、分立、解散或者变更公司形式的重大事项，本法已规定应当经股东会特别决议（【**第一百一十六条**】）。这些重大事项可能从根本上改变了类别股股东认购类别股股份的条件，故而类别股股东会议还需要对此作出特别决议。换言之，发行类别股的公司针对上述所列可能影响类别股股东权利的重大事项，应当分别经普通股股东会和类别股股东会议各自出席会议的股东所持表决权的2/3以上通过。若公司发行多种类别股，且相关事项可能影响不同的类别股股东权利，则各类别股股东会议应当依照本条规定分别作出决议。

2. 发行类别股的公司可以根据自身情况在公司章程中规定需要经类别股股东会议决议的其他事项。不同种类的类别股可能在参与表决的具体事项方面存在区别，或者针对上述所列重大事项有必要作更进一步细化规定。例如，按照《优先股试点管理办法》（2023年修订）第十条的规定，优先股股东还对于下列事项有表决权：（1）修改公司章程中与优先股相关的内容；（2）一次或累计减少公司注册资本超过百分之十；（3）公司合并、分立、解散或变更公司形式；（4）发行优先股；（5）公司章程规定的其他情形。

典型案例

参见【**第一百四十五条**】列示的相关案例。

关联规则

《优先股试点管理办法》(2023 年修订)第十条;《上市公司章程指引》(2023 年修正)第三十三条。

文献参考

刘胜军:《类别表决权:类别股股东保护与公司行为自由的衡平——兼评〈优先股试点管理办法〉第 10 条》,载《法学评论》2015 年第 1 期;朱慈蕴、[日]神作裕之:《差异化表决制度的引入与控制权约束机制的创新——以中日差异化表决权实践为视角》,载《清华法学》2019 年第 2 期;王建文:《论我国类别股股东分类表决制度的法律适用》,载《当代法学》2020 年第 3 期;韩秀华:《论优先股股东类别表决权之表决事项确定》,载《法律科学(西北政法大学学报)》2020 年第 4 期。

第一百四十七条 【股份的形式和记名股票】

公司的股份采取股票的形式。股票是公司签发的证明股东所持股份的凭证。

公司发行的股票,应当为记名股票。

条文解读

本条是关于股份有限公司股份的形式和记名股票的规定。

本条规定在《公司法》(2018 年修正)第一百二十五条第二款、第一百二十九条第一款规定基础上整合、修改而成。与修订前的条文相比,本条规定的主要变化是因应公司不再发行无记名股票的规则革新的需要,明确公司发行的股票都应当为记名股票。

理解本条需留意以下两点:

1. 股票是股份的形式,是公司签发的证明股东所持股份的凭证。股份是对公司资本作等额切分后的抽象计量单位,需要相应的载体得以呈现(**【第一百四十二条】**)。股票的存在,使股份由抽象变为具体。股票既是股东认购公司股份的凭证,也是具有流通性的有价证券。首先,股东向公司投资后,由公司根据股东投资所占已发行股份数的比例交付相应的股票，从而证明投资的事实和数额。股票作为一种有价证券，它的价值理论上取决于公司的资产质量和经营业绩。其次，股东向公司主张股东权利，除按照公司股东名册记载外，其持有的股票也是重要凭据。最后，股票是一种要式权利凭证，其设计、印制和发行均须遵守严格的法律制度（**【第一百四十九条】**），并受证券监管部门的监管，其流通应在特定的证券交易场所进行（**【第一百五十八条】**）。

2. 在学理上，按照股票票面是否记载股东姓名或者名称的标准，可将股票分为记名股票和无记名股票。此次修订的一项重要内容就是删除无记名证券的规定，以因应证券电子化发展趋势，故而无论是股票还是债券都应当为记名证券（**【第一百九十七条】**）。证券公司通过电子系统记载股东的姓名或者名称以及股票的相关信息，且一并报告证券登记结算机构统一登记。证券登记结算机构登记的股东名册及相关信息也是股东主张权利的重要依据。

·典型案例·

1. 针对本条第一款

（2019）湘01民终9513号民事判决书：侯某通过两次股份受让共获得湘晖公司1176万股，占总股本42%。后侯某将其所持该公司42%的股份变更登记至卢某名下。后侯某请求法院确认其仍然享有该公司股份。法院认为，公司的股份采取股票的形式。股票是公司签发的证明股东所持股份的凭证。从湘晖公司内部的股东名册、盖章的股票及公司登记信息来看，案涉42%股份已登记在卢某名下。因此，对侯某的主张不予支持。

2. 针对本条第二款

《十堰市泰祥实业股份有限公司关于修订〈公司章程〉的公告》（证券代码：301192；公告编号：2023－074）：公司于2023年12月6日召开第三届董事会第二十六次会议，审议通过了《关于修订〈公司章程〉的议案》，该议案尚需提交股东会审议。修订后的公司章程第十八条规定，公司发行的股票为记名股票，公司股票在中国证券登记结算有限责任公司集中存管。（公告时间：2023年12月7日）

关联规则

《上市公司章程指引》（2023年修正）第十五条。

文献参考

王雨本:《股份与股权的关系》,载《经济研究参考》2002 年第 80 期;虞政平:《股东资格的法律确认》,载《法律适用》2003 年第 8 期。

第一百四十八条　【面额股股票的发行价格】

面额股股票的发行价格可以按票面金额,也可以超过票面金额,但不得低于票面金额。

条文解读

本条是关于股份有限公司面额股股票的发行价格的规定。

与修订前的条文相比,本条规定的主要变化是契合无面额股制度革新需要,明确股票发行价格的规定只适用于面额股股票。

理解本条需留意以下几点:

1. 面额股是在股票票面上记载一定金额的股份(【第一百四十二条】),而该票面金额并不一定就是股票的发行价格。面额股股票根据面额股股票的发行价格与票面金额的差异为标准,可将股票发行分为平价发行、溢价发行和折价发行。发行价格与票面金额相同的为平价发行,发行价格高于票面金额的为溢价发行,发行价格低于票面金额的为折价发行。

2. 依照本条规定,面额股股票可以平价发行或溢价发行,但不得折价发行。通常认为,折价发行导致实收股本总额低于票面金额总额,可能导致公司资本空虚,不符合资本充实原则的基本要求。从实践操作来看,股份有限公司采取实缴制,无论是发起人还是认股人皆应根据认购的股份全额缴纳股款,并将所募集股款总数计为实收股本。故而,公司登记及国家企业信用信息公示系统对于实收股本如有相应的记载及信息公示,则能够有效消解因发行价格和票面金额之间的差异可能带来的不利影响。进而,公司发行无面额股的,由于无面额股并无票面金额,故不存在发行价格和票面金额不一致的情况,但应当将发行股份所得股款的 1/2 以上计入注册资本(**【第一百四十二条】**),其余则列入资本公积金(**【第二百一十三条】**)。

3. 溢价发行所得溢价款列入资本公积金(【第二百一十三条】)。资本公积金通常与出资有关,或是意味着所有者权益的增加,但因不计入股本,且通常不适合作为收入来确认,故是一种资本的衍生利益而非公司的营业收入。公司以超过股票票面金额的发行价格发行股份所得的溢价款符合资本公积金的性质,故应当列入资本公积金,其使用应当遵守本法关于公积金用途的相关规定(【第二百一十四条】)。

4. 证券监管部门对首次公开发行股票以及上市公司增发股票或者向特定对象发行股票的价格设有相应的规范要求。例如,按照《证券发行与承销管理办法》(2023 年修订)第五条第一款的规定,首次公开发行证券,可以通过询价的方式确定证券发行价格,也可以通过发行人与主承销商自主协商直接定价等其他合法可行的方式确定发行价格。发行人和主承销商应当在招股意向书和发行公告中披露本次发行证券的定价方式。此外,按照《上市公司证券发行注册管理办法》第五十四条、第五十六条的规定,上市公司增发的,发行价格应当不低于公告招股意向书前 20 个交易日或者前一个交易日公司股票均价;上市公司向特定对象发行股票,发行价格应当不低于定价基准日前 20 个交易日公司股票均价的 80%。

· 典型案例 ·

(2023)鲁 1424 民初 360 号民事判决书:恒建公司与临邑农商行签订入股协议书,约定恒建公司以自有资金认购 1500 万股,交易价为每股 2 元,合计 3000 万元。恒建公司认为临邑农商行章程载明每股票面金额 1 元,交易价格设置 2 元为欺诈行为。法院认为,《公司法》规定股票发行价格可以超过票面金额,各地农商行股权交易价格各异,以每股 2 元的价格购买股权系投资行为,支付 3000 万元后已经享受了投资 1500 万股带来的收益,恒建公司对票面价格和交易价格存在误解。因此,对恒建公司的主张不予支持。

关联规则

《证券发行与承销管理办法》(2023 年修订)第五条;《上市公司证券发行注册管理办法》第五十四条、第五十六条。

文献参考

陈甦:《公司法对股票发行价格的规制》,载《法学研究》1994 年第 4 期;傅穹:《论折价发行、异价发行与分期缴纳规则》，载《南京大学学报（哲学·人文科学·社会科学版）》2004年第1期；岳冰：《论我国资本形成制度的规制坐标与自治重构》，载《法学杂志》2021年第5期。

第一百四十九条　【股票的形式】

股票采用纸面形式或者国务院证券监督管理机构规定的其他形式。

股票采用纸面形式的，应当载明下列主要事项：

（一）公司名称；

（二）公司成立日期或者股票发行的时间；

（三）股票种类、票面金额及代表的股份数，发行无面额股的，股票代表的股份数。

股票采用纸面形式的，还应当载明股票的编号，由法定代表人签名，公司盖章。

发起人股票采用纸面形式的，应当标明发起人股票字样。

条文解读

本条是关于股份有限公司股票的形式的规定。

与修订前的条文相比，本条规定的主要变化有：一是明确关于股票记载事项的规定只适用于采用纸面形式的股票；二是股票记载事项增加股票发行的时间以及无面额股股票代表的股份数等内容。

理解本条需留意以下几点：

1. 公司的股份采取股票的形式（【第一百四十七条】），而股票同样需要相应的载体。股票采用纸面形式或者国务院证券监督管理机构规定的其他形式。按照《证券登记结算管理办法》（2022年修订）第二条的规定，证券可以采用纸面形式、电子簿记形式或者中国证券监督管理委员会规定的其他形式。

2. 股票采用纸面形式的，应当依照本条规定载明相关事项。这些事项主要包括：公司名称；公司成立日期或者股票发行的时间；股票种类、票面金额及代表的股份数，发行无面额股的，股票代表的股份数；股票的编号。发起人股票还应当标明发起人股票字样。继而，股票由法定代表人签名并加盖公司印章。

3. 股票无纸化已是证券市场发展的大势所趋，但纸面形式的股票依然有其存在的意义。一方面，上市公司的股票应证券交易所的要求均采用无纸化的电子簿记形式由证券登记结算机构集中存管，证券公司、证券交易所、证券登记结算机构等也确实有能力保障电子记录的安全性。另一方面，众多非上市股份有限公司不可能仅以电子簿记形式股票彰显股东持有股份的情况，故而采用纸面形式的股票仍是这些公司在未来一段时间内的主要模式选择。故本次修订保留并进一步完善采用纸面形式的股票的相关规则。无论股票是采用纸面形式还是其他形式，股东转让其股份都应当在依法设立的证券交易场所进行或者按照国务院规定的其他方式进行（**【第一百五十八条】**），并遵守以背书方式或者法律、行政法规规定的其他方式转让股票的要求（**【第一百五十九条】**）。

·典型案例·

（2021）桂民终639号民事判决书：胡某起诉请求法院确认其为持有奥奇丽公司10%股份的股东。胡某提交了股份转让协议主张股票受让于上海钦联公司，并提交一张奥奇丽公司纸质股票等证据。该纸质股票正面记载的主要内容包括胡某的姓名、公司地址、每股面值、注册资本、股份总数、股票种类、股票编号及左下方“公司印章”处加盖有奥奇丽公司的公章，右下方“法定代表人”处有“曹某”的签名；股票背面附有打印字体的说明，主要内容包括奥奇丽公司依法制作并签发公司股票、公司股票经公司盖章并经法定代表人签字方为有效及《公司法》的相关规定。法院认为，从股票的内容来看，奥奇丽公司发行的股票应是记名股票，上海钦联公司持有的股票亦应是记名股票，但是胡某提供的股票并未记载有上海钦联公司的名称，亦未记载股份票种类别。同时，奥奇丽公司主张其公司没有签发过该张纸质股票。胡某不能提交其他证据证明该张纸质股票来源于上海钦联公司，亦不能提交其他证据证明该张纸质股票的真实性。因此，对胡某的主张不予支持。

关联规则

《证券法》（2019年修订）第三十九条；《证券登记结算管理办法》（2022年修订）第二条。

文献参考

范健:《关于我国证券无纸化立法的几点思考》,载《社会科学》2009 年第 3 期;叶林:《无纸化证券的权利结构》,载《社会科学》2009 年第 3 期;夏思宇:《无纸化背景下对证券所有权的重新思考》,载《上海政法学院学报(法治论丛)》2017 年第 1 期。

第一百五十条 【股票交付时间】

股份有限公司成立后,即向股东正式交付股票。公司成立前不得向股东交付股票。

条文解读

本条是关于股份有限公司向股东交付股票的时间的规定。

理解本条需留意以下两点:

1. 公司向股东交付股票有严格的交付时间要求。本条规定,股份有限公司向股东正式交付股票的时间为公司成立后。在取得法人主体资格前,既然公司尚未成立,则划分资本的股份及作为股份形式的股票皆不存在。依照本法规定,公司营业执照签发日期为公司成立日期(**【第三十三条】**)。换言之,公司应当在领取营业执照后即向股东正式交付股票。股东权利的享有与行使与股票的持有密切相关,故而公司成立后应当及时向股东交付股票。股票是认购公司股份以及向公司主张权利的重要凭证,股份转让也需要以此为载体(**【第一百四十七条】**)。

2. 股票采用纸面形式或其他形式,交付方式存在区别。一方面,股票采用纸面形式的,公司直接将纸质股票交付股东,与动产交付方式无异。依照《民法典》第二百二十四条的规定,动产物权的设立和转让,自交付时发生效力。故股东获得股票后,可向公司依法主张相应的股东权利,并可通过背书方式实现股票流通(**【第一百五十九条】**)。另一方面,股票采用电子簿记形式的,由于股东是通过证券登记结算机构设立的证券账户持有股票,故而股份有限公司成立后,股票则记录在股东本人的证券账户内,股东即可通过证券账户持有股票。

· 典型案例 ·

(2019)辽0191民初3998号民事判决书：姚某出资10万元入股爱威有限公司，爱威有限公司后变更为爱威股份公司。爱威股份公司向姚某出具10万股记名股权证，但未办理公司登记。姚某请求确认其股份。法院认为，股份有限公司成立后，即向股东正式交付股票。因爱威股份公司向姚某出具10万股记名股权证，且无证据证明该股权证为伪造，故确认姚某持有爱威股份公司10万股股份。

关联规则

《民法典》第二百二十四条；《证券登记结算管理办法》(2022年修订)第十八条、第十九条。

文献参考

黄炜：《无纸化证券民事法律关系研究》，载《社会科学研究》2008年第3期；叶敏：《无纸化证券登记法律问题研究》，载《财贸研究》2010年第1期。

第一百五十一条 【公司发行新股的股东会决议】

公司发行新股，股东会应当对下列事项作出决议：

(一)新股种类及数额；

(二)新股发行价格；

(三)新股发行的起止日期；

(四)向原有股东发行新股的种类及数额；

(五)发行无面额股的，新股发行所得股款计入注册资本的金额。

公司发行新股，可以根据公司经营情况和财务状况，确定其作价方案。

条文解读

本条是关于股份有限公司发行新股的股东会决议的规定。

本条规定在《公司法》(2018年修正)第一百三十三条、第一百三十五条规定基

础上整合、修改而成。与修订前的条文相比，本条规定的主要变化是契合无面额股制度革新需要，增加在发行无面额股的情形下应当对新股发行所得股款计入注册资本的金额作出决议的内容。

理解本条需留意以下几点：

1. 公司发行新股属于公司重大事项，应当经股东会决议通过。本条第一款对于公司股东会就发行新股所作决议应当包含的事项作出明确规定，主要涉及新股种类及数额、发行价格、发行的起止日期、向原有股东发行的种类及数额以及发行无面额股的所得股款计入注册资本的金额。其中，针对发行无面额股的所得股款计入注册资本的事项所作决议应当符合本法相关规定（**【第一百四十二条】【第二百一十三条】**）。此外，《上市公司证券发行注册管理办法》第十八条对于股东会就发行证券作出决议的事项予以进一步细化，主要包括本次发行证券的种类和数量，发行方式、发行对象及向原股东配售的安排，定价方式或者价格区间，募集资金用途，决议的有效期，对董事会办理本次发行具体事宜的授权以及其他必须明确的事项。

2. 股份有限公司股东会对于为增加注册资本发行新股所作决议应当为特别决议。依照本法规定，股份有限公司为增加注册资本发行新股，应当经出席会议的股东所持表决权的2/3以上通过（**【第一百一十六条】**）。发行类别股的公司，发行新股可能影响类别股股东权利的，还应当经出席类别股股东会议的股东所持表决权的2/3以上通过（**【第一百四十六条】**）。

3. 公司发行新股应当确定新股的发行价格。本条第二款规定公司发行新股的作价方案可以根据公司经营情况和财务状况确定，并未要求公司必须采取资产评估等方式确定发行价格。实践中，公司在确定作价方案时需要考虑公司的资金规模及盈利状况、募集资金运用与未来发展规划等诸多因素。此外，上市公司增发股票的发行价格还应当遵守证券监管部门的相关要求。例如，按照《上市公司证券发行注册管理办法》第五十四条的规定，上市公司增发的，发行价格应当不低于公告招股意向书前20个交易日或者前一个交易日公司股票均价（**【第一百四十八条】**）。

· 典型案例 ·

1. 针对本条第一款

（2014）深中法商终字第2521号民事判决书：深旅集团召开临时股东会会议，

决议通过定向增发(股份认购权)方案。后董事会向皇某等人授予股份认购权,皇某要求行权,深旅集团认为其此前授予股份认购权属于无权处分,向皇某增发新股还需股东会另作决议。法院认为,依照《公司法》的规定,公司股东会就发行新股的新股种类、发行价格等作出决议,再由董事会予以执行,执行过程中对决议的具体操作无须再次经过股东会决议。

2. 针对本条第二款

(2017)桂12民终972号民事判决书:华锡集团是国有独资企业股份制改造后形成的国有资本控股公司。华锡集团召开股东会会议,通过了增资扩股的议案,新股每股价格为2.28元。股东华融公司、华融广西分公司以股东会会议召集程序违法、违反章程,且扩股未经资产评估为由主张决议无效。法院认为,公司发行新股可以根据经营状况和财务状况,确定作价方案。评估资产仅为发行新股作价的参考依据,且经查明华锡集团增资扩股前实际上已进行资产评估。

关联规则

《上市公司证券发行注册管理办法》第十六条、第十八条、第五十四条。

文献参考

参见**【第一百一十六条】【第一百四十八条】**列示的相关文献。

第一百五十二条 【授权董事会决定发行股份及其限制】

公司章程或者股东会可以授权董事会在三年内决定发行不超过已发行股份百分之五十的股份。但以非货币财产作价出资的应当经股东会决议。

董事会依照前款规定决定发行股份导致公司注册资本、已发行股份数发生变化的,对公司章程该项记载事项的修改不需再由股东会表决。

条文解读

本条是关于股份有限公司通过公司章程或者股东会授权董事会决定发行股份

及其限制的规定。

本条是新增规定,是股份有限公司授权资本制革新的重要内容。

理解本条需留意以下几点:

1. 本次修订确立了股份有限公司授权资本制。所谓授权资本制,是指将原本应当由股东会决定的股份发行事宜依法授权董事会决定,同时明确董事会授权决定发行股份的期限及限额的制度。授权资本制通过董事会更灵活的决策,能够适时满足公司融资需求。董事会决定发行股份应有明确的授权。依照本条第一款规定,公司既可以在制订或者修改公司章程时明确规定授权董事会决定发行股份事宜,也可以以股东会决议的方式通过有关授权事项。本条并未明确规定股东会作出相关决议的通过比例,故应理解为作出普通决议即可(【第一百一十六条】)。此外,本条并未限定所谓“发行”的范围,故而,授权董事会决定发行股份的情形既包括公开发行,也包括非公开发行。

2. 为了防止董事会滥发股份可能带来的不利后果,公司章程或者股东会在授权董事会发行股份的同时有必要在发行期限、发行比例乃至出资方式等方面作出限制。第一,在发行期限方面,董事会受权决定发行股份以 3 年为限。3 年期限届满,股东会可以再次作出授权决议。当然,公司也可以根据自身实际情况设置更短的发行期限。第二,在发行比例方面,董事会 3 年内受权决定发行股份不得超过已发行股份的 50%。发行比例限制主要是兼顾新老股东之间的利益,防止董事会滥发股份导致现有股东所持股份的过度稀释及其对公司控制权可能产生的影响。第三,在出资方式方面,董事会受权决定发行股份以货币出资为限。非货币财产出资涉及较为复杂的评估程序,其价值也具有相对不确定性,对公司及股东利益的影响较大,故以非货币财产出资为对价的股份发行仍应由股东会决议。

3. 发行股份必然导致公司注册资本的变化,也将引起公司章程等相关文件记载的修改。既然公司章程或者股东会已经授权董事会决定股份发行事宜,那么发行股份导致公司章程相关记载事项需要修改的,就不需再由股东会表决。否则,公司将可能因为股份发行引起的公司章程修改而同时存在相应的董事会决议和股东会决议,一旦 2 份决议通过事项不一致,就可能引发公司僵局。为避免争议,本条第二款对此作出明确规定。

4. 在本法引入授权资本制之前,上市公司实践中已有授权董事会以简易程序向特定对象发行股票的制度尝试。按照《上市公司证券发行注册管理办法》第二十一条第一款的规定,上市公司年度股东大会可以根据公司章程的规定,授权董事会决定向特定对象发行融资总额不超过人民币3亿元且不超过最近一年末净资产20%的股票，该项授权在下一年度股东大会召开日失效。当然，本法所引入的授权资本制并不局限于上市公司，更不只有在股东会年会方能授权董事会决定股份发行事宜。上市公司相关规则也将因应本法修订而作相应调整。

·典型案例·

《亚信安全科技股份有限公司关于授权董事会以简易程序向特定对象发行股票的公告》（证券代码：688225，公告编号：2023－023）：根据《上市公司证券发行注册管理办法》《上海证券交易所上市公司证券发行上市审核规则》《证券发行与承销管理办法》等有关法律法规和公司章程的规定，公司于2023年4月27日召开第一届董事会第十九次会议，审议通过了《关于授权董事会以简易程序向特定对象发行股票的预案》，同意提请股东会授权董事会决定向特定对象发行融资总额不超过人民币3亿元且不超过最近1年末净资20%的股票之事宜，授权期限自公司2022年年度股东会审议通过之日起至2023年年度股东会召开日止。本次授权发行融资总额不超过人民币3亿元且不超过最近一年末净资产20%的股票，发行股票数量按照募集资金总额除以发行价格确定且不超过发行前总股本的30%。该预案尚需提交公司2022年年度股东会审议批准。（公告时间：2023年4月28日）

关联规则

《上市公司证券发行注册管理办法》第二十一条。

文献参考

白牧蓉、张嘉鑫：《〈公司法〉修订中的资本制度路径思辨——以委托代理理论构建我国授权资本制》，载《财经法学》2021年第4期；李建伟：《授权资本发行制与认缴制的融合——公司资本制度的变革及公司法修订选择》，载《现代法学》2021年第6期；陈景善：《授权资本制下股份发行规制的重构》，载《华东政法大学学报》2022年第2期；沈朝晖：《授权股份制的体系构造——兼评2021年〈公司法〉（修订草案）相关规定》，载《当代法学》2022年第2期；李卓卓：《授权资本制中不当发行停止请求权的建构与行使》，载《财经法学》2023年第1期；马更新、安振雷：《重塑资本形成：授权资本制的本土化建构》，载《经贸法律评论》2023年第3期。

第一百五十三条　【董事会决定发行新股的决议通过比例】

> 公司章程或者股东会授权董事会决定发行新股的，董事会决议应当经全体董事三分之二以上通过。

条文解读

本条是关于股份有限公司授权公司章程或者股东会授权董事会决定发行新股的决议通过比例的规定。

本条是新增规定，是股份有限公司授权资本制革新的重要内容。

理解本条需留意的是：

公司章程或者股东会授权董事会决定发行新股的，应当作出董事会特别决议。依照本法关于董事会决议的一般规定，董事会作出决议，应当经全体董事的过半数通过（**【第一百二十四条】**）。但发行新股属于涉及公司利益的重大事项，同时为了股东会与董事会之间的职权配置与利益平衡，并基于审慎规范治理的考虑，本法对实施授权资本制的董事会决议提出了更高的要求。故董事会受权决定发行新股的，董事会决议应当经全体董事2/3以上通过。应当注意的是，当前相关监管规则对于上市公司授权董事会以简易程序向特定对象发行股票并未对董事会决议设置特别决议规则，后续需要结合本法规定作相应调整。同时，该董事会决议的内容应当符合本法关于授权董事会发行股份的发行期限、发行比例、出资方式等方面的要求（**【第一百五十三条】**）。

典型案例

《云南罗平锌电股份有限公司第八届董事会第十三次（临时）会议决议公告》（证券代码：002114，公告编号：2023－028）：公司第八届董事会第十三次（临时）会议于2023年4月28日上午9：00以通讯表决方式召开，会议通知及资料已于2023年4月24日以传真、电子邮件等方式发给各位董事，并通过电话确认。公司实有董事8人，参加会议的董事8人。会议以8票同意、0票反对、0票弃权，审议通过了《关于〈提请股东大会授权董事会以简易程序向特定对象发行股票〉的议案》。（公告时间：2023年4月29日）

关联规则

《上市公司证券发行注册管理办法》第十六条、第二十一条。

文献参考

参见【**第一百五十二条**】列示的相关文献。

第一百五十四条　【公开募集股份的注册和公告招股说明书】

公司向社会公开募集股份，应当经国务院证券监督管理机构注册，公告招股说明书。

招股说明书应当附有公司章程，并载明下列事项：

（一）发行的股份总数；

（二）面额股的票面金额和发行价格或者无面额股的发行价格；

（三）募集资金的用途；

（四）认股人的权利和义务；

（五）股份种类及其权利和义务；

（六）本次募股的起止日期及逾期未募足时认股人可以撤回所认股份的说明。

公司设立时发行股份的，还应当载明发起人认购的股份数。

条文解读

本条是关于股份有限公司公开募集股份的注册和公告招股说明书的规定。

与修订前的条文相比，本条规定是在《公司法》（2018年修正）第八十五条、第八十六条、第一百三十四条第一款规定基础上整合、修改而成，其主要变化是将“核准”改为“注册”，并增加无面额股的相关内容，以契合注册制改革、无面额股制度革新的需要。此外，《公司法》（2018年修正）第八十六条在“设立”一节中，本次修订将其移至“股份发行”一节，故而需要删除或替换与公司设立有关的诸如发起人等表述。本法第一百五十五条、第一百五十六条也作了类似处理。

理解本条需留意以下两点：

1. 所谓股份发行注册制，是指法律不限定股份发行的实质条件，只要依规定申报及公开有关资料且主管机关在一定期间内未提出异议，则发行人可发行股份的制度。依照《证券法》（2019 年修订）第九条第一款的规定，公开发行证券，必须符合法律、行政法规规定的条件，并依法报经国务院证券监督管理机构或者国务院授权的部门注册。注册制的优点是：将股份的价值交由市场评判，各发行人享有平等的股份发行资格；发行程序相对简便，融资效率相应提升。同时，对于注册制可能带来的问题也有必要设置相应的风险防范机制。证券交易所在审核过程中发现重大的敏感事项、无先例事项、舆情、违法线索等，应当及时向中国证券监督管理委员会请示报告；中国证券监督管理委员会同步关注发行人是否符合国家产业政策和板块定位等。同时，在发行承销方面，法律法规有必要进一步完善以机构投资者为参与主体的询价、定价、配售等规则。总之，全面推进及完善注册制需要市场各方主体的参与和协调。

2. 招股说明书是公司或发起人向社会公开募集股份时向社会公众公开的书面说明文件。依照《民法典》第四百七十三条的规定，招股说明书属于要约邀请。为规范首次公开发行股票的信息披露行为，保护投资者合法权益，中国证券监督管理委员会公布《公开发行证券的公司信息披露内容与格式准则第 57 号——招股说明书》，对招股说明书信息披露提出最基本的规范要求。该准则规定，除封面、扉页、目录、释义外，招股说明书应当包括概览、风险因素、发行人基本情况、业务与技术、财务会计信息与管理层分析、募集资金运用与未来发展规划、公司治理与独立性、投资者保护、其他重要事项、声明、附件等部分，涵盖本条第二款所规定的招股说明书应当载明的事项。发行人应以投资者投资需求为导向编制招股说明书，为投资者作出价值判断和投资决策提供充分且必要的信息，保证相关信息真实、准确、完整。招股说明书应便于投资者阅读，简明清晰，通俗易懂，尽量使用图表、图片或其他较为直观的披露方式，具有可读性和可理解性。

· 典型案例 ·

1. 针对本条第一款

《宁波舟山港股份有限公司关于控股子公司宁波远洋运输股份有限公司首次公开发行 A 股股票并在上海证券交易所主板上市取得中国证券监督管理委员会核准批复的公告》（证券代码：601018，公告编号：临 2022－050）：2022 年 10 月 27 日，公司收到《关于核准宁波远洋运输股份有限公司首次公开发行股票的批复》(证监许可〔2022〕2577 号),批复主要内容如下:(1)核准宁波远洋公开发行不超过130,863,334 股新股。(2)宁波远洋本次发行股票应严格按照报送中国证券监督管理委员会的招股说明书和发行承销方案实施。(3)本批复自核准之日起 12 个月内有效。(4)自核准发行之日起至本次股票发行结束前,宁波远洋如发生重大事项,应及时报告中国证券监督管理委员会并按有关规定处理。(公告时间:2022 年 10 月 28 日)

2. 针对本条第二款

《苏州西典新能源电气股份有限公司首次公开发行股票并在主板上市招股说明书》(证券代码:603312):公司招股说明书记载事项显示,本次发行的股份总数为 4040.00 万股,每股面值为人民币 1.00 元,每股发行价格为 29.02 元,股票种类为人民币普通股(A 股);本次募集资金将按轻重缓急顺序投资于年产 800 万件动力电池连接系统扩建项目等四个项目;本次发行主承销商招股说明书还涉及发行人基本情况、财务会计信息与管理层分析、公司治理与独立性、投资者保护等各项内容。(公告时间:2024 年 1 月 8 日)

关联规则

《民法典》第四百七十三条;《首次公开发行股票注册管理办法》第三十四条;《公开发行证券的公司信息披露内容与格式准则第 57 号——招股说明书》第四条、第八条。

文献参考

沈朝晖:《流行的误解:“注册制”与“核准制”辨析》,载《证券市场导报》2011 年第 9 期;李文莉:《证券发行注册制改革:法理基础与实现路径》,载《法商研究》2014 年第 5 期;陈洁:《科创板注册制的实施机制与风险防范》,载《法学》2019 年第 1 期;叶林:《全面注册制下投资者保护的制度逻辑与发展方向》,载《证券市场导报》2024 年第 1 期。

针对本条第二款参见【**第一百条**】列示的相关文献。

第一百五十五条 【证券承销】

公司向社会公开募集股份,应当由依法设立的证券公司承销,签订承销协议。

条文解读

本条是关于股份有限公司向社会公开募集股份应当采用证券承销方式的规定。

理解本条需留意以下几点：

1. 所谓股份承销，是指公司委托具有股份承销资格的证券公司代为向社会公开募集股份的行为。公开募集股份的公司应当与具有相应资格的证券公司签订承销协议，由该证券公司承销股份。依照《证券法》（2019 年修订）第二十六条第一款的规定，发行人向不特定对象发行的证券，法律、行政法规规定应当由证券公司承销的，发行人应当同证券公司签订承销协议。本条规定与《证券法》（2019 年修订）上述规定相一致。股份承销协议通常包括承销股份的种类、数量、金额、发行价格、期限及起止日期、付款方式及日期、费用和结算办法及违约责任等内容。

2. 股份承销可以采取代销或者包销方式。所谓代销，是指证券公司代发行人发售股份，在承销期结束时，将未售出的股份全部退还给发行人的承销方式。所谓包销，是指证券公司将发行人的股份按照协议全部购入或者在承销期结束时将售后剩余股份全部自行购入的承销方式。从具体实践来看，包销还可细分为全额包销和余额包销。全额包销是指由证券公司按约定价格买入全部股份，然后再将股份向社会公众出售。余额包销是指证券公司在约定期限内向社会公众发售股份，约定期限届满如有尚未售出的股份，则由证券公司按约定价格全部购入。余额包销又称为助销，本质上是一种先代销后包销的方式。相比之下，包销的风险要比代销的风险大，证券公司可以根据承销风险的大小，按承销总额的一定比例收取相应的承销手续费。采用包销方式的，应当明确包销责任；采用代销方式的，应当约定发行失败后的处理措施。由于代销方式下证券公司并不会认购剩余股份，故而可能存在发行失败的情形。依照《证券法》（2019 年修订）第三十三条的规定，股票发行采用代销方式，代销期限届满，向投资者出售的股票数量未达到拟公开发行股票数量 70% 的，为发行失败。发行人应当按照发行价并加算银行同期存款利息返还股票认购人。

3. 根据承销股份的证券公司数量的不同，承销还可分为单独承销和承销团承销。单独承销是由一家证券公司独立承担全部承销活动。承销团承销则由多个证券公司组成承销团，共同完成股份的发售。依照《证券法》（2019 年修订）第三十条的规定，向不特定对象发行证券聘请承销团承销的，承销团应当由主承销和参与承销的证券公司组成。

4. 证券公司承销股份应当承担相应的核查义务，并诚信承销。一方面，证券公司应当对公开发行募集文件的真实性、准确性、完整性进行核查，发现有虚假记载、误导性陈述或者重大遗漏的，不得进行销售活动；已经销售的，必须立即停止销售活动，并采取纠正措施。另一方面，证券公司承销股份不得进行虚假的或者误导投资者的广告宣传或者其他宣传推介活动，以及以不正当竞争手段招揽承销业务等其他违反股份承销业务规定的行为。

· 典型案例 ·

《国泰君安证券股份有限公司关于浙江中力机械股份有限公司首次公开发行股票并在主板上市之发行保荐书》，国泰君安证券股份有限公司（以下简称保荐机构）已与浙江中力机械股份有限公司（以下简称发行人）签订《浙江中力机械股份有限公司（作为发行人）与国泰君安证券股份有限公司（作为保荐人、主承销商）关于浙江中力机械股份有限公司首次公开发行股票之保荐承销协议》（以下简称《保荐承销协议》），为尽职推荐发行人首次公开发行股票，持续督导发行人履行规范运作、信守承诺、信息披露等相关义务，本保荐机构指定保荐代表人周某、蒋某具体负责保荐工作，具体授权范围包括……保荐代表人的其他权利应符合《证券发行上市保荐业务管理办法》的规定和双方签订的《保荐承销协议》的约定。（公告时间：2023年11月13日）

关联规则

《证券法》（2019年修订）第十一条、第二十六条至第三十四条；《证券发行与承销管理办法》（2023年修订）第二十八条。

文献参考

刘云亮：《证券承销商包销责任的法律分析——以长江证券增发承销责任为视角》，载《北方法学》2012年第2期；李曙光：《新股发行注册制改革的若干重大问题探讨》，载《政法论坛》2015年第3期。

第一百五十六条 【银行代收股款】

公司向社会公开募集股份，应当同银行签订代收股款协议。

代收股款的银行应当按照协议代收和保存股款，向缴纳股款的认股人出具收款单据，并负有向有关部门出具收款证明的义务。

公司发行股份募足股款后，应予公告。

条文解读

本条是关于股份有限公司向社会公开募集股份应当由银行代收股款的规定。

理解本条需留意以下几点：

1. 公开募集股份的公司应当同银行签订代收股款协议。公司向社会公开募集股份虽由证券公司承销，但证券公司除收取承销保荐费用外不能保存认股人缴纳股款，故而公司还应当同银行签订代收股款协议。

2. 本条第二款明确规定代收股款的银行应当履行的各项义务。第一，依照代收股款协议的约定，由银行代公司收取其向社会公开募集股份所得股款。银行代收的股款最终应当保存于募集资金专项账户。第二，银行应当向缴纳股款的认股人出具收款单据，以作为认股人缴纳股款的凭证。第三，因应有关部门对股份发行监管的需要，银行还应当向有关部门出具收款证明，以便有关部门了解公开募集股份的公司的资金状况，并依法监管股份募集事宜。

3. 公司发行股份募足股款后，应予公告。就目前实践来看，从认股人向代收股款的银行缴纳股款，到最终发行人公告募足股款，这中间其实还需要经过相对复杂的程序。证券登记结算机构、作为主承销商的证券公司在其中都发挥着重要作用。首先，证券登记结算机构先将银行保存的网上及网下认购资金分别划入主承销商资金交收账户。其次，发行人向主承销商发出划款指令，主承销商根据指令向发行人募集资金专项账户划付募集资金。最后，发行人在收到募集资金后应依法验资，待验资机构出具验资报告后（**【第一百零一条】**），发行人方可公告募足股款。

·典型案例·

《合肥雪祺电气股份有限公司首次公开发行股票并在主板上市招股说明书》（证券代码:001387）:公司招股说明书记载事项显示,本次发行缴款日期为2024年1月4日,收款银行为中信银行北京瑞城中心支行。（公告时间:2024年1月8日）

关联规则

《证券法》(2019年修订)第十一条。

文献参考

董淳锷:《股东诚信出资的法律保障机制研究——以公司资本制度改革为背景》,载《中山大学学报(社会科学版)》2015年第3期;丁宇翔:《证券发行交易场景下个人信息规则的适用约束与司法调适》,载《中国应用法学》2022年第6期。

第二节　股份转让

第一百五十七条　【股份转让自由及其例外】

股份有限公司的股东持有的股份可以向其他股东转让,也可以向股东以外的人转让;公司章程对股份转让有限制的,其转让按照公司章程的规定进行。

条文解读

本条是关于股份有限公司股份转让自由及其例外的规定。

与修订前的条文相比,本条规定的主要变化有:一是将股份转让细化为向其他股东转让和向股东以外的人转让两种情形,从而在表述上与有限责任公司的规定保持一致;二是契合股份有限公司可发行转让须经公司同意等转让受限的股份的规则革新需要,增加相应内容。

理解本条需留意以下几点：

1. 与有限责任公司的规定不同（【第八十四条】），股份转让自由是股份有限公司的一项原则性规定。通常认为，股份有限公司有比有限责任公司更显著的资合性。故而，相较于有限责任公司的股东，股份有限公司的股东转让股份有更高的自由度。股东持有的股份既可以向其他股东转让，也可以向股东以外的人转让。股东在向股东以外的人转让股份时，其他股东原则上不享有优先购买权。

2. 股份有限公司虽然以股份转让自由为原则，但基于交易安全和标准化交易的要求，股份转让的程序性规定要比有限责任公司股权转让的相关规定严格。一方面，股份转让原则上应当在依法设立的证券交易场所进行或按照国务院规定的其他方式进行（【第一百五十八条】）。另一方面，鉴于股份以股票为形式，故股份转让时应当通过在股票上背书或者其他法定方式进行（【第一百五十九条】）。根据股份发行公开性程度的不同，股份转让的程序性规定也有相应区别。上市公司的股票交易应当遵守更严格的程序性规定（【第一百六十五条】）。

3. 从实践来看，股份有限公司也存在通过公司章程对股份转让作出限制的制度需求。我国目前绝大多数的股份有限公司都属于非公开公司，这些公司同样呈现出一定程度的人合性特征。由于此前缺乏明确的法律规定，与股份有限公司股份转让限制有关的纠纷争议较大。本次修订明确规定股份有限公司也可以在公司章程中对股份转让作出限制。这些转让限制可适用于全体股东，也可仅针对部分股东。依照本法规定，公司可以按照公司章程的规定，在普通股之外发行转让须经公司同意等转让受限的股份（【第一百四十四条】）。

· 典型案例 ·

（2020）最高法民终1224号民事判决书：梦兰集团、天狼星公司、风范公司、梦星投资和孙某为梦兰星河公司股东。该公司章程规定，股东向股东之外第三方转让股份的，应事先取得其他股东一致同意，且其他股东享有优先购买权和同售权。后梦兰集团向其他股东发出股权转让通知，但其他股东未作出同意转让和放弃优先购买权、同售权的意思表示。后梦兰集团与千兴投资公司签订案涉股转协议，约定将梦兰集团持有的梦兰星河公司股份转让给千兴投资公司。后因梦兰星河公司未办理股东变更登记，千兴投资公司提起诉讼。法院认为，公司章程是关于公司组织和行为的自治规则，是公司的行为准则，对公司具有约束力。公司章程体现了股东的共同意志，对公司股东也具有约束力。公司及股东应当遵守和执行公司章程，案涉股份转让应当遵守公司章程相关规定。因此，对千兴投资公司的主张不予支持。

关联规则

《上市公司章程指引》(2023 年修正)第十六条、第二十七条。

文献参考

蔡元庆:《股份有限公司章程对股权转让的限制》，载《暨南学报(哲学社会科学版)》2013 年第 3 期；甘培忠、欧阳泽蔓:《股份有限公司章程限制股份转让法律问题分析》，载《法律适用》2015 年第 2 期。

第一百五十八条 【股份转让的方式】

股东转让其股份，应当在依法设立的证券交易场所进行或者按照国务院规定的其他方式进行。

条文解读

本条是关于股份有限公司股份转让方式的规定。

理解本条需留意以下两点：

1. 股份有限公司股东虽然原则上可以自由转让股份，但转让股份的场所应当符合法律法规的规定。证券交易场所是为证券提供转让流通服务的法定市场，主要包括证券交易所(场内交易场所)、其他全国性证券交易场所及区域性股权市场等。依照《证券法》(2019 年修订)第三十七条的规定，公开发行的证券，应当在依法设立的证券交易所上市交易或者在国务院批准的其他全国性证券交易场所交易；非公开发行的证券，可以在证券交易所、国务院批准的其他全国性证券交易场所、按照国务院规定设立的区域性股权市场转让。对于非上市公众公司，按照《非上市公众公司监督管理办法》

（2023年修订）第四条的规定，非上市公众公司公开转让股票应当在全国中小企业股份转让系统进行，公开转让的非上市公众公司股票应当在中国证券登记结算公司集中登记存管。

2.应当注意的是，对于上市公司及非上市公众公司以外的股份有限公司，法律并未强制要求其股份必须在相应的证券交易场所转让。由于非公开公司的股份转让通常不具有较强的负外部性，其转让方式的实际操作与有限责任公司的股权转让类似。为了避免争议，股份转让协议可以明确约定非公开公司股份转让的具体方式。

· 典型案例 ·

（2023）京03民终754号民事判决书：丰荣公司为新三板挂牌公司，张某为丰荣公司董事会秘书，并非公司股东。付某与张某签订股权转让协议及回购协议，张某未经丰荣公司公章使用流程在协议上加盖了丰荣公司公章并自行制作股权证书，转让后亦未向丰荣公司告知。付某依约支付转让款，但双方未通过全国中小企业股份转让系统进行股权转让。后触发回购条件，张某被法院判决确认承担支付回购款义务。付某起诉要求丰荣公司承担缔约过失责任。法院认为，另案生效判决已经确定丰荣公司股份认购协议当事人系张某和付某。付某以丰荣公司隐瞒重要事实在协议中加盖公章为由，主张丰荣公司承担缔约过失责任，并不符合缔约过失责任的构成要件。

关联规则

《证券法》（2019年修订）第三十七条；《非上市公众公司监督管理办法》（2023年修订）第四条。

文献参考

彭晓娟、魏纪林：《论非上市股份有限公司的股权变动》，载《武汉理工大学学报（社会科学版）》2012年第3期；郑鉉：《股份转让自由：案例评析与法条批判》，载《社会科学研究》2013年第5期。

第一百五十九条 【股票转让的方式】

> 股票的转让，由股东以背书方式或者法律、行政法规规定的其他方式进行；转让后由公司将受让人的姓名或者名称及住所记载于股东名册。
>
> 股东会会议召开前二十日内或者公司决定分配股利的基准日前五日内，不得变更股东名册。法律、行政法规或者国务院证券监督管理机构对上市公司股东名册变更另有规定的，从其规定。

条文解读

本条是关于股份有限公司股票转让的方式的规定。

与修订前的条文相比，本条规定的主要变化是因应公司不再发行无记名股票的规则革新，将原来关于记名股票和无记名股票的不同转让方式的规定予以统一。

理解本条需留意以下几点：

1. 采用纸面形式的股票以背书方式转让。转让人将转让股票的意思表示记载于股票背面，并签章及注明日期。当然，采用电子簿记形式的股票，则无法通过纸质股票的背书形式完成股票转让，而需要以法律、行政法规规定的证券交易途径实现股票转让（当然有时也将其形象地称作电子背书）。这主要包括在证券公司开户、委托证券公司买卖、达成交易合同、进行清算交割、办理证券的登记过户手续等程序。股票转让后，基于其记名特性，必须由公司将受让人姓名或者名称及住所记载于股东名册。股东名册是证明股东持有公司股份的充分证据，相关记载对公司和股东都具有重要意义（**【第一百零二条】**）。

2. 为防止个别股东通过分散或集中表决权操纵股东会表决或影响股利分配，本条第二款规定，股东会会议召开前20日内或者公司决定分配股利的基准日前5日内，不得变更股东名册。其中，20日的时间限制与召开年度股东会应当提前20日通知股东的规定相一致（**【第一百一十五条】**）。应当注意的是，本条规定仅涉及不得变更股东名册事宜，并未否定在此期间股份转让的效力。变更股东名册不是股份变动的生效要件。待股东会会议召开或股利分配后，股份转让引起的股东名册变更仍可依法办理。

3. 不过，在公司股票是由证券登记结算机构登记、存管和结算的情形下，公司实际上并不能实时掌握股东信息并自行更新股东名册。此时，公司需要依据证券登记结算机构提供的凭证建立股东名册，在册股东按其所持有股份的种类享有权利、承担义务。公司应当与证券登记结算机构签订股份保管协议，定期查询主要股东资料以及主要股东的持股变更情况，及时掌握公司的股权结构。此外，公司召开股东会、分配股利、清算及从事其他需要确认股东资格的行为时，由董事会或股东会召集人确定股权登记日，股权登记日收市后登记在册的股东为享有相关权益的股东。

· 典型案例 ·

（2022）鲁02民终6876号民事判决书：张某等人为善水公司股东。前海公司与张某等人签订股份转让协议，受让善水公司25%的股份。前海公司向张某等人支付股权转让款后，要求善水公司签发记载有股东名称、持股份数、股票编号、取得股份日期、取得股份价格、转出方信息的合格股票。法院认为，善水公司已将前海公司记载于股东名册，并变更了公司登记。善水公司已完成了股份转让的相关法律义务，前海公司未能提供善水公司发行股票以及张某等人持有公司股票并持股票背书转让给前海公司的相关证据，故对其主张不予支持。

关联规则

《证券法》（2019年修订）第三十九条；《上市公司章程指引》（2023年修正）第三十一条、第三十二条。

文献参考

参见【**第一百五十八条**】列示的相关文献。

第一百六十条　【股份转让的限制】

公司公开发行股份前已发行的股份，自公司股票在证券交易所上市交易之日起一年内不得转让。法律、行政法规或者国务院证券监督管理机构对上市公司的股东、实际控制人转让其所持有的本公司股份另有规定的，从其规定。

> 公司董事、监事、高级管理人员应当向公司申报所持有的本公司的股份及其变动情况，在就任时确定的任职期间每年转让的股份不得超过其所持有本公司股份总数的百分之二十五；所持本公司股份自公司股票上市交易之日起一年内不得转让。上述人员离职后半年内，不得转让其所持有的本公司股份。公司章程可以对公司董事、监事、高级管理人员转让其所持有的本公司股份作出其他限制性规定。
>
> 股份在法律、行政法规规定的限制转让期限内出质的，质权人不得在限制转让期限内行使质权。

条文解读

本条是关于股份有限公司股份转让的限制的规定。

与修订前的条文相比，本条规定的主要变化有：一是不再禁止发起人自公司成立之日起一年内转让持有的本公司股份；二是明确法律、行政法规或者国务院证券监督管理机构对上市公司的股东、实际控制人转让其所持有的本公司股份可另作规定；三是对于董事、监事、高级管理人员任职期间限制转让的规定增加“就任时确定的”限定；四是增加质权人不得在限制转让期限内行使质权的规定。

理解本条需留意以下几点：

1. 本条第一款仅限制上市交易的股票转让，而不再对发起人转让本公司股份作限定。大多数股份有限公司实际上并不以上市交易为目的，故而在非公开公司中依照《公司法》(2018年修正)的规定禁止发起人自公司成立之日起一年内不得转让的确不妥。本条第一款经修改后主要针对公开发行股份前已发行股份的转让予以限制。为了维持股价及公司发展的稳定性，公司公开发行股份前已发行的股份，自公司股票在证券交易所上市交易之日起一年内不得转让。从目前实践来看，相当多的公司在上市交易后出现股价显著增长的情况。若不对公司公开发行股份前已发行的股份设置转让限制，就可能引发大量抢购所谓原始股继而在公司上市交易后抛售赚取巨额差价的机会主义行为。这将严重破坏资本市场的交易秩序，对公司及其投资者也会产生极大的负面影响。此外，上市公司股东(尤其是控股股东)、实际控制人持有本公司股份的数量及比例的变化也会给公司治理及股价带来较大影响，相关主体转让本公司股份应当遵守上市公司股份转让的特别规定。

2. 公司董事、监事、高级管理人员的持股情况对公司治理稳健性产生影响。本条第二款对上述人员任职期间和离职后一定期限内的股份转让设置了相应限制。第一，上述人员持有本公司股份及其变动情况应当依法向公司申报，同时每年转让的股份不得超过其所持有本公司股份总数的25%；任职期间增持本公司股份的，在确定下一年度转让限制比例时应当以上一年度增持后的股份总数为准。应当注意的是，为了防止上述人员规避转让限制的规定，本次修订在任职期间之前增加"就任时确定的"限定，即转让限制不因任期届满前离职而受影响。换言之，即便上述人员在任期届满前离职，对其每年转让股份的比例限制将持续至原定任职期间结束。第二，上述人员所持本公司股份自公司股票上市交易之日起一年内不得转让。这一限制与本条第一款的限制并不冲突。不担任董事、监事、高级管理人员的股东（对于控股股东、实际控制人可能有其他特别规定）的股份转让限制仅针对其持有的公开发行股份前已发行的股份，但对于公开发行股份后增持的股份，并无一年内不得转让的限制。第三，上述人员离职后半年内，不得转让其所持有的本公司股份。任期届满前离职的，还应当遵守前述第一点的限制转让要求。此外，公司章程可以根据实际需要作出其他限制性规定。换言之，公司在公司章程中作出的限制性规定只能比本条第二款的规定更严格。

3. 本条第三款规定旨在防止行为人通过行使质权的方式规避股份转让限制的机会主义行为。应当注意的是，本条关于股份转让限制的规定旨在维护资本市场稳定，属于管理性规定；故而，违反规定的后果主要是追究股东、实际控制人、董事、监事、高级管理人员的行政责任，但通常不影响相关主体与善意相对人所签订的股份转让协议、股权出质协议的效力。本条规定导致协议不能履行的，善意相对人可请求违反本条规定的主体承担赔偿损失等违约责任。

·典型案例·

（2022）京01民终2138号民事判决书：李某为精准沟通公司股东，持有公司2%股份，担任公司董事。李某将持有的全部股份转让给袁某甲，后袁某甲拒绝支付股权转让款，同时主张股份转让协议违反《公司法》关于董事离职后半年内不得转让所持有的本公司股份的限制性规定而归于无效。李某主张转让行为实际上发生在离职半年后，转让协议上的日期为倒签日期。法院认为，精准沟通公司为非上市股份有限公司，案涉股份转让时，股东人数确定、不具有涉众因素，股份转让本身不具有侵害不特定多数人的前提；股份转让后，经股东会决议公司变更了公司章程和公司登记，其他股东未提出异议，故股份转让亦不侵害其他投资人。另外，李某仅持2%的股份，其股份变化不足以对公司产生决定性的影响，难以认定其转让行为侵害公司及其他第三人利益的情形。综上所述，案涉股份转让协议未侵犯《公司法》所保护的法益，不宜认定上述协议存在被确认无效的情形。

关联规则

《民法典》第五百七十七条、第五百八十条；《上市公司章程指引》（2023年修正）第二十九条；《上市公司监事会工作指引》第六十八条。

文献参考

唐应茂：《美国144规则对我国存量股转让监管的借鉴意义》，载《证券市场导报》2013年第1期；刘云亮：《创业板上市公司高管持股减持的法律困境与解决对策》，载《政法论丛》2013年第2期；罗培新：《抑制股权转让代理成本的法律构造》，载《中国社会科学》2013年第7期。

第一百六十一条　【异议股东股份收购请求权】

有下列情形之一的，对股东会该项决议投反对票的股东可以请求公司按照合理的价格收购其股份，公开发行股份的公司除外：

（一）公司连续五年不向股东分配利润，而公司该五年连续盈利，并且符合本法规定的分配利润条件；

（二）公司转让主要财产；

（三）公司章程规定的营业期限届满或者章程规定的其他解散事由出现，股东会通过决议修改章程使公司存续。

自股东会决议作出之日起六十日内，股东与公司不能达成股份收购协议的，股东可以自股东会决议作出之日起九十日内向人民法院提起诉讼。

公司因本条第一款规定的情形收购的本公司股份，应当在六个月内依法转让或者注销。

条文解读

本条是关于股份有限公司异议股东股份收购请求权的规定。

本条是新增规定，旨在将有限责任公司的相关规定适用于股份有限公司。

理解本条需留意以下几点：

1. 本条规定与有限责任公司异议股东股权收购请求权的规定在规则设置的目的及文义理解方面大致相仿，故可参考有限责任公司相应部分的解读（【第八十九条】）。

2. 本次修订在股份有限公司部分增加异议股东股份收购请求权的规定，回应了非公开公司在实践中的切实需求。根据过往的立法实践，股份有限公司以股份转让自由为原则（【第一百五十七条】），故其股东可行使异议股东股份收购请求权的情形相对较少。理论上，相较于有限责任公司，股份有限公司有更显著的资合性；若股份有限公司的股东对于公司事务有异议，可以通过转让股份的方式退出公司。但上述理论假设，需要以存在一个活跃的交易市场为前提。实际上，我国目前绝大多数的股份有限公司都属于非公开公司，其股份并未在证券交易场所交易；即便公司章程可能并未对股份转让作出限制，但这些公司的股东转让股份并不必然比有限责任公司的股东转让股权便利。因此，对于封闭性比较显著的股份有限公司，股东在特殊情形下同样有行使异议股东股份收购请求权的必要性与正当性。当然，公开发行股份的公司由于存在一个相对活跃的交易市场，故而不适用本条规定。

3. 与有限责任公司的规定类似，股份有限公司股东因对股东会作出的公司合并、分立决议持异议，也可要求公司收购其股份，但相关内容并未置于本条，而置于公司不得收购本公司股份的例外规定中（【第一百六十二条】）。原因在于因公司合并、分立而需要行使异议股东股份收购请求权的场合并不局限于非公开公司。公司公开发行股份的，股东虽在通常情况下可以自由转让股份，但在合并、分立的情形下，原本由市场调节的交易关系受到影响，股东可能无法以符合自身预期的价格转让股份而退出公司。

4. 与有限责任公司的规定不同，本条规定并未将公司的控股股东滥用股东权利作

为股东请求收购股份的情形。非公开发行股份的公司虽可能存在股份流动性较差的问题，但股份有限公司在公司治理方面的规范要求总体上要比有限责任公司的相关规定严格，股份有限公司的控股股东在不召开股东会会议或者不遵守其他程序性规定的情形下损害公司及其他股东利益的违法成本往往较高。况且，依照本法规定，股份有限公司对涉及股东会职权的事项都需要召开股东会会议进行表决（**【第一百一十二条】**），而不存在类似于有限责任公司的书面表决制度（**【第五十九条】**）。因此，对所议事项持异议的股东直接在表决时投反对票即可行使异议股东股份收购请求权。

· 典型案例 ·

参见**【第八十九条】**列示的相关案例。

关联规则

参见**【第八十九条】**列示的相关规则。

文献参考

参见**【第八十九条】**列示的相关文献。

第一百六十二条　【公司不得收购本公司股份及其例外】

公司不得收购本公司股份。但是，有下列情形之一的除外：

（一）减少公司注册资本；

（二）与持有本公司股份的其他公司合并；

（三）将股份用于员工持股计划或者股权激励；

（四）股东因对股东会作出的公司合并、分立决议持异议，要求公司收购其股份；

（五）将股份用于转换公司发行的可转换为股票的公司债券；

（六）上市公司为维护公司价值及股东权益所必需。

公司因前款第一项、第二项规定的情形收购本公司股份的，应当经股东会决议；公司因前款第三项、第五项、第六项规定的情形收购本公司股份的，可以按照公司章程或者股东会的授权，经三分之二以上董事出席的董事会会议决议。

公司依照本条第一款规定收购本公司股份后，属于第一项情形的，应当自收购之日起十日内注销；属于第二项、第四项情形的，应当在六个月内转让或者注销；属于第三项、第五项、第六项情形的，公司合计持有的本公司股份数不得超过本公司已发行股份总数的百分之十，并应当在三年内转让或者注销。

上市公司收购本公司股份的，应当依照《中华人民共和国证券法》的规定履行信息披露义务。上市公司因本条第一款第三项、第五项、第六项规定的情形收购本公司股份的，应当通过公开的集中交易方式进行。

公司不得接受本公司的股份作为质权的标的。

条文解读

本条是关于股份有限公司不得收购本公司股份及其例外的规定。

与修订前的条文相比，本条规定的主要变化是本条第一款第五项不再只适用于上市公司，这是因为本次修订已将发行可转换为股票的公司债券的主体从上市公司扩张至股份有限公司（【第二百零二条】）。

理解本条需留意以下几点：

1.股份有限公司以不得收购本公司股份为原则，本法对于有限责任公司并未设置类似规定。因此，股份有限公司只有在本条规定以及非公开公司股东行使异议股东股份收购请求权（【第一百六十一条】）的情形下，才能进行股份回购。股份回购是一种特殊的股份转让，股东是转让人，公司是受让人，股东转让的是该公司的股份。股份回购的结果就是公司持有本公司的股份。股份回购对股份有限公司尤其是上市公司带来的影响主要有以下几个方面：第一，本质上，股份回购是一种股东取回出资并退出公司的行为，可能会对公司资本维持产生不利影响；第二，若仅回购部分股东的股份，则可能损害其他股东的平等交易机会，有违股东平等理念；第三，公司收购的本公司股份将计入库存股，公司作为库存股名义上的股东，通常由控股股东、实际控制人或者董事、监事、高级管理人员行使股东权利，因此可能强化上述主体对公司的不当控制。

2. 本条规定对于股份回购采取“原则禁止、例外允许”的立法模式。股份回购是国际通行的公司实施并购重组、优化治理结构、稳定股价的必要手段，是资本市场的一项基础性制度安排，在特定情形下也可能有减少资本冗余、维持股本结构及公司控制权、调适公司股价等作用。本条第一款规定了六项“例外允许”的情形：

第一，减少公司注册资本。应当注意的是，并非所有减资程序都涉及回购事宜。在依照本法规定为弥补亏损而减资（简易减资）的情况下，由于并不存在股东从公司获得分配的问题，故而也无须回购（【第二百二十五条】）。因此，所谓公司因减资而回购股份，是指股东从公司获得分配的实质减资情形（【第二百二十四条】）。减资是公司重大事项，应当经股东会特别决议（【第六十六条】【第一百一十六条】）。公司应当自收购之日起10日内注销因减资而收购的本公司股份。

第二，与持有本公司股份的其他公司合并。在此情形下，被合并的公司包括持有的本公司股份在内的资产将归属于本公司，从而导致公司持有本公司股份的结果。故而，这主要是指本公司吸收合并其他公司的情形（【第二百一十八条】）。合并是公司重大事项，应当经股东会特别决议（【第六十六条】【第一百一十六条】）。公司应当在6个月内转让或者注销因合并而持有的本公司股份。

第三，将股份用于员工持股计划或者股权激励。所谓员工持股计划，是指公司根据员工意愿，通过合法方式使员工获得本公司股票并长期持有，股份权益按约定分配给员工的制度安排。所谓股权激励，是指公司以本公司股票为标的，对其董事、高级管理人员及其他员工进行的长期性激励。将股份用于上述两类事项的，公司可以收购本公司股份。当然，公司实施员工持股计划或者股权激励所需股份并不只有回购股份这一种来源，公司还可以通过增发股份或者股东（主要是大股东）自愿赠与等方式解决。

第四，股东因对股东会作出的公司合并、分立决议持异议，要求公司收购其股份。公司收购异议股东的股份，实际上是公司的一项义务，公司股东会或者董事会不再对此作出决议。在非公开公司场合，股东行使异议股东股份收购请求权除合并、分立外，还存在其他情形（【第一百六十一条】）。公司应当在6个月内转让或者注销因异议股东行使股份收购请求权而收购的本公司股份。此外，实践中对于异议股东的股份可能通过其他股东受让等方式处理。

第五，将股份用于转换公司发行的可转换为股票的公司债券。股份有限公司依法可以发行可转换为股票的公司债券（【第二百零二条】），并应当按照转换办法向债券持有人换发股票(**【第二百零三条】**)。债券转换为股票的过程将引起股份增发,若公司通过回购相应股份满足债券转换的需要,则可避免股份稀释,有利于维持股权结构及公司控制权的稳定性。

第六,上市公司为维护公司价值及股东权益所必需。该项本意是作为上市公司通过回购公司股份以实现稳定股价等目的的兜底条款,但为了防止上市公司滥用该项规定,《上市公司股份回购规则》(2023 年修订)第二条对此作出明确限定。所谓为维护公司价值及股东权益所必需应当符合以下条件之一:公司股票收盘价格低于最近一期每股净资产;连续 20 个交易日内公司股票收盘价格跌幅累计达到 20%;公司股票收盘价格低于最近一年股票最高收盘价格的 50%;中国证券监督管理委员会规定的其他条件。

3. 本条第一款第三项、第五项、第六项为《公司法》(2018 年修正)新增或者调整的情形。公司章程或股东会可以授权董事会对以上三项情形作出决议。公司处理相应股份的期限延长至 3 年,以应对股份回购情形范围过窄、难以适应稳定股价之需、实施程序过于复杂等问题。以上三项情形如授权董事会决议,应当经 2/3 以上董事出席的董事会会议决议。应当注意的是,此处是对出席比例而非表决比例提出的要求。既然对表决比例无特别规定,则依一般规定由全体董事的过半数通过(**【第一百二十四条】**)。当然,公司回购股份的比例也应有必要的限度。故本条第三款规定,公司在以上三项情形下合计持有的本公司股份数不得超过本公司已发行股份总数的 10%。同时,依照本法第四款的规定,上市公司因以上三项情形收购本公司股份的,应当通过公开的集中交易方式进行。进而,为了防止上市公司滥用股份回购制度,本条第四款还明确规定上市公司收购本公司股份的,应当依照《证券法》的规定履行信息披露义务(**【第一百六十六条】**)。

4. 本条第五款规定旨在防止通过设定质权方式规避原则禁止公司回购规定的机会主义行为。若公司接受本公司的股份作为质权的标的,一旦公司行使质权,结果就是公司持有本公司的股份。公司持有的本公司股份计入库存股。库存股名为公司持有,实则受控于公司控股股东、实际控制人。对于库存股设置的规则限制,旨在弱化控制者对公司的不当控制及可能出现的不当利益输送。故而,公司持有的本公司股份不仅不享有分配利润的权利(**【第二百一十条】**),也没有表决权(**【第一百一十六条】**)。为了尽量减少库存股对公司可能产生的不利影响,公司除应当依照本条规定的期限及时处理所持有的本公司股份外,还不得接受本公司的股份作为质权的标的。

·典型案例·

1.针对本条第一款第一项

(2020)最高法民申2957号民事裁定书：西龙公司与银海通投资中心签订增资扩股协议，通过增资方式向银海通投资中心融资900万元，并与奎屯西龙公司三方共同签订具有股权回购、担保内容的补充协议。后投资方银海通投资中心与目标公司西龙公司对赌失败，请求西龙公司回购股份。法院认为，西龙公司为股份有限公司，其回购股份属减少公司注册资本的情形，须经股东会决议，并依照《公司法》的规定完成减资程序。现西龙公司未完成前述程序，故对银海通投资中心的主张不予支持。

2.针对本条第一款第二项

《石家庄炼油化工股份有限公司重大资产出售、定向回购股份暨以新增股份吸收合并长江证券有限责任公司报告书》（证券代码：000783）：石炼化公司为中石化公司的控股子公司，中石化公司持股79.73%。因2005年、2006年公司严重亏损，经营陷入困境，石炼化公司以股权分置改革为契机，提出重大资产出售、定向回购并吸收合并长江证券公司的方案。具体方案为：(1)中石化公司以承担石炼化公司全部负债为对价收购石炼化公司全部资产；(2)石炼化公司向其控股股东中石化公司回购其持有的全部石炼化公司股份；(3)石炼化公司与长江证券公司签署吸收合并协议，石炼化公司以新增股份吸收合并方式合并长江证券公司，吸收合并后，长江证券公司的所有资产、负债与业务全部并入石炼化公司，折合石炼化公司总股本的86.03%。2007年12月27日，“S石炼化”正式更名为“长江证券”，长江证券公司通过借壳石炼化公司上市。（公告时间：2007年12月8日）

3.针对本条第一款第三项

(2019)宁01民终1784号民事判决书：中房公司章程规定，“员工降职、股权减少；员工离职、股份回购”。武某为中房公司股东并担任高级管理人员。因武某职务变动，中房公司依章程回购武某部分股份。而后武某提出辞职，并与中房公司解除劳动关系。武某对中房公司回购其股份的数额不满，诉至法院。法院认为，中房公司回购股份符合股份有限公司在将股份用于员工持股计划或者股权激励情形下收购其股份的规定。同时，对于中房公司章程规定予以认可，因武某职务调整减少的相应股份不计入武某离职时的股份回购数额。

4. 针对本条第一款第四项

（2022）鲁07民终10692号民事判决书：盛瑞公司召开临时股东会会议，表决通过关于公司存续分立的议案，其中股东王某、陈某投反对票。后王某和陈某要求盛瑞公司收购其股份，但盛瑞公司未收购股份并完成新设分立。法院认为，股东因对股东会作出的公司合并、分立决议持异议，可以要求公司收购其股份。此外，法人分立的，其权利和义务由分立后的法人享有连带债权，承担连带债务。故分立后的盛瑞公司、盛祥公司对王某和陈某股份收购义务应该承担连带责任。

5. 针对本条第一款第五项

《浙江华友钴业股份有限公司关于以集中竞价交易方式回购股份的回购报告书》（证券代码：603799，公告编号：2023－126）：公司召开第六届董事会第十次会议，审议通过了关于以集中竞价交易方式回购公司股份方案的议案。根据公司章程规定，本次回购股份方案无须提交公司股东会审议。基于对公司未来持续稳定发展的信心和对公司价值的认可，促进公司健康可持续发展，并综合考虑公司经营情况及财务状况等因素，公司拟使用自有资金以集中竞价方式回购公司部分股份，本次回购股份全部用于转换公司发行的可转换为股票的公司债券。本次回购股份种类为公司发行的人民币普通股，通过上海证券交易所交易系统以集中竞价交易方式进行股份回购。（公告时间：2023年9月6日）

6. 针对本条第一款第六项

《福建火炬电子科技股份有限公司回购报告书》（证券代码：603678，公告编号：2024－004）：公司召开第六届董事会第十次会议，审议通过了关于回购公司股份的预案。根据公司章程规定，本次回购股份方案无须提交公司股东会审议。为维护公司价值和广大投资者权益，促进公司可持续健康发展，基于对公司未来发展前景的信心和对公司价值的认可，公司综合考虑目前经营情况、财务状况、未来盈利能力等因素，拟以自有资金通过集中竞价交易方式回购部分股份。本次回购的股份种类为公司境内上市人民币普通股，通过上海证券交易所交易系统以集中竞价交易方式进行股份回购。（公告时间：2024年1月17日）

关联规则

《上市公司股份回购规则》（2023年修订）第二条；《上市公司章程指引》（2023年修正）

第二十四条至第二十六条、第二十八条；《上市公司股权激励管理办法》(2018 年修正)第二条、第十二条；《关于上市公司实施员工持股计划试点的指导意见》第二部分第(四)项、第(五)项。

文献参考

叶林：《股份有限公司回购股份的规则评析》，载《法律适用》2019 年第 1 期；冯辉：《“维护公司价值及股东权益所必需”而回购的法律规制》，载《东方法学》2019 年第 6 期；潘林：《股份回购中资本规制的展开——基于董事会中心主义的考察》，载《法商研究》2020 年第 4 期；陈景善：《库存股的组织法规范与公司资本制度的衔接》，载《北京大学学报(哲学社会科学版)》2023 年第 1 期。

第一百六十三条 【禁止财务资助及其例外】

公司不得为他人取得本公司或者其母公司的股份提供赠与、借款、担保以及其他财务资助，公司实施员工持股计划的除外。

为公司利益，经股东会决议，或者董事会按照公司章程或者股东会的授权作出决议，公司可以为他人取得本公司或者其母公司的股份提供财务资助，但财务资助的累计总额不得超过已发行股本总额的百分之十。董事会作出决议应当经全体董事的三分之二以上通过。

违反前两款规定，给公司造成损失的，负有责任的董事、监事、高级管理人员应当承担赔偿责任。

条文解读

本条是关于股份有限公司不得为他人取得本公司或其母公司股份提供财务资助及其例外的规定。

本条是新增规定，是对上市公司监管实践经验的法律确认。

理解本条需留意以下几点：

1. 公司为他人取得本公司或者其母公司股份提供财务资助的行为，从效果来看与股份回购类似，都可能导致公司资本空虚。财务资助的本质是公司对于接受资助方这一潜在股东的定向分配，从而对于其他股东以及公司债权人都可能产生不利影响。若接受资助方为该公司的控股股东、实际控制人、董事、监事、高级管理人员，则问题更为严重。在此之前，涉及证券监管的诸多规定已体现对财务资助行为的规制。例如，按照《证券发行与承销管理办法》(2023 年修订)第二十七条、第三十八条的规定，发行人和承销商及相关人员不得直接或通过其利益相关方向参与认购的投资者提供财务资助或者补偿；上市公司向特定对象发行证券的，上市公司及其控股股东、实际控制人、主要股东不得直接或者通过利益相关方向发行对象提供财务资助或者其他补偿。此外，《上市公司证券发行注册管理办法》第六十六条、《上市公司收购管理办法》(2020 年修正)第八条以及各证券交易所关于股票上市的相关规则都有类似规定。

2. 提供财务资助的方式多种多样，并不局限于本条列示的赠与、借款、担保等情形。实践中，公司可能通过免除债务、给予补偿、显著偏离市场价格的低价卖出或高价买入等实质性减少公司净资产的方式为他人取得本公司或者其母公司的股份提供财务资助。

3. 与股份回购的规定类似(【第一百六十二条】)，本条规定对于财务资助采取“原则禁止、例外允许”的立法模式，并设置财务资助的比例上限、相应的决议要求等规则。第一，提供财务资助应当为公司利益；第二，相关事项应当经股东会决议或由董事会受权决议，其中，董事会决议应为特别决议，股东会决议则因无明确限定而经普通决议即可；第三，不得超过财务资助累计总额的限制，即控制在已发行股本总额的 10%。应当注意的是，此处是对表决比例而非出席比例提出的要求，从而与股份回购的相关规定有别(**【第一百六十二条】**)。

4. 本条第二款适用难点在于何为“公司利益”。依照本条第三款的规定，有必要结合本法关于董事、监事、高级管理人员负有忠实义务和勤勉义务的相关规定予以判断(**【第一百八十条】**)。在认定相关主体是否违反勤勉义务时还有必要考虑引入商业判断规则。

· 典型案例 ·

1. 针对本条第一款

中国银行间市场交易商协会自律处分信息(2023 年第 7 次自律处分会议审议决定)：四平城投作为债务融资工具发行人，针对“20 四平城投 PPN001”“20 四平城投 PPN002”发行，向投资者提供财务资助，两期债务融资工具发行利率未客观反映其实际利率水平。此外，四平城投还存在较大比例募集资金未按约定用途使用等其他违法行为。中国银行间市场交易商协会根据银行间债券市场相关自律规定，经自律处分会议审议，对四平城投予以警告，责令整改；对四平城投董事长、法定代表人、时任信息披露第一责任人徐某通报批评。

2. 针对本条第二款

上海证券交易所〔2023〕24 号纪律处分决定书：新湖控股为新湖中宝公司控股股东新湖集团控股、新湖中宝公司参股的公司，是新湖中宝公司的关联方。2018 年至 2021 年，新湖中宝公司向新湖控股提供财务资助，部分财务资助金额达到股东会决议或董事会决议条件，但未履行决议程序及披露义务。上海证券交易所对新湖中宝公司和时任董事长林某、时任总裁赵某等人予以通报批评，并责令新湖中宝公司整改。

关联规则

《证券发行与承销管理办法》（2023 年修订）第二十七条、第三十八条；《上市公司证券发行注册管理办法》第六十六条；《上市公司收购管理办法》（2020 年修正）第八条。

文献参考

王几高：《禁止财务资助的制度逻辑和规则重构——以降低代理成本为视角》，载蒋锋、卢文道主编：《证券法苑》总第 25 卷，法律出版社 2018 年版；沈朝晖：《财务资助行为的体系化规制——兼评释 2021〈公司法（修订草案）〉第 174 条》，载《中国政法大学学报》2022 年第 5 期；皮正德：《禁止财务资助规则的公司法建构》，载《法学研究》2023 年第 1 期；张弓长：《论公司财务资助的价值面向和规制结构》，载《华东政法大学学报》2023 年第 3 期。

第一百六十四条 【股票被盗、遗失或者灭失的救济】

股票被盗、遗失或者灭失，股东可以依照《中华人民共和国民事诉讼法》规定的公示催告程序，请求人民法院宣告该股票失效。人民法院宣告该股票失效后，股东可以向公司申请补发股票。

条文解读

本条是关于股份有限公司股票被盗、遗失或者灭失的救济的规定。

与修订前的条文相比，本条规定的主要变化是因应公司不再发行无记名股票的规则革新，无须特别指出适用对象是记名股票，故而删除“记名”二字。

理解本条需留意以下两点：

1. 本条规定虽然没有明确规定适用于采用纸面形式的股票，但从实践来看，只有该类股票才存在经过公示催告程序继而向公司申请补发股票的可能。依照《民事诉讼法》(2023 年修正)第二百二十九条的规定，按照规定可以背书转让的票据持有人，因票据被盗、遗失或者灭失，可以向票据支付地的基层人民法院申请公示催告。股东向人民法院申请公示催告，应当递交申请书，写明面额股的票面金额或者无面额股的发行价格、发行人、股东、背书人(如有)等股票的主要内容和申请的理由、事实。公示催告程序之所以能起到维护股东合法权益的效果，主要是因为在公示催告期间，转让股票的行为无效。人民法院决定受理公示催告申请的，应当在 3 日内发出公告，催促利害关系人申报权利。公示催告期间(不得少于 60 日)无人申报的，人民法院应当根据股东的申请，作出判决，宣告被盗、遗失或者灭失的股票无效。人民法院宣告该股票失效后，股东可以向公司申请补发股票。

2. 对于采用电子簿记形式的股票，因为需要通过证券账户及密码登录方可完成股份转让的操作，故此类股票涉及的主要是证券账户及密码被窃取或者被非法使用的问题。从实践操作来看，由于股东是通过委托证券公司申请在证券登记结算机构开立证券账户，故在证券账户出现上述情形而股票尚未被处分的前提下，股东可以通过证券公司向证券登记结算机构申请账户冻结。但鉴于电子系统操作的即时性特质，一旦出现上述情形，证券账户中的股票很可能已被非法处分。此时股东则只能依法追究行为人的法律责任。当然，股票被非法处分是由于证券登记结算机构违约交收、技术故障、操作失误等造成的，则以证券登记结算机构设立的证券结算风险基金向证券账户持有人赔偿。此后，证券登记结算机构应当向有关责任人追偿。不过，证券登记结算机构皆依法建立各项管理制度和风险管理系统，上述情形在实践中极为罕见。

·典型案例·

（2022）辽0103民催7号民事判决书：骆某股票丢失申请公示催告一案，法院于2022年7月18日受理，依法于2022年7月24日在《人民法院报》发出公告，催促利害关系人在60日内向法院申报权利。现公示催告期间已届满，无利害关系人向法院申报。法院根据申请人的申请，宣告骆某持有的沈阳农村商业银行股份有限公司股票失效。股东所持股票份数30,000股，持股比例0.0012%。

关联规则

《民事诉讼法》（2023年修正）第二百二十九条至第二百三十四条；《证券法》（2019年修订）第一百五十二条至第一百五十五条；《证券登记结算管理办法》（2022年修订）第四十一条。

文献参考

安晋城：《论股票窃用交易中的预期利益损害赔偿及其限制——评"张春英股票被窃赔偿案"》，载《政治与法律》2016年第3期。

第一百六十五条　【上市公司的股票上市交易】

上市公司的股票，依照有关法律、行政法规及证券交易所交易规则上市交易。

条文解读

本条是关于上市公司股票上市交易的规定。

理解本条需留意以下几点：

1. 上市公司的股票上市交易应当符合法律、行政法规及证券交易所自律性规则的要求。所谓上市公司，是指其股票在证券交易所上市交易的股份有限公司（**【第一百三十四条】**）。所谓股票上市，是指依法发行的股票经证券交易所审核通过后，在证券交易所公开挂牌交易的法律行为。所谓股票交易，是指股东依法将其持有的股票转让给其他投资者的行为。早在1993年，国务院即发布《股票发行与交易管理暂行条例》，对上市公司的股票上市交易作出具有前瞻性意义的规定。相关规定后来在《证券法》等法律、行政法规中得以体现并进一步完善。公司股份的上市交易不仅要遵守法律、行政法规的规定，还要符合证券交易所的自律性规则要求。因应证券市场交易和监管需要，相关规定的修改较为频繁。

2.《证券法》(2005 年修订)原本规定了股份有限公司申请股票上市应当符合的法定条件，但《证券法》(2019 年修订)删去了有关规定，授权证券交易所自行确定上市规则。依照《证券法》(2019 年修订)第四十六条第一款、第四十七条的规定，申请证券上市交易，应当向证券交易所提出申请，由证券交易所依法审核同意，并由双方签订上市协议。申请证券上市交易，应当符合证券交易所上市规则规定的上市条件。证券交易所上市规则规定的上市条件，应当对发行人的经营年限、财务状况、最低公开发行比例和公司治理、诚信记录等提出要求。前述所谓上市协议，是由证券交易所依法预先制作、具有固定格式和相对确定的内容，并报经中国证券监督管理委员会核准，明确证券交易所与上市公司之间权利义务关系的协议。上市协议是证券交易所自律监管的制度根基，也是双方共同的行为准则。上市协议中应包括发行人的基本情况，双方权利义务及应当遵守的法律、法规及其他规范性文件，终止上市等事项。

3. 证券交易活动应当遵循公开、公平、公正的原则。《证券法》(2019 年修订)等法律法规为确保证券交易的正常开展，建立并不断完善与之相关的各项规则。例如，股票在证券交易所上市交易应当采用公开的集中交易方式或者中国证券监督管理委员会批准的其他方式。进而，上市公司在其股票上市交易过程中应当依法履行相应的信息披露义务(**【第一百六十六条】**)。

· 典型案例 ·

(2016)粤 02 民终 1483 号民事判决书：范某与赵某、陶某签订股票转让协议，将其持有的 3000 股北新建材股份以总金额 11 万余元转让给赵某和陶某，赵某和陶某支付了转让款。后股票复牌后价格下跌，双方产生纠纷，诉至法院。法院认为，股东转让其股份，应当在依法设立的证券交易场所交易或在国务院批准的其他证券交易场所转让。本案双方私自订立股票转让协议转让股票，违反了法律规定，应属无效。

关联规则

《证券法》(2019 年修订)第三条、第三十八条、第四十六条、第四十七条。

文献参考

顾功耘:《证券交易异常情况处置的制度完善》,载《中国法学》2012 年第 2 期。

第一百六十六条 【上市公司信息披露】

上市公司应当依照法律、行政法规的规定披露相关信息。

条文解读

本条是关于上市公司信息披露的规定。

与修订前的条文相比,本条规定的主要变化是将关于上市公司信息披露的内容从明确列举改为概括性规定。

理解本条需留意以下几点:

1. 信息披露是证券发行和交易的关键制度,并不局限于《公司法》(2018 年修正)第一百四十五条规定的披露范围。本次修订对上市公司信息披露作出了原则性规定。与上市公司信息披露相关的基本规定主要体现在《证券法》(2019 年修订)及《上市公司信息披露管理办法》(2021 年修订)中。此外,上市公司有收购、重大资产重组等情形的,还应当遵守《上市公司收购管理办法》(2020 年修正)、《上市公司重大资产重组管理办法》(2023 年修订)等涉及信息披露的相关规定。

2. 所谓上市公司信息披露,是指信息披露义务人应当通过信息披露文件依法披露对上市公司证券的交易价格或者投资者投资决策产生重大影响的信息。故而,信息的重大性是其应当披露的原因。所谓信息披露义务人,是指上市公司及其董事、监事、高级管理人员、股东、实际控制人,收购人,重大资产重组、再融资、重大交易有关各方等自然人、单位及其相关人员,破产管理人及其成员,以及法律、行政法规和中国证券监督管理委员会规定的其他承担信息披露义务的主体。所谓信息披露文件,包括定期报告、临时报告、招股说明书、募集说明书、上市公告书、收购报告书等。

3. 上市公司信息披露应当以真实性、准确性、完整性和及时性为原则。依照《证券法》(2019 年修订)第七十八条第二款的规定,信息披露义务人披露的信息,应当真实、准确、完整,简明清晰,通俗易懂,不得有虚假记载、误导性陈述或者重大遗漏。其中,真实就是披露的信息与事实一致,不作虚假记载。准确就是披露的信息恰当地描述事实,不引人误解。完整就是披露的信息能够反映事实全貌,不存在重大遗漏。此外,除上述真实性、准确性和完整性外,及时性也是信息披露的重要原则,即在事实发生后应当尽可能快速地依法予以披露。

· 典型案例 ·

中国证券监督管理委员会〔2023〕75 号行政处罚决定书:经查明,扬子新材关联方资金占用事项信息披露存在重大遗漏。扬子新材及其子公司新永丰与开元金属发生关联交易,交易金额约为 7000 万余元,约占当年经审计净资产的 21.8%,上述信息未按规定在 2020 年年度报告中披露,该报告存在重大遗漏。此外,扬子新材年度报告存在虚假记载。2020 年,扬子新材将子公司新永丰生产的镀锌卷销售给开元金属等公司,然后直接或通过第三方销售回扬子新材,形成交易闭环,虚增营业收入。2020 年扬子新材虚增营业收入约为 1.3 亿余元,约占 2020 年年度报告营业收入的 11%。综上所述,中国证券监督管理委员会对扬子新材责令改正、警告并处以罚款,对有关责任人员处以警告和罚款。

关联规则

《证券法》(2019 年修订)第七十八条;《上市公司信息披露管理办法》(2021 年修订)第三条、第七条、第六十二条;《上市公司收购管理办法》(2020 年修正)第三条、第二十二条;《上市公司重大资产重组管理办法》(2023 年修订)第三十九条。

文献参考

甘培忠、夏爽:《信息披露制度构建中的矛盾与平衡——基于监管机构、上市公司与投资者的视角》,载《法律适用》2017 年第 17 期;邢会强:《金融法上信息披露制度的缺陷及其改革——行为经济学视角的反思》,载《证券市场导报》2018 年第 3 期;缪因知:《信息确定性视角下的披露与反欺诈制度一体性》,载《中外法学》2023 年第 5 期;曾洋:《证券法信息披露规则的体系解释》,载《南大法学》2024 年第 1 期。

第一百六十七条 【股东资格继承】

自然人股东死亡后，其合法继承人可以继承股东资格；但是，股份转让受限的股份有限公司的章程另有规定的除外。

条文解读

本条是关于股份有限公司自然人股东的股东资格继承的规定。

本条是新增规定，旨在将有限责任公司的相关规定适用于股份有限公司。

理解本条需留意以下几点：

1.《公司法》(2018年修正)仅在有限责任公司部分设置了自然人股东的股东资格继承相关规定(【第九十条】)，但这并不意味着股份有限公司自然人股东死亡后其合法继承人不能继承股东资格。恰恰相反，股份有限公司以股份转让自由为原则(**【第一百五十七条】**)，有相较于有限责任公司更鲜明的资合性。因此，当股份有限公司自然人股东死亡后，其合法继承人继承股东资格是股份转让自由原则的应然延伸。当然，为了减少不必要的争议，并进一步体现本法对股份有限公司股东权益的保护，在股份有限公司部分设置相关规定，实属必要。

2.之所以要明确规定自然人股东死亡后其合法继承人原则上可以继承股东资格，还是因应股份有限公司可发行转让须经公司同意等转让受限的股份的规则革新需要(【第一百四十四条】)。公司若要改变股东资格继承的默示条款，应当在公司章程中明确规定转让受限的具体情形。倘若公司章程事先并无特别规定，则一旦继承开始，公司就无法再通过事后的股东会决议或者其他方式阻止继承人继承股东资格。

3.与有限责任公司相关规定类似，关于股份有限公司自然人股东资格继承规定的理解还需要注意以下两方面内容：其一，股东资格与股份并不能完全等同。所谓股份转让受限的股份有限公司章程可就股东资格继承事宜另有规定，不意味着公司可以剥夺自然人股东的继承人依法继承股份的财产利益的权利。依照《民法典》第一百二十四条的规定，自然人依法享有继承权。自然人合法的私有财产，可以依法继承。因此，股份的财产利益是自然人股东死亡时遗留的个人财产。即便公司章程规定继承人不得继承股东资格，公司也应当在继承开始后向继承人支付与股份的财产利益相当的对价。其二，从实际操作来看，继承人取得股东资格需以请求公司办理相应变更手续为条件。对于采用纸面形式的股票,继承人应当请求公司按照规定重新签发新的股票(**【第一百四十七条】【第一百四十九条】**);对于采用电子簿记形式的股票,继承人应当请求证券登记结算机构将被继承人的证券账户上的股票转为记录于继承人设立的证券账户内,同时注销被继承人的证券账户(**【第一百五十条】**)。只有完成相关程序,才能真正取得股东资格。还需注意,即便公司章程并无特别规定,继承人也可以放弃股东资格的取得,并取得与股份的财产利益相当的对价。

· 典型案例 ·

参见**【第九十条】**列示的相关案例。

关联规则

参见**【第九十条】**列示的相关规则。

文献参考

参见**【第九十条】**列示的相关文献。

第七章

国家出资公司组织机构的特别规定

第一百六十八条　【国家出资公司组织机构法律适用及其范围】

国家出资公司的组织机构，适用本章规定；本章没有规定的，适用本法其他规定。

本法所称国家出资公司，是指国家出资的国有独资公司、国有资本控股公司，包括国家出资的有限责任公司、股份有限公司。

条文解读

本条是关于国家出资公司组织机构法律适用及其范围的规定。

第七章“国家出资公司组织机构的特别规定”是对原“国有独资公司的特别规定”一节的完善。既然只对组织机构作出的特别规定，不涉及设立事宜，故而本条第一款删除“设立”二字。与修订前的条文相比，本条规定的主要变化是不直接规定国家出资公司的含义，而是框定其范围：一是从国有独资公司扩张至包括国有资本控股公司在内的国家出资公司；二是不再局限于有限责任公司，而是包括股份有限公司。

理解本条需留意以下几点：

1. 本法所称国家出资公司，包括国有独资公司和国有资本控股公司，而不包括国有资本参股公司。这与《企业国有资产法》关于国家出资企业的范围有区别。依照《企业国有资产法》第五条的规定，国家出资企业是指国家出资的国有独资企业、国有独资公司，以及国有资本控股公司、国有资本参股公司。由此可见，《企业国有资产法》中的国家出资企业既包括非公司制的国有独资企业，也包括国有资本参股公司，调整范围更广。需要注意的是，所谓国有独资企业，是指依照《全民所有制工业企业法》(2009年修正)设立的，企业全部注册资本均为国有资本的非公司制企业。与国有独资公司的治理机制不同，国有独资企业实行厂长(经理)负责制。

2. 国有独资公司是依照本法设立的全部资本均为国有资本且只有一个国有资产监督管理机构或者其他部门履行出资人职责的公司制企业。实践中还有所谓国有全资公司。国有全资公司的全部资本也均为国有资本，通常是指由政府部门、事业单位或国有独资企业等单独或共同出资，直接或间接合计拥有100%权益的公司。换言之，国有全资公司的出资人可能为多个主体，此种情形下国有全资公司在章程制定、股东会会议等方面与国有资本控股公司的规则相仿。

3. 国有资本控股公司是依照本法设立的国有资本具有控股地位的公司制企业。这里所称国有资本控股，是指国有资本的出资人具有控股股东的地位，表现为符合以下情形之一：一是其出资额占有限责任公司资本总额超过50%或者其持有的股份占股份有限公司股本总额超过50%；二是其出资额或者持有股份的比例虽然低于50%，但依其出资额或者持有的股份所享有的表决权已足以对股东会的决议产生重大影响（**【第二百六十五条】**）。

·典型案例·

（2023）鄂01民终2677号民事判决书：销品茂公司与华饮盛锦公司签订房屋租赁合同。后双方因房屋租金履行发生纠纷，华饮盛锦公司认为其租赁的房屋属于国有资产类经营用房，要求销品茂公司按照湖北省人民政府出台的"3个月房租免收、6个月房租减半"的政策计算租金。法院认为，双方合同订立之时，销品茂公司股权中的国有资本占比过半数，故该公司属于国有资本控股公司，案涉商铺属于国有资产类经营用房。因此，对华饮盛锦公司的主张予以支持。

关联规则

《企业国有资产法》第五条；《全民所有制工业企业法》（2009年修正）第二条、第七条；《国有企业公司章程制定管理办法》第二条。

文献参考

蒋建湘：《我国国有公司股权结构及其法律改革——以公司治理效率为主要视角》，载《法律科学（西北政法大学学报）》2012年第6期；缪因知：《从国企到公共企业的法律调整与所有制调整》，载《交大法学》2017年第3期；胡国梁：《国家出资公司进入〈公司法〉的逻辑理路》，载《政治与法律》2022年第12期；蒋大兴：《作为"人民的"企业形式：超越国企改革的"私法道路"？》，载《政法论坛》2023年第1期。

第一百六十九条 【履行出资人职责的机构】

国家出资公司，由国务院或者地方人民政府分别代表国家依法履行出资人职责，享有出资人权益。国务院或者地方人民政府可以授权国有资产监督管理机构或者其他部门、机构代表本级人民政府对国家出资公司履行出资人职责。

代表本级人民政府履行出资人职责的机构、部门，以下统称为履行出资人职责的机构。

条文解读

本条是关于对国家出资公司履行出资人职责的机构的规定。

本条是新增规定，主要吸收《企业国有资产法》第四条、第十一条的相关内容。

理解本条需留意以下几点：

1. 依照《民法典》《企业国有资产法》的相关规定，国务院和地方人民政府依照法律、行政法规的规定，分别代表国家对国家出资企业履行出资人职责，享有出资人权益。国务院国有资产监督管理机构和地方人民政府按照国务院的规定设立的国有资产监督管理机构，根据本级人民政府的授权，代表本级人民政府对国家出资公司履行出资人职责。国务院和地方人民政府根据需要，可以授权其他部门、机构代表本级人民政府对国家出资公司履行出资人职责。

2. 履行出资人职责的机构可分为以下几种：一是国务院国有资产监督管理机构，即国务院国有资产监督管理委员会。根据国务院授权，国务院国有资产监督管理委员会代表国务院对国家出资公司履行出资人职责监管中央所属企业（不含金融类企业）的国有资产，加强国有资产的管理工作。二是地方人民政府按照国务院的规定设立的国有资产监督管理机构。根据地方人民政府的授权，地方国有资产监督管理机构代表地方人民政府对国家出资公司履行出资人职责。三是国务院和地方人民政府根据需要授权的其他部门、机构。例如，根据国务院的有关规定，国务院授权财政部对金融行业的国有资产进行监管，授权财政部对中央文化企业、中国国家铁路集团有限公司及中国邮政集团有限公司等公司履行出资人职责。

3. 所谓履行出资人职责，应以政企分开、社会公共管理职能与国有资产出资人职能分开、不干预企业依法自主经营为原则。所谓享有出资人权益，不能将其理解为国家对公司资产享有所有权，而应将其理解为国家对公司各种形式的出资所形成的权益。履行出资人职责的机构代表本级人民政府对公司依法享有资产收益、参与重大决策和选择管理者等出资人权利(【**第四条**】)。

·典型案例·

(2022)甘01民终686号民事判决书：农垦公司为国有资本控股公司，董某为公司董事。董某代表农垦公司与亚兰公司签订资产转让协议，后农垦公司认为董某未经授权与亚兰公司签订协议，主张该协议无效。法院认为，农垦公司作为国有资本控股公司，处分国有资产应当由履行出资人职责的机构决定。签订协议时亚兰公司为农垦公司的关联方，亚兰公司在受让案涉资产时，应当知晓交易不符合法律规定。故双方对国有资产的转让行为，违反了法律的强制性规定。因此，对农垦公司的主张予以支持。

关联规则

《民法典》第二百五十七条；《企业国有资产法》第二条、第四条、第六条、第十一条、第十二条。

文献参考

顾功耘、胡改蓉：《国企改革的政府定位及制度重构》，载《现代法学》2014年第3期；王新红：《论企业国有资产管理体制的完善——兼论国资委的定位调整》，载《政治与法律》2015年第10期；蒋大兴：《废除国资委？——一种理想主义者的“空想”》，载《清华法学》2016年第6期；龚浩川：《论国有企业的人民性目标及其治理机制》，载《当代法学》2023年第3期。

第一百七十条 【国家出资公司中的党组织】

国家出资公司中中国共产党的组织，按照中国共产党章程的规定发挥领导作用，研究讨论公司重大经营管理事项，支持公司的组织机构依法行使职权。

条文解读

本条是关于国家出资公司中的党组织的规定。

本条是新增规定。

理解本条需留意以下几点：

1. 习近平总书记指出："坚持党的领导、加强党的建设，是我国国有企业的光荣传统，是国有企业的'根'和'魂'，是我国国有企业的独特优势。"[①]党对国家出资公司的领导是政治领导、思想领导、组织领导的有机统一。加强党的建设是提升国家出资公司党组织领导力、增强国家出资公司内部凝聚力、激发国家出资公司活力和创造力、推动国家出资公司做强做优做大的重要法宝。

2. 在公司中，根据中国共产党章程的规定，设立中国共产党的组织，开展党的活动（**【第十八条】**）。党组织在国家出资公司中发挥把方向、管大局、促落实的领导作用，也是完善中国特色现代企业制度的重要内容（**【第一条】**）。国家出资公司是国有经济的重要载体，是公有制的重要实现形式，也是社会主义制度属性的重要保证。相较于非公有制经济组织，国家出资公司体现出更显著的公共性，应当坚决贯彻党中央、国务院决策部署，深入实施创新驱动发展战略，主动服务国家战略需要。

3. 党组织在国家出资公司中发挥领导作用主要体现在以下两方面：一是研究讨论公司重大经营管理事项。党组织对于公司"三重一大"（重大事项决策、重要人事任免、重大项目安排和大额度资金使用）事项研究讨论是董事会、经理层决策的前置程序。二是支持公司的组织机构依法行使职权。党组织不直接参与公司经营管理，股东会（国有独资公司不设股东会）、董事会、经理层在公司治理方面各司其职。其中，董事会发挥定战略、作决策、防风险作用；经理层发挥谋经营、抓落实、强管理作用。公司的组织机构在党组织领导下依法行使职权，贯彻落实经党组织研究讨论的重大经营管理事项以及其他日常经营管理事项。

· 典型案例 ·

中国中信集团有限公司是经国务院批准设立的大型综合性企业，由财政部代表国务院履行出资人职责。中国中信集团有限公司官网显示，公司党委由9人组

① 《习近平：坚持党对国有企业的领导不动摇》，载《人民日报》2016年10月12日，第1版。

成，其中包括党委书记1人，副书记2人，驻中信集团纪检监察组组长1人，党委委员5人。公司党委主要职责包括：保证党的理论和路线方针政策贯彻落实，坚持全面从严治党，认真履行政治领导责任，落实党中央和上级党组织的决策部署，发挥好把方向、管大局、保落实的重要作用。公司党委采用党委会形式，按照“三重一大”决策制度、切实发挥党委领导核心作用等要求，讨论和决定公司重大事项。①

关联规则

参见【**第十八条**】列示的相关规则。

文献参考

参见【**第十八条**】列示的相关文献。

第一百七十一条 【国有独资公司章程制定】

国有独资公司章程由履行出资人职责的机构制定。

条文解读

本条是关于国有独资公司章程制定的规定。

与修订前的条文相比，本条规定的主要变化是删除国有独资公司章程由董事会制订报国有资产监督管理机构批准的情形。

理解本条需留意以下几点：

1. 国有独资公司不设股东会，由履行出资人职责的机构行使股东会职权，因此，国有独资公司章程由履行出资人职责的机构制定。进而，修改公司章程也是股东会的职权范围，故而国有独资公司章程的修改也由履行出资人职责的机构决定。公司章程的制定和修改属于公司重大事项，不得授权公司董事会为之（【**第一百七十二条**】）。

① 参见《公司治理和风险管理》，载中国中信集团有限公司网，https://www.group.citic/html/About_CITIC/Governance_Risk/，最后访问时间2024年1月19日。

2. 公司章程是公司有效成立的必备法律文件（【第五条】）。国有独资公司章程包括总则、经营宗旨和范围、经营期限、履行出资人职责的机构、公司党组织、董事会、经理层、监事会、职工民主管理和劳动人事制度、财务会计及审计与法律顾问制度、合并、分立、解散和清算及附则等内容。公司章程的主要内容应当确保履行出资人职责的机构、党组织、董事会、经理层等治理主体的权责边界清晰，重大事项的议事规则科学规范，决策程序衔接顺畅。

3. 履行出资人职责的机构依据法律法规和公司章程规定行使股东权利、履行股东义务，有关监管内容应依法纳入公司章程。为规范国有企业组织和行为，加强公司章程制定管理，国务院国有资产监督管理委员会和财政部于 2020 年印发《国有企业公司章程制定管理办法》。国家出资并由履行出资人职责的机构监管的国有独资公司、国有全资公司和国有控股公司章程制定过程中的制订、修改、审核、批准等管理行为适用《国有企业公司章程制定管理办法》。《国有企业公司章程制定管理办法》明确规定公司章程应当包括的主要内容、各类国有企业公司章程的制定程序以及公司章程制定的责任与监督等内容。

· 典型案例 ·

根据《湖南省国资委关于印发〈省属国有独资公司章程（模版）〉的通知》要求，各监管企业在制订和修改公司章程时，必须严格按本模版的规定和表述，不得随意更改。同时，该通知所提供的公司章程模版规定，省国有资产监督管理委员会有权修改公司章程并负责解释公司章程。①

关联规则

《国务院办公厅关于进一步完善国有企业法人治理结构的指导意见》第二部分第（一）项第 3 点；《国有企业公司章程制定管理办法》第十六条、第二十六条。

文献参考

陈甦：《中国特色现代企业制度的法律表达》，载《法治研究》2023 年第 3 期；龚浩川：《论

① 参见《湖南省国资委关于印发〈省属国有独资公司章程（模版）〉的通知》，载湖南省国有资产监督管理委员会网，https://gzw.hunan.gov.cn/gzw/bsfw_71599/zlxz/201609/t20160907_3256322.html，最后访问时间 2024 年 1 月 19 日。

国有企业的人民性目标及其治理机制》，载《当代法学》2023年第3期；蒋大兴：《论国有企业的“公司法构造”——一种法律技术主义的路线》，载《吉林大学社会科学学报》2023年第6期。

第一百七十二条　【履行出资人职责的机构行使股东会职权及其授权】

国有独资公司不设股东会，由履行出资人职责的机构行使股东会职权。履行出资人职责的机构可以授权公司董事会行使股东会的部分职权，但公司章程的制定和修改，公司的合并、分立、解散、申请破产，增加或者减少注册资本，分配利润，应当由履行出资人职责的机构决定。

条文解读

本条是关于国有独资公司履行出资人职责的机构行使股东会职权及其授权的规定。

与修订前的条文相比，本条规定的主要变化是增加或者删除应当由履行出资人职责的机构决定而不能授权董事会决定的事项，增加的事项包括公司章程的制定和修改、申请破产、分配利润等，删除的事项是发行公司债券。

理解本条需留意以下几点：

1. 从性质上来看，国有独资公司属于只有一个股东(国家)的有限责任公司或者股份有限公司。依照本法规定，只有一个股东的公司不设股东会(**【第六十条】【第一百一十二条】**)。故而，国有独资公司不设股东会，由履行出资人职责的机构行使股东会职权。与只有一个股东的普通公司类似，履行出资人职责的机构作出属于股东会职权范围事项的决定时，应当采用书面形式，并由履行出资人职责的机构盖章后置备于公司。根据《国务院办公厅关于进一步完善国有企业法人治理结构的指导意见》要求，以管资本为主改革国有资本授权经营体制，对直接出资的国有独资公司，履行出资人职责的机构重点管好国有资本布局、规范资本运作、强化资本约束、提高资本回报、维护资本安全。

2. 国有独资公司的经营管理活动由董事会、经理层具体开展，履行出资人职责的

机构原则上不干预。继而，为了提升公司运营效率，履行出资人职责的机构还可以授权公司董事会行使股东会的部分职权。因此，从实践来看，国有独资公司的经营管理决策通常呈现两个维度：一是董事会行使本法规定的职权以及履行出资人职责的机构授权行使的职权（**【第一百七十三条】**）；二是履行出资人职责的机构依法行使只能由其行使的职权以及未授权董事会行使的职权。本条所列公司重大事项，应当由履行出资人职责的机构决定，而不得授权董事会为之。

3. 契合国家出资公司章程只能由履行出资人职责的机构制定的规则变化（【第一百七十一条】），本条规定将公司章程的制定和修改增加至履行出资人职责的机构不得授权董事会行使职权的范围。此外，本次修订增加股东会可以授权董事会对发行公司债券作出决议的规定（**【第五十九条】**）。故而，国有独资公司发行公司债券的，履行出资人职责的机构可以依法授权董事会作出决议。

· 典型案例 ·

（2022）最高法民申 232 号民事裁定书：再审申请人报业集团公司和时代投资公司主张股权回购属于国有资产重大交易，案涉国有独资公司股权回购事宜的合同，因未经履行出资人职责的机构审批，依法属于未生效合同。法院认为，《公司法》仅规定国有独资公司的合并、分立、解散等情形必须由履行出资人职责的机构决定及报批，而并不涉及股权回购事宜，因此再审申请人的主张不能得到支持。

关联规则

《企业国有资产法》第三十条、第三十二条；《国务院办公厅关于进一步完善国有企业法人治理结构的指导意见》第二部分第（一）项第 2 点。

文献参考

范世乾：《论国资委与国有独资公司董事会的关系》，载《北京航空航天大学学报（社会科学版）》2012 年第 4 期；周游：《公司法上的两权分离之反思》，载《中国法学》2017 年第 4 期；于莹：《公权力嵌入国有公司治理：理据及边界》，载《政法论坛》2024 年第 1 期。

第一百七十三条 【国有独资公司董事会的职权和组成及董事长、副董事长的指定】

国有独资公司的董事会依照本法规定行使职权。

国有独资公司的董事会成员中，应当过半数为外部董事，并应当有公司职工代表。

董事会成员由履行出资人职责的机构委派；但是，董事会成员中的职工代表由公司职工代表大会选举产生。

董事会设董事长一人，可以设副董事长。董事长、副董事长由履行出资人职责的机构从董事会成员中指定。

条文解读

本条是关于国有独资公司董事会的职权和组成及董事长、副董事长的指定的规定。

与修订前的条文相比，本条规定的主要变化有：一是删除董事每届任期不得超过三年的规定；二是引入外部董事的概念。

理解本条需留意以下几点：

1. 在董事会的职权方面，国有独资公司的董事会依照本法规定行使职权（**【第六十七条】**）。董事会行使职权采取团体决策方式，其职权范围主要包括：一是执行履行出资人职责的机构的决定，并向履行出资人职责的机构报告工作；二是制订由履行出资人职责的机构决定的重大事项的方案，涉及公司利润分配、弥补亏损、发行公司债券以及增资、减资、合并、分立、变更公司形式等事项；三是开展公司内部管理，包括决定内部管理机构设置、决定经理层人事任免及报酬、制定公司基本管理制度等。此外，国有独资公司的董事会还依照本法规定行使履行出资人职责的机构授权的部分职权（**【第一百七十二条】**）。

2. 在董事会的组成方面，国有独资公司的董事分为外部董事和内部董事。外部董事的规则实践早在2004年公布的《国务院国有资产监督管理委员会关于国有独资公司董事会建设的指导意见（试行）》中即有所体现。所谓外部董事，是指由非本公司员工的外部人员担任的董事。外部董事不在公司担任除董事和董事会专门委员会有关职务外的其他职务，不负责执行层的事务。本条对于上述实践予以确认。外部董事应是公司主营业务投资、企业经营管理、财务会计、金融、法律、人力资源管理等某一方面的专家或具有实践经验的人士。

3. 国有独资公司的董事会成员中应当有职工代表，这与职工人数是否达到300人以上或者监事会成员中是否已经有职工代表无关，从而与本法关于董事会成员中职工代表的一般规定有区别（**【第六十八条】**）。而与董事会的一般规则类似，董事会成员中的职工代表由公司职工代表大会选举产生。

4. 履行出资人职责的机构对职工代表以外的董事实行委派制。既然国有独资公司不设股东会，那么原本由股东会选举产生的董事也改为履行出资人职责的机构委派，这与只有一个股东的公司的股东决定在效果方面并无二致（**【第六十条】**）。国有独资公司的董事对履行出资人职责的机构负责，接受履行出资人职责的机构指导，其中外部董事人选由履行出资人职责的机构商有关部门提名，并按照法定程序任命。

5. 国有独资公司的董事长、副董事长由履行出资人职责的机构从董事会成员中指定，这与董事会的一般规则有区别。通常而言，有限责任公司的董事长、副董事长的产生办法由公司章程规定（**【第六十八条】**）；股份有限公司的董事长、副董事长由董事会以全体董事的过半数选举产生（**【第一百二十二条】**）。

· 典型案例 ·

1. 针对本条第二款

中国海洋石油集团有限公司为经国务院批准成立的特大型国有企业。中国海洋石油集团有限公司官网显示，该公司的董事会共有7名成员，其中4名为外部董事，1名为职工董事。①

2. 针对本条第三款

（2021）甘01民初605号民事判决书：城投公司为国有独资公司，其作为保证人签署了一份保证合同。被起诉要求承担保证责任后，城投公司主张同意签订保证合同的董事会决议作出时，董事会成员并未办理公司登记，故董事会决议和保证

---

① 参见《关于海油》，载中国海洋石油集团有限公司网，https://www.cnooc.com.cn/col/col681/index.html#1，最后访问时间2024年1月19日。

合同皆无效。法院认为,《公司法》对国有独资公司的董事及董事会作了特别规定,城投公司作为国有独资公司,其董事均由履行出资人职责的机构兰州市国有资产监督管理委员会任命,故董事会决议是有效决议,城投公司的主张不应得到支持。

3. 针对本条第四款

华侨城集团有限公司为国务院国有资产监督管理委员会直接管理的大型中央企业。根据国务院国有资产监督管理委员会于 2022 年 4 月 11 日发布的《16 户中央企业 32 名领导人员职务任免》显示,张某任华侨城集团有限公司党委书记、董事长。[①]

关联规则

《企业国有资产法》第二十二条;《国务院关于推进国有资本投资、运营公司改革试点的实施意见》第二部分第(四)项第 2 点;《国务院办公厅关于进一步完善国有企业法人治理结构的指导意见》第二部分第(二)项第 2 点。

文献参考

胡改蓉:《国有公司董事会独立性之保障》,载《华东政法大学学报》2010 年第 6 期;刘晓蕾:《国有独资公司董事会职权之实务考察与法律分析》,载《法学论坛》2016 年第 3 期;王怀勇、王鹤翔:《描述与重构:国有资本投资运营公司外部董事独立性研究》,载《商业研究》2021 年第 3 期;汪青松:《国家出资公司治理模式选择与法律制度保障》,载《政治与法律》2023 年第 9 期;于莹:《公权力嵌入国有公司治理:理据及边界》,载《政法论坛》2024 年第 1 期。

第一百七十四条　【国有独资公司经理的聘任及解聘】

国有独资公司的经理由董事会聘任或者解聘。

经履行出资人职责的机构同意,董事会成员可以兼任经理。

---

① 参见《16 户中央企业 32 名领导人员职务任免》(2022 年 4 月 11 日),载国务院国有资产监督管理委员会网,http://xxgk.sasac.gov.cn:8080/gdnps/pc/content.jsp? id=24109594,最后访问时间 2024 年 1 月 19 日。

条文解读

本条是关于国有独资公司经理的聘任及解聘的规定。

与修订前的条文相比,本条规定的主要变化是删除经理职权的相关规定。

理解本条需留意以下几点:

1. 国有独资公司的经理由董事会聘任或者解聘。该规定与本法关于经理的聘任或者解聘的一般规定不同。本法的一般规定明确聘任或者解聘经理由董事会“决定”(**【第七十四条】【第一百二十六条】**),聘任或者解聘经理属于董事会的职权范围(**【第六十七条】**)。而实践中,国有独资公司的经理通常由上级党组织任免,继而履行董事会的聘任或者解聘程序。根据《国务院办公厅关于进一步完善国有企业法人治理结构的指导意见》要求,国有独资公司经理层逐步实行任期制和契约化管理。根据企业产权结构、市场化程度等不同情况,有序推进职业经理人制度建设。由此,董事会通过面向市场直接聘任或者解聘经理的做法将可能成为制度完善的一种选择。

2. 结合本法第一百六十八条关于“本章没有规定的,适用本法其他规定”的规定,国有独资公司的经理适用本法关于经理职权的一般规定,即根据公司章程的规定或者董事会的授权行使职权(【第七十四条】)。

3. 与股份有限公司的规定不同(【第一百二十七条】),董事会成员兼任经理应当经履行出资人职责的机构同意,而非由董事会决定。依照《企业国有资产法》第二十五条第二款的规定,未经履行出资人职责的机构同意,国有独资公司的董事长不得兼任经理。未经股东会同意,国有资本控股公司的董事长不得兼任经理。根据《国务院办公厅关于进一步完善国有企业法人治理结构的指导意见》要求,国有独资公司的董事长、总经理原则上分设,应均为内部执行董事,定期向董事会报告工作。这主要是基于优化集体决策、防止内部人控制的考虑。实践中,国有独资公司的董事长通常同时任公司党委(党组)书记、法定代表人,国有独资公司的经理则同时任党委(党组)副书记、董事。

· 典型案例 ·

中国有研科技集团有限公司是隶属国务院国有资产监督管理委员会管理的中央企业。国务院国有资产监督管理委员会于 2023 年 12 月 1 日发布的《5 户中央企业6名领导人员职务任免》显示，王某任中国有研科技集团有限公司董事，提名为中国有研科技集团有限公司总经理人选。①

关联规则

《中央企业合规管理办法》第九条；《国务院办公厅关于进一步完善国有企业法人治理结构的指导意见》第二部分第（二）项第2点、第（三）项第1点；《国有企业公司章程制定管理办法》第十一条。

文献参考

赵树文：《国有企业职业经理人法律制度完善》，载《社会科学家》2015年第7期；万国华、甘术志：《论国有公司董事会选任总经理制度的构建》，载《政法学刊》2019年第2期。

第一百七十五条　【国有独资公司董事、高级管理人员的兼职限制】

国有独资公司的董事、高级管理人员，未经履行出资人职责的机构同意，不得在其他有限责任公司、股份有限公司或者其他经济组织兼职。

条文解读

本条是关于国有独资公司董事、高级管理人员的兼职限制的规定。

本条规定较此前规定并无实质变化，只是针对个别表述略作调整。

理解本条需留意以下两点：

1. 国有独资公司的董事、高级管理人员作为经营管理者，承担着国有资产保值增值的重要任务，原则上应当专人专职。确有特殊原因需要在其他经济组织兼职的，应当经履行出资人职责的机构同意。依照《企业国有资产法》第二十五条第一款的规定，

① 参见《5户中央企业6名领导人员职务任免》（2023年12月1日），载国务院国有资产监督管理委员会网，http://www.sasac.gov.cn/n2588035/n2588325/n2588345/c29474957/content.html，最后访问时间2024年1月19日。

未经履行出资人职责的机构同意，国有独资企业、国有独资公司的董事、高级管理人员不得在其他企业兼职。未经股东会同意，国有资本控股公司、国有资本参股公司的董事、高级管理人员不得在经营同类业务的其他企业兼职。

2. 国有独资公司的董事、高级管理人员在其他经济组织兼职具有积极的一面，也可能产生消极的影响。在积极方面，兼职可以通过关联关系实现关联方之间的信息沟通、资源共享等，从而降低董事、高级管理人员同时任职的公司的运营成本和交易成本（**【第二十二条】**）。在消极方面，兼职可能带来的问题也是显而易见的。董事、高级管理人员个人精力有限，兼职必然会影响其在国有独资公司任职的效率，也可能使其面临多元利益和目标的选择，从而存在机会主义行为继而违反勤勉义务的巨大风险。尤其是在国有独资公司，这一风险可能严重影响国有资产保值增值。故而，为加强廉洁履职并防止利益输送，对于国有独资公司董事、高级管理人员的兼职事宜，法律有必要设置更严格的限制。

· 典型案例 ·

（2019）陕民终870号民事判决书：煤化公司为国有独资公司。中盈公司与煤化公司签署合伙协议成立中恒基金（有限合伙），中盈公司为普通合伙人，煤化公司为有限合伙人。后中盈公司、煤化公司与李某签订协议，约定李某作为普通合伙人加入，中盈公司退伙。中盈公司提起诉讼，请求确认该协议无效。庭审期间，中盈公司提供其在报纸上发布的遗失声明，用以证明煤化公司在签署协议前已将其负责的业务强制接管，并强制其从中恒基金退伙；中盈公司还主张李某是煤化公司的高级管理人员，其不能在其他企业兼职。法院认为，未经履行出资人职责的机构同意，国有独资公司的董事、高级管理人员不得在其他企业兼职。中盈公司主张李某是煤化公司的高级管理人员，其任职违反上述法律规定，但未能提供证据证明，故主张不能成立。

关联规则

《企业国有资产法》第二十五条；《国务院关于推进国有资本投资、运营公司改革试点的实施意见》第二部分第（四）项第3点。

文献参考

彭嘉怡:《国有公司董事双重身份限制规则的调整》,载《重庆社会科学》2022年第6期。

第一百七十六条 【国有独资公司审计委员会和监事会的选择设置】

国有独资公司在董事会中设置由董事组成的审计委员会行使本法规定的监事会职权的,不设监事会或者监事。

条文解读

本条是关于国有独资公司审计委员会和监事会的选择设置的规定。

本条是新增规定。

理解本条需留意以下两点:

1. 本次修订过程中,针对是否应当保留国有独资公司监事会制度的问题争议较大。根据2018年中共中央印发《深化党和国家机构改革方案》要求,国务院国有资产监督管理委员会的国有企业领导干部经济责任审计和国有重点大型企业监事会的职责划入审计署,不再设立国有重点大型企业监事会。随后,《国有企业监事会暂行条例》也于2022年废止。从实践反馈来看,监事会或者监事的设置仍在相当数量的公司中发挥了重要作用。即便是在国有独资公司,根据原《国有企业监事会暂行条例》设置的外派监事会与依照本法设置的监事会在功能方面并不完全等同,取消前者并不意味着后者也必须取消。无论是为不同规模的国有独资公司提供适合自身需要的机构设置选择权,还是作为一种过渡性制度安排,当前《公司法》都有必要保留监事会这一制度选项。

2. 本条规定最终确立董事会审计委员会和监事会的选择设置模式。与之相应的机构成员组成和任职资格、会议召集和主持、议事方式和表决程序等适用本法的相关规定。需要注意的是,《公司法》(2018年修正)要求国有独资公司必须设监事会,而依照本条及相关条文的规定,国有独资公司也可以根据自身需要选择设一名监事,不设监事会或者审计委员会(**【第八十三条】**)。

·典型案例·

中国钢研科技集团有限公司为国务院国有资产监督管理委员会直接管理的中央企业。中国钢研科技集团有限公司官网显示，该公司在董事会中设置审计与风险委员会、战略与投资委员会、提名委员会、薪酬与考核委员会等专门委员会。①

关联规则

《国务院办公厅关于进一步完善国有企业法人治理结构的指导意见》第二部分第(二)项第3点。

文献参考

蒋大兴:《国资监管职能的重组——如何应对国企外派监事会的取消?》，载《南开学报(哲学社会科学版)》2019年第3期；杨大可:《反思国有上市公司专门委员会的设置——以2018年〈上市公司治理准则〉为起点》，载《北方法学》2019年第5期；楼秋然:《国有企业监事会:基于本土需求的制度保留与融合》，载《浙江大学学报(人文社会科学版)》2023年第11期。

第一百七十七条　【国家出资公司合规管理】

国家出资公司应当依法建立健全内部监督管理和风险控制制度，加强内部合规管理。

条文解读

本条是关于国家出资公司合规管理的规定。

本条是新增规定，以因应国有企业合规管理体系建设的需要。

理解本条需留意以下两点:

1. 国务院国有资产监督管理委员会于2022年公布《中央企业合规管理办法》，以

① 参见《关于我们》，载中国钢研科技集团有限公司网，http://www.cisri.com.cn/gywm/zzjg.htm，最后访问时间2024年1月17日。

指导企业建立健全合规管理制度，并从组织和职责、制度建设、运行机制、合规文化、信息化建设、监督问责等多个层面展开。按照《中央企业合规管理办法》第三条第三款的规定，所谓合规管理，是指企业以有效防控合规风险为目的，以提升依法合规经营管理水平为导向，以企业经营管理行为和员工履职行为为对象，开展的包括建立合规制度、完善运行机制、培育合规文化、强化监督问责等有组织、有计划的管理活动。合规涉及法律合规、财务合规、数据合规、生产安全和环保合规等多个维度。国家出资公司在开展合规管理工作中应当遵循党的领导、全面覆盖、权责清晰、务实高效的原则。

2. 合规管理并不仅是中央企业的任务，各类国家出资公司都存在合规管理的必要性。实践中，内部控制、风险管理和合规管理三者存在一定的交叉。内部控制是指企业通过设计和实施具有适当安排的流程或控制程序，以及建立有效的控制机制来保障企业正常运行，减少错误与失误、防止国有资产丢失和遭遇诈骗等发生。风险管理则是一种涵盖风险识别、评估、监测和控制在内的系统性方法，旨在确保企业能够在不同风险下实现可持续发展。国家出资公司应当结合实际建立健全合规管理与法务管理、内部控制、风险管理等协同运作机制，加强统筹协调，避免交叉重复，提高管理效能。

· 典型案例 ·

中国核工业集团有限公司是经国务院批准组建、中央直接管理的国有重要骨干企业。根据中国核工业集团有限公司官网显示，该公司于2019年发布的《中国核工业集团有限公司合规手册》，是集团合规管理的基本规范，是全体员工必须遵循的合规行动指南，也是集团公司对社会的郑重承诺。它明确了合规基本要求，确立了安全环保、保密、市场交易、国际业务、资产管理、财务及税务、知识产权、产品质量等合规管理的重点业务领域，以及公司与各利益相关方关系方面的合规标准。①

关联规则

《中央企业合规管理办法》第三条、第二十六条、第三十九条。

---

① 参见《中核集团启动合规管理体系建设：全面推进法治建设再上新台阶》（2019年4月1日），载中国核工业集团有限公司网，https://www.cnnc.com.cn/cnnc/xwzx65/ttyw01/749558/index.html，最后访问时间2024年1月19日。

文献参考

邓峰:《公司合规的源流及中国的制度局限》,载《比较法研究》2020 年第 1 期;赵万一:《合规制度的公司法设计及其实现路径》,载《中国法学》2020 年第 2 期;陈景善:《董事合规义务体系——以董事会监督机制为路径依赖》,载《中国法律评论》2022 年第 3 期;曹兴权:《合规管理:形成中的公司治理习惯?》,载《上海大学学报(社会科学版)》2022 年第 6 期;郑雅方、方世荣:《论促进企业合规管理效率的政府监管》,载《中外法学》2023 年第 6 期。

第八章

公司董事、监事、高级管理人员的资格和义务

第一百七十八条　【消极资格】

有下列情形之一的，不得担任公司的董事、监事、高级管理人员：

（一）无民事行为能力或者限制民事行为能力；

（二）因贪污、贿赂、侵占财产、挪用财产或者破坏社会主义市场经济秩序，被判处刑罚，或者因犯罪被剥夺政治权利，执行期满未逾五年，被宣告缓刑的，自缓刑考验期满之日起未逾二年；

（三）担任破产清算的公司、企业的董事或者厂长、经理，对该公司、企业的破产负有个人责任的，自该公司、企业破产清算完结之日起未逾三年；

（四）担任因违法被吊销营业执照、责令关闭的公司、企业的法定代表人，并负有个人责任的，自该公司、企业被吊销营业执照、责令关闭之日起未逾三年；

（五）个人因所负数额较大债务到期未清偿被人民法院列为失信被执行人。

违反前款规定选举、委派董事、监事或者聘任高级管理人员的，该选举、委派或者聘任无效。

董事、监事、高级管理人员在任职期间出现本条第一款所列情形的，公司应当解除其职务。

条文解读

本条是关于董事、监事、高级管理人员任职的消极资格的规定。

与修订前的条文相比，本条规定的主要变化有：一是在第二项增加经济犯罪被宣告缓刑的，自缓刑考验期满之日起未逾二年的情形；二是在第四项增加责令关闭的情形；三是将第五项改为个人因所负数额较大债务到期未清偿被人民法院列为失信被执行人，以避免因何为数额较大的债务引起争议。

理解本条需留意以下几点：

1. 董事、监事、高级管理人员都是公司治理的重要参与者，依法履行经营管理或者监督职责。各国公司法律制度通常都对董事、监事、高级管理人员的任职资格作出规定，目的在于降低代理成本。在两权分离背景下，股东不参与公司运营，而是通过公司内部决策等程序选任公司管理者。为了确保被选任者能够为公司利益和股东利益认真履职，信义义务规则的构建固然重要（**【第一百八十条】**），但若能设置必要的任职资格条件,则可能针对履职风险提供较为有效的事前防范。理论上,对于担任公司的董事、监事、高级管理人员应当具备特定资格条件的要求,可称为任职的积极资格;对于因存在特定情形而不能担任公司的董事、监事、高级管理人员的要求,则可称为任职的消极资格。

2. 本条关于董事、监事、高级管理人员任职的消极资格的规定大致可归纳为以下内容:

一是无民事行为能力或者限制民事行为能力的情形。结合《民法典》第十八条至第二十二条的相关规定,完全民事行为能力人可以独立实施民事法律行为;无民事行为能力人和限制民事行为能力人不能辨认或者不能完全辨认自己行为,需要由法定代理人代理实施民事法律行为,故不能担任董事、监事、高级管理人员。只有完全民事行为能力人才可能具备任职资格。

二是因特定犯罪被判处刑罚、被剥夺政治权利或被宣告缓刑的情形。担任公司董事、监事、高级管理人员需要依法履行经营管理与监督职责,故对其任职应当设置与之相应的职业与道德操守要求。一方面,贪污、贿赂、侵占财产、挪用财产或者破坏社会主义市场经济秩序犯罪都与经济生活存在紧密联系,相关人员若有上述经济犯罪的前科,执行期满五年内丧失任职资格。另一方面,剥夺政治权利是一种刑法上的附加刑。《刑法》(2023 年修正)第五十四条规定:"剥夺政治权利是剥夺下列权利:(一)选举权和被选举权;(二)言论、出版、集会、结社、游行、示威自由的权利;(三)担任国家机关职务的权利;(四)担任国有公司、企业、事业单位和人民团体领导职务的权利。"政治权利是公民依法参与国家政治生活的权利。相关人员若因犯罪被剥夺政治权利,执行期满五年内丧失任职资格。需要注意的是,此处所谓被剥夺政治权利的犯罪不限于前述经济犯罪。此外,本次修订之所以增加"被宣告缓刑的,自缓刑考验期满之日起未逾二年"的规定,是考虑到依照《刑法》(2023 年修正)第七十六条的规定,缓刑考验期满且没有应当撤销缓刑之情形的,原判的刑罚就不再执行,从而就不存在"执行期满"的问题。

三是个人责任导致公司、企业破产清算或被吊销营业执照、责令关闭的情形。作为公司、企业的董事或者厂长、经理,个人责任导致公司、企业破产清算的,或者作为法定代表人个人导致公司、企业因违法被吊销营业执照、责令关闭的,在很大程度上证明相关人员不具备相应的经营管理能力,故在破产清算完结之日或被吊销营业执照、责令关闭之日起三年内丧失任职资格。

四是个人因未清偿债务被列为失信被执行人的情形。公司作为独立的企业法人，其债务清偿与公司经营管理人员本无直接关联，但是，董事、监事、高级管理人员在参与公司经营管理过程中，因履职便利存在损害公司利益的风险。若相关人员个人负有大额未清偿债务，无疑增加产生机会主义行为的可能。本次修订将此种丧失任职资格的情形予以明确，即个人因所负数额较大债务到期未清偿被人民法院列为失信被执行人，从而避免何为数额较大债务的争议。

3. 本法并未涉及董事、监事、高级管理人员任职的积极资格的具体规定。不同的公司对其董事、监事、高级管理人员所应具备的资格条件可能存在较大差异，主要由公司根据自身情况决定。此外，监管部门针对特定类型公司的董事、监事、高级管理人员设置相应的任职条件。例如，根据中国证券监督管理委员会公布的《上市公司独立董事管理办法》第七条的规定，担任上市公司独立董事的条件之一是具有五年以上履行独立董事职责所必需的法律、会计或者经济等工作经验。

4. 公司选任出现本条第一款规定情形的主体为董事、监事、高级管理人员的，选任无效。适格主体也可以依法请求人民法院确认涉及选任的股东会决议或董事会决议因内容违反法律、行政法规而无效(**【第二十五条】**)。同时，对公司依法履行监管职责的部门有权要求公司依法重新选任。

5. 董事、监事、高级管理人员虽在被选任时满足各项任职要求，但在任职期间出现本条第一款规定情形的，公司应当解除其职务。这在学理上常称为董事、监事、高级管理人员的失格。失格主体虽丧失任职的资格条件，但不当然自动解除相应职务。这主要基于两点考虑：一是基于公司程式要求。董事、监事、高级管理人员都是依法选举、委派或聘任的，对其解任或解聘也应当依循相应的程序性规定。二是基于确保公司正常运营的目的。倘若失格主体自动解除职务，可能给公司带来无法作出决议或者达成交易的不利后果。但为了消除因失格而引起的负面影响，公司应当依法解除相关主体的职务，并及时重新选任。此外，依照《企业国有资产法》第二十三条第二款的规定，董事、监事、高级管理人员在任职期间出现不符合相关条件的情形或者出现《公司法》规定的不得担任公司董事、监事、高级管理人员情形的，履行出资人职责的机构应当依法予以免职或者提出免职建议。

·典型案例·

1. 针对本条第一款

(2018)京03民终6162号民事判决书：张某为亚泰公司股东兼董事。此外，张某曾为海南都会公司股东兼法定代表人。其任职期间，海南都会公司因纳税问题被依法吊销营业执照。后亚泰公司股东会通过解除张某公司董事职务的决议，但张某认为此次决议存在程序瑕疵，主张撤销该决议。法院认为，海南都会公司被吊销营业执照时，张某为法定代表人，对海南都会公司被吊销营业执照应负有个人责任。因此，亚泰公司解除张某董事职务符合法律规定。

2. 针对本条第二款

(2022)粤1971民初36455号民事判决书：浚和公司召开股东会通过委派刘某为公司执行董事兼经理的决议，但刘某为失信被执行人。郭某作为该公司监事，提起诉讼要求确认该股东会决议无效。法院认为，刘某个人负有巨额债务未清偿，因此，刘某依法不得担任公司的董事、监事及高级管理人员。故股东会决议中涉及变更浚和公司执行董事兼经理的内容无效。

3. 针对本条第三款

(2019)渝民终340号民事裁定书：鸿禧公司为鸿川科技公司股东，米某为鸿川科技公司董事长兼法定代表人。后米某利用其职务便利，将鸿川科技公司资金挪为私用，被法院依法判处挪用资金罪并被公司解除董事长职务，但米某仍被登记为公司法定代表人。鸿禧公司请求涤除米某的法定代表人登记。法院认为，虽然米某在其执行有期徒刑期满后五年内不得担任鸿川科技公司董事长及其法定代表人，但公司变更法定代表人应由公司申请变更，股东不是适格主体。因此，对鸿禧公司的主张不予支持。

关联规则

《刑法》(2023年修正)第五十四条、第七十六条；《企业国有资产法》第二十三条；《企业破产法》第一百二十五条；《期货和衍生品法》第六十四条；《最高人民法院关于公布失信被执行人名单信息的若干规定》(2017年修正)第一条；《上市公司独立董事管理办法》第六条至第八条。

文献参考

雷兴虎、胡桂霞:《论董事行使职权的事前、事中和事后制衡机制》,载《政法论坛》2001年第2期;叶敏:《公司董事法定任职资格问题研究》,载《法学》2006年第3期;刘斌:《重塑董事范畴:从形式主义迈向实质主义》,载《比较法研究》2021年第5期。

第一百七十九条　【守法合章义务】

董事、监事、高级管理人员应当遵守法律、行政法规和公司章程。

条文解读

本条是关于董事、监事、高级管理人员的守法合章义务的规定。

本次修订将《公司法》(2018年修正)第一百四十七条第一款关于董事、监事、高级管理人员义务的原则性规定作了拆分。经拆分后,本条是关于守法合章义务的规定,本法第一百八十条是关于忠实义务和勤勉义务(信义义务)的一般规定。

理解本条需留意以下几点:

1.《公司法》(2018年修正)将守法合章义务与信义义务并列为一条,两者究竟是何关系,尚有疑惑。本次修订之所以将其作了拆分,也是考虑到两种规则的适用差异。守法合章义务是董事、监事、高级管理人员的基本义务,其义务内容具有普遍性;信义义务则源自公司与董事、监事之间的委任关系以及公司与高级管理人员之间的委托代理关系(这两种关系可统称为受信关系),其义务内容具有显著的针对性和特定性。一项违反法律、行政法规或公司章程的行为,却可能使公司受益,行为人也不存在牟取不正当利益的情形,从而难以认定其违反了信义义务(**【第一百八十条】**)。故而,守法合章义务规则确有单列的必要。

2.遵守法律、行政法规是任何单位和个人都应当履行的义务,并不仅针对董事、监事、高级管理人员。作为董事、监事、高级管理人员义务的原则性规定,本条加以确认。除法律、行政法规外,董事、监事、高级管理人员还应当遵守与其履职相关的部门规章、行政规范性文件及行业自律性规则。

3.公司章程对公司、股东、董事、监事、高级管理人员具有约束力(【第五条】)。故而，遵守公司章程也是董事、监事、高级管理人员的义务。相关部门结合监管需要，适时出台相应规定引导被监管企业依法制定章程。董事、监事、高级管理人员也应当遵守相应的特殊规范要求。例如，中国证券监督管理委员会针对上市公司实践公布并适时修改的《上市公司章程指引》对董事、监事、高级管理人员的任职资格、选任程序及负有义务作出详细规定；国务院国有资产监督管理委员会、财政部印发的《国有企业公司章程制定管理办法》也对国有企业公司章程的主要内容加以细化。

典型案例

(2023)新02民终146号民事判决书：王某为新油公司执行董事、经理兼法定代表人。公司在运营过程中向王某借款，后王某起诉要求新油公司还款付息。法院认为，王某与新油公司之间存在借贷交易事实，但其作为新油公司的执行董事、经理兼法定代表人，利用其特定身份，未经股东会同意与新油公司发生借贷交易行为，并收取高额利息，有违忠实勤勉义务，违反了《公司法》关于董事、监事及高级管理人员禁止性行为的规定。因此，双方的借贷关系应当认定为无效。

关联规则

《企业国有资产法》第二十六条；《国务院办公厅关于进一步完善国有企业法人治理结构的指导意见》第二部分第(四)项第3点；《国有企业公司章程制定管理办法》第五条、第十条至第十二条。

文献参考

杨大可：《德国股份法规范中的董事守法义务》，载《法治社会》2022年第3期；王建文：《我国董事信义义务制度的扩张适用：一般规定的确立》，载《当代法学》2023年第1期。

第一百八十条　【忠实义务和勤勉义务的一般规定】

董事、监事、高级管理人员对公司负有忠实义务，应当采取措施避免自身利益与公司利益冲突，不得利用职权牟取不正当利益。

董事、监事、高级管理人员对公司负有勤勉义务，执行职务应当为公司的最大利益尽到管理者通常应有的合理注意。

公司的控股股东、实际控制人不担任公司董事但实际执行公司事务的，适用前两款规定。

条文解读

本条是关于董事、监事、高级管理人员及在特定情形下控股股东、实际控制人对公司负有的忠实义务和勤勉义务的一般规定。

与修订前的条文相比，本条规定的主要变化有：一是增加关于忠实义务和勤勉义务内涵的规定；二是增加事实董事的规定。

理解本条需留意以下几点：

1. 董事、监事、高级管理人员对公司负有忠实义务和勤勉义务。这在学理上常称为信义义务或受信义务。信义义务规则根植于公司与董事、监事、高级管理人员之间的受信关系。这些义务内容虽然通常在相应的薪酬协议、劳动合同或者公司章程规定中有所体现，但协议或章程的条款具有不完备性，《公司法》有必要通过设置法定义务的方式，确保受托人依法履职。本条第一款、第二款分别对忠实义务和勤勉义务的内涵作出规定。本法针对忠实义务设置了比较详细的规则，如果缺乏内涵的规定也不会严重影响规则的适用。但因为不同公司的董事、监事、高级管理人员如何履职才能达到勤勉的标准并不统一，从而难以列示如同违反忠实义务那样的具体情形。若本法对于勤勉义务再无相应的内涵界定，则会给司法实践造成相当大的规则适用困难。

2. 理解忠实义务内涵的关键在于避免利益冲突。忠实义务的核心要求是董事、监事、高级管理人员在任何情形下都不得将自身利益置于与公司利益相冲突的位置。故而，违反忠实义务的行为也常表现为通过利益冲突交易牟取不正当利益。当然，利益冲突交易并不仅因为一方当事人为董事、监事、高级管理人员及其关联人就否定其效力，还应当结合交易性质、类型、价格或是否经公司同意等因素综合分析交易对公司利益的影响。有些行为由于直接产生损害公司利益的后果而必然违反忠实义务（**【第一百八十一条】**）；而关联交易、利用商业机会、竞业等是否构成忠实义务的违反则需要根据具体交易情形和公司决策程序确定（**【第一百八十二条】至【第一百八十四条】**）。

3. 理解勤勉义务内涵的关键在于管理者的合理注意。勤勉义务通常也被称为注意义务。董事、监事、高级管理人员在执行职务过程中应当尽到合理注意殆无疑义，然而，所谓“注意”应到何种程度才能达到“合理”的标准，尚有争议。过往司法实践采普通人标准、管理者标准、所有人标准等的皆有，不一而足。相比之下，普通人标准仅强调对公司利益的适当注意，要求过低；所有人标准则意味着当事人应当像管理自己的财产那样对待公司利益，虽然在理论上有其宣示意义，但从实践角度看则要求过高。本次修订最终采取管理者标准，对此可以从以下几个方面加以理解：第一，管理者标准强调董事、监事、高级管理人员履职的专业技能水平，从而体现勤勉义务的特定性和针对性。继而，基于董事、监事、高级管理人员之间以及同一类主体（如不同类型的董事）之间可能存在的不同专业背景或职权划分，其负有的勤勉义务的内容及认定标准也应有区分。第二，通过“通常应有的合理注意”语义限定，将勤勉义务的内容与交易习惯相挂钩，从而为商业判断规则提供了适用空间。第三，前两点分析也有助于判断董事、监事、高级管理人员执行职务是否以“公司的最大利益”为目的。公司利益固然重要，但不能盲目扩张其边界，否则会对董事、监事、高级管理人员执行职务的信心与动力带来负面影响。相关人员执行职务是否为公司的最大利益，应结合管理者的专业技能水平及符合交易习惯的合理注意等综合判断。

4. 本条第三款确立了事实董事规则，旨在强化控股股东、实际控制人的法律责任。事实董事是指虽不是公司董事，但对外宣称其为董事或有董事资格的表象，并实质行使董事职责的主体。实践中，事实董事的具体行为表现为控股股东、实际控制人直接出席董事会会议并参与表决，或者有董事兼法定代表人的表象并与公司交易相对人达成交易等（**【第十一条】**）。不担任公司董事的控股股东、实际控制人实际执行公司事务的，同样对公司负有忠实义务和勤勉义务。该款与本法关于影子董事的规定构成我国《公司法》上的实质董事制度（**【第一百九十二条】**）。

· 典型案例 ·

1. 针对本条第一款

（2022）吉05民终624号民事判决书：李某、姜某、徐某为曙光公司董事，三人以公司名义将曙光公司资产出租给耘垦公司。曙光公司认为三人处分公司资产的行为有损公司利益。法院认为，忠实义务是指公司董事应当忠实履行职责，其自身利益与公司利益发生冲突时，应当维护公司利益，不得利用董事的地位牺牲公司利益为自己或者第三人牟利。三人的处分行为符合曙光公司经营计划，且将公司资产对外出租也是为公司利益，未谋取私利，其并不具有侵权的主观过错。因此，对曙光公司的主张不予支持。

2. 针对本条第二款

（2022）鲁 06 民终 253 号民事判决书：乔某为阜诚投资咨询公司高级管理人员。乔某在执行公司事务时，未对借款用途进行借贷合理性调查。阜诚投资咨询公司要求乔某赔偿公司损失。法院认为，所谓勤勉义务，是指公司的董事、监事、高级管理人员在履行职务时，应当为公司的最佳利益，具有一个善良管理人的细心，尽一个普通谨慎之人的合理注意。乔某作为阜诚投资咨询公司高级管理人员，在执行公司事务时，未及时、依法行使权利，履行义务，致使应当归属于阜诚投资咨询公司的债权无法得到有效清偿，乔某未尽到作为高级管理人员的勤勉义务，对损害的发生存在过错，应承担赔偿责任。

3. 针对本条第三款

（2019）皖 01 民初 1475 号民事判决书：同济堂公司为中科公司控股股东，张某为同济堂公司董事长及中科公司董事长。同济堂公司将其持有的中科公司 30% 股权转让给中科院某研究院。在经营过程中，张某多次未经中科公司决议转移该公司资产，共向同济堂公司支付 5.6 亿元款项。现中科院某研究院起诉要求张某返还款项，同济堂公司承担连带清偿责任。法院认为，张某及同济堂公司未提交证据证明中科公司向同济堂公司支付的 5.6 亿元经过公司内部决策程序，该行为违反公司章程有关“重大决策内容”决定必须经代表 80% 以上表决权董事通过的规定，同时也违反《公司法》有关公司董事忠实义务的规定，严重损害公司利益。同济堂公司作为中科公司控股股东，对上述事实明知，构成共同侵权，应当承担连带责任。因此，对中科院某研究院的主张予以支持。

关联规则

《企业国有资产法》第二十六条；《国务院办公厅关于进一步完善国有企业法人治理结构的指导意见》第二部分第（四）项第 3 点；《上市公司独立董事管理办法》第三条。

文献参考

王莹莹：《信义义务的传统逻辑与现代建构》，载《法学论坛》2019 年第 6 期；徐化耿：《信义义务的一般理论及其在中国法上的展开》，载《中外法学》2020年第6期；翁小川：《董事注意义务标准之厘定》，载《财经法学》2021年第6期；王真真：《董事勤勉义务制度的利益衡量与内涵阐释》，载《财经法学》2022年第3期；傅穹：《公司利益范式下的董事义务改革》，载《中国法学》2022年第6期；丁亚琪：《实质董事的规范结构：功能与定位》，载《政法论坛》2022年第4期；邹学庚：《控股股东信义义务的理论反思与类型化》，载《比较法研究》2023年第4期。

第一百八十一条　【违反忠实义务的行为】

董事、监事、高级管理人员不得有下列行为：

（一）侵占公司财产、挪用公司资金；

（二）将公司资金以其个人名义或者以其他个人名义开立账户存储；

（三）利用职权贿赂或者收受其他非法收入；

（四）接受他人与公司交易的佣金归为己有；

（五）擅自披露公司秘密；

（六）违反对公司忠实义务的其他行为。

条文解读

本条是关于董事、监事、高级管理人员违反忠实义务的行为的规定。

与修订前的条文相比，本条规定的主要变化有：一是将监事明确列入可能违反忠实义务的主体范围，本法第一百八十二条至第一百八十四条也相应将监事纳入其中；二是将《公司法》（2018年修正）第一百四十七条第二款关于“不得利用职权收受贿赂或者其他非法收入，不得侵占公司的财产”的规定纳入本条，作为违反忠实义务的具体行为表现；三是删除《公司法》（2018年修正）第一百四十八条第一款第三项关于违规借贷及违规提供担保的规定，并将第四项、第五项关于关联交易、利用商业机会、竞业等并不当然违反忠实义务的规定作相应完善后单列为其他条文。

理解本条需留意以下几点：

1. 董事、监事、高级管理人员只要有本条规定的各项行为之一者，即构成忠实义务

的违反。公司章程、股东会或董事会决议都无法作为阻却相关行为违法性的事由。至于本条第六项兜底条款的适用,则主要依照本法关于忠实义务的定义判断,关键点仍在于利益冲突的识别(**【第一百八十条】**)。

2. 本条明确规定了以下几种违反忠实义务的行为:

第一,侵占公司财产、挪用公司资金。董事、监事、高级管理人员将公司财产据为己有,或将公司资金挪为私用,都是典型的损害公司利益的行为。所谓挪用资金,通常是指挪用资金归个人使用或者借贷给他人,该行为的受益者通常是行为人或其关联人。挪用公司资金的情形已涵盖将公司资金违规借贷给他人的行为,故本次修订将其删除。若行为人只是改变公司资金用途,且最终仍将资金用于公司事务,则属于违反公司财务会计制度的行为,可能构成勤勉义务的违反。

第二,将公司资金以其个人名义或者以其他个人名义开立账户存储。该情形与前一点类似,若董事、监事、高级管理人员私立账户存储公司资金是为自身牟取不正当利益,则构成忠实义务的违反;若行为人私立账户只是为了将公司资金更灵活便利地用于公司经营,则属于违反公司财务会计制度、税收法律制度或者相关监管规则的行为,可能需要承担其他相应的法律责任。

第三,利用职权贿赂或者收受其他非法收入。董事、监事、高级管理人员利用职权收受贿赂或者取得其他非法收入和不当利益的,构成忠实义务的违反。《企业国有资产法》第二十六条针对国有企业的相关人员也提出上述要求。该情形与前两点类似,若行为人利用职权行贿且并非为自身牟取不正当利益,即便公司受益,也构成守法义务的违反(**【第一百七十九条】**)。

第四,接受他人与公司交易的佣金归为己有。董事、监事、高级管理人员将他人与公司交易本应支付给公司的佣金归为己有,本质上也是侵占公司财产。从合规视角来看,董事、监事、高级管理人员若因促成交易而获得正常薪酬之外的其他回报,也应当是在公司收取佣金后按照公司业绩提成等奖励规则并遵循公司财务制度要求向相关人员支付。

第五,擅自披露公司秘密。公司秘密对公司而言具有较大的商业价值,董事、监事、高级管理人员虽有依法披露相关信息的义务,但不符合法律法规关于信息披露要求或未经公司内部决策程序而擅自披露公司秘密的行为,则严重损害公司利益。通常而言,行为人往往通过擅自披露公司秘密而获得不正当利益。若行为人因过失而不当披露公司秘密且不以牟取不正当利益为目的,则可能构成勤勉义务的违反。公司秘密所涵盖的范围大于商业秘密。按照《中华全国律师协会律师办理商业秘密法律业务操作指引》(2015 年修订)第十八条的规定,公司秘密除商业秘密外,还包括人事秘密、薪酬秘密、财务秘密、品牌推广策划等。

3.《刑法》(2023 年修正)第一百六十九条之一规定了背信损害上市公司利益罪。上市公司的董事、监事、高级管理人员违背对公司的忠实义务,利用职务便利,操纵上市公司从事下列行为之一,致使上市公司利益遭受重大损失的,构成背信损害上市公司利益罪:(1)无偿向其他单位或者个人提供资金、商品、服务或者其他资产的;(2)以明显不公平的条件,提供或者接受资金、商品、服务或者其他资产的;(3)向明显不具有清偿能力的单位或者个人提供资金、商品、服务或者其他资产的;(4)为明显不具有清偿能力的单位或者个人提供担保,或者无正当理由为其他单位或者个人提供担保的;(5)无正当理由放弃债权、承担债务的;(6)采用其他方式损害上市公司利益的。上市公司的控股股东或者实际控制人,指使上市公司董事、监事、高级管理人员实施前述行为的,也构成背信损害上市公司利益罪。这实际上涉及影子董事的问题(**【第一百九十二条】**)。

·典型案例·

1. 针对本条第一项、第二项

(2021)沪 02 民再 84 号民事判决书:姜某为申昊公司法定代表人,宋某为申昊公司监事,二人不断以“备用金”“差旅费”“还款”等名义将申昊公司银行账户内款项转入个人账户。后申昊公司提起诉讼。法院认为,姜某和宋某对申昊公司均负有忠实和勤勉义务,并不得侵占公司财产。二人不断将申昊公司银行账户内款项转入个人账户的行为不符合正常的交易逻辑,是侵占公司财产的行为,损害申昊公司利益。因此,对申昊公司的主张予以支持。

2. 针对本条第三项

(2022)鲁 0211 民初 17891 号民事判决书:阳光公司与正诺公司拟达成某项目合作。阳光公司经理翟某发现正诺公司提供的征信报告会影响该项目通过,故授意正诺公司提供虚假征信报告,并收取好处费。后阳光公司起诉要求翟某赔偿经济损失。法院认为,董事、监事、高级管理人员应当遵守法律、行政法规和公司章程,对公司负有忠实义务和勤勉义务;董事、监事、高级管理人员不得利用职权收受贿赂或者其他非法收入,不得侵占公司的财产,故判令翟某赔偿阳光公司损失。

3. 针对本条第四项

(2023)京03民终7324号民事判决书:庞某为国汉酒店法定代表人,其在任职期间,以个人名义代表国汉酒店与第三人签订房屋租赁合同。后房屋租赁合同因诉讼被确认无效,庞某在该诉讼中就租金支付情况作出虚假陈述,并将公司所得租金及补偿转入个人账户。国汉酒店起诉要求庞某承担赔偿责任。法院认为,庞某的行为损害了国汉酒店的利益,国汉酒店有权主张庞某给付相应款项。因此,对国汉酒店的主张予以支持。

4. 针对本条第五项、第六项

(2020)粤01民终14267号民事裁定书:谢某、蔡某为启华公司股东,谢某任公司监事。谢某因职务便利掌握启华公司的客户、供应商及物流信息,后将相关信息透露给案外人,为案外人提供经营上的便利。蔡某认为谢某侵犯公司商业秘密,要求谢某赔偿公司损失。法院认为,经查明,谢某提供信息为一般人均可通过网络知悉的内容,不属于商业秘密;但同时可以推定谢某利用职务为案外人提供了公司信息及经营便利,违反了忠实义务。因此,对蔡某的主张予以支持。

关联规则

《刑法》(2023年修正)第一百六十九条之一、第二百七十二条;《企业国有资产法》第二十六条;《上市公司章程指引》(2023年修正)第九十七条;《董事会试点中央企业董事会规范运作暂行办法》第六十二条;《上市公司监事会工作指引》第六十五条、第七十条;《中华全国律师协会律师办理商业秘密法律业务操作指引》(2015年修订)第十八条、第十九条。

文献参考

张民安:《董事忠实义务研究》,载《吉林大学社会科学学报》1997年第5期;李燕:《透视美国公司法上的董事忠实义务——兼评我国〈公司法〉对董事忠实义务之规定》,载《现代法学》2008年第1期;叶林:《董事忠实义务及其扩张》,载《政治与法律》2021年第2期。

第一百八十二条 【自我交易和关联交易】

董事、监事、高级管理人员，直接或者间接与本公司订立合同或者进行交易，应当就与订立合同或者进行交易有关的事项向董事会或者股东会报告，并按照公司章程的规定经董事会或者股东会决议通过。

董事、监事、高级管理人员的近亲属，董事、监事、高级管理人员或者其近亲属直接或者间接控制的企业，以及与董事、监事、高级管理人员有其他关联关系的关联人，与公司订立合同或者进行交易，适用前款规定。

条文解读

本条是关于董事、监事、高级管理人员及其关联人与本公司订立合同或者进行交易的规定。

与修订前的条文相比，本条规定的主要变化有：一是规制对象从董事、监事、高级管理人员的自我交易扩张至与董事、监事、高级管理人员有关联关系的关联人的关联交易；二是明确交易方式和控制方式涵盖直接和间接两种情形，从而在扩张规制对象基础上还进一步扩张行为模式；三是明确合法的自我交易或关联交易应当满足事先报告和机构决议的条件。

理解本条需留意以下几点：

1. 依照本法关于关联关系和关联交易的原则性规定，公司的控股股东、实际控制人、董事、监事、高级管理人员不得利用关联关系损害公司利益（【第二十二条】）。所谓关联关系，是指公司控股股东、实际控制人、董事、监事、高级管理人员与其直接或者间接控制的企业之间的关系，以及可能导致公司利益转移的其他关系（**【第二百六十五条】**）。关联交易是典型的利益冲突交易，其又可细分为行为人与公司之间的自我交易，以及行为人的关联人与公司之间的交易（可称为狭义的关联交易）。这两种情形分别对应本条第一款和第二款。本条规定是对上述原则性规定的具体体现。

2. 关联关系虽为利益冲突交易，但并不必然违法。符合程序要求且价格公允的关联交易在很大程度上降低公司运营成本和交易成本。公司无须耗费过多时间审查交易相对人的各项信息，在订立合同或者进行交易时也可以适当降低交易相对人提供相应担保等相关要求。但同时，关联方也可能会利用其对公司的影响力，从事损害公司利益的机会主义行为，法律对此有必要予以规制。

3. 合法的关联交易首先应当满足本条规定的程序性要件：一是事先报告规则，即行为人应当就关联交易有关事项向董事会或者股东会报告；二是经董事会或者股东会决议通过。至于由哪个机构作出决议，由公司章程规定。当然，满足程序性要件的关联交易仍应经得起交易价格等实质性要件的检验。结合《公司法解释（五）》第一条的规定，关联交易损害公司利益的，董事、监事、高级管理人员不能仅以该交易已经履行了信息披露、经股东会同意等法律、行政法规或者公司章程规定的程序为由抗辩。

·典型案例·

1. 针对本条第一款

（2021）最高法民再181号民事判决书：高某、程某为钱塘公司合计持股60%的股东。后陕鼓公司设立，高某任副董事长兼经理，程某任董事。陕鼓公司章程规定，董事及公司经营层人员除公司章程规定或者股东会同意外，不得同本公司订立合同或者进行交易。从2010年至2015年5月，陕鼓公司与钱塘公司共签订采购合同千余份。陕鼓公司认为，高某、程某隐瞒关联交易行为损害了公司利益，要求其赔偿损失。法院认为，关联关系是指公司控股股东、实际控制人、董事、监事、高级管理人员与其直接或间接控制的企业之间的关系，以及可能导致公司利益转移的其他关系。陕鼓公司和钱塘公司之间的交易构成关联交易。高某、程某作为董事、高级管理人员，违反了忠实义务。因此，对陕鼓公司的主张予以支持。

2. 针对本条第二款

（2015）东中法民二终字第1913号民事判决书：真功夫公司股东包括蔡某、潘某等。蔡某与王某是夫妻关系。王某是个体工商户志利源经营部的经营者，该经营部因经营不善注销。真功夫公司曾与志利源经营部签订采购合同，约定志利源经营部向真功夫公司及其关联公司供货。真功夫公司的某项董事会决议对该关联交易予以确认。后真功夫公司认为，该关联交易损害公司利益。法院认为，《公司法》并未禁止关联交易，本案中关联交易已按章程经董事会决议通过。因此，对真功夫公司的主张不予支持。

关联规则

参见【**第二十二条**】列示的相关规则。

文献参考

参见【**第二十二条**】列示的相关文献。

第一百八十三条 【利用公司商业机会】

> **董事、监事、高级管理人员，不得利用职务便利为自己或者他人谋取属于公司的商业机会。但是，有下列情形之一的除外：**
>
> **（一）向董事会或者股东会报告，并按照公司章程的规定经董事会或者股东会决议通过；**
>
> **（二）根据法律、行政法规或者公司章程的规定，公司不能利用该商业机会。**

条文解读

本条是关于董事、监事、高级管理人员利用公司商业机会的规定。

与修订前的条文相比，本条规定的主要变化有：一是进一步拆分利用公司商业机会和经营同类业务两种情形，本条仅规定前者，后者则置于本法第一百八十四条；二是明确不得利用公司商业机会是原则性规定，同时也规定了例外允许的两种情形。

理解本条需留意以下几点：

1. 所谓公司商业机会，是指相对人为公司提供或因市场环境催生，并与公司经营活动相关，公司能够因此获得现实利益或具有合理期待利益的交易或发展可能性。公司商业机会在本质上属于公司利益的范畴。应当注意的是，既然公司商业机会只是一种获利可能性，那么其在实现之前并不表明公司已与相对人发生法律关系或已实际取得财产或权利。故而，董事、监事、高级管理人员依法利用公司商业机会的，不必然损害公司利益及构成忠实义务的违反。

2. 合法利用公司商业机会应当满足的程序性要件与关联交易的情形类似（【第一百八十二条】），都应当满足事先报告和机构决议的条件。行为人应当就利用公司商业机会有关事项向董事会或者股东会报告，并经董事会或者股东会决议通过。至于由哪个机构作出决议，由公司章程规定。上述情形可理解为公司放弃属于自身的商业机会。除此之外,实践中还可能存在公司根据法律、行政法规或者公司章程的规定不能利用该商业机会的情形,此时,董事、监事、高级管理人员利用该商业机会无须向公司机构报告及履行相应决议程序。当然,该行为若涉及关联交易或竞业事宜,应当符合相关规定的要求(**【第一百八十二条】【第一百八十四条】**)。

3. 交易相对人事前明确拒绝与公司订立合同或者进行交易的,应将其理解为不属于公司的商业机会。董事、监事、高级管理人员依法与该交易相对人订立合同或者进行交易的,不违反本条规定。

· 典型案例 ·

(2019)沪0118民初17485号民事判决书:福路公司为某西班牙公司在中国的唯一合作伙伴。在涉案业务期间,施某为福路公司董事兼经理、刘某为福路公司员工。炜翔公司为施某的关联公司。某西班牙公司一般通过施某的工作邮箱与福路公司进行商业往来。后施某得知某项目详情后,要求刘某以炜翔公司名义向某西班牙公司投标,并最终签订合同。福路公司认为施某擅自利用公司商业机会,要求施某赔偿损失。法院认为,来自某西班牙公司的业务机会是福路公司的商业机会。施某利用职务便利,私自将涉案商业机会安排给炜翔公司,损害了福路公司利益。因此,对福路公司的主张予以支持。

关联规则

《期货公司董事、监事和高级管理人员任职管理办法》(2022年修正)第三十三条;《上市公司章程指引》(2023年修正)第九十七条。

文献参考

吕来明:《论商业机会的法律保护》,载《中国法学》2006年第5期;冯果:《"禁止篡夺公司机会"规则探究》,载《中国法学》2010年第1期;沈贵明:《公司商业机会的司法认定》,载《法学》2019年第6期;袁崇霖:《公司机会规则的反思与体系建构》,载《法学研究》2022年第2期。

第一百八十四条 【竞业限制】

董事、监事、高级管理人员未向董事会或者股东会报告，并按照公司章程的规定经董事会或者股东会决议通过，不得自营或者为他人经营与其任职公司同类的业务。

条文解读

本条是关于董事、监事、高级管理人员竞业限制的规定。

与修订前的条文相比，本条规定的主要变化有：一是进一步拆分利用公司商业机会和经营同类业务两种情形，本条仅规定后者，前者则置于本法第一百八十三条；二是明确合法的经营同类业务应当满足事先报告和机构决议的条件。

理解本条需留意以下几点：

1. 董事、监事、高级管理人员自营或者为他人经营与其任职公司同类的业务，这在学理上称为竞业。竞业并不必然构成忠实义务的违反，同一主体在经营同类业务的不同公司、企业中任职在特定情形下还可能有助于降低运营成本和交易成本。但考虑到行为人有限的精力及可能产生不正当竞争、不正当利益输送等情形，法律有必要对董事、监事、高级管理人员的竞业行为予以相应限制。此外，竞业和利用公司商业机会实际上是不同维度的规则，两者在立法目的、限制范围等方面存在较大差异。

2. 所谓自营，既可以是行为人以自己名义独资或与他人合资设立企业，也可以是通过入股等出资方式（无论持股比例多少）加入他人设立的企业而开展经营活动。所谓为他人经营，则通常是指担任其他公司、企业的董事、监事、高级管理人员或厂长（经理）等参与经营管理，或者担任顾问等为其他公司、企业的经营管理提供相应咨询服务或协助的情形。

3. 所谓同类的业务，是指不同的市场主体在开展经营活动过程中提供相同或类似的商品或服务。这些业务往往存在竞争或替代关系，但在适用本条规定时，并不以是否存在竞争或替代关系为前提。在形式方面，认定是否构成同类业务首先通过企业经营范围及企业名称所呈现的企业主营业务等信息予以判断。按照《企业名称登记管理规定》（2020 年修订）第九条的规定，企业名称中的行业或者经营特点应当根据企业的主营业务和国民经济行业分类标准标明。国民经济行业分类标准中没有规定的，可以参照行业习惯或者专业文献等表述。《国民经济行业分类》(2019 年修改)将各行业门类细分为大类、中类和小类;基于公司利益保护的理念,行为人自营或为他人经营的业务只要在任一细分类型下存在业务相同,即可认定为同类的业务。从实质方面来看,行为人自营或为他人经营的业务若在表面上虽不符合上述形式要件(如超越经营范围开展经营活动),但只要有证据证明实质开展的业务为同类业务,也应当遵守本条的相关规定。

4. 合法的竞业应当满足的程序性要件与关联交易、利用公司商业机会的情形类似,都应当满足事先报告和机构决议的条件(【第一百八十二条】【第一百八十三条】)。 行为人应当就自营或者为他人经营与其任职公司同类业务有关事项向董事会或者股东会报告,并经董事会或者股东会决议通过。至于由哪个机构作出决议,由公司章程规定。

· 典型案例 ·

(2022)苏 02 民终 4770 号民事判决书:沈某甲担任双丰公司董事长,沈某乙担任双丰公司财务负责人,叶某担任双丰公司经理。后与双丰公司经营范围相同的云捷公司成立,沈某乙的儿子赵某为该公司控股股东。云捷公司的网站域名为“叶某.com”。沈某甲认为沈某乙、叶某、云捷公司侵害双丰公司利益。法院认为,沈某乙和叶某在担任双丰公司高级管理人员期间,沈某乙参与了云捷公司的设立及经营活动,叶某参与了云捷公司厂房建造过程,且云捷公司的网站域名与叶某重名。据此,可以合理推断沈某乙、叶某的上述行为属于竞业限制的情形,给双丰公司造成损失的,沈某乙、叶某、云捷公司应当承担赔偿责任。

关联规则

《企业名称登记管理规定》(2020 年修订)第九条;《上市公司章程指引》(2023 年修正)第九十七条;《董事会试点中央企业董事会规范运作暂行办法》第六十二条。

文献参考

翟业虎:《竞业禁止的域外法律实务考察》,载《法学杂志》2013 年第 12 期;陆烨:《董事、高管无权协议免除自身的竞业禁止义务》,载《人民司法(案例)》2017 年第 11 期;张潇月:《论公司高级管理人员的劳动合同法律适用》,载《中国政法大学学报》2018 年第 6 期。

第一百八十五条 【关联董事回避表决】

董事会对本法第一百八十二条至第一百八十四条规定的事项决议时，关联董事不得参与表决，其表决权不计入表决权总数。出席董事会会议的无关联关系董事人数不足三人的，应当将该事项提交股东会审议。

条文解读

本条是关于董事会对关联交易、利用商业机会、竞业等事项决议时关联董事回避表决的规定。

本条是新增规定。《公司法》(2018 年修正)仅在第一百二十四条规定上市公司涉及关联交易的董事会决议的关联董事回避规则，本条规定则适用于各类公司，且适用情形不局限于关联交易。

理解本条需留意以下两点：

1. 董事会对涉及关联交易、利用公司商业机会和竞业等事项作出决议的，根据决议的一般原理，在计算出席人数表决比例时，回避表决的董事都应当从总数中剔除。若出席董事会的无关联关系董事人数不足三人，则无法形成有效的董事会决议，从而应将该事项提交股东会审议。不足三人的董事会若强行作出所谓决议的，应被确认该董事会决议不成立(**【第二十七条】**)。不过，司法实践中，法院也可能以决议实质损害公司利益为由确认决议无效。

2. 若按照公司章程规定，涉及关联交易、利用公司商业机会和竞业等事项本就由股东会作出决议，则不涉及本条规定的相关事宜。但是，股东会在对相关事项作出决议时，关联股东是否应当回避，尚有疑惑。从立法目的来看，本条规定旨在避免个人利益与公司利益冲突，以维护公司利益。此外，本法对于公司为他人提供担保的情形设置了关联股东回避表决的规定(**【第十五条】**)。据此，关联股东在股东会对本条规定事项作出决议时，应当回避。该项表决由出席会议的其他股东所持表决权的过半数通过。

· 典型案例 ·

(2022)京 03 民终 12840 号民事判决书：城韵公司与城建公司为东湖湾公司股东，城建公司委派三名董事参与东湖湾公司管理。后东湖湾公司经董事会决议解除与城建公司的合作关系。城韵公司认为城建公司与东湖湾公司解除合作关系有损自身及东湖湾公司利益,且此次董事会中存在城建公司委派的关联董事未回避的情形,故主张该决议不成立。法院认为,董事回避表决制度的立法目的在于防止与公司存在利益冲突的利害关系人利用表决权谋取私利,损害公司及其他股东利益。城建公司作为关联交易方,其委派的董事在此次董事会中并未回避表决,损害了东湖湾公司及城韵公司的利益。因此,上述董事会决议应属无效。

关联规则

《上市公司章程指引》(2023 年修正)第一百一十九条;《非上市公众公司监督管理办法》(2023 年修订)第四十六条。

文献参考

温长庆:《论公司决议的形成规则及其在回避表决时的运用——从“万科董事会决议”的争议点切入》,载《法商研究》2018 年第 1 期;高富平、孔浩琼:《论公司决议中的表决权回避》,载《扬州大学学报(人文社会科学版)》2019 年第 3 期。

第一百八十六条　【归入权】

董事、监事、高级管理人员违反本法第一百八十一条至第一百八十四条规定所得的收入应当归公司所有。

条文解读

本条是关于董事、监事、高级管理人员违反忠实义务所得收入归公司所有的规定。

与修订前的条文相比,本条规定的主要变化是将监事列为公司主张归入权的对象,这与本法关于违反忠实义务的各项规定都已将监事列为行为主体相统一。

理解本条需留意以下几点:

1. 董事、监事、高级管理人员违反忠实义务所得收入应当归公司所有,在学理上称

为公司归入权。此处所谓收入，宜理解为净收入。归入权的基础关系是公司与董事、监事、高级管理人员之间的受信关系。关于归入权的性质问题，争议较大。依照《民法典》第九百八十七条和第一千一百八十四条的规定，恶意得利人的利益返还及损失赔偿，以及侵害他人财产的损失赔偿，都以权利人的实际损失为计算方法。归入权的规范构造与侵权、不当得利等皆有明显区别，宜将其作为《公司法》上的特别规定。公司主张归入权不以公司是否存在实际损失为前提，也不以实际损失数额为限。况且，实践中，董事、监事、高级管理人员违反忠实义务给公司造成的损失往往是潜在的，公司并不容易直接证明及计算实际损失。故而，为了维护公司利益，只要是董事、监事、高级管理人员违反忠实义务所得的收入，都将纳入公司归入权的主张范围。继而，公司是否行使归入权也不影响其对相关主体主张承担侵权责任或其他法律责任。例如，行为人违反忠实义务给公司造成损失，而行为人从中并无收入，又或者收入小于公司损失，公司可依法主张行为人承担赔偿责任（**【第一百八十八条】**）。

2.《证券法》（2019年修订）第四十四条还有关于短线交易归入权的规定。上市公司、股票在国务院批准的其他全国性证券交易场所交易的公司持有5%以上股份的股东、董事、监事、高级管理人员（包括其配偶、父母、子女），将其持有的该公司的股票或者其他具有股权性质的证券在买入后六个月内卖出，或者在卖出后六个月内又买入，由此所得收益归该公司所有，公司董事会应当收回其所得收益。短线交易属于内幕交易的一种情形，不论相关主体是否知悉内幕信息，也不论其是否利用了内幕信息，一概将其在六个月内交易的收益收归公司所有。

3.控股股东、实际控制人构成事实董事的情形下，其违反本法第一百八十一条至第一百八十四条规定所得的收入是否应当归公司所有，尚有疑惑。从法条文义和立法目的来看，事实董事规则旨在遏制控股股东、实际控制人滥用权利及损害公司利益的行为。既然事实董事适用董事、监事、高级管理人员对公司负有忠实义务的规定（**【第一百八十条】**），那么其违反忠实义务所得收入也应当归公司所有。

·典型案例·

（2020）渝民终543号民事判决书：谢某、冷某为云创公司股东。2016年1月至3月，冷某将自有资金假借夏某等名义借给云创公司使用。后云创公司按照约定共向冷某支付利息合计883.2万元。谢某主张冷某的行为损害公司利益。法院认为，董事、高级管理人员除公司章程规定或者股东会同意外，不得与本公司订立合同或者进行交易。冷某假借他人名义与云创公司订立借款合同，出借资金给云创公司，并未经股东会同意或得到另一股东谢某的同意。冷某从云创公司所获得的利息收入应当归云创公司所有。

关联规则

《民法典》第九百八十七条、第一千一百八十四条；《证券法》（2019 年修订）第四十四条；《上市公司章程指引》（2023 年修正）第九十七条。

文献参考

邓峰：《公司利益缺失下的利益冲突规则——基于法律文本和实践的反思》，载《法学家》2009 年第 4 期；甘培忠、周游：《公司利益保护的裁判现实与理性反思》，载《法学杂志》2014 年第 3 期；汤欣：《法律移植视角下的短线交易归入权制度》，载《清华法学》2014 年第 3 期；周淳：《公司归入权的体系定位与规范构造》，载《财经法学》2021 年第 3 期；郑乾：《控制股东适用公司归入权的证成路向》，载《北京化工大学学报（社会科学版）》2021 年第 4 期；冉克平、舒广：《论公司利益的体系定位与私法救济》，载《南大法学》2023 年第 1 期。

第一百八十七条　【列席股东会会议并接受股东质询】

股东会要求董事、监事、高级管理人员列席会议的，董事、监事、高级管理人员应当列席并接受股东的质询。

条文解读

本条是关于董事、监事、高级管理人员列席股东会会议并接受股东质询的规定。

理解本条需留意以下几点：

1. 为确保股东会更科学理性地行使职权，并体现股东会作为公司权力机构的法律地位，股东可以要求董事、监事、高级管理人员列席会议并接受股东质询，以便充分而全面地了解公司经营管理状况，作出符合公司实际需要的决策。尤其是中小股东通过行使质询权，能够与董事、监事、高级管理人员直接交流意见，从而成为其行使监督权利、参与公司管理的重要渠道。从权利性质来看,股东质询权本质上属于股东知情权的内容。理论上,股东知情权制度体系包括股东查阅权(**【第五十七条】【第一百一十条】**)、质询权以及公司依法主动信息披露的内容(**【第一百二十九条】【第一百六十六条】**)。

2. 股东对公司的经营依法享有提出建议或者质询的权利(**【第一百一十条】**)。本条规定对于股东行使质询权予以细化:一是股东会要求董事、监事、高级管理人员列席会议;二是股东对列席会议的董事、监事、高级管理人员行使质询权。不过,股东会会议原则上由董事会召集(**【第六十三条】【第一百一十四条】**),因此,股东会应当如何要求相关人员列席会议,尚有疑惑。继而,股东行使质询权若只能以召开股东会会议为前提,也无法全面彰显质询权制度设置的目的。公司可以根据自身情况,在公司章程中对于相关人员列席股东会会议、质询权的具体行使程序以及相关人员回应质询的具体方式及要求等作出特别规定。

3. 股东质询在上市公司治理过程中发挥着非常重要的作用。按照《中证中小投资者服务中心持股行权工作规则(试行)》第二条的规定,中证中小投资者服务中心有限责任公司(投服中心)持有上市公司的股票,以股东身份自行或联合其他股东,行使查阅、建议、质询、表决、短线交易归入请求、提名、提案、提起诉讼、请求召开股东会、召集及主持股东会等法律赋予的股东权利。实践中,投服中心普遍采取向公司发送《股东质询函》的方式行使质询权。

· 典型案例 ·

《上海德必文化创意产业发展(集团)股份有限公司关于中证中小投资者服务中心〈股东质询函〉的回复公告》(证券代码:300947,公告编号:2023－013):德必集团收到中证中小投资者服务中心的《股东质询函》(投服中心行权函〔2023〕7号),对公司控股子公司南京德必公司拟按出资比例继续向参股公司金旅德必公司提供的借款的必要性事项依法行使股东质询权。德必集团对此回复,南京德必公司拟按出资比例继续向金旅德必公司提供借款是为了满足其日常经营的资金需求,确保项目持续稳健发展。所涉项目均稳定运营,出租率持续提升,预计 2023 年内能够实现财务营收的稳定提升,在品牌影响力方面为公司带来正面影响,实现公司布局南京市场的战略目标。德必集团在回复中同时提供了相应的数据材料佐证。(公告时间:2023 年 3 月 16 日)

关联规则

《中证中小投资者服务中心持股行权工作规则(试行)》第二条;《上市公司监事会工作指引》第五十三条。

文献参考

钱玉林:《论股东的质询权》,载《比较法研究》2005 年第 1 期;蒋学跃:《股东质询权刍议》,载《河北法学》2009 年第 2 期;李建伟、姚晋升:《论股东知情权的权利结构及其立法命题》,载《暨南学报(哲学社会科学版)》2009 年第 3 期;徐强胜、孙浩天:《论股东会上股东质询的功能与实现》,载《财经法学》2023 年第 5 期。

第一百八十八条　【执行职务给公司造成损失的赔偿责任】

董事、监事、高级管理人员执行职务违反法律、行政法规或者公司章程的规定,给公司造成损失的,应当承担赔偿责任。

条文解读

本条是关于董事、监事、高级管理人员因执行职务给公司造成损失的赔偿责任的规定。

本条规定较此前规定并无实质变化,只是针对个别表述略作调整。

理解本条需留意以下几点:

1. 董事、监事、高级管理人员依照本法及相关法律法规或公司章程的规定享有经营管理权或监督权,同时也对公司负有守法合章义务和信义义务(【第一百七十九条】【第一百八十条】)。董事、监事、高级管理人员是公司治理的核心参与者,因此也更容易存在损害公司利益的机会主义行为。一方面,相关人员违反忠实义务所得收入归公司所有(**【第一百八十六条】**);另一方面,相关人员不当执行职务给公司造成损失的,应当承担赔偿责任。

2. 董事、监事、高级管理人员因不当执行职务的行为给公司造成损失的,在性质上属于侵权责任。在判断董事、监事、高级管理人员是否应当承担本条规定的赔偿责任时,需考虑以下要素:一是结果,即公司遭受损失的事实;二是行为,即执行职务存在违反法律法规或公司章程的情形；三是因果关系，即相关主体的行为导致公司遭受损失的结果；四是主观过错，即相关主体是否存在故意或过失。基于相关主体的过错大小，需要承担的赔偿责任也可能有所区别。其中，董事、监事、高级管理人员执行职务因违反公司章程规定而对公司损失承担赔偿责任的情形体现了《公司法》规定的特殊性。董事、监事、高级管理人员因执行职务之外的行为给公司造成损失的，适用《民法典》关于侵权责任的一般规定。

3. 相关人员执行职务给他人造成损害而引起的公司赔偿责任（【第一百九十一条】），实际上也给公司利益造成损害。结合《民法典》第一千一百九十一条和本法第一百九十一条的规定，公司的工作人员因执行工作任务造成他人损害的，由公司承担侵权责任。公司承担侵权责任后，可以向有故意或者重大过失的工作人员追偿。

·典型案例·

（2023）辽 02 民终 2052 号民事判决书：耕海公司的经营范围包括物业管理、停车场服务等。李某担任耕海公司经理。在任职期间，李某利用职务便利将耕海公司分公司的停车费擅自转移至峰城公司。法院认为，李某作为公司高级管理人员，执行职务时违反法律法规及公司章程，给耕海公司造成损失，其应当与峰城公司就上述款项承担连带责任。

关联规则

《民法典》第一千一百九十一条；《保险法》（2015 年修正）第八十三条；《上市公司章程指引》（2023 年修正）第一百零三条、第一百三十四条、第一百四十三条；《董事会试点中央企业董事会规范运作暂行办法》第六十九条。

文献参考

潘勇锋：《论公司董事的侵权责任》，载《人民司法》2009 年第 11 期；王艳梅、祝雅柠：《论董事违反信义义务赔偿责任范围的界定——以世界银行〈营商环境报告〉“董事责任程度”为切入点》，载《北方法学》2019 年第 2 期；何云、及小同：《董事损害公司利益之过错认定》，载《人民司法》2022 年第 5 期；曾祥生：《董事责任规制的困境与应对——以董事个体差异为视角》，载《法学杂志》2022 年第 6 期。

第一百八十九条　【股东代表诉讼】

董事、高级管理人员有前条规定的情形的，有限责任公司的股东、股份有限公司连续一百八十日以上单独或者合计持有公司百分之一以上股份的股东，可以书面请求监事会向人民法院提起诉讼；监事有前条规定的情形的，前述股东可以书面请求董事会向人民法院提起诉讼。

监事会或者董事会收到前款规定的股东书面请求后拒绝提起诉讼，或者自收到请求之日起三十日内未提起诉讼，或者情况紧急、不立即提起诉讼将会使公司利益受到难以弥补的损害的，前款规定的股东有权为公司利益以自己的名义直接向人民法院提起诉讼。

他人侵犯公司合法权益，给公司造成损失的，本条第一款规定的股东可以依照前两款的规定向人民法院提起诉讼。

公司全资子公司的董事、监事、高级管理人员有前条规定情形，或者他人侵犯公司全资子公司合法权益造成损失的，有限责任公司的股东、股份有限公司连续一百八十日以上单独或者合计持有公司百分之一以上股份的股东，可以依照前三款规定书面请求全资子公司的监事会、董事会向人民法院提起诉讼或者以自己的名义直接向人民法院提起诉讼。

条文解读

本条是关于股东代表诉讼的规定。

与修订前的条文相比，本条规定的主要变化是增设股东双重代表诉讼的规定。

理解本条需留意以下几点：

1. 股东代表诉讼，是指当董事、监事、高级管理人员或其他主体实施了某种损害公司利益的行为，而作为权利主体的公司又怠于提起追究行为人责任的诉讼时，股东可以依法为公司利益以自己的名义对行为人提起的诉讼。此时，股东为原告，被告为董事、监事、高级管理人员或侵犯公司合法权益的他人，公司为第三人。由于股东是为公司利益提起的诉讼，故而胜诉利益归属于公司。若股东的诉讼请求部分或者全部得到人民法院支持，公司应当承担股东因参加诉讼支付的合理费用。

2. 依照本条第一款规定，提起代表诉讼的股东在有限责任公司与股份有限公司之

间存在资格要件差异。有限责任公司的股东都可以依本条规定提起代表诉讼，并无持股比例和持股期限的要求；股份有限公司的股东则需要满足连续180日以上单独或者合计持有公司1%以上股份的条件方可提起代表诉讼。学理上将无持股比例要求即可行使的股东权利称为单独股东权，有持股比例要求才可行使的股东权利则称为少数股东权。需要注意的是，依照《证券法》(2019年修订)第九十四条第三款的规定，发行人的董事、监事、高级管理人员执行公司职务时违反法律、行政法规或者公司章程的规定给公司造成损失，发行人的控股股东、实际控制人等侵犯公司合法权益给公司造成损失，投资者保护机构持有该公司股份的，可以为公司的利益以自己的名义向人民法院提起诉讼，持股比例和持股期限不受《公司法》规定的限制。

3. 股东在提起代表诉讼前，原则上都应当履行交叉请求的前置程序，除非证明是将严重损害公司利益的紧急情况。所谓交叉请求，是指董事、高级管理人员不当执行职务损害公司利益的，股东应先书面请求监事会向人民法院提起诉讼；监事不当执行职务损害公司利益的，股东则应先书面请求董事会向人民法院提起诉讼。这体现的是经营管理权与监督权之间的制衡关系。股东提出请求被相关机构拒绝或者相关机构收到请求后三十日内未提起诉讼的，则可依法提起代表诉讼。根据《公司法解释(四)》第二十三条的规定，若董事会或监事会同意提起诉讼，则进入公司直接诉讼程序，此时应当列公司为原告。

4. 因他人侵犯公司合法权益而提起代表诉讼，通常认为股东应先书面请求董事会提起诉讼。实践中，本条规定的“他人”通常是指不担任公司董事、监事、高级管理人员的控股股东、实际控制人，又或者是控股股东、实际控制人、董事、监事、高级管理人员的关联人。股东针对上述主体提起的代表诉讼的情形主要有：一是关联关系损害公司利益(**【第二十二条】【第一百八十二条】**)；二是控股股东、实际控制人构成事实董事(**【第一百八十条】**)；三是控股股东、实际控制人构成影子董事、影子高级管理人员(**【第一百九十二条】**)。

5. 依照本法的相关规定，不设监事会的监事以及董事会下设审计委员会行使本法规定的监事会职权(【第六十九条】【第八十三条】【第一百二十一条】【第一百三十三条】)，故而本条关于监事会的规定也同样适用于上述两类主体。同理，不设董事会的董事也适用本条关于董事会的规定(**【第七十五条】【第一百二十八条】**)。

6. 在公司集团化运营的趋势下，双重代表诉讼作为股东权利“穿越”行使的重要制度，能更好地体现对股东合法权益的保护。股东对公司全资子公司的董事、监事、高级管理人员或他人提起代表诉讼的，应当遵守本条前三款的相关规定。从文义来看，本条第四款规定股东“穿越”提起代表诉讼的对象仅限于公司全资子公司，而不包括公司控股子公司(**【第十三条】**)或者公司全资子公司设立的全资子公司等。

·典型案例·

1. 针对本条第一款、第二款

(2023)鲁03民终506号民事判决书：许某为新城股份公司股东。许某向新城股份公司监事会发送邮件，就公司未召开股东会等情况要求监事会行使职权，对公司董事长岳某提起诉讼。新城股份公司监事会自收到请求之日起30日内未提起诉讼，许某以自己的名义直接向法院提起诉讼，岳某质疑许某的原告资格。法院认为，依据股东代表诉讼的规定，许某连续180日单独持有新城股份公司股份1%以上，且已请求监事会对公司董事长岳某提起诉讼，新城股份公司监事会自收到请求之日起30日内未提起诉讼，许某以自己的名义直接向法院提起诉讼符合法律规定，应予以支持。

2. 针对本条第三款

(2022)粤06民终7948号民事判决书：贾某为博娜姿公司监事。佳驰公司与博娜姿公司签订承揽合同。后因佳驰公司违约，双方合作关系破裂。博娜姿公司股东悦尔珍公司书面请求贾某提起诉讼。贾某遂将佳驰公司诉至法院，佳驰公司主张贾某并非诉讼适格主体。法院认为，佳驰公司的违约行为损害了博娜姿公司的合法权益，符合他人侵犯公司合法权益的情形，贾某作为监事代表公司符合法律规定。因此，对佳驰公司的主张不予支持。

3. 针对本条第四款

(2016)陕民终228号民事判决书：赵某、海航控股公司为海航投资公司股东。皇城酒店公司为海航投资公司全资子公司。赵某认为海航控股公司致使皇城酒店公司房屋闲置的行为损害皇城酒店公司利益，要求海航投资公司监事会提起诉讼无果，遂自行提起诉讼。法院认为，海航控股公司作为皇城酒店公司母公司海航投资公司的控股股东，对海航投资公司的运营、管理及人事具有实质的支配和控制能力，继而对皇城酒店公司也具有实际支配和控制权。海航控股公司应当忠实于其所控制的公司并最大限度地以公司利益为行使权利的标准，其怠于行使权利造成公司利益受损的，应承担相应的民事责任。因此，对赵某的主张予以支持。

关联规则

《证券法》(2019年修订)第四十四条、第九十四条;《上市公司章程指引》(2023年修正)第三十条;《上市公司监事会工作指引》第二十八条。

文献参考

甘培忠:《论股东派生诉讼在中国的有效适用》,载《北京大学学报(哲学社会科学版)》2002年第5期;刘凯湘:《股东代表诉讼的司法适用与立法完善——以〈公司法〉第152条的解释为中心》,载《中国法学》2008年第4期;樊纪伟:《我国双重代表诉讼制度架构研究》,载《华东政法大学学报》2016年第4期;蔡元庆、黄海燕:《多重代表诉讼制度的价值及导入路径》,载《法治社会》2017年第6期;李建伟:《股东双重派生诉讼的制度构成与规范表达》,载《社会科学研究》2023年第2期。

第一百九十条 【股东直接诉讼】

董事、高级管理人员违反法律、行政法规或者公司章程的规定,损害股东利益的,股东可以向人民法院提起诉讼。

条文解读

本条是关于股东直接诉讼的规定。

理解本条需留意以下几点:

1. 所谓股东直接诉讼,是与股东代表诉讼相对应的诉讼类型(【第一百八十九条】)。与股东代表诉讼重在保护公司利益不同,本条规定以保护股东利益为目的。董事、高级管理人员违反法律、行政法规或者公司章程的规定损害股东利益的,股东有权为了自己的利益直接向人民法院提起诉讼。

2. 在本条规定情形下,股东作为受害人,是有直接利害关系的主体,为《民事诉讼法》(2023年修正)第一百二十二条规定的适格原告。股东依照本条提起诉讼并无持股比例和持股期限的要求。与董事、监事、高级管理人员对公司承担赔偿责任的规定类似,股东要求董事、高级管理人员对其行为所造成股东损失承担责任时需满足以下要素:一是结果,即股东遭受损失的事实;二是行为,即相关人员的行为存在违反法律法规或公司章程的情形；三是因果关系，即相关主体的行为导致股东遭受损失的结果；四是主观过错，即相关主体是否存在故意或过失。基于相关主体的过错大小，需要承担的赔偿责任也可能有所区别。此外，监事作为公司治理的重要参与者，理论上也有违反法律、行政法规或者公司章程的规定损害股东利益的可能，从而在特定情形下有必要针对监事的行为类推适用本条规定。

3. 实践中，该规定的适用范围比较狭窄。第一，董事、高级管理人员对公司负有信义义务，故而通常是对公司利益造成直接损害的同时间接损害股东利益。此时，股东应当依法适用股东代表诉讼规则（**【第一百八十九条】**）。第二，在股权结构相对集中的情形下，董事、高级管理人员也常由控股股东担任，故而相关主体损害股东利益的行为可能同时涉及本条及本法关于控股股东滥用权利的规定（**【第二十一条】**），而适用后者处理相应纠纷的情形更为常见。第三，本条规定虽未将董事、高级管理人员的加害行为限定于执行职务的情形，但在法律适用方面仍侧重考虑相关主体是否违反信义义务，从而增加本条适用难度。当然，董事、高级管理人员因执行职务之外的行为损害股东利益的，可直接适用《民法典》关于侵权责任的一般规定。

·典型案例·

（2018）鲁01民终7322号民事判决书：刘某、王某甲、王某乙为力鲁特公司股东，王某乙兼任该公司法定代表人。刘某、王某甲认为王某乙在公司经营期间，将大量公司资金转入个人账户和关联企业宝鼎公司账户，损害了力鲁特公司利益，同时也损害了刘某、王某甲作为股东的利益，要求王某乙赔偿损失。法院认为，刘某、王某甲为公司股东，王某乙行为直接损害了上述二人股东利益，刘某与王某甲具有直接提起股东诉讼资格。因此，对二人的主张予以支持。

关联规则

《民事诉讼法》（2023年修正）第一百二十二条；《证券法》（2019年修订）第九十四条；《上市公司章程指引》（2023年修正）第三十七条。

文献参考

石少侠：《论股东诉讼与股权保护》，载《法制与社会发展》2002年第2期；刘桂清：《股东对董事之直接诉讼——对新公司法第153条法理基础的反思与重构》，载《法学评论》2006

年第3期;张国平、汪亚菲:《论我国股东直接诉讼规则的不足与完善》,载《政治与法律》2012年第9期;杨姗:《封闭型公司股东权益保护的立法完善——以“股东直接诉讼”为切入点》,载《现代法学》2021年第3期。

第一百九十一条 【董事、高级管理人员执行职务给他人造成损害的责任承担】

董事、高级管理人员执行职务,给他人造成损害的,公司应当承担赔偿责任;董事、高级管理人员存在故意或者重大过失的,也应当承担赔偿责任。

条文解读

本条是关于董事、高级管理人员执行职务给他人造成损害的责任承担的规定。

本条是新增规定。

理解本条需留意以下几点:

1. 本条规定前半句是《民法典》关于用人单位责任的规定在本法的具体体现。依照《民法典》第一千一百九十一条的规定,用人单位的工作人员因执行工作任务造成他人损害的,由用人单位承担侵权责任。从法律关系来看,董事、高级管理人员执行职务的行为也符合《民法典》关于职务代理规定的相关要件。依照《民法典》第一百七十条的规定,执行法人或者非法人组织工作任务的人员,就其职权范围内的事项,以法人或者非法人组织的名义实施的民事法律行为,对法人或者非法人组织发生效力。因此,董事、高级管理人员作为公司的工作人员,执行职务给他人造成损害的,公司应当承担赔偿责任。

2. 董事、高级管理人员执行职务给他人造成损害,存在故意或者重大过失的,也应当承担赔偿责任。这是本次修订的亮点之一。董事、高级管理人员执行职务给他人造成损害依照本条及《民法典》的相关规定固然应当由公司承担赔偿责任,但公司也因此遭受损失。故而,依照《民法典》第一千一百九十一条的规定,用人单位承担侵权责任后,可以向有故意或者重大过失的工作人员追偿。然而,《民法典》中用人单位先承担责任后向有过错的人员追偿的一般规定,在公司法律关系中可能遭遇适用困难。公司常受控于管理者,若公司因造成他人损害的董事、高级管理人员通过公司内部决策程序决定不向他人承担赔偿责任,受害人则只能通过其他途径寻求权利救济。况且,董事、高级管理人员与一般的工作人员不同,其在公司中的影响力更容易危及公司的独立法人地位,此时由公司承担赔偿责任也实属不公。理论上,公司债权人还可能基于《民法典》关于代位权、共同侵权等规则要求董事、高级管理人员承担责任。然而,这些规则并不能很好地保护债权人利益。一方面,债权人行使代位权需要遵循相对烦琐的程序以及承担由此带来的行权成本;另一方面,共同侵权无法适用于本条规定的情形,因为董事、高级管理人员的行为若未归属于公司,所以只能视为其个人行为,理论上并不存在公司和行为人共同实施侵权行为的可能。故而,本条规定增加董事、高级管理人员对他人直接承担责任的规定,实属必要。

3. 从制度功能来看,本条规定在一定程度上是对公司人格否认制度的有益补充。本法关于公司人格否认的规定仅适用于股东(**【第二十三条】**)。在公司不承担或者不能承担赔偿责任的情形下,本条规定为债权人提供了直接向不是股东的董事、高级管理人员主张权利的途径。

· 典型案例 ·

1. 针对本条前半句

(2023)云34民终169号民事判决书:何某为天路公司法定代表人,张某为该公司监事。张某经何某同意后,代表天路公司与熊某签订转包合同,约定将相关工程项目转包给熊某,熊某先后向张某、何某缴纳两笔保证金。后因合同无法履行,何某退还了部分保证金,剩余保证金未退还。熊某向天路公司主张退还保证金无果,提起诉讼。法院认为,法定代表人因执行职务造成他人损害的,由法人承担民事责任。熊某完全有理由相信监事代收保证金是代表公司的行为,况且公司法定代表人何某在明知监事张某收取保证金的情况下,仍以公司名义与熊某签订协议。因此,对熊某的主张予以支持。

2. 针对本条后半句

(2020)粤01民初2171号民事判决书:康美药业公司为上市公司。经中国证券监督管理委员会查明,康美药业公司在2016~2018年年报中存在虚假记载,其通过财务不记账、虚假记账,伪造、变造大额定期存单或银行对账单,配合营业收入造假伪造销售回款等方式,虚增货币资金。此举导致康美药业公司股价下跌,给投资者造成损失。后中证中小投资者服务中心有限责任公司(投服中心)代表顾某、刘某等55,326名投资者提起代表人诉讼,要求包括康美药业公司及其董事、监事、高级管理人员在内多名被告承担赔偿责任。法院认为,康美药业公司作出虚假陈述,造成投资者投资损失,应承担赔偿责任。康美药业公司部分董事、监事、高级管理人员虽未直接参与造假,但签字确认财务报告真实性,应根据过失大小分别在投资者损失的20%、10%及5%范围内承担连带赔偿责任。

关联规则

《民法典》第一百七十条、第五百三十五条、第一千一百六十八条、第一千一百九十一条。

文献参考

陈景善:《论董事对第三人责任的认定与适用中的问题点——以日本法规定为中心》,载《比较法研究》2013年第5期;王莹莹:《我国〈公司法〉修订中商事连带责任的重构——基于"连带"的历史发展脉络》,载《政治与法律》2021年第3期;叶林、叶冬影:《公司董事连带/赔偿责任的学理考察——评述〈公司法修订草案〉第190条》,载《法律适用》2022年第5期;齐砺杰:《董事第三人责任条文的理解与适用辩难》,载《中国政法大学学报》2022年第5期;岳万兵:《董事对第三人责任的公司法进路》,载《环球法律评论》2023年第1期。

第一百九十二条　【影子董事、影子高级管理人员】

公司的控股股东、实际控制人指示董事、高级管理人员从事损害公司或者股东利益的行为的,与该董事、高级管理人员承担连带责任。

条文解读

本条是关于影子董事、影子高级管理人员的规定。

理解本条需留意以下几点:

1. 所谓影子董事,是指虽然不是董事但凭借其对公司的影响能够指示公司董事从事相关行为的人。与此类似的情形还有本条规定的影子高级管理人员。在此情形下,担任董事或高级管理人员的主体实际上只是控股股东、实际控制人的傀儡,故可称其为傀儡董事、傀儡高级管理人员。控股股东、实际控制人应当就其损害公司或股东利益的指示行为承担责任。本条规定的影子董事与本法关于事实董事的规定构成我国公司法上的实质董事制度(【第一百八十条】)。

2. 董事、高级管理人员从事损害公司或者股东利益的行为的,应当承担相应的法律责任(【第一百八十八条】【第一百九十条】)。上述董事、高级管理人员不得以本人行为是受控股股东、实际控制人或其他主体指示为由抗辩。构成影子董事、影子高级管理人员的控股股东、实际控制人对此承担连带责任。

3. 与本条规定使用“指示”一词不同,《刑法》(2023 年修正)、《证券法》(2019 年修订)等法律与之相关的规定将其表述为“指使”。“指使”的意思主要是指使者向他人明确发出依其意志从事相关行为的指令。依照《刑法》(2023 年修正)第一百六十九条之一第二款的规定,上市公司的控股股东或者实际控制人,指使上市公司董事、监事、高级管理人员实施背信损害上市公司利益的相关行为的,也构成背信损害上市公司利益罪,这是影子董事规则在刑法上的体现。此外,《刑法》(2023 年修正)、《证券法》(2019 年修订)还有关于控股股东、实际控制人指使相关人员实施违法行为应承担相应法律责任的其他规定。从语义来看,“指示”所涵盖的行为方式更广,对指示者的主观恶意及参与程度的证明责任要求也更低,控股股东、实际控制人构成影子董事、影子高级管理人员因而需要承担连带责任的可能性也相应较高。由此可见本次修订对控股股东、实际控制人责任的强化。

· 典型案例 ·

(2019)京 01 行初 670 号行政判决书:圣莱达公司为上市公司,覃某为该公司实际控制人。后圣莱达公司出现亏损。为防止该公司股票被特别处理(ST),覃某指使财务总监康某通过虚构影视版权转让业务、虚构财政补助的方式,虚增收入和利润,构成信息披露违法。后圣莱达公司被中国证券监督管理委员会查处,覃某不服诉至法院。法院认为,覃某作为圣莱达公司的实际控制人,指使圣莱达公司从事涉案信息披露违法行为的事实成立。其一,覃某对公司管理层具有控制权;其二,公司具有财务造假动机;其三,公司造假行为与公司扭亏为盈时间吻合。因此,对覃某的主张不予支持。

关联规则

《刑法》(2023年修正)第一百六十条、第一百六十一条、第一百六十九条之一;《证券法》(2019年修订)第一百八十一条、第一百八十五条、第一百九十七条;《证券公司风险处置条例》(2023年修订)第六十条。

文献参考

赵金龙:《英国法上影子董事制度评述》,载《北方法学》2010年第1期;潘林:《控制股东义务的法构造》,载《南京师大学报(社会科学版)》2022年第5期;周游:《实际控制人识别标准的差异化实践与制度表达》,载《政法论坛》2024年第1期。

第一百九十三条 【董事责任保险】

公司可以在董事任职期间为董事因执行公司职务承担的赔偿责任投保责任保险。

公司为董事投保责任保险或者续保后,董事会应当向股东会报告责任保险的投保金额、承保范围及保险费率等内容。

条文解读

本条是关于董事责任保险的规定。

本条是新增规定。

理解本条需留意以下几点:

1. 董事责任保险是以董事对公司及第三人承担民事赔偿责任为保险标的的一种职业责任保险。依照本条规定,投保人是公司,被保险人是董事。当董事在履行职责时,存在因不当履职行为损害公司及其股东利益而遭受索赔的风险时,由所承保的保险公司依法承担赔偿责任。通常情况下,只有违反勤勉义务所造成的损失才可能纳入承保范围(**【第一百八十条】**),且仅涉及民事赔偿。

2. 实践中,该责任保险的被保险人并不局限于董事,也包括监事、高级管理人员,故其全称为董事、监事及高级管理人员责任保险(directors and officers liability insurance, D&O保险)。《上市公司独立董事管理办法》第四十条规定,上市公司可以建立独立董事责任保险制度，降低独立董事正常履行职责可能引致的风险。从经营角度来看，责任保险可以缓解董事、监事、高级管理人员后顾之忧，有利于公司吸引优秀的经营管理人才；从补偿角度来看，责任保险可以在被保险人需要承担赔偿责任时提供资金支持，在很大程度上提升公司及管理者的抗风险能力；从社会效果来看，责任保险还有助于促进证券民事诉讼案件的和解，有效发挥责任保险参与社会治理、维护社会稳定的功能作用。

3. 董事、高级管理人员执行职务，给他人造成损害的，公司应当承担赔偿责任（【第一百九十一条】）。从投保目的来看，责任保险确实有助于弥补被保险人的履职行为对公司可能造成的损失。但是，公司作为投保人，需要支付相应的保险费；而被保险人仍是责任保险的直接受益者。故而，公司在投保或续保后，董事会有义务向股东会报告责任保险的投保金额、承保范围及保险费率等内容。

· 典型案例 ·

（2017）沪 0115 民初 39983 号民事判决书：海润公司与美亚保险公司签订合同，为其董事、监事、高级管理人员投保责任保险。海润公司因涉嫌存在信息披露违法行为被立案调查，故依据保险合同向美亚保险公司理赔，但美亚保险公司认为，海润公司曾作出《撤销理赔通知说明》，已无权主张赔付保险金。法院认为，双方之所以按照原保费签订下一年度董事、监事及高级管理人员责任保险合同，是因为海润公司出具了《撤销理赔通知说明》，降低了承保风险，应认定《撤销理赔通知说明》是双方当事人的真实意思表示，合法有效。因此，对美亚保险公司的主张予以支持。

关联规则

《上市公司独立董事管理办法》第四十条。

文献参考

蔡元庆：《董事责任保险制度和民商法的冲突与协调》，载《法学》2003 年第 4 期；孙宏涛：《董事责任保险合同除外条款范围的合理界定》，载《法学》2010 年第 6 期；张怀岭、邵和平：《董事责任保险制度的他国镜鉴与本土重构》，载《学习与实践》2019 年第 8 期；赵亚宁：《董监高责任保险法律关系论——以投保公司的复合法律身份为基点》，载《甘肃政法大学学报》2022 年第 1 期；郑观：《董事责任险的本土适法困境及解决路径》，载《浙江学刊》2023 年第 1 期。

第九章

公司债券

第一百九十四条　【公司债券的定义、发行和交易的一般规定】

本法所称公司债券，是指公司发行的约定按期还本付息的有价证券。

公司债券可以公开发行，也可以非公开发行。

公司债券的发行和交易应当符合《中华人民共和国证券法》等法律、行政法规的规定。

条文解读

本条是关于公司债券的定义、发行和交易的一般规定。

与修订前的条文相比，本条规定的主要变化有：一是明确公开发行和非公开发行两种公司债券发行方式；二是将公司债券的交易也纳入本条调整范围。

理解本条需留意以下几点：

1. 所谓公司债券，是指公司发行的约定按期还本付息的有价证券。公司的设立与发展都需要资金的持续投入。债券融资与股权融资是公司获取资金的两大途径。不同于股东与公司之间的关系，债券持有人与公司之间本质上是一种通过订立合同的方式形成的债权债务关系。在这一法律关系中，公司是债务人，债券持有人是债权人。债券持有人对于其债权利益的实现与公司是否盈利无关；即便公司亏损也应当履行按期给付利息、到期偿还本金的义务。相比之下，股东的利润分配请求权只有在公司盈利且通常需要公司作出利润分配决议后方能实现（**【第二百一十条】**）。

2. 根据公司发行公司债券的对象及人数的不同情形，可分为公开发行和非公开发行。依照《证券法》（2019 年修订）第九条的规定，公开发行公司债券主要包括向不特定对象发行债券或者向特定对象（不包括依法实施员工持股计划的员工人数）发行债券累计超过二百人的情形。依照《证券法》（2019 年修订）第九条及《公司债券发行与交易管理办法》第三十四条的规定，非公开发行的公司债券应当向专业投资者发行，不得采用广告、公开劝诱和变相公开方式，每次发行对象不得超过二百人。

3. 公司债券属于《证券法》（2019 年修订）第二条规定的有价证券，其发行和交易应当符合证券法律制度的相关规定。依照《证券法》（2019 年修订）第十五条第一款的规定，公开发行公司债券，应当符合下列条件：（1）具备健全且运行良好的组织机构；（2）最近三年平均可分配利润足以支付公司债券一年的利息；（3）国务院规定的其他条件。公开发行的公司债券应当在证券交易场所交易。公开发行公司债券并在证券交易场所交易的，应当符合证券交易场所规定的上市、挂牌条件。非公开发行公司债券，可以申请在证券交易场所、证券公司柜台转让。

4. 根据此前的债券发行和交易的监管体制，我国的公司债券有其特有含义，即公司依照《公司法》《证券法》发行的债券，由国务院证券监督管理机构监管，在证券交易所交易；而中央政府部门下属机构、国家出资企业还可根据《企业债券管理条例》发行债券，由国家发改委监管，同时在证券交易所和银行间债务市场交易。公司债券与企业债券分别监管确实存在不少问题，将企业债券纳入公司债券管理体系对于充分发挥债券市场功能、更好服务实体经济高质量发展有着重要意义。2023 年 4 月 18 日，中国证券监督管理委员会、国家发展和改革委员会发布《关于企业债券发行审核职责划转过渡期工作安排的公告》，开始为期六个月的过渡期，以确保企业债券发行审核职责划转工作的有序衔接和平稳过渡。2023 年 10 月 20 日，中国证券监督管理委员会发布《关于企业债券过渡期后转常规有关工作安排的公告》，宣告企业债券过渡期正式结束，转为常规审核阶段。同时，中国证券监督管理委员会发布《公司债券发行与交易管理办法》和《公开发行证券的公司信息披露内容与格式准则第 24 号——公开发行公司债券申请文件》(2023 年修订)，各证券交易所也相继发布与之相关的业务规则。此外，与公司融资相关的债券还包括在银行间市场发行和交易的中期票据、短期融资券、超短期融资券等各类债券融资工具。债券市场法制的统一化仍有待推进。

·典型案例·

1. 针对本条第一款

(2020)京民终 738 号民事判决书：华泰公司公开发行 2016 年公司债券(第三期)，并发布募集说明书。后华泰公司发布回售公告，确定了回售债券兑付日。浙商银行按照华泰公司限定的日期进行了回售申报登记，但华泰公司未按照回售公告兑付债券本息。法院认为，公司债券，是指公司依照法定程序发行、约定在一定期限还本付息的有价证券。华泰公司经批准发行公司债券，浙商银行合法持有涉案公司债券，双方存在合法有效的合同关系，故华泰公司未按约定兑付债券本息的行为构成违约。因此，对浙商银行的主张予以支持。

2. 针对本条第二款

中国证券监督管理委员会〔2018〕54 号行政处罚决定书：2015 年 11 月，五洋建设集团股份有限公司以 2013 年、2014 年年度虚假财务文件分别向上海证券交易所和深圳证券交易所申请非公开发行公司债券，并向合格投资者披露了相应的债券募集说明书，且最终于 2015 年 12 月和 2016 年 4 月分别在上海证券交易所和深圳证券交易所非公开发行 1.3 亿元和 2.5 亿元公司债券。中国证券监督管理委员会认定五洋建设集团股份有限公司非公开发行债券过程中，违反了发行人、上市公司依法披露的信息，必须真实、准确、完整，不得有虚假记载、误导性陈述或者重大遗漏的规定。

3. 针对本条第三款

（2019）皖 1202 民初 7899 号民事判决书：韩某为护苗公司股东。曹某通过韩某购买护苗公司面值共计 10 万元的所谓债券，并将款项转入韩某账户。后曹某向护苗公司请求兑付所谓的债券无果，遂要求该公司返还本息。法院认为，公司发行公司债券应当符合《证券法》规定的发行条件，需依法报经国务院证券监督管理机构核准。护苗公司发行所谓债券不符合上述发行债券的法定要件，并不是《证券法》意义上的债券。护苗公司的行为违反了法律强制性规定，故双方达成的合同应属无效。因此，对曹某的主张予以支持。

关联规则

《证券法》（2019 年修订）第二条、第九条、第十四条至第十七条；《公司债券发行与交易管理办法》第二条、第三条、第三十一条、第三十四条、第三十七条。

文献参考

冯果：《债券的证券本质与债券市场法制化——〈证券法〉修订背景下的债券法律体系重构与完善》，载黄红元、徐明主编：《证券法苑》总第 17 卷，法律出版社 2016 年版；李敏：《我国债券市场监管分割及统一路径》，载《中国政法大学学报》2021 年第 2 期；叶林：《公司债券的私法本质及规则展开》，载《清华法学》2022 年第 2 期；李曙光、刘欣东：《〈公司法〉修订中债券制度的改革与重构》，载《中国应用法学》2023 年第 1 期。

第一百九十五条 【公司债券募集办法的公告及记载事项】

公开发行公司债券，应当经国务院证券监督管理机构注册，公告公司债券募集办法。

公司债券募集办法应当载明下列主要事项：

（一）公司名称；

（二）债券募集资金的用途；

（三）债券总额和债券的票面金额；

（四）债券利率的确定方式；

（五）还本付息的期限和方式；

（六）债券担保情况；

（七）债券的发行价格、发行的起止日期；

（八）公司净资产额；

（九）已发行的尚未到期的公司债券总额；

（十）公司债券的承销机构。

条文解读

本条是关于公司债券募集办法的公告及记载事项的规定。

与修订前的条文相比，本条规定的主要变化是将“核准”改为“注册”，以契合注册制改革的需要。

理解本条需留意以下几点：

1. 债券发行注册制是指法律不限定债券发行的实质条件，只要依规定申报及公开有关资料且主管机关在一定期间内未提出异议，则发行人可发行债券的制度。依照《证券法》（2019 年修订）第九条的规定，公开发行证券，必须符合法律、行政法规规定的条件，并依法报经国务院证券监督管理机构或者国务院授权的部门注册。由于目前企业债券过渡期正式结束，企业债券的发行和交易也由中国证券监督管理委员会统一负责，故本条删除“授权的部门”的表述，公开发行公司债券统一经国务院证券监督管理机构（中国证券监督管理委员会）注册。

2. 具体而言，公开发行公司债券的程序主要包括：第一，公司决议。公司拟发行公司债券，原则上由公司董事会制订方案，并由股东会作出决议。决议事项应当包括发行债券的金额、发行方式、债券期限、募集资金的用途等内容。股东会也可以授权董事会对发行公司债券作出决议（**【第五十九条】**）。第二，申请和注册。发行人向中国证券监督管理委员会提出申请并经中国证券监督管理委员会注册。第三，经注册后，发行人公告公司债券募集办法。第四，公司债券的上市。这主要包括证券交易所受理和审核、签订上市协议以及上市公告等步骤。

3. 公司债券募集办法是公司债券发行最重要的文件之一，属于《民法典》第四百七十三条规定的要约邀请。此外，实践中，公司债券募集办法表现为公司债券发行人（公司）依法公告的公司债券募集说明书。公司债券募集办法记载的事项应当符合本条第二款的规定，主要涉及发行人基本信息、募集资金运用、基本发行条款等内容。第一，发行人基本信息包括公司名称、股权结构、治理结构、管理层、主要业务、财务会计（含净资产额）、信用评级等。第二，募集资金运用则涵盖募集资金规模、基本运用计划、募集资金的现金管理及专项账户管理、募集资金应用对发行人财务状况的影响、前次募集资金使用情况等。第三，基本发行条款主要涉及债券名称、债券期限、债券票面金额、发行价格、债券形式、起息和付息日期、兑付日期、还本付息方式及支付金额、担保情况、发行和承销方式、拟上市交易场所等各项具体内容。此外，公司债券募集办法还应当依法记载关于债券持有人会议（**【第二百零四条】**）、债券受托管理人（**【第二百零五条】**）、相关中介机构的内容。

· 典型案例 ·

《长江产业投资集团有限公司2024年面向专业投资者公开发行公司债券（第一期）募集说明书》（债券代码：240547）：发行人于2022年11月30日获中国证券监督管理委员会出具的《关于同意长江产业投资集团有限公司向专业投资者公开发行科技创新公司债券注册的批复》（证监许可〔2022〕3047号），注册规模为不超过30亿元，采用分期发行。本期债券发行规模不超过人民币10亿元，债券期限为5年。目录显示，该募集说明书内容包括风险提示及说明、发行条款、募集资金运用、发行人基本情况、财务会计信息、发行人信用情况、增信机制、税项、信息披露安排、投资者保护机制、违约事项及纠纷解决机制、债券持有人会议、债券受托管理人、发行有关机构、发行人和中介机构及相关人员声明、备查文件等部分。（公告时间：2024年1月25日）

关联规则

《民法典》第四百七十三条；《证券法》（2019 年修订）第九条；《公司债券发行与交易管理办法》第十条、第十四条。

文献参考

李冀：《公司债券合同及其保护性条款的界定与分析——兼论可量化保护性条款风险补偿机制的探索建立》，载《上海金融学院学报》2016 年第 5 期；马更新：《公司债券募集说明书内容法定的检视及风险防范——基于案件类型化分析的视角》，载《法律适用》2020 年第 10 期。

第一百九十六条　【以纸面形式发行的公司债券的记载事项】

公司以纸面形式发行公司债券的，应当在债券上载明公司名称、债券票面金额、利率、偿还期限等事项，并由法定代表人签名，公司盖章。

条文解读

本条是关于以纸面形式发行的公司债券的记载事项的规定。

与修订前的条文相比，本条规定的主要变化是将《公司法》（2018 年修正）规定中的“实物券方式”改为“纸面形式”，与本法关于采用纸面形式的股票的相关表述相统一（【第一百四十九条】）。

理解本条需留意以下两点：

1. 公司债券是公司向债券持有人签发的债务凭证。因此，以纸面形式发行的公司债券应当在债券上载明相关事项，并由法定代表人签名及加盖公司印章。公司债券上所记载事项应当与公司债券募集办法（【第一百九十五条】）、公司债券持有人名册（【第一百九十八条】）的相关记载相一致。这是法律对公司债券作为证券发行和流通所设定的标准化要求。

2. 纸面形式的公司债券是一种传统债券发行形式。在证券无纸化趋势下，以计算机技术为记载确认形式发行的无纸面载体的电子簿记形式公司债券得到推广和普及。电子簿记形式公司债券依赖于由发行人委托的证券公司的记载确定债券持有人持有公司债券的种类、数量、面额、利率、偿付本金及利息的时间等信息。基于此，电子簿记形式公司债券只能是记名债券(**【第一百九十七条】**),在证券市场购入特定债券的,经提供服务的证券公司的报告由公司债券登记结算机构予以记载(**【第一百九十九条】**)。

·典型案例·

(2000)经终字第149号民事判决书:牡丹江制药厂于1992年1月发行5000万元企业重点建设项目债券,由中国人民银行黑龙江省分行批准,履行了法定审批手续,但在发行过程中未印制及发售实物券。债券持有人黑龙江省证券公司主张牡丹江制药厂违法发行债券。法院认为,牡丹江制药厂虽然在发行过程中未印制及发售实物券有欠规范,但并未违反有关法律法规的禁止性规定,亦未因此危害金融管理秩序及投资者的合法权益,故不属非法融资行为。

关联规则

《公司债券发行与交易管理办法》第七十六条;《证券登记结算管理办法》(2022年修订)第二条。

文献参考

叶林:《无纸化证券的权利结构》,载《社会科学》2009年第3期;孔燕:《电子债权凭证的发展机理与监管路径》,载《金融市场研究》2023年第3期。

第一百九十七条　【记名债券】

公司债券应当为记名债券。

条文解读

本条是关于记名债券的规定。

与修订前的条文相比,本条规定的主要变化是删除公司债券可以为无记名债券的规定。

理解本条需留意以下两点：

1. 在学理上，按照债券券面是否记载债券持有人姓名或者名称的标准，可将公司债券分为记名债券和无记名债券。此次修订的一项重要内容就是删除无记名证券的规定，以因应证券电子化发展趋势（【**第一百四十七条**】），故而公司债券都应当为记名债券。证券公司通过电子系统记载债券持有人的姓名或者名称以及债券的相关信息，且一并报告证券登记结算机构统一登记。证券登记结算机构登记的债券持有人名册及相关信息也是债券持有人主张权利的重要依据。

2. 记名债券是在债券上记载债券持有人的姓名或者名称的债券，因此在权利归属方面具有特定性。理论上，与股票的规定类似，以纸面形式发行的公司债券也存在被盗、遗失或者灭失的可能，上述情形下债券持有人同样可依公示催告程序进行权利救济（【**第一百六十四条**】）。

·典型案例·

（2022）豫0184民初6566号民事判决书：北方信托公司认购了雏鹰公司的记名公司债券。2018年12月21日，雏鹰公司发布关于2018年度第二期超短期融资券未按期兑付本息的公告。北方信托公司请求确认雏鹰公司违约并要求其承担违约责任。法院认为，雏鹰公司公开发布的公告对其自身具有法律约束力。除雏鹰公司发布的公告外，主承销商浙商银行与联席主承销商光大证券共同发布的关于雏鹰公司2018年度第二期超短期融资券违约后续工作进展情况的公告也可以认定，该期债券雏鹰公司已实质违约。因此，对北方信托公司的主张予以支持。

关联规则

《证券法》（2019年修订）第一百四十七条。

文献参考

参见【**第一百九十四条**】列示的相关文献。

第一百九十八条　【债券持有人名册】

公司发行公司债券应当置备公司债券持有人名册。

发行公司债券的，应当在公司债券持有人名册上载明下列事项：

（一）债券持有人的姓名或者名称及住所；

（二）债券持有人取得债券的日期及债券的编号；

（三）债券总额，债券的票面金额、利率、还本付息的期限和方式；

（四）债券的发行日期。

条文解读

本条是关于公司债券持有人名册的规定。

与修订前的条文相比，本条规定的主要变化有：一是将“债券存根簿”改为“债券持有人名册”，本法其他条文中的相关表述都作了统一修改；二是因应公司不再发行无记名债券的制度革新，删除与之相关的内容。

理解本条需留意以下两点：

1. 债券持有人名册是依法记载债券持有人及债券相关事项的名册，是债券持有人向公司主张债券持有人权利的重要依据。因此，公司发行公司债券应当置备公司债券持有人名册。目前，公司债券持有人名册基本上采用电子簿记形式。《公司法》（2018年修正）所规定的“债券存根簿”主要是以既往发行纸面形式的公司债券为基础的一种文件资料。公司债券持有人名册与债券持有人权利密切相关，故应当准确记载涉及债券发行的各项具体事项，包括债券持有人的姓名或者名称及住所，债券持有人取得债券的日期及债券的编号，债券总额，债券的票面金额、利率、还本付息的期限和方式，债券的发行日期等内容。

2. 实践中，公司债券通常在证券交易场所或者承销商柜台交易，作为发行人的公司以及债券受托管理人（通常也是债券主承销商）其实并不能实时了解债券持有人的基本信息。而负责集中登记、存管与结算服务的证券登记结算机构依法汇总并掌握相关信息，故而，发行人和债券受托管理人主要通过证券登记结算机构定期推送或者主动申请查询的方式变更债券持有人名册。按照《证券登记结算管理办法》（2022年修订）第三十三条第一款的规定，证券登记结算机构应当按照业务规则和协议向证券发行人发送其证券持有人名册及有关资料。继而,按照《公司债券发行与交易管理办法》第六十一条的规定,受托管理人为履行受托管理职责,有权代表债券持有人查询债券持有人名册及相关登记信息、专项账户中募集资金的存储与划转情况。证券登记结算机构应当予以配合。

·典型案例·

(2020)甘01民初510号民事判决书:阿敏生物公司通过股东会决议,决定在甘肃股权公司发行三期公司私募债用于补充流动资金,同时向甘肃股权公司提交阿敏生物公司私募债第一期和阿敏生物公司私募债第二期申请备案的函和备案登记表、募集说明书等材料,并委托甘肃股权公司为其置备私募债券持有人名册及对发行的私募债券进行管理。后债券到期,阿敏生物公司未能兑付。甘肃股权公司提起诉讼。法院认为,甘肃股权公司与阿敏生物公司签订的私募债销售服务协议、私募债券受托管理协议、私募债销售服务协议均系当事人的真实意思表示,其内容不违反法律、行政法规强制性规定,合法有效。合同当事人均应严格按照合同约定履行义务。因此,对甘肃股权公司的主张予以支持。

关联规则

《证券法》(2019年修订)第一百四十七条;《公司债券发行与交易管理办法》第六十一条;《证券登记结算管理办法》(2022年修订)第二十八条、第三十三条;《银行间市场清算所股份有限公司债券持有人名册查询业务操作规程》第二条。

文献参考

冯果、段丙华:《债券违约处置的法治逻辑》,载《法律适用》2017年第7期;洪艳蓉:《论公司债券市场化治理下的投资者保护》,载《兰州大学学报(社会科学版)》2020年第6期。

第一百九十九条 【公司债券的登记结算】

公司债券的登记结算机构应当建立债券登记、存管、付息、兑付等相关制度。

条文解读

本条是关于公司债券的登记结算相关制度的规定。

与修订前的条文相比，本条规定的主要变化是删除“记名”二字，以因应公司不再发行无记名债券的制度革新。

理解本条需留意以下两点：

1. 依照《证券法》（2019 年修订）第一百四十五条第一款和《证券登记结算管理办法》（2022 年修订）第四条第一款的规定，证券登记结算机构为证券交易提供集中登记、存管与结算服务，不以营利为目的，依法登记，取得法人资格。中国证券登记结算有限责任公司官网显示，经中国证券监督管理委员会批准，2001 年 3 月 30 日，中国证券登记结算有限责任公司设立。该公司是依据《公司法》和《证券法》设立的不以营利为目的的企业法人。自 2001 年 10 月 1 日起，上海、深圳证券交易所承担的全部证券登记结算业务划归该公司承担，《证券法》规定的全国集中统一运营的证券登记结算体制由此形成。按照《公司债券发行与交易管理办法》第七十六条的规定，发行公司债券并在证券交易场所交易或转让的，应当由中国证券登记结算有限责任公司依法集中统一办理登记结算业务。非公开发行公司债券并在证券公司柜台转让的，可以由中国证券登记结算有限责任公司或者其他依法从事证券登记、结算业务的机构办理。

2. 从法律关系和具体操作来看，债券登记结算制度主要涉及以下几个方面：

一是债券的登记。发行人应当委托证券登记结算机构办理其所发行债券的登记业务。证券登记结算机构应当与委托其办理债券登记业务的发行人签订债券登记及服务协议。证券登记结算机构根据债券账户的记录，确认债券持有人持有债券的事实，办理债券持有人名册的登记。

二是债券的托管和存管。投资者买卖债券，应当与证券公司签订债券交易、托管与结算协议。证券公司应当将其与债券持有人之间建立、变更和终止债券托管关系的事项报送证券登记结算机构，证券登记结算机构应当对上述事项加以记录。证券登记结算机构应当采取有效措施，保证其存管的债券的安全，禁止挪用、盗卖。

三是债券和资金的清算交收。证券公司、商业银行等参与债券和资金的集中清算交收，应当向证券登记结算机构申请取得结算参与人资格，与证券登记结算机构签订结算协议；没有取得结算参与人资格的，应当与结算参与人签订委托结算协议。继而，证券登记结算机构应当根据业务需要选择符合条件的商业银行作为结算银行，办理结算资金存放、划付等债券资金结算业务。同时，证券登记结算机构应当设立债券集中交收账户和资金集中交收账户，用以办理与结算参与人的债券和资金的集中清算交收。

·典型案例·

(2018)沪民终80号民事判决书：唐某与方正证券签订融资融券合同，约定当唐某信用账户日终清算后维持担保比例低于追保平仓线时，方正证券应当于当日或下一交易日，以邮箱方式向唐某发出追加担保物通知和强制平仓通知。后方正证券按约定向唐某送达追加担保物通知，告知因其已满足平仓条件，故方正证券有权对其账户采取强制平仓。中证登上海公司所登记的唐某信用账户中记录了此次平仓交易。唐某认为中证登上海公司与方正证券共同篡改了平仓交易时间，构成共同侵权。法院认为，从中证登上海公司调取的客户信用证券账户变动记录与当日涉所股票成交数量、金额均相一致，并与中证登上海公司提供的客户信用证券账户变动记录相符。因此，对唐某的主张不予支持。

关联规则

《证券法》(2019年修订)第一百四十五条；《公司债券发行与交易管理办法》第七十六条；《证券登记结算管理办法》(2022年修订)第四条、第三十八条、第三十九条、第四十一条、第四十三条、第四十四条、第四十六条。

文献参考

李东方：《证券登记结算的法理基础研究》，载《中国政法大学学报》2018年第5期；冯源、刘爽：《债券登记托管：基本概念、历史沿革和现实选择》，载《债券》2021年第4期。

第二百条　【公司债券转让自由及其合法性】

公司债券可以转让，转让价格由转让人与受让人约定。

公司债券的转让应当符合法律、行政法规的规定。

条文解读

本条是关于公司债券转让自由及其合法性的规定。

与修订前的条文相比,本条规定的主要变化是不再特别提及"公司债券在证券交易所上市交易"的相关规则,而是改为"公司债券的转让应当符合法律、行政法规的规定"的概括性表述。

理解本条需留意以下几点:

1. 公司债券是有价证券,具有流通性,故而可以依法转让。公司债券的转让是市场交易行为,应当遵循市场交易定价的一般规律。虽然债券募集办法(【**第一百九十五条**】)、债券(【**第一百九十六条**】)以及债券持有人名册(【**第一百九十八条**】)都相应记载了债券的票面金额或者债券的发行价格,但随着市场环境变化,债券的票面金额或发行价格都可能无法反映公司债券转让时的实际价值。因此,转让价格由转让人与受让人约定,并不以债券的票面金额或发行价格为准。受让人依法受让公司债券后,可作为债券持有人向发行人、债券受托管理人主张权利。实践中,当事人还可能签订债券收益权转让合同。在此情形下,公司债券持有人并未发生变化,而只是针对债券产生收益的归属作出特殊约定。

2. 应当注意的是,公司债券虽然以还本付息为基础,理论上要比股票交易的投资风险小。但是,任何投融资工具都或多或少有其风险,公司债券交易也不例外。公司债券法律制度虽为债券持有人设置了诸多权益保护规则,但公司债券交易仍应坚持买者自负原则。《债券发行与交易管理办法》第八条明确规定,公司债券的投资风险,由投资者自行承担。当然,在公司债券转让过程中,转让人违反信息披露等相关义务的,受让人可基于诚信原则要求转让人承担损害赔偿责任。

3. 公司债券虽然可以自由转让,但应当符合法律、行政法规的规定。中国证券监督管理委员会依法对公司债券的发行及其交易或转让活动进行监督管理。证券自律组织依照相关规定对公司债券的发行、上市交易或挂牌转让、登记结算、承销、尽职调查、信用评级、受托管理及增信等进行自律管理。公开发行的公司债券,应当在证券交易场所交易,并符合证券交易场所规定的上市、挂牌条件。非公开发行公司债券,可以申请在证券交易场所、证券公司柜台转让。非公开发行公司债券并在证券交易场所转让的,应当遵守证券交易场所制定的业务规则,并经证券交易场所同意;非公开发行公司债券并在证券公司柜台转让的,应当符合中国证券监督管理委员会的相关规定。

· 典型案例 ·

（2019）津 03 民初 75 号民事判决书：转让人天弘公司与受让人信威公司签订债券收益权转让合同，约定转让人向受让人转让其持有的受让人非公开发行 2016 年年度公司债券的收益权，转让价格为 5000 万元及利息。但信威公司未能按期足额提供转让款，天弘公司遂诉至法院。法院认定，诉争收益权转让合同系双方当事人真实意思表示，应属合法有效，双方均应依约履行义务，现信威公司并未依约给付转让款构成违约，天弘公司有权要求信威公司一次性给付剩余转让款及利息并承担违约责任。因此，对天弘公司的主张予以支持。

关联规则

《公司债券发行与交易管理办法》第八条、第九条、第三十一条、第三十七条。

文献参考

南玉梅：《债券交易人卖者责任探析——以信息披露义务与诚信义务为核心》，载《中国政法大学学报》2017 年第 1 期；贺丹：《破产重整中违约债券转让的法律规制》，载《金融市场研究》2020 年第 4 期。

第二百零一条 【公司债券转让的方式】

公司债券由债券持有人以背书方式或者法律、行政法规规定的其他方式转让；转让后由公司将受让人的姓名或者名称及住所记载于公司债券持有人名册。

条文解读

本条是关于公司债券转让方式的规定。

与修订前的条文相比，本条规定的主要变化是将《公司法》（2018 年修正）关于记名债券和无记名债券之不同转让方式的条款予以统一规定，以因应公司不再发行无记名债券的制度革新。

理解本条需留意以下几点：

1. 以纸面形式发行的公司债券以背书方式转让。债券转让人通过背书的方式，将受让人的姓名或者名称记载于债券背面的转让记载栏内，并通知公司将受让人的姓名或者名称及住所记载于债券持有人名册。

2. 所谓以其他方式转让主要是针对债券无纸化的革新需要。公开发行的公司债券，应当在证券交易场所交易，并符合证券交易场所规定的上市、挂牌条件。非公开发行公司债券，可以申请在证券交易场所、证券公司柜台转让。因此，电子簿记形式公司债券的转让是通过变更证券登记结算机构的相关记载予以确认（**【第一百九十九条】**）。债券持有人持有债券及主张权利的依据是证券登记结算登记机构的债券账户上记录的信息。债券交收环节也不再是交付纸面形式的债券，而只需通过证券登记结算机构的簿记系统记录债券权属的转移。

3. 公司债券转让后由公司将受让人的姓名或者名称及住所记载于债券持有人名册；发行公司债券并在证券交易场所交易或转让或者非公开发行公司债券并在证券公司柜台转让的，则依据证券登记结算机构定期推送或由公司申请查询的信息，建立和变更债券持有人名册（【第一百九十八条】）。

· 典型案例 ·

（2018）川01民初3572号民事判决书：成都农商行与亲华公司签订债券收购协议，约定在收购条件成就时，亲华公司自愿无条件不可撤销收购成都农商行持有的部分或全部“16天翔01”债券。收购总价款为收购通知中载明的债券总面额加上债券利息，并明确了具体计算公式。后收购条件成就，亲华公司未依约收购，成都农商行故提起诉讼。法院认为，成都农商行和亲华公司签订的债券收购协议是各方的真实意思表示，不违反法律、行政法规强制性规定，对各方当事人均具有约束力。按照协议约定，当收购条件成就时，亲华公司应当收购成都农商行持有的全部或部分债券。因此，对成都农商行的主张予以支持。

关联规则

《公司债券发行与交易管理办法》第三十一条、第三十七条。

文献参考

参见【**第二百条**】列示的相关文献。

第二百零二条　【可转换为股票的公司债券的发行】

股份有限公司经股东会决议，或者经公司章程、股东会授权由董事会决议，可以发行可转换为股票的公司债券，并规定具体的转换办法。上市公司发行可转换为股票的公司债券，应当经国务院证券监督管理机构注册。

发行可转换为股票的公司债券，应当在债券上标明可转换公司债券字样，并在公司债券持有人名册上载明可转换公司债券的数额。

条文解读

本条是关于可转换为股票的公司债券的发行的规定。

与修订前的条文相比，本条规定的主要变化有：一是将发行可转换为股票的公司债券的主体从“上市公司”改为“股份有限公司”，上市公司、股票公开转让的非上市公众公司股东都可以发行可转换为股票的公司债券；二是将发行可转换为股票的公司债券的决策权从股东会扩张至董事会，以因应相关规则的变化；三是将“核准”改为“注册”，以契合注册制改革的需要。

理解本条需留意以下几点：

1. 所谓可转换为股票的公司债券，亦称为可转债或者可转换公司债券，是指公司依法发行、在一定期间内依据约定的条件可以转换成本公司股票的公司债券。可转债属于《证券法》(2019 年修订)规定的具有股权性质的证券。可转债作为一种兼具股票及债券之性质的混合证券品种，为公司募集资金提供了多样化选择，在提高直接融资比重、优化融资结构、增强金融服务实体经济能力等方面发挥了积极作用。可转换公司债券虽然以债券的形式发行，但因其具有向公司转换股票的安排，故而运作程序比单纯的债券发行和单纯的股票发行都要复杂。其基本制度层面包括债券发行、信息披露、上市交易、股东优先认购权、转换价格的确定、赎回与回售、转换等。继而，可转换公司债券伴生的问题既有债券方面的，也有股票方面的，还有公司资本制度方面的。

例如,由债转股必然引起资本的变化,必然引起发行新股,可能稀释和摊薄公司的可分配利润,因增加流通的股份而影响股票的价格,甚至影响公司控制权的原有均势。依照《证券法》(2019 年修订)第十五条第三款的规定,上市公司发行可转换为股票的公司债券,除应当符合公开发行公司债券的条件外,还应当遵守首次公开发行新股的条件;但是,按照公司债券募集办法,上市公司通过收购本公司股份的方式进行公司债券转换的除外。

2. 公司发行可转换公司债券的,应当经股东会决议,或者经公司章程、股东会授权由董事会决议。股东会可以依法授权董事会对发行公司债券作出决议(**【第五十九条】**)。虽然可转换公司债券最终可能会引起发行股份的效果,但结合本次修订在股份有限公司引入授权资本制的规则革新,董事会也可按照公司章程规定或者股东会授权依法决定股份发行事宜(**【第一百五十二条】**),从而实现相关规则之间的衔接。此外,公司因转换公司发行的可转换为股票的公司债券而收购本公司股份的,还应当遵守关于公司收购本公司股份的相关规定(**【第一百六十二条】**)。

3. 公司发行可转换公司债券的,应当规定具体的转换办法。同时,由于可转换公司债券对于公司筹资进展及资本状况、债券持有人与股东之间的关系都产生重要影响,债券上及债券持有人名册记载应当体现发行可转换公司债券的相关信息。

4. 应当注意的是,可转换公司债券与可交换公司债券存在本质区别。所谓可交换公司债券,亦称为可交债,是指上市公司或挂牌公司的股东依法发行、在一定期限内依据约定的条件可以交换成该股东所持有的上市公司或挂牌公司股份的公司债券。

·典型案例·

《中能电气股份有限公司关于向不特定对象发行可转换公司债券申请获得中国证监会同意注册批复的公告》(证券代码:300062,公告编号:2023－086):中能电气股份有限公司于近日收到中国证券监督管理委员会出具的《关于同意中能电气股份有限公司向不特定对象发行可转换公司债券注册的批复》(证监许可〔2023〕2507 号),批复文件主要内容如下:"一、同意公司向不特定对象发行可转换公司债券的注册申请。二、公司本次发行应严格按照报送深圳证券交易所的申报文件和发行方案实施。三、本批复自同意注册之日起 12 个月内有效。四、自同意注册之日起至本次发行结束前,公司如发生重大事项,应及时报告深圳证券交易所并按有关规定处理。"(公告时间:2023 年 11 月 10 日)

关联规则

《证券法》(2019年修订)第十五条;《公司债券发行与交易管理办法》第十一条;《可转换公司债券管理办法》第二条。

文献参考

傅穹:《转换公司债制度论纲》,载《法制与社会发展》1995年第6期;时建中:《论可转换公司债债权人的法律保护制度》,载《政法论坛》1998年第6期;许德风:《公司融资语境下股与债的界分》,载《法学研究》2019年第2期;刘燕:《公司融资工具演进的法律视角》,载《经贸法律评论》2020年第1期;冯辉、游欢:《〈公司法〉修订背景下上市公司因兑换可转债而回购股份的法律规制》,载《广东社会科学》2021年第6期。

第二百零三条 【可转换为股票的公司债券的转换】

发行可转换为股票的公司债券的,公司应当按照其转换办法向债券持有人换发股票,但债券持有人对转换股票或者不转换股票有选择权。法律、行政法规另有规定的除外。

条文解读

本条是关于可转换为股票的公司债券的转换的规定。

与修订前的条文相比,本条规定的主要变化是增加法律、行政法规另有规定的除外规定。

理解本条需留意以下几点:

1. 发行可转换为股票的公司债券的,债券持有人享有按约定条件将所持债券转化为股票的选择权。对债券持有人而言,在公司经营状况好时可选择转换为股票,获取更高收益;公司经营欠佳时,得向公司主张本金和利息。公司应当按照其转换办法向债券持有人换发股票。按照《可转换公司债券管理办法》第八条第一款的规定,可转债自发行结束之日起不少于六个月后方可转换为公司股票,转股期限由公司根据可转债的存续期限及公司财务状况确定。

2. 应当注意,公司也可以在募集说明书中约定赎回条款,规定公司可按事先约定

的条件和价格赎回尚未转股的可转债。同时，在可转债存续期内，公司应当持续关注赎回条件是否满足，预计可能满足赎回条件的，应当在赎回条件满足的五个交易日前及时披露，向市场充分提示风险。发行人应当在赎回条件满足后及时披露，明确说明是否行使赎回权。

3. 考虑到可能存在公司发行类别股等情形(【第一百四十四条】)，本次修订增加可转换债券持有人选择权的除外规定。

· 典型案例 ·

《神通科技集团股份有限公司关于“神通转债”开始转股的公告》(证券代码：605228，公告编号：2024－008)：神通科技集团股份有限公司于2023年7月25日向不特定对象发行面值总额57,700万元可转换公司债券，期限6年，每张面值为人民币100元。经上海证券交易所自律监管决定书〔2023〕184号文同意，公司可转换公司债券于2023年8月15日起在上海证券交易所挂牌交易，债券简称“神通转债”，债券代码“111016”。根据有关规定和《神通科技集团股份有限公司向不特定对象发行可转换公司债券募集说明书》的约定，公司本次发行的“神通转债”自2024年1月31日起可转换为本公司股份。转股期起止日期为2024年1月31日至2029年7月24日，转股价格为11.55元/股。持有人可以将自己账户内的“神通转债”全部或部分申请转为本公司股票。(公告时间：2024年1月26日)

关联规则

《可转换公司债券管理办法》第八条、第十一条、第十三条、第十四条；《北京证券交易所上市公司向特定对象发行可转换公司债券业务细则》(2023年修订)第四十六条。

文献参考

参见【第二百零二条】列示的相关文献。

第二百零四条　【债券持有人会议及其决议】

公开发行公司债券的，应当为同期债券持有人设立债券持有人会议，并在债券募集办法中对债券持有人会议的召集程序、会议规则和其他重要事项作出

规定。债券持有人会议可以对与债券持有人有利害关系的事项作出决议。

除公司债券募集办法另有约定外，债券持有人会议决议对同期全体债券持有人发生效力。

条文解读

本条是关于债券持有人会议及其决议的规定。

本条是新增规定。

理解本条需留意以下几点：

1. 对于公开发行公司债券的情形，本条第一款将设立债券持有人会议的规定设置为强制性规范。依照《证券法》(2019 年修订)第九十二条第一款的规定，公开发行公司债券的，应当设立债券持有人会议，并应当在募集说明书中说明债券持有人会议的召集程序、会议规则和其他重要事项。本条第一款在此基础上予以适度改进。从法律关系来看，每一债券持有人与作为发行人的公司之间都是契约关系(**【第一百九十四条】**)。但与此同时，将债券持有人(尤其是同期债券持有人)作为一个整体时，又呈现出相应的组织特性：债券持有人虽然都是单独与发行人之间订立合同，但同期发行债券的各项条件对于每一债券持有人而言是相同的。因此，同期债券持有人可能受到的发行人的影响具有一致性，且无论是专业能力还是经济实力，债券持有人都与发行人存在较大差距，这为集体行权创造了现实基础。通过发行债券募集资金的使用以及公司债券合同的较长履行周期也使债券持有人与发行人之间是一种长期契约关系。债券持有人也只有通过组织化治理方式，才能更有效率地监督发行人的履约情况并及时维护自身合法权益。

2. 为确保债券持有人会议有效运作，本条规定公司应当在债券募集办法中对债券持有人会议的召集程序、会议规则和其他重要事项作出规定。债券持有人会议可以对与债券持有人有利害关系的事项作出决议。进而，为明确债券持有人会议决议的组织效力，本条第二款规定，除公司债券募集办法另有约定外，债券持有人会议决议对同期全体债券持有人发生效力。本条并未明确规定债券持有人会议的具体决策程序。公司债券募集办法应当根据实际情况对债券持有人会议的最低出席比例和表决通过比例等事项作出规定。根据表决的基本原理，债券持有人会议表决过程中，发行人及其关联方,以及对决议事项存在利害冲突的债券持有人应当回避表决。此外,公司债券募集办法也有必要明确何为与债券持有人有利害关系的事项。按照《公司债券发行与交易管理办法》第十三条的规定,改变资金用途,必须经债券持有人会议作出决议。

3. 与股东有权召集股东会会议的规定类似(【第六十三条】【第一百一十四条】),按照《公司债券发行与交易管理办法》第六十三条第二款的规定,在债券受托管理人应当召集而未召集债券持有人会议时,单独或合计持有本期债券总额 10% 以上的债券持有人有权自行召集债券持有人会议。

4. 公司发行可转换公司债券的,其在债券募集办法中还应当约定可转债持有人会议规则。可转债持有人会议规则应当明确可转债持有人通过可转债持有人会议行使权利的范围,可转债持有人会议的召集、通知、决策机制和其他重要事项。可转债持有人会议依法形成的决议对全体可转债持有人具有约束力。

· 典型案例 ·

(2019)沪 0106 民初 2755 号民事判决书:金玛公司发行债券“17 金玛 03”。光大证券为债券受托管理人,中海信托为债券持有人。金玛公司发布关于“17 金玛 03”未按期兑付本息的公告后,光大证券召开债券持有人会议,债券持有人会议决议通过授权光大证券作为受托管理人代表债券持有人行使担保权及其他与办理、实现该债券增信措施有关的事项。后光大证券与金玛公司签订股权质押合同。现中海信托依据该股权质押合同主张行使优先受偿权。法院认为,金玛公司未按约定偿还债券本息,作为质权人的光大证券或债券持有人有权依法处分股权质权及其他派生权益。中海信托为“17 金玛 03”的债券持有人,可以要求以其所持债券比例就处分质权所得款项及权益优先受偿。因此,对中海信托的主张予以支持。

关联规则

《证券法》(2019 年修订)第十五条、第九十二条;《公司债券发行与交易管理办法》第十三条、第六十二条、第六十三条;《可转换公司债券管理办法》第十七条、第十八条。

文献参考

汪文渊:《公司债券持有人组织性保护制度的理念更新与法律变革——基于制度融合的视角》,载黄红元、徐明主编:《证券法苑》总第 17 卷,法律出版社 2016 年版;郑丁灏:《论公司债券治理的组织法构造——以〈公司法〉修订为进路》，载《证券市场导报》2021 年第 8 期；刘斌：《债券持有人会议的组织法建构》，载《中国政法大学学报》2022 年第 5 期；岳万兵：《从契约到组织：债券持有人会议的立法思路》，载《东北大学学报（社会科学版）》2023 年第 6 期。

第二百零五条　【债券受托管理人的聘请及其负责事项】

公开发行公司债券的，发行人应当为债券持有人聘请债券受托管理人，由其为债券持有人办理受领清偿、债权保全、与债券相关的诉讼以及参与债务人破产程序等事项。

条文解读

本条是关于债券受托管理人的聘请及其负责事项的规定。

本条是新增规定，与本法第二百零六条的规定同为债券受托管理人的基本制度。

理解本条需留意以下几点：

1. 与设立债券持有人会议的规定类似，为债券持有人聘请债券受托管理人是对公开发行公司债券的强制性要求。但与此同时，《公司债券发行与交易管理办法》第五十七条、第六十条规定：非公开发行公司债券的，发行人应当在募集说明书中约定债券受托管理事项；债券受托管理人应当按照债券受托管理协议的约定履行职责。

2. 依照《证券法》（2019 年修订）第九十二条第二款的规定，公开发行公司债券的，发行人应当为债券持有人聘请债券受托管理人，并订立债券受托管理协议。受托管理人应当由本次发行的承销机构或者其他经国务院证券监督管理机构认可的机构担任。债券受托管理人规则是债券持有人权益保护制度的重要内容。在债券存续期限内，债券受托管理人应当按照规定或协议的约定维护债券持有人的利益。结合本条规定以及《公司债券发行与交易管理办法》的相关规定，债券受托管理人履行下列职责：

第一，对发行人和保证人相关情况的跟进与监督。这主要包括：持续关注发行人和保证人的资信状况、担保物状况、增信措施及偿债保障措施的实施情况；在债券存续期内监督发行人募集资金的使用情况；对发行人的偿债能力和增信措施的有效性进行全面调查和持续关注，并至少每年向市场公告一次受托管理事务报告；在债券存续期内持续督导发行人履行信息披露义务。

第二，债券持有人会议的召集。这主要是指出现可能影响债券持有人重大权益的事项时，应当召集债券持有人会议。《公司债券发行与交易管理办法》第六十三条详细列举了债券受托管理人应当按规定或约定召集债券持有人会议的情形。

第三，代表债券持有人查询相关信息。这主要是指有权代表债券持有人查询债券持有人名册及相关登记信息、专项账户中募集资金的存储与划转情况。

第四，特殊情形下的财产保全申请。这主要是指预计发行人不能偿还债务时，要求发行人追加担保，并可以依法申请法定机关采取财产保全措施。

第五，相关证明文件的保管。这主要是指发行人为债券设定担保的，债券受托管理人应在债券发行前或债券募集说明书约定的时间内取得担保的权利证明或其他有关文件，并在增信措施有效期内妥善保管。

第六，办理与债券相关的诉讼。这主要是指发行人未能按期兑付债券本息的，债券受托管理人可以接受全部或者部分债券持有人的委托，以自己名义代表债券持有人提起、参加民事诉讼或者清算程序。

3. 为进一步规范公司债券承销、尽职调查和受托管理相关业务，促进提升执业质量，在中国证券监督管理委员会指导下，中国证券业协会也相继出台包括《公司债券主承销商和受托管理人工作底稿目录细则》《公司债券受托管理人执业行为准则》《公开发行公司债券受托管理协议必备条款》《公司债券受托管理人处置公司债券违约风险指引》等在内的各项自律规则。

· 典型案例 ·

《国信证券股份有限公司关于深圳担保集团有限公司公司债券的 2024 年第一次临时受托管理事务报告》（债券代码：149684. SZ、149689. SZ）：国信证券为“21 深担 01”及“21 深担 02”的受托管理人，为充分保障债券投资人的利益，根据《公司债券受托管理人执业行为准则》的有关规定出具本受托管理事务临时报告。该报告主要涉及审计机构变更及其原因、程序、开始履职时间等重大事项。（报告时间：2024 年 1 月 26 日）

关联规则

《证券法》（2019 年修订）第九十二条；《公司债券发行与交易管理办法》第五十七条至

第六十一条、第六十三条。

文献参考

于春敏：《公司债券受托管理人的角色定位及其制度设计》，载《上海财经大学学报》2019 年第 6 期；蔡治、甘培忠：《完善〈公司法〉中公司债券规则的基本思路》，载《北京理工大学学报（社会科学版）》2022 年第 5 期。

第二百零六条 【债券受托管理人的义务及责任】

债券受托管理人应当勤勉尽责，公正履行受托管理职责，不得损害债券持有人利益。

受托管理人与债券持有人存在利益冲突可能损害债券持有人利益的，债券持有人会议可以决议变更债券受托管理人。

债券受托管理人违反法律、行政法规或者债券持有人会议决议，损害债券持有人利益的，应当承担赔偿责任。

条文解读

本条是关于债券受托管理人的义务及责任的规定。

本条是新增规定。

理解本条需留意以下几点：

1. 债券受托管理人虽然是与发行人签订债券受托管理协议（【第二百零五条】），但是从法律关系来看，债券受托管理人是债券持有人的受托人。基于受托人的法律定位，债券受托管理人对债券持有人负有忠实义务和勤勉义务。

2. 债券受托管理人的勤勉义务表现为债券受托管理人应当勤勉尽责，公正履行受托管理职责，不得损害债券持有人利益。具体而言，债券受托管理人应当依照法律规定以及债券受托管理协议的约定履行各项职责（**【第二百零五条】**）。

3. 债券受托管理人的忠实义务表现为：对于债券受托管理人在履行受托管理职责时可能存在的利益冲突情形及相关风险防范、解决机制，发行人应当在债券募集说明书及债券存续期间的信息披露文件中予以充分披露，并同时在债券受托管理协议中载明。受托管理人与债券持有人存在利益冲突可能损害债券持有人利益的,债券持有人会议可以决议变更债券受托管理人。此外,债券受托管理人所获利益归属于债券持有人。

4. 债券受托管理人违反相关规定损害债券持有人权益的,应当承担相应的法律责任。一方面,本条第三款规定了民事赔偿责任;另一方面,《公司债券发行与交易管理办法》第六十九条、第七十四条等规定还对债券受托管理人的违法行为设置了相应的处罚规定。债券受托管理人等违反规定损害债券持有人权益的,中国证券监督管理委员会可以对受托管理人及其直接负责的主管人员和其他直接责任人员采取责令改正、监管谈话、出具警示函、责令公开说明、责令定期报告等相关监管措施;情节严重的,处以警告、罚款。

典型案例

参见【**第二百零四条**】列示的相关案例。

关联规则

《证券法》(2019 年修订)第九十二条;《公司债券发行与交易管理办法》第六条、第五十八条至第六十一条、第六十九条、第七十四条。

文献参考

陈洁、张彬:《我国债券受托管理人制度的构建与选择——以公开募集的公司债为视角》,载黄红元、徐明主编:《证券法苑》总第 17 卷,法律出版社 2016 年版;刘迎霜:《公司债券受托管理的信托法构造》,载《法学评论》2020 年第 3 期;马更新:《公司债券受托管理人利益冲突的防范与规制》,载《大连理工大学学报(社会科学版)》2023 年第 3 期。

第十章

公司财务、会计

第二百零七条　【依法建立财务会计制度】

公司应当依照法律、行政法规和国务院财政部门的规定建立本公司的财务、会计制度。

条文解读

本条是关于公司依法建立财务会计制度的一般规定。

理解本条需留意以下几点：

1. 财务与会计密不可分，财务制度是包括公司资产管理、营收分配、成本计算、审计监督等在内的一整套规则体系，需要通过会计记账、会计核算等会计制度得以体现。本法关于财务会计制度的规定与《会计法》（2017 年修正）的相关规定在立法理念方面存在一定差异。从《会计法》（2017 年修正）各章规定来看，其主要以行政监管为基础，涉及会计核算、会计监督以及对会计机构和会计人员的行为规范及其法律责任等内容，体现出较强的公法意味。本法关于财务会计制度的构建以公司治理为基础，主要为了解决公司与股东、债权人之间的关系，更多彰显私法色彩。

2. 公司财务会计是涉及公司利益的重要制度，其贯穿公司设立和运营的全过程。公司应当根据会计业务的需要，设置会计机构，或者在有关机构中设置会计人员并指定会计主管人员；不具备设置条件的，应当委托经批准设立从事会计代理记账业务的中介机构代理记账。

3. 作为一项持续性、基础性的公司事务，公司依法建立本公司的财务会计制度并非只是为了应付公司审计或者其他监管需要。从公司治理及公司长远发展的角度来看，公司财务会计制度主要有以下几个维度的重要意义：

第一，有效维护公司利益。公司财务会计制度全面反映公司的资产和负债、所有者权益、收入、费用、成本和利润情况，建立和健全公司财务会计制度是彰显公司的法人独立地位及享有独立的法人财产及法人财产权的重要基础（**【第三条】**）。

第二，依法实现股东利益。公司是营利法人，以取得利润并分配给股东为目的，这也是股东设立公司的初衷。同时，股东通过公司实现营利目的，不得以损害公司债权人利益为代价。建立和健全公司财务会计制度，一是避免出现公司和股东财产混同的情形，从而坚守股东承担有限责任的规则边界（**【第二十三条】**）；二是避免出现违法分配利润的情形，从而为股东依法从公司获得利润分配提供合法性基础（**【第二百一十条】**）。

第三，作为明确相关人员履行义务及承担责任的重要依据。股东、实际控制人、董事、监事、高级管理人员等主体依法负有确保公司资本充实、不得侵占公司财产等责任（**【第五十三条】【第一百八十一条】【第二百一十一条】【第二百二十六条】**）。建立和健全公司财务会计制度，有利于确定相关主体的行为是否符合法律法规的要求，从而厘清相关主体应当履行的义务及承担的责任。

· 典型案例 ·

（2023）粤01民终12491号民事判决书：康信公司为一人公司，股东为顺兴公司。因康信公司不能清偿巴士公司的债务，巴士公司要求追加顺兴公司为被执行人。顺兴公司以自己建立了规范的财务制度为由抗辩。法院认为，公司应当依照法律、行政法规和国务院财政部门的规定建立本公司的财务会计制度。顺兴公司虽提供2016至2020年年度审计报告，但亦多次以股东个人账户收支公司款项，可见康信公司的财务会计制度并不符合法律规定。因此，对巴士公司的主张予以支持。

关联规则

《民法典》第七十六条；《会计法》（2017年修正）第八条、第三十六条；《上市公司章程指引》（2023年修正）第一百五十条。

文献参考

刘燕：《从“会计法”到“法律与会计”的嬗变——我国会计法与会计法学三十年发展》，载《政治与法律》2010年第2期；徐强胜：《我国公司法上财务会计制度的缺失与补救》，载《政法论坛》2023年第4期。

第二百零八条 【财务会计报告的编制】

公司应当在每一会计年度终了时编制财务会计报告，并依法经会计师事务所审计。

财务会计报告应当依照法律、行政法规和国务院财政部门的规定制作。

条文解读

本条是关于公司编制财务会计报告的规定。

理解本条需留意以下几点：

1. 财务会计报告是公司对外披露的反映公司某一特定日期财务状况和某一会计期间经营成果和现金流量的文件材料，由会计报表、会计报表附注和财务情况说明书组成。按照《企业会计准则第30号——财务报表列报》(2014年修订)第二条的规定，财务报表至少应当包括资产负债表、利润表、现金流量表、所有者权益变动表及附注。

2. 公司应当依法编制财务会计报告。一方面，为真实、准确、完整地反映公司财务会计状况，财务会计报告的编制应坚持谨慎性、实质重于形式、重要性等基本原则。财务会计报告应当根据经过审核的会计账簿记录和有关资料编制，并符合法律法规关于财务会计报告的编制要求、提供对象和提供期限的相关规定。另一方面，公司编制财务会计报告应当遵守法律规定的相关时间限制。本条第一款规定的是年度财务会计报告的要求。会计年度自公历1月1日起至12月31日止。此外，财务会计报告还包括半年度、季度、月度等报告类型。

3. 财务会计报告应当依法经会计师事务所审计。依照《会计法》(2017年修正)第三十一条第二款的规定，任何单位或者个人不得以任何方式要求或者示意注册会计师及其所在的会计师事务所出具不实或者不当的审计报告。公司聘用、解聘承办公司审计业务的会计师事务所，按照公司章程的规定，由股东会、董事会或者监事会决定(**【第二百一十五条】**)。继而，《证券法》(2019年修订)第七十九条对上市公司及挂牌公司提出包括年度财务会计报告应经会计师事务所审计在内的更详细要求。此外，国务院各部门和地方各级人民政府及其各部门的财政收支，国有的金融机构和企业事业组织的财务收支，以及其他依照本法规定应当接受审计的财政收支、财务收支，还应当依照《审计法》(2021年修正)的相关规定接受审计监督。

· 典型案例 ·

(2023)京02民终7362号民事判决书：冯某与范某为达兴公司股东，达兴公司是上市公司京运通公司的控股股东。达兴公司经股东会决议，通过了将公司所持京运通公司部分股份转让给冯某的议案。范某认为达兴公司转让京运通公司的股份是转移公司主要财产，要求公司按照合理的价格收购其股权。后双方就股权收购价格发生争议。法院认为，本案需经司法审计以确定案涉股权的公允市场价值。经查明，达兴公司存在对账单不完整、不连续，对账单前后不一致，记账凭证缺失附件，审计报告数据不符等问题。而公司应当在每一个会计年度终了时编制财务会计报告，并依法经会计师事务所审计。现无法评估股权价格的结果是由达兴公司未依法审计所致。因此，应当采用足以保护范某对案涉股权所享有合理期待利益的方式来确定案涉股权的价格。

关联规则

《会计法》（2017 年修正）第十三条、第二十条；《证券法》（2019 年修订）第七十九条；《企业会计准则第 30 号——财务报表列报》（2014 年修订）第二条；《审计法》（2021 年修正）第二条。

文献参考

刘燕：《论我国〈公司法〉法定审计模式的选择》，载《会计研究》2005 年第 8 期；周华等：《国际会计准则的困境与财务报表的改进——马克思虚拟资本理论的视角》，载《中国社会科学》2017 年第 3 期。

第二百零九条　【财务会计报告的公布】

有限责任公司应当按照公司章程规定的期限将财务会计报告送交各股东。

股份有限公司的财务会计报告应当在召开股东会年会的二十日前置备于本公司，供股东查阅；公开发行股份的股份有限公司应当公告其财务会计报告。

条文解读

本条是关于公布财务会计报告的规定。

理解本条需留意以下几点：

1. 有限责任公司和股份有限公司在向股东公布财务会计报告的方式上存在区别。

一般认为，有限责任公司股东人数相对较少、人合性更高，公司应当将财务会计报告直接送交各股东；股份有限公司（尤其是上市公司）因为股东人数多，财务会计报告的公布采取召开股东会年会的二十日前置备于公司供股东查阅的方式。实践中，股东人数较少的股份有限公司也常采用直接送交各股东的方式。为避免争议，公司章程可以对此作出明确规定。

2. 公开发行股份的股份有限公司应当公告其财务会计报告。依照《证券法》（2019年修订）第七十九条的规定，上市公司、公司债券上市交易的公司、股票在国务院批准的其他全国性证券交易场所交易的公司，应当按照国务院证券监督管理机构和证券交易场所规定的内容和格式编制定期报告，并在每一个会计年度结束之日起四个月内，报送并公告年度报告，以及在每一个会计年度的上半年结束之日起二个月内，报送并公告中期报告。其中的年度财务会计报告应当经符合本法规定的会计师事务所审计。

3. 财务会计报告属于股东行使查阅权的范围（【第五十七条】【第一百一十条】）。由于财务会计报告包括年度、半年度、季度、月度等各类报告，除上市公司或挂牌公司、国有企业应当依照法律法规规定的要求公布相关报告外，其他公司应当根据自身情况在公司章程中对本公司编制财务会计报告的类型及期限送交或置备等事宜作出明确规定。

· 典型案例 ·

1. 针对本条第一款

（2022）鲁16民终2621号民事判决书：苏某为华星有限公司股东。苏某先后通过邮寄及当面送达的方式向华星有限公司主张查阅公司账目等信息，但均未实现查账目的，遂诉至法院。法院认为，有限责任公司股东有权查阅、复制财务会计报告及查阅公司会计账簿，且有限责任公司应当依照公司章程规定的期限将财务会计报告送交各股东。华星有限公司有义务依照上述法律规定，建立本公司的财务会计制度并将相关会计资料报送股东，故其不得拒绝股东行使其知情权。因此，对苏某的主张予以支持。

2. 针对本条第二款

《广州白云国际机场股份有限公司关于召开2022年度股东大会的提示性公告》（证券代码：600004，公告编号：2023－035）：广州白云国际机场股份有限公司于2023年5月24日在《证券时报》《中国证券报》《上海证券报》及上海证券交易所网站上刊登了《关于召开2022年度股东大会的通知》，现就2022年度股东大会有关事项发布提示性公告,包括股东大会召开日期(2023 年6 月15 日)以及召开会议的其他情况。此外,广州白云国际机场股份有限公司已于2023 年4 月19 日公告由立信会计师事务所审计的《广州白云国际机场股份有限公司审计报告及财务报表》(信会师报字〔2023〕第 ZC10144 号)。除立信会计师事务所出具的审计报告外,同时公告了广州白云国际机场股份有限公司2022 年度财务报表,其中包括合并资产负债表和母公司资产负债表、合并利润表和母公司利润表、合并现金流量表和母公司现金流量表、合并所有者权益变动表和母公司所有者权益变动表以及财务报表附注等内容。(公告时间:2023 年 6 月 10 日)

关联规则

《证券法》(2019 年修订)第七十九条;《上市公司章程指引》(2023 年修正)第一百五十一条。

文献参考

郑春玉:《论公司法中财务会计制的价值定位及制度完善》,载《内蒙古大学学报(人文社会科学版)》2004 年第 6 期;杨路:《股东知情权案件若干问题研究》,载《法律适用》2007 年第 4 期;罗培新、张逸凡:《世行营商环境评估之“保护中小投资者”指标解析及我国修法建议》,载《华东政法大学学报》2020 年第 2 期。

第二百一十条 【公司利润分配】

公司分配当年税后利润时,应当提取利润的百分之十列入公司法定公积金。公司法定公积金累计额为公司注册资本的百分之五十以上的,可以不再提取。

公司的法定公积金不足以弥补以前年度亏损的,在依照前款规定提取法定公积金之前,应当先用当年利润弥补亏损。

公司从税后利润中提取法定公积金后,经股东会决议,还可以从税后利润中提取任意公积金。

公司弥补亏损和提取公积金后所余税后利润，有限责任公司按照股东实缴的出资比例分配利润，全体股东约定不按照出资比例分配利润的除外；股份有限公司按照股东所持有的股份比例分配利润，公司章程另有规定的除外。

公司持有的本公司股份不得分配利润。

条文解读

本条是关于公司利润分配的规定。

与修订前的条文相比，本条规定的主要变化是将《公司法》(2018年修正)第一百六十六条第五款关于违法分配利润的规定单列为本法第二百一十一条。

理解本条需留意以下几点：

1.公司分配利润前，应当履行相应的法定程序。除依法缴纳企业所得税等各项税费外，公司应当提取10%的利润列入法定公积金。只有当法定公积金累计额达到公司注册资本的50%以上，才可以不再提取。应当注意的是，对于有限责任公司而言，本条规定的注册资本应当是指全体股东认缴的出资额所对应的注册资本，而非公司的实收资本(**【第四十七条】**)。

2.公司若有未弥补的往年亏损，应当先以当年利润弥补亏损，继而再依照本条第一款和第三款规定提取法定公积金和任意公积金。法定公积金和任意公积金都属于会计上的盈余公积金，故其全称为法定盈余公积金和任意盈余公积金。所谓盈余公积金，是指公司为了巩固资本基础，维护公司信用，适应扩大生产规模和经营范围的需要，确保公司持续稳定发展，依照法定程序从公司税后利润中提取的具有储备性质的资金。这与资本公积金的来源有区别(**【第二百一十三条】**)。

3.任意公积金的提取虽无强制性要求，但一旦从税后利润中提取任意公积金，则相关资金的使用应当遵守有关公积金用途的规定(【第二百一十四条】)。提取任意公积金之前，应当经股东会决议。

4.公司在弥补亏损和依法提取公积金后，对所余税后利润可以依法向股东分配。应当注意的是，为了确保公司偿债能力及留存公司运营所需资金，向股东分配利润应被理解为公司的权利而非义务。审议批准公司利润分配方案是股东会的法定职权(**【第五十九条】**)，公司向股东分配利润的，应当以股东会作出利润分配决议为原则

(**【第二百一十二条】**)。依照本条第四款规定,经股东会决议通过公司利润分配方案后,有限责任公司按照股东实缴的出资比例分配利润,全体股东约定不按照出资比例分配利润的除外;股份有限公司按照股东所持有的股份比例分配利润,公司章程另有规定的除外。因此,若要改变向股东分配利润的比例,应当在事前经过相应的合意程序,而不得在利润分配决议中临时作出调整。

5. 公司持有的本公司股份计入库存股,不得分配利润。库存股名为公司持有,实则受控于公司控股股东、实际控制人。对于库存股设置的规则限制,旨在弱化控制者对公司的不当控制及可能出现的不当利益输送。故而,公司持有的本公司股份不仅不享有分配利润的权利,也没有表决权(**【第一百一十六条】**)。为了尽量减少库存股对公司可能产生的不利影响,股份有限公司还不得接受本公司的股份作为质权的标的(**【第一百六十二条】**)。继而,公司对于持有本公司股份的情形都应当及时作转让或注销处理(**【第一百六十二条】**)。应当注意的是,本条第五款虽使用"股份"的表述,似乎表明只适用于股份有限公司,但是,有限责任公司也可能存在库存股的问题。例如,在股东失权(**【第五十二条】**)、公司收购异议股东的股权(**【第八十九条】**)等情形下,公司未依法转让或注销相关股权前,实际上就是由公司持有本公司的股权。最高人民法院指导案例96号也涉及有限责任公司"人走股留"后股权暂由公司收购保管并不得参与利润分配的内容。与股份有限公司的规定类似,有限责任公司在股东失权、公司收购异议股东的股权后,应当限期转让或者注销相关股权。

·典型案例·

1. 针对本条第一款、第二款

(2022)鄂09民终1421号民事判决书:李某为恒新公司的股东。恒新公司股东会作出利润分配决议。李某主张该决议违反《公司法》有关利润分配的强制性规定,请求确认决议无效。法院认为,公司分配当年税后利润时,应当提取利润的10%列入公司法定公积金。恒新公司在未缴纳相关税费及未提取法定公积金的情况下,该分配行为违反了强制性规定。但是恒新公司未按照规定提取公积金的法律后果只是补充提取公积金,而不能直接导致公司决议无效。因此,对李某的主张不予支持。

2. 针对本条第三款、第五款

《上海浦东发展银行股份有限公司2022年年度报告》(证券代码:600000):根据有关规定,本行应当按照法定财务报表税后利润的10%提取法定盈余公积。当本行法定盈余公积金累计额达到本行股本的50%时,可不再提取。在提取法定盈余公积金后,可提取任意盈余公积金。按照公司章程的规定及股东会决议的相关要求,公司拟定2022年年度利润分配方案,按当年税后利润30%的比例提取任意盈余公积,共计145.44亿元。同时明确,库存股不参与利润分配,在资产负债表中作为股东权益的备抵项目列示。(公告时间:2023年4月19日)

3. 针对本条第四款(有限责任公司情形)

(2022)京03民终7576号民事判决书:司某甲、司某乙为华固公司股东。华固公司作出股东会决议,确认了公司的利润分配方案,司某甲认为司某乙滥用股东权利导致公司不分配利润,诉至法院。法院认为,公司弥补亏损和提取公积金后所余税后利润,有限责任公司股东能否得到股利或分配利润,取决于公司是否有可分配利润以及股东会是否作出将可分配利润在股东间予以分配的决议。本案中,司某甲未提交证据证明其主张的金额为可分配利润,故法院对其主张不予支持。

4. 针对本条第四款(股份有限公司情形)

《麦加芯彩新材料科技(上海)股份有限公司关于公司利润分配方案的公告》(证券代码:603062,公告编号:2023-007):截至2023年9月30日,母公司期末可供分配利润为人民币514,709,025.39元(未经审计)。经公司第一届董事会第二十六次会议决议,公司拟以实施权益分派股权登记日登记的总股本为基数分配利润。本次利润分配建议方案如下:公司拟向全体股东每股派发现金红利人民币1.2元(含税)。本次利润分配方案尚需提交股东大会审议。根据该公司章程第一百五十四条的规定,股东按照持有的股份比例分配利润。(公告时间:2023年11月16日)

关联规则

《上市公司章程指引》(2023年修正)第一百五十三条。

文献参考

王宪森：《公司分配法律制度基本理论研究》，载《法商研究（中南政法学院学报）》1995年第2期；傅穹：《公司利润分配规则的比较分析》，载《法学论坛》2004年第3期；常健、张强：《商业判断规则：发展趋势、适用限制及完善——以有限责任公司股利分配为视角》，载《法商研究》2013年第3期；王秋豪：《公司法利润分配规则的逻辑结构与现实约束——基于法律与会计交叉分析的视角》，载《证券市场导报》2021年第9期。

第二百一十一条　【违法分配利润的后果及责任】

公司违反本法规定向股东分配利润的，股东应当将违反规定分配的利润退还公司；给公司造成损失的，股东及负有责任的董事、监事、高级管理人员应当承担赔偿责任。

条文解读

本条是关于公司违法分配利润的后果及责任的规定。

与修订前的条文相比，本条规定的主要变化是增加违法分配利润给公司造成损失时股东及负有责任的董事、监事、高级管理人员承担赔偿责任的规定。本次修订旨在对股东从公司不当获得分配的法律后果予以统一规定。除本条规定外，本法对于抽逃出资（【第五十三条】）、违法减资（【第二百二十六条】）也设置了类似规则。

理解本条需留意以下几点：

1. 违法分配利润是对公司资产的侵蚀行为，将损害公司及其债权人利益。故而，股东应当将违法分配的利润退还公司，并对公司遭受的损失承担赔偿责任。依照本法规定并结合具体实践，违法分配利润的表现主要包括：第一，公司在向股东分配利润前未依法缴税、弥补亏损及提取公积金（**【第二百一十条】**），这也是违法分配利润的常见表现。第二，公司在出现亏损等情形下，虚增利润向股东分配。对于此种情形，按照《公司法解释（三）》第十二条规定也可能构成抽逃出资（**【第五十三条】**）。第三，经简易减资后，在法定公积金和任意公积金累计额达到公司注册资本50%前向股东分配利润(【第二百二十五条】)。第四,在未依法改变分配利润的原则性规定的情形下,超过股东出资比例或持股比例分配。这一情形很可能同时损害了公司利益和部分股东的利益。当然,对于违法分配利润的各种情形,有必要作程序违法和内容违法的区分。在程序违法的情形下,公司若能及时修补相应的程序瑕疵,并不必然构成违法分配。

2. 股东获得公司违法分配的利润,应当将违反规定分配的利润退还公司,并赔偿给公司造成的损失。所谓退还违法分配的利润,既包括从公司获得的货币,也包括实物、股权、知识产权等非货币财产。公司对于收回的利润应当作相应会计处理。

3. 维护公司利益是董事、监事、高级管理人员对公司负有忠实义务和勤勉义务的必然要求(【第一百八十条】)。故而,对公司违法分配利润负有责任的董事、监事、高级管理人员也应当承担赔偿责任。

·典型案例·

(2023)京01民终2491号民事判决书:陈某为优胜公司股东。优胜公司因与债权人王某产生纠纷被依法强制执行。后王某发现在优胜公司处于亏损情况下,陈某仍从公司取得利润分配,故王某要求陈某就公司债务承担责任。法院认为,优胜公司向陈某分配利润前未按照法律规定弥补亏损、提取法定公积金,公司利润分配方案和弥补亏损的方案也未经过股东会审议批准。故优胜公司违法向陈某分配利润的行为客观上转移并减少了公司资产,降低其偿债能力,陈某应当对公司债务不能清偿的部分在其实际收取款项及其利息范围内承担补充赔偿责任。因此,对王某的主张予以支持。

关联规则

《上市公司章程指引》(2023年修正)第一百五十三条。

文献参考

刘燕、王秋豪:《公司资本流出与债权人利益保护——法律路径与选择》,载《财经法学》2020年第6期;于莹、司耕旭:《重思公司分配行为的约束机制:以偿债能力测试的借鉴为中心》,载《清华法学》2023年第1期;徐方亮:《公司违法分配责任机理与规则完善——基于公司法和民法双重视角的分析》,载《当代法学》2023年第5期。

第二百一十二条 【利润分配的完成期限】

股东会作出分配利润的决议的，董事会应当在股东会决议作出之日起六个月内进行分配。

条文解读

本条是关于公司利润分配的完成期限的规定。

本条是新增规定，是在吸收《公司法解释（五）》第四条规定基础上的制度革新。

理解本条需留意以下几点：

1. 在通常情况下，股东会作出的有效决议是股东主张公司应当分配利润的请求权基础。从会计视角来看，股东会作出分配利润的决议后，待分配利润则从所有者权益部分扣除并相应列入负债中的应付股利。既然是公司的一项负债，则公司应当在关于分配利润的股东会决议通过后尽快完成利润分配，以减少公司负债、实现股东合法权益。

2. 本条明确规定完成分配利润是董事会的职权，属于执行股东会决议的事项（【第六十七条】）。董事会应当在股东会决议作出之日起六个月内进行分配。相比《公司法解释（五）》第四条规定的一年内完成利润分配的要求，本条规定了更短的完成期限，进一步强化对股东合法权益的保护。该期限为法定期限，公司章程或者股东会决议不得规定超过六个月的期限。此外，按照《上市公司章程指引》（2023 年修正）第一百五十五条的规定，公司股东会对利润分配方案作出决议后，或公司董事会根据年度股东会审议通过的下一年中期分红条件和上限制定具体方案后，须在两个月内完成股利（或股份）的派发事项。

3. 实践中，股东会作出不分配利润的决议或者未就分配利润作出决议的情形也较为常见。如果一味要求股东请求公司分配利润必须以有效的股东会决议为前提，并非保护股东合法权益的理性策略。虽然分配利润并非公司的法定义务（**【第二百一十条】**），但公司长期不分配利润也有违股东投资的初衷，对于中小股东而言更是不公。一方面，对于股东会作出不分配利润决议的情形，反对不分配利润的股东有权请求公司按照合理的价格收购其股权（份）（**【第八十九条】【第一百六十一条】**）。另一方面，对于未就分配利润作出决议的情形,根据《公司法解释(四)》第十五条的规定,如果是(大)股东滥用权利导致公司不分配利润而给其他股东造成损失,其他股东也可以请求公司分配利润。本次修订对该规定也作了有益吸收。有限责任公司的控股股东滥用股东权利,严重损害公司或者其他股东利益的,其他股东同样有权请求公司按照合理的价格收购其股权(**【第八十九条】**)。

· 典型案例 ·

(2022)新民再3号民事判决书:王某为泰昆公司股东,于2021年将其持有的全部股权转让给公司另一个股东嘉联合伙。同年,泰昆公司作出载明2020年公司利润分配方案的股东会决议。后王某要求泰昆公司支付自决议作出之日起所得利润分配的利息。法院认为,虽然泰昆公司关于公司2020年利润分配的决议未载明分配时间,公司章程也没有约定,但公司分配利润期限尚未超过法律规定的期限。因此,对王某的主张不予支持。

关联规则

《上市公司章程指引》(2023年修正)第一百五十五条、第一百五十六条。

文献参考

朱芸阳、王保树:《上市公司现金分红制度的自治与强制——以股利代理成本理论为逻辑基础》,载《现代法学》2013年第2期;周游:《公司利润分配之司法介入及其界限忖度》,载《天津法学》2013年第4期;李建伟:《法院如何支持股东的抽象股利分配请求——来自197份商事裁决书的类型化分析》,载《中外法学》2021年第2期。

第二百一十三条　【资本公积金的来源】

公司以超过股票票面金额的发行价格发行股份所得的溢价款、发行无面额股所得股款未计入注册资本的金额以及国务院财政部门规定列入资本公积金的其他项目,应当列为公司资本公积金。

条文解读

本条是关于公司资本公积金的来源的规定。

与修订前的条文相比，本条规定的主要变化是契合无面额股制度革新需要，扩大列入资本公积金的项目范围。

理解本条需留意以下两点：

1. 所谓资本公积金，是指因法律规定由资本及与资本有关的资产项目所产生的应作为资本储备的项目，一般是公司在筹资过程中发生的或由于特殊会计事项引起的所有者权益的变动。资本公积金通常与出资有关，或是意味着所有者权益的增加，但又不计入股本，且通常不适合作为收入确认，是一种资本的衍生利益而非公司的营业收入。从目前实践来看，资本公积金通常有以下几种来源：一是超过股票票面金额发行股份所得的溢价款；二是长期股权投资采用权益法核算取得的被投资单位除净损益以外的其他所有者权益变动；三是以权益结算的股份支付换取职工或其他方提供的服务；四是同一控制下企业合并继受的账面财产减去被合并企业的账面债务，并减去向该企业股东给付额的余额；五是受领股东赠与所得。总之，资本公积金的外延在实务中会因会计处理规则的变化而变化。随着公司经营活动的多元化以及资本运作方式的复杂化，也将产生更多应当列入资本公积金的项目。

2. 实践中，公司通过定向增发引入外部投资人所签订的对赌协议中常涉及资本公积金的问题。公司与外部投资人通常约定将外部投资人现金出资中的小部分作为注册资本，大部分则列入资本公积金。因此，公司获得融资的同时还能维持大股东对公司的控制权。但作为对外部投资人投资的对价，对赌协议通常约定，当公司无法实现业绩或上市等要求时，外部投资人有权要求现金补偿、公司回购或者大股东强制受让股权。目前，法院通常以公司是否具有履行能力判断是否应当支持外部投资人的请求。同时，若外部投资人主张返还列入资本公积金的款项，则通常不能得到法院支持。资本公积金属于公司所有，是公司的财产。作为一种资本储备，资本公积金既不属于注册资本，也不属于利润。故而，公司既不能直接通过减少资本公积金的方式实现减少注册资本的目的（**【第二百二十六条】**），也不能直接将其作为利润分配给股东（**【第二百一十一条】**），否则都可能构成公司向股东的不当分配。

· 典型案例 ·

（2022）京民终619号民事判决书：动信通公司因受让股权成为微游公司股东，但尚有30万元出资款未缴纳，动信通公司主张该部分出资已经通过资本公积金转增资本的方式缴纳。法院认为，微游公司原股东出资时存在30万元的出资溢价，但根据《公司法》的规定，该溢价款应列入微游公司的资本公积金，已形成公司资产，不能再用于填补股东未缴纳的出资款。因此，对动信通公司的主张不予支持。

关联规则

《企业会计制度》第七十条、第八十条。

文献参考

刘燕：《对赌协议与公司法资本管制：美国实践及其启示》，载《环球法律评论》2016年第3期；孙旭辉、丁琛：《有限责任公司资本公积金的司法规制》，载《人民司法》2023年第7期；郑彧：《股东溢价出资的会计表达与法律属性》，载《法学研究》2023年第4期。

第二百一十四条　【公积金的用途】

公司的公积金用于弥补公司的亏损、扩大公司生产经营或者转为增加公司注册资本。

公积金弥补公司亏损，应当先使用任意公积金和法定公积金；仍不能弥补的，可以按照规定使用资本公积金。

法定公积金转为增加注册资本时，所留存的该项公积金不得少于转增前公司注册资本的百分之二十五。

条文解读

本条是关于公司公积金的用途的规定。

与修订前的条文相比，本条规定的主要变化是增加资本公积金有条件地用于弥补亏损的规定。

理解本条需留意以下几点：

1. 公积金的用途可归纳为弥补亏损、扩大经营和转增资本三个方面。首先，弥补公司的亏损是公积金作为一种资本储备所具有的基本功能。法律之所以要强制公司提取法定公积金，主要是出于提升公司抵御运营风险的目的。其次，扩大经营也是公积金的重要用途。公司为生产经营及扩大规模而产生的相关费用，可以使用公积金。最后，公积金转为增加公司资本体现了公积金的"准资本"特质。虽从本条规定来看，公司的公积金可以分为法定公积金、任意公积金和资本公积金三类，但就会计处理而言，资本公积金与另外两类公积金实际上有较大区别。不同类型的公积金基于来源差异(**【第二百一十条】【第二百一十三条】**)，在用途方面也有所不同。本条第二款、第三款对上述用途作了必要的限制：一是不同类型的公积金在用于弥补亏损时应有使用的先后顺序；二是法定公积金转增资本应按比例留存。

2. 对于资本公积金能否用于弥补公司的亏损的问题，一直以来都存在较大争议。《公司法》(1993 年)允许资本公积金用于弥补亏损，《公司法》(2005 年修订)则转为禁止，此次修订采取折中策略。从会计处理的角度出发，所有者权益各项目都有吸收损失的功能。在资产负债表上，所有者权益包括实收资(股)本、资本公积、盈余公积、未分配利润等项目。财政部在此前公布的《企业财务通则》(2006 年修订)第三十三条第二款即规定，企业重组中清查出的资产损失，经批准后依次冲减未分配利润、盈余公积、资本公积和实收资本。因此，只要确立了所有者权益各项目在吸收损失时的顺序，就能在很大程度上降低法律风险。首先，公司尚有以前年度亏损的，应当先用当年利润弥补亏损(**【第二百一十条】**)。其次，当年利润弥补亏损后还有亏损，或者当年出现亏损而往年留存利润不足以弥补亏损的，则使用任意公积金和法定公积金(盈余公积金)弥补亏损。再次，仍不能弥补的，可以按照规定使用资本公积金弥补亏损。最后，若资本公积金弥补亏损后仍有亏损，可以通过简易减资弥补亏损，即以实收资(股)本吸收损失(**【第二百二十五条】**)。

3. 基于公积金作为资本储备的属性，公司即便使用法定公积金转增资本，也应当遵守留存相应比例的公积金的要求。故本条第三款规定，法定公积金转增资本时，所留存的该项公积金不得少于转增前公司注册资本的 25%。但对于任意公积金和资本公积金转增资本时并无类似限制。此外，本条对于公司使用公积金扩大生产经营也并无留存相应比例的公积金的要求。

典型案例

(2022)京03民终10391号民事判决书:中加公司与宽路公司为兰格加华公司股东。中加公司先后多次向兰格加华公司转账,兰格加华公司将前述款项在记账凭证中会计科目记载为“资本公积”,摘要为“股东追加资金”。后兰格加华公司作出股东会决议,将中加公司的转账款由原误记的资本公积科目更正为其他应付款科目。宽路公司请求确认决议无效。法院认为,公司的公积金用于弥补公司的亏损、扩大公司生产经营或者转为增加公司资本。资本公积金实际是股东对公司的出资,不得转为公司的债务计算利息,变相抽逃。兰格加华公司在会计科目中将资本公积转为公司对股东的其他应付款,违反了资本维持原则以及关于股东不得抽逃出资的规定。因此,对宽路公司的主张予以支持。

关联规则

《企业财务会计报告条例》第九条;《上市公司章程指引》(2023年修正)第一百五十四条。

文献参考

刘燕:《新〈公司法〉的资本公积补亏禁令评析》,载《中国法学》2006年第6期;李美云:《资本公积金功能的立法完善》,载《国家检察官学院学报》2014年第5期。

第二百一十五条　【会计师事务所的聘用及解聘】

公司聘用、解聘承办公司审计业务的会计师事务所,按照公司章程的规定,由股东会、董事会或者监事会决定。

公司股东会、董事会或者监事会就解聘会计师事务所进行表决时,应当允许会计师事务所陈述意见。

条文解读

本条是关于公司聘用、解聘承办公司审计业务的会计师事务所的规定。

与修订前的条文相比,本条规定的主要变化是将监事会也列入可以决定聘用、

解聘会计师事务所的机构。

理解本条需留意以下几点：

1. 股东会、董事会或者监事会都有权决定承办公司审计业务的会计师事务所的聘用和解聘，公司根据自身情况作出选择并记载于公司章程。监事会作为公司监督机构，负责业务监督和财务监督，由其决定会计师事务所的聘用和解聘也契合部分公司的治理需要。此外，依照本法规定，上市公司在董事会中设置审计委员会的，董事会对聘用和解聘承办公司审计业务的会计师事务所作出决议前应当经审计委员会全体成员过半数通过（**【第一百三十七条】**）。

2. 特定机构就解聘会计师事务所事项表决时，应当允许会计师事务所陈述意见。这是为了确保会计师事务所独立、客观、公正承办审计业务，也便于做决定的机构更全面了解情况。此外，会计师事务所也有权提出辞聘。按照《上市公司章程指引》（2023年修正）第一百六十三条第二款的规定，会计师事务所提出辞聘的，应当向股东会说明公司有无不当情形。

3. 应当注意的是，并不只有承办公司审计业务才涉及聘请会计师事务所事宜。例如，监事会在履行监督职责过程中发现公司经营情况异常，可以进行调查；必要时，可以聘请会计师事务所等协助其工作（**【第七十九条】**）。此时，对于会计师事务所的聘请和解聘，应当由监事会决定。

· 典型案例 ·

（2022）鲁02民终8587号民事判决书：前海公司为善水公司股东，其在股东会上要求公司聘请具有足够独立性和专业能力的会计师事务所对公司财务进行审计，但该议案最终被否决。后前海公司诉请撤销该决议。法院认为，善水公司章程中有关于公司应聘用具有相关业务资格的会计师事务所进行审计的规定，故善水公司股东会否决前海公司议案明显违反了公司章程的规定，该决议应予撤销。因此，对前海公司的主张予以支持。

关联规则

《上市公司章程指引》（2023年修正）第一百六十条、第一百六十三条。

文献参考

周华等:《增强审计监督合力——基于注册会计师行业职能的历史考察》,载《中国社会科学》2022 年第 4 期。

第二百一十六条　【会计资料的提供】

公司应当向聘用的会计师事务所提供真实、完整的会计凭证、会计账簿、财务会计报告及其他会计资料,不得拒绝、隐匿、谎报。

条文解读

本条是关于公司应当依法提供真实、完整的会计资料的规定。

理解本条需留意以下两点:

1. 公司聘用的会计师事务所负责公司审计业务,需要以真实、完整的会计资料为依据,公司有提供会计资料的义务。 依照《会计法》(2017 年修正)第十三条第三款的规定,任何单位和个人不得伪造、变造会计凭证、会计账簿及其他会计资料,不得提供虚假的财务会计报告。公司财务会计是涉及公司利益的持续性、基础性的公司事务(**【第二百零七条】**)。公司应当定期将会计账簿记录与实物、款项及有关资料相互核对,保证会计账簿记录与实物及款项的实有数额相符、会计账簿记录与会计凭证的有关内容相符、会计账簿之间相对应的记录相符、会计账簿记录与会计报表的有关内容相符。

2. 公司依法进行会计核算是提供真实、完整的会计资料的重要前提。 公司必须根据实际发生的经济业务事项,依法确认、计量和记录资产、负债、所有者权益、收入、费用、成本和利润,并不得有下列行为:第一,随意改变资产、负债、所有者权益的确认标准或者计量方法,虚列、多列、不列或者少列资产、负债、所有者权益;第二,虚列或者隐瞒收入,推迟或者提前确认收入;第三,随意改变费用、成本的确认标准或者计量方法,虚列、多列、不列或者少列费用、成本;第四,随意调整利润的计算、分配方法,编造虚假利润或者隐瞒利润等。

·典型案例·

(2022)京02民终12256号民事判决书：迈邦公司与新五湖公司签订协议，约定迈邦公司将建筑附属物残值卖给新五湖公司。后迈邦公司要求新五湖公司及其唯一股东叶某就货款承担连带责任。法院认为，新五湖公司、叶某仅向会计师事务所提供财务报表及其附注，并未提供会计凭证、会计账簿、财务会计报告等会计资料，无法证明叶某的财产独立于新五湖公司的财产，故二者应当对货款的支付承担连带责任。

关联规则

《会计法》(2017年修正)第十三条、第十四条、第十七条、第二十一条、第二十五条、第二十六条、第三十一条；《上市公司章程指引》(2023年修正)第一百六十一条。

文献参考

李美云：《会计信息"真实"之新解——一个法律解释的视角》，载《政法论坛》2012年第6期；朱奇伟：《企业"吹哨人"举报行为的刑法评价——以法域协调为视角》，载《法学》2022年第4期。

第二百一十七条 【禁止另立账簿或账户】

公司除法定的会计账簿外，不得另立会计账簿。

对公司资金，不得以任何个人名义开立账户存储。

条文解读

本条是关于禁止公司另立会计账簿或以个人名义开立账户的规定。

与修订前的条文相比，本条规定的主要变化是将《公司法》(2018年修正)规定中的"资产"改为"资金"。

理解本条需留意以下几点：

1.公司应当依照本法和《会计法》等法律法规的规定设置会计账簿，并保证其真实、完整。依照《会计法》(2017年修正)第十六条的规定，各单位发生的各项经济业务事项应当在依法设置的会计账簿上统一登记、核算,不得违反规定私设会计账簿登记、核算。依法设置的会计账簿是国家加强经济管理和财务管理的重要凭据。公司发生的各项经济业务事项应当在依法设置的会计账簿上统一登记、核算,不得违反法律和国家统一的会计制度的规定私设会计账簿登记、核算。因此,公司及其相关人员在法定的会计账簿以外另立会计账簿,既可能损害股东、债权人等主体的合法权益,也可能危及交易安全、破坏市场经济秩序。在法定的会计账簿以外另立会计账簿的,公司及其直接负责的主管人员和其他直接责任人员应当受到相应的处罚(**【第二百五十四条】**)。

2. 另立账簿的行为不仅破坏财务会计制度及市场经济秩序,还严重损害公司及股东、债权人利益。故而,除承担行政责任和刑事责任外,还应当承担相应的民事责任。会计账簿等财务会计资料是股东行使查阅权的范围(**【第五十七条】【第一百一十条】**),根据《公司法解释(四)》第十二条的规定,公司董事、高级管理人员等未依法履行职责,导致公司未依法制作或者保存会计账簿等公司文件资料,给股东造成损失的,应当承担相应的赔偿责任。此外,在另立账簿的同时,相关主体为逃避责任还可能宣称账簿已灭失。针对公司清算时的此种情形,根据《公司法解释(二)》第十八条的规定,股东、实际控制人、董事等因怠于履行义务,导致公司主要财产、账册、重要文件等灭失,无法进行清算的,应当对公司债务承担连带清偿责任。

3. 公司资金只能存入公司在银行开设的账户。实践中,除将公司资金通过另立账户方式存储外,相关主体还可能通过非法转移、隐匿等行为侵占公司资金以外的资产。上述行为同样可能严重损害公司及股东、债权人利益。除承担行政责任和刑事责任外,还应当承担相应的民事责任。对于股东(尤其是控股股东)而言,以个人名义开立账户储存公司资金,常作为认定公司和股东财产混同的重要依据,并据此适用公司人格否认规则,要求股东承担公司债务的连带责任(**【第二十三条】**)。对于董事、监事、高级管理人员而言,侵占公司财产、挪用公司资金是违反忠实义务的行为(**【第一百八十一条】**),相关主体不仅因此所得收入归公司所有(**【第一百八十六条】**),还应当对公司和股东造成的损失承担赔偿责任(**【第一百八十八条】【第一百九十条】**)。

· 典型案例 ·

(2023)粤01民终425号民事判决书:胜伟公司与吴某签订合作协议。胜伟公司认为在公司之外以个人名义另行设立收付款账户和会计账簿的约定违反法律规定，协议应属无效。后吴某诉请法院确认协议有效。法院认为，公司除法定的会计账簿外不得另设会计账簿的规定，属于非效力性的强制性规定。胜伟公司与吴某签订的合作协议中关于另设账户和账簿的约定不必然导致协议无效。因此，对吴某的主张予以支持。

关联规则

《刑法》（2023 年修正）第一百六十二条之一；《会计法》（2017 年修正）第三条、第十六条；《上市公司章程指引》（2023 年修正）第一百五十二条。

文献参考

李建伟：《公司无法提供会计账簿的股东知情权实现》，载《重庆理工大学学报（社会科学版）》2022 年第 3 期；徐强胜：《我国公司法上财务会计制度的缺失与补救》，载《政法论坛》2023 年第 4 期。

第十一章

公司合并、分立、增资、减资

第二百一十八条　【公司合并方式】

公司合并可以采取吸收合并或者新设合并。

一个公司吸收其他公司为吸收合并，被吸收的公司解散。两个以上公司合并设立一个新的公司为新设合并，合并各方解散。

条文解读

本条是关于公司合并方式的规定。

理解本条需留意以下几点：

1. 所谓公司合并，是指某一公司通过股票交换或者资产整体买入等方式将其他公司并入本公司、本公司存续而其他被并入的公司解散，或者由两个以上的公司通过签订协议等方式设立新的公司，新公司成立后原来各公司解散的行为。依照本条规定，前者为吸收合并，可简单理解为 A + B = A；后者为新设合并，可简单理解为 A + B = C。

2. 因合并而解散的公司应当办理注销公司登记，但无须清算（【第二百二十九条】【第二百三十二条】）。因为合并各方的债权债务由合并后存续的公司或者新设的公司承继（【第二百二十一条】），故合并前各公司的债权人可向合并后的公司主张权利。同时，公司合并将引起特定公司的解散，特定公司应当依法向公司登记机关申请注销登记，由公司登记机关公告公司终止。至此，特定公司的法人主体资格消灭。

3. 公司合并是公司的重大事项，除简易合并情形外（【第二百一十九条】）**，应当依法经股东会特别决议通过**（【第六十六条】【第一百一十六条】）。同时，考虑到公司合并可能对股东和债权人利益带来较大影响，本法对此设置了相应规则。在股东利益保护方面，公司合并是股东行使股权（份）收购请求权的重要条件。除在股东会作出合并决议中投反对票的股东可依法行使该权利外（【第八十九条】【第一百六十二条】），简易合并情形下由于被合并的公司不需经股东会决议，故其他股东有权请求公司按照合理的价格收购其股权或者股份（【第二百一十九条】）。在债权人利益保护方面，除合并前后债权债务承继的规定外，公司合并应当履行通知并公告债权人的程序，债权人有权要求公司清偿债务或者提供相应的担保（【第二百二十条】）。

4. 公司合并与公司收购是紧密联系的两个法律概念，是资本集中和产业外向性发展的相互融合的方式，常合称为公司并购。不过，合并与收购在运作方式和法律后果方面存在比较明显的区别。合并会导致至少一个原有公司的解散，而公司收购则不尽然。公司收购是收购人采取一定方式取得公司控制权的行为，如通过取得股份的方式成为一个上市公司的控股股东，或者通过投资关系、协议、其他安排的方式成为一个上市公司的实际控制人。从法律的角度来看，收购的对象通常有两类：一是公司股权，二是公司资产。一般而言，目标公司往往仍具有实体法律地位，收购人也不必然要承担目标公司的债务。

5. 公司并购作为公司重大事项变动，对公司各方当事人乃至资本市场和经济社会发展都可能带来重要影响。故而，公司并购在实践中是一个相对综合的法律问题。除公司证券法律制度外，包括竞争法、财税法、劳动法等领域都就公司并购的特定内容作了制度回应。例如，依照《反垄断法》（2022 年修正）第二十五条、第二十六条第一款的规定，经营者集中是指下列情形：（1）经营者合并；（2）经营者通过取得股权或者资产的方式取得对其他经营者的控制权；（3）经营者通过合同等方式取得对其他经营者的控制权或者能够对其他经营者施加决定性影响。经营者集中达到国务院规定的申报标准的，经营者应当事先向国务院反垄断执法机构申报，未申报的不得实施集中。又如，依照《税收征收管理法》（2015 年修正）第四十八条的规定，纳税人有合并情形的，应当向税务机关报告，并依法缴清税款。纳税人合并时未缴清税款的，应当由合并后的纳税人继续履行未履行的纳税义务。再如，依照《劳动合同法》（2012 年修正）第三十四条的规定，用人单位发生合并等情况，原劳动合同继续有效，劳动合同由承继其权利和义务的用人单位继续履行。

· 典型案例 ·

（2022）云 07 民终 142 号民事判决书：和某甲为东山公司法定代表人，和某乙为丽水公司法定代表人。后两家公司以所谓合并的名义新设立丽江公司和山妖公司，但东山公司与丽水公司并未解散，且在达成合作前东山公司尚有一笔 50 万元债务。后因经营不合，和某甲与和某乙签订所谓分立协议，即和某甲为东山公司和山妖公司的股东，和某乙为丽水公司和丽江公司的股东，公司债务由双方共同承担，但部分特殊债务由各自承担。然而，关于特殊债务承担的约定并未涉及前述东山公司的 50 万元债务。东山公司及和某甲认为应由双方共同承担，提起诉讼。法院认为，一个公司吸收其他公司为吸收合并，被吸收的公司解散；两个以上公司合并设立一个新的公司为新设合并，合并各方解散。东山公司与丽水公司所谓合并实质为合作经营,解除合作关系后双方自身债务应各自承担。因此,对东山公司及和某甲的主张不予支持。

关联规则

《民法典》第六十九条;《反垄断法》(2022 年修正)第二十五条、第二十六条;《税收征收管理法》(2015 年修正)第四十八条;《劳动合同法》(2012 年修正)第三十四条;《企业会计准则第 20 号——企业合并》第五条;《上市公司章程指引》(2023 年修正)第一百七十二条。

文献参考

王欣新:《我国公司法修改后的公司合并规则探寻》,载《政治与法律》2006 年第 3 期;钱玉林:《公司吸收合并法制之检讨》,载《扬州大学学报(人文社会科学版)》2009 年第 5 期;汤欣:《我国并购法规中的基础性规定及其检讨——公司法和证券法上的视角》,载《证券市场导报》2009 年第 11 期;栗鹏飞、王延川:《企业三角合并的交易架构与利益平衡透视》,载《甘肃社会科学》2020 年第 5 期。

第二百一十九条　【简易合并】

公司与其持股百分之九十以上的公司合并,被合并的公司不需经股东会决议,但应当通知其他股东,其他股东有权请求公司按照合理的价格收购其股权或者股份。

公司合并支付的价款不超过本公司净资产百分之十的,可以不经股东会决议;但是,公司章程另有规定的除外。

公司依照前两款规定合并不经股东会决议的,应当经董事会决议。

条文解读

本条是关于简易合并的规定。

本条是新增规定,旨在简化特定情形下的公司合并决议程序。

理解本条需留意以下几点:

1. 简易合并中的"简易"主要是针对股东会决议所作的程序简化。依照一般规定,公司合并应当依法经股东会特别决议通过（**【第六十六条】【第一百一十六条】**）。但在特定情形下，大股东所享有的表决权对股东会决议具有绝对的影响力，又或者是公司合并对公司净资产的影响较小，此时过于烦琐的程序不仅不利于公司发展壮大，对于利益相关者利益的保护也并非妥当的制度设计。本次修订增加了两种可以不经股东会决议的简易合并情形：一是母子公司合并；二是小规模合并。需要注意的是，此两款规定之间并无必然联系，尤其是对于第二款规定的合并各方并不要求存在母子公司关系；但在公司合并具体实践中，可能出现同时适用两款规定的情形。

2. 本条第一款规定的是母子公司合并。公司与其持股 90% 以上的公司合并，被合并的公司不需经股东会决议。第一，简化股东会决议程序的前提是被合并的公司是母公司持股 90% 以上的控股子公司或者全资子公司，即母公司在子公司所享有的表决权已有绝对的影响力。第二，不需经股东会决议的仅为被合并的公司，母公司仍应当就合并事宜作出股东会决议，除非同时符合本条第二款规定的条件。第三，从文义来看，该规定仅适用于母公司吸收合并其子公司的情形，而不包括子公司吸收合并母公司以及新设合并的情形。第四，为了切实保护少数股东权益，被合并的公司虽不需经股东会决议，但应当履行通知其他股东的义务，其他股东有权请求公司按照合理的价格收购其股权或者股份。依照一般规定，在股东会作出合并决议中投反对票的股东可行使异议股东股权（份）回购请求权（**【第八十九条】【第一百六十二条】**），但本条第一款规定的其他股东因无股东会决议而并无投反对票的可能，故有必要作出特别规定。该规定可与所谓强制收购人收购余股制度作一对比。依照《证券法》（2019 年修订）第七十四条第一款的规定，收购期限届满，被收购公司股权分布不符合证券交易所规定的上市交易要求的，该上市公司的股票应当由证券交易所依法终止上市交易；其余仍持有被收购公司股票的股东，有权向收购人以收购要约的同等条件出售其股票，收购人应当收购。从立法目的来看，两项规定都旨在保护公司重大变动时的少数股东权益。不过，从法律效果来看，两者仍呈现出合并与收购的本质区别（**【第二百一十八条】**）：强制收购人收购余股后，目标公司不因此解散，其所有股份（库存股等特殊情形除外）由收购人持有，从而成为收购人的全资子公司。

3. 本条第二款规定的是小规模合并。公司合并支付的价款不超过本公司净资产 10% 的，可以不经股东会决议。所谓净资产，是指公司资产扣除负债后的净额，通常与所有者权益相等。但在合并资产负债表且存在控股子公司（还有其他股东）的情形下，净资产仅体现为归属于母公司所有者权益部分，而不包括单独列示的少数股东权益。

由于公司因合并所支付价款对公司整体影响不大，可以简化合并程序。与母子公司合并情形不同，小规模合并主要考虑的是对合并后存续的公司的程序简化，故而被合并的公司仍应当就合并事宜作出股东会决议，除非同时符合本条第一款规定的条件。此外，公司章程对此也可另作规定，即可规定此种情形下公司仍应作出股东会决议，或者降低不经股东会决议的支付价款的数额比例等。

4. 本条第一款规定中被合并的公司以及第二款规定中合并后存续的公司虽不经股东会决议，但公司合并涉及各方利益且需要细化推进各项程序，故公司董事会仍应当对公司合并各项具体事宜作出决议。

· 典型案例 ·

1. 针对本条第一款

《深圳发展银行股份有限公司关于吸收合并控股子公司平安银行股份有限公司的公告》（证券代码：000001，公告编号：2012－004）：深圳发展股份有限公司持有平安银行约90.75%的股权，拟吸收合并平安银行。吸收合并方案涉及此次合并的具体情况、异议股东股份回购请求权的行使方式以及员工安置等内容。深圳发展股份有限公司和平安银行针对此次吸收合并方案分别作出决议。根据《公司法》（2005年修订）的规定，此次吸收合并尚需分别经深圳发展股份有限公司和平安银行的股东会决议通过。（公告时间：2012年1月20日）

2. 针对本条第二款

《安琪酵母股份有限公司关于吸收合并控股子公司北京贝太文化传媒有限公司的公告》（证券代码：600298，公告编号：临2019－051）：安琪酵母股份有限公司持有北京贝太80%的股权，拟吸收合并北京贝太文化传媒有限公司。公告中的财务指标数据显示，截至合并前，安琪酵母股份有限公司的净资产为48亿余元，北京贝太文化传媒有限公司的资产总额为586万余元，负债总额为1187万余元，净资产为－601万余元，净利润为－67万余元，由此可推测安琪酵母股份有限公司因此次合并支付的价款远低于其净资产。根据《公司法》（2018年修正）的规定，此次吸收合并尚需分别经安琪酵母股份有限公司和北京贝太文化传媒有限公司的股东会决议通过。（公告时间：2019年11月16日）

关联规则

《证券法》(2019 年修订)第七十四条;《企业会计准则第 20 号——企业合并》第九条;《企业会计准则第 33 号——合并财务报表》(2014 年修订)第二条、第三十一条。

文献参考

刘俊海:《论公司并购中的小股东权利保护》,载《法律适用》2012 年第 5 期;楼秋然:《母子公司合并中的少数股东保护问题——以美国特拉华州公司法为借鉴》,载《西部法学评论》2015 年第 6 期。

第二百二十条 【公司合并程序】

公司合并,应当由合并各方签订合并协议,并编制资产负债表及财产清单。公司应当自作出合并决议之日起十日内通知债权人,并于三十日内在报纸上或者国家企业信用信息公示系统公告。债权人自接到通知之日起三十日内,未接到通知的自公告之日起四十五日内,可以要求公司清偿债务或者提供相应的担保。

条文解读

本条是关于公司合并程序的规定。

与修订前的条文相比,本条规定的主要变化是增加公司合并时可通过国家企业信用信息公示系统公告债权人的规定。

理解本条需留意以下几点:

1. 本条规定明确了公司合并的基本程序主要包括签订合并协议、股东会决议、清点债权债务状况、通知并公告债权人、债权人依法行使相应权利等方面。当然,公司合并程序并不只有上述内容。例如,合并步骤还涉及向原公司的股东支付价款或交换股份等事宜,还需要制定或者修改公司章程,以及办理公司设立、变更或注销登记等。况且,公司合并在实践中的具体操作也远比本条规定得复杂,且可能结合收购、分立、转让主要财产等手段综合运用。

2. 所谓签订合并协议,是指合并各方就公司合并事宜达成合意,且通常采取书面

形式订立合同的行为。合并各方在前期可能由合并各方的股东、董事或经理等形成合并的初步意向，但最终应由参与合并的各公司作为当事人签订合并协议。

3. 除简易合并情形外(【第二百一十九条】)**，公司合并应当依法经合并各方公司股东会特别决议通过**(【第六十六条】【第一百一十六条】)。实践中，合并各方公司董事会先就合并方案作出决议，继而提交股东会审议批准。

4. 公司合并应当编制资产负债表及财产清单，并由合并后存续的公司或新设的公司接管被合并的公司的财产。在吸收合并情形下，被合并的公司应组织编制其资产负债表并提交财产清单，合并后存续的公司可委派财务人员或聘用专业人士协助处理，查明被合并的公司的债权债务状况，接管财产。在新设合并情形下，被合并的公司应共同组建合并后新设的公司的筹建机构，履行前述职责或协调被合并的公司履行前述职责。

5. 公司合并将对公司债权人利益带来较大影响，公司应当通知并公告债权人，以便其及时了解公司合并事宜并决定是否行使相应权利。通知债权人应当在股东会作出合并决议之日起 10 日内为之，并于 30 日内在报纸上或者国家企业信用信息公示系统公告。对于明确且能联系到的债权人，应当采取通知方式，不得以公告方式替代。公告方式只是通知的补充性规则，主要针对尚且无法联系或者潜在的债权人。公司不依法通知或公告债权人的，应当承担相应的法律责任(【第二百五十五条】)。债权人自接到通知之日起 30 日内，未接到通知的自公告之日起 45 日内，可以要求公司清偿债务或者提供相应的担保。即便要求合并后的公司承担合并各方的债务，但公司合并对债权人债权实现仍可能带来较大影响，尤其是当被合并的公司存在亏损等状况时，则影响更甚。故而，有必要强化债权人保护规则。至于要求公司清偿债务还是提供相应的担保，由债权人根据自身需要选择。

· 典型案例 ·

(2021)湘 02 民终 1323 号民事判决书：城建公司与建设公司签订双方合并框架协议。后双方就合并事宜产生纠纷，城建公司要求建设公司承担违约责任。法院认为，公司合并，应当由合并各方签订合并协议，并编制资产负债表及财产清单，公司应当自作出合并决议之日起十日内通知债权人。城建公司与建设公司签订的仅为针对合并事宜的框架协议，只是对合并方式、股东人数等事项进行了原则性约定，同时约定新公司的办公地点暂定、新公司的合并事项及相关工作安排为本协议附件，故框架协议只是合并协议的组成部分。框架协议签订后，由合并双方加盖章公章，故框架协议依法成立以及是否生效仍待股东会决议表决通过。因此，对城建公司的主张不予支持。

关联规则

《上市公司章程指引》(2023 年修正)第一百七十三条。

文献参考

参见【**第二百一十八条**】列示的相关文献。

第二百二十一条　【公司合并的债权债务承继】

公司合并时，合并各方的债权、债务，应当由合并后存续的公司或者新设的公司承继。

条文解读

本条是关于公司合并的债权债务承继的规定。

理解本条需留意以下几点：

1. 依照《民法典》第六十七条第一款的规定，法人合并的，其权利和义务由合并后的法人享有和承担。本条是上述规定在《公司法》上的体现。无论是吸收合并还是新设合并，都将导致部分公司解散。解散本应经过清算程序方可申请注销公司登记(【**第二百三十九条**】)，但由于本条明确规定合并后存续的公司或者新设的公司承继合并各方的债权债务，故而因合并而解散的公司无须清算。

2. 本条及本法关于通知并公告债权人、债权人可以要求公司清偿债务或者提供相应的担保等各项规则(【第二百二十条】)，都旨在实现公司与其债权人之间的利益平衡。为公司债权人切实提供保护措施固然重要，但公司合并本质上属于公司事务，由公司依法作出内部决策，债权人并无权干涉。应当注意，公司合并将导致被合并的公司解散，这与债权债务的概括转移不同。尤其是关于债务人将债务转移给第三人应当经债权人同意的规定，并不适用于公司合并。

3. 由于公司合并使合并各方的原债权债务关系发生变化，故而在合并完成后，合并后存续的公司或者新设的公司应当以书面形式将合并完成事宜告知债权人和债务人。

· 典型案例 ·

（2021）鲁民终871号民事判决书：电气公司吸收合并汇能公司、嘉永公司。在合并前，汇能公司曾将某工程项目发包给阳兴泰公司，阳兴泰公司又将工程转包给华洲建通公司。因拖欠工程款，华洲建通公司起诉请求电气公司、阳兴泰公司支付款项。法院认为，由于汇能公司已被电气公司吸收合并，合并后存续的公司应承继合并前各方的债务。电气公司作为合并后存续的公司，应当承担汇能公司合并前的债务。故对华洲建通公司的主张予以支持。

关联规则

《民法典》第六十七条；《上市公司章程指引》（2023年修正）第一百七十四条。

文献参考

参见【**第二百一十八条**】列示的相关文献。

第二百二十二条　【公司分立程序】

公司分立，其财产作相应的分割。

公司分立，应当编制资产负债表及财产清单。公司应当自作出分立决议之日起十日内通知债权人，并于三十日内在报纸上或者国家企业信用信息公示系统公告。

条文解读

本条是关于公司分立程序的规定。

与修订前的条文相比，本条规定的主要变化是增加公司可通过国家企业信用

信息公示系统公告债权人的规定。

理解本条需留意以下几点：

1. 所谓公司分立，是指公司依照法定程序分解为两个或两个以上财产与责任皆相互独立的公司的行为。与公司合并方式类似（**【第二百一十八条】**），公司分立在实践中可以采取派生分立或者新设分立的方式。公司将其部分财产分离出来新设其他公司，且原公司存续的，为派生分立。公司将其全部财产作相应分割而新设其他公司，且原公司解散的，为新设分立。相比公司合并程序，公司分立程序的规定相对简化，主要包括股东会决议、清点债权债务状况、财产分割、通知并公告债权人等方面。继而，公司分立也同样需要制定或者修改公司章程，以及办理公司设立、变更或注销登记等。

2. 公司分立应当依法经股东会特别决议通过（**【第六十六条】【第一百一十六条】**）。实践中，公司董事会先就分立方案作出决议，然后提交股东会审议批准。继而，公司应当成立相应的资产分割和清理机构，负责清点公司各类资产，编制资产负债表及财产清单，以便为公司资产的分割及债权债务关系的调整做准备。

3. 公司分立是公司的重大事项，对股东和债权人的利益都可能带来影响。本法对此设置了相应规则。在股东利益保护方面，公司分立是股东行使股权（份）收购请求权的重要条件。在股东会作出分立决议中投反对票的股东可依法行使该权利（**【第八十九条】【第一百六十二条】**）。在债权人利益保护方面，除分立后的公司作为连带债务人的规定外（**【第二百二十三条】**），公司分立应当履行通知并公告债权人的程序。与公司合并的规定类似（**【第二百二十条】**），通知债权人应当在股东会作出分立决议之日起10日内为之，并于30日内在报纸上或者国家企业信用信息公示系统公告。对于明确且能联系到的债权人，应当采取通知方式，不得以公告方式替代。公告方式只是通知的补充性规则，主要针对尚且无法联系或者潜在的债权人。公司不依法通知或公告债权人的，应当承担相应的法律责任（**【第二百五十五条】**）。

4. 本次修订过程中，对于是否应当增加债权人在公司分立时向公司要求清偿债务或者提供相应的担保的规定，争议较大。本法最终未作此改动。原因在于公司分立虽然也对债权人债权实现带来一定影响，但在形式上并未增加公司债权人数量，分立后的公司的整体资产状况并未发生实质性改变，且分立后的公司承担公司分立前的债务的连带责任，故通知并公告债权人使其知悉相关情况足矣。

典型案例

1. 针对本条第一款

(2021)渝0112民初1731号民事判决书:风华公司作出股东会决议,拟将公司分立为风华公司、纹庆公司,同时将原风华公司的多处不动产等资产剥离。后风华公司办理了减资手续,并将剥离财产交付纹庆公司,但未办理变更登记。纹庆公司起诉请求变更登记。法院认为,公司分立,其财产作相应的分割。纹庆公司从风华公司分立产生,风华公司应将分立后的相应财产交付纹庆公司并办理变更登记。故对纹庆公司的主张予以支持。

2. 针对本条第二款

(2021)苏09民终992号民事判决书:华厦公司为宏远公司债权人。宏远公司分立为亿源公司等五家公司,但未通知华厦公司。后华厦公司发现宏远公司已经分立,故要求宏远公司及其分立的五家公司承担连带责任。法院认为,宏远公司未按规定在公司作出分立决议之日起十日内通知债权人,华厦公司要求分立后的五家公司承担连带责任并无不妥。因此,对宏远公司的主张予以支持。

关联规则

《上市公司章程指引》(2023年修正)第一百七十五条。

文献参考

徐伟:《公司分立中债权人保护法律制度比较研究》,载《江苏大学学报(社会科学版)》2004年第4期;陈俐茹:《解析分立程序中公司高管的责任》,载《比较法研究》2006年第3期;樊荣禧、曹艳:《公司分立和转投资的区别与认定》,载《人民司法》2008年第6期;彭冰:《论公司分立行为的界定》,载黄红元、徐明主编:《证券法苑》总第9卷,法律出版社2013年版;朱大明:《公司分立方式的构建与选择——以中日公司法比较为中心》,载《清华法学》2015年第5期;李燕、何滨妤:《公司分拆上市法律监管的制度逻辑与建构》,载《西南政法大学学报》2017年第4期。

第二百二十三条 【公司分立的债务承担】

公司分立前的债务由分立后的公司承担连带责任。但是，公司在分立前与债权人就债务清偿达成的书面协议另有约定的除外。

条文解读

本条是关于公司分立的债务承担的规定。

理解本条需留意以下几点：

1. 依照《民法典》第六十七条第二款的规定，法人分立的，其权利和义务由分立后的法人享有连带债权，承担连带债务，但是债权人和债务人另有约定的除外。本条是上述规定在《公司法》上的体现，主要涉及连带债务的内容。依照《民法典》第五百一十八条、第五百一十九条的规定，分立前的公司债权人可以请求部分或者全部分立后的公司履行全部债务。实际承担债务超过自己份额的分立后的公司，有权就超出部分在其他分立后的公司未履行的份额范围内向其追偿。分立后的公司之间对于债务承担的份额应当在公司分立前的财产分割等程序中予以确定，分立后的公司之间的份额难以确定的，视为份额相同。

2. 至于公司分立前的债权，由分立后的公司享有连带债权。依照《民法典》第五百一十八条、第五百二十一条的规定，分立后的公司均可以请求分立前的公司债务人履行债务。实际受领债权的分立后的公司，应当按比例向其他分立后的公司返还。分立后的公司之间的份额难以确定的，视为份额相同。

3. 为了确保分立前的公司债权人的债权实现，本条但书规定公司在分立前可以与债权人就债务清偿达成协议，如约定分立后的公司各自承担的份额，或者约定仅由分立后的特定公司承担相应债务等。同时为了避免争议，债务清偿协议应当采取书面形式。

· 典型案例 ·

(2022)辽05民终751号民事判决书：富东公司欠三峰公司货款未结清。富东公司作出股东会决议，拟分立为富东公司、兰帝公司，原富东公司债务由兰帝公司承担。同时兰帝公司向三峰公司承诺结清货款，股东兰某为此提供担保。后富东公司被新高公司吸收合并并注销。三峰公司起诉请求新高公司、兰帝公司及兰某给付货款。法院认为，三峰公司收到兰帝公司承诺书和接受兰某提供的担保后未提出异议，应视为认可富东公司债权债务由兰帝公司承担，其应向兰帝公司主张给付货款。故对三峰公司关于新高公司承担连带责任的主张不予支持。

关联规则

《民法典》第六十七条、第五百一十八条、第五百一十九条、第五百二十一条；《上市公司章程指引》(2023 年修正)第一百七十六条。

文献参考

参见【**第二百二十二条**】列示的相关文献。

第二百二十四条　【公司减资程序】

公司减少注册资本，应当编制资产负债表及财产清单。

公司应当自股东会作出减少注册资本决议之日起十日内通知债权人，并于三十日内在报纸上或者国家企业信用信息公示系统公告。债权人自接到通知之日起三十日内，未接到通知的自公告之日起四十五日内，有权要求公司清偿债务或者提供相应的担保。

公司减少注册资本，应当按照股东出资或者持有股份的比例相应减少出资额或者股份，法律另有规定、有限责任公司全体股东另有约定或者股份有限公司章程另有规定的除外。

条文解读

本条是关于公司减资程序的规定。

与修订前的条文相比，本条规定的主要变化有：一是增加公司可通过国家企业信用信息公示系统公告债权人的规定；二是增加按出资或持股比例减少股东出资

额或者股份的规定。

理解本条需留意以下几点：

1. 减少注册资本，亦称减资，是指公司在存续期间依照法定程序降低注册资本总额的行为。减资既包括减少公司实收资本，也包括减少股东已认缴但尚未实缴出资额所对应的注册资本。对于后者而言，股东虽未直接从公司获得分配，但仍在实质上减免了出资义务，故应当遵守本条规定的债权人保护规则。本条规定明确了公司减资的基本程序主要包括股东会决议、清点债权债务状况、通知并公告债权人、债权人依法行使相应权利等方面。此外，公司减资还应当修改公司章程，向股东作相应分配或者减免相应出资，以及办理公司变更登记等。

2. 公司减资是公司的重大事项，可能通过股东直接受益的方式影响公司偿债能力，继而危及债权人利益。但同时，公司减资也可能存在一定的现实意义。一方面，在计入实收资本的数额过多的情形下，减资能提升资金利用率，减少因资金闲置造成的公司损失。另一方面，在公司亏损的情形下，减资可能有助于公司改善财务状况（**【第二百二十五条】**）。因此，法律虽不禁止公司减资，但公司应当严格遵守减资程序的规定，以确保债权人和股东之间的利益平衡。

3. 公司减资应当依法经股东会特别决议通过（**【第六十六条】【第一百一十六条】**）。实践中，公司董事会先就减资方案作出决议，然后提交股东会审议批准。继而，公司应当清点各类资产，编制资产负债表及财产清单，为向股东分配或减免出资以及债权人行使相应权利做准备。

4. 公司减资将对公司债权人债权实现带来较大影响，公司应当通知并公告债权人，以便其及时了解公司减资事宜并决定是否行使相应权利。通知债权人应当在股东会作出减资决议之日起 10 日内为之，并于 30 日内在报纸上或者国家企业信用信息公示系统公告。与公司合并、分立的规定类似（**【第二百二十条】【第二百二十二条】**），对于明确且能联系到的债权人，应当采取通知方式，不得以公告方式替代。公告方式只是通知的补充性规则，主要针对尚且无法联系或者潜在的债权人。公司不依法通知或公告债权人的，应当承担相应的法律责任（**【第二百五十五条】**）。债权人自接到通知之日起 30 日内，未接到通知的自公告之日起 45 日内，可以要求公司清偿债务或者提供相应的担保。至于要求公司清偿债务还是提供相应的担保，由债权人根据自身需要选择。

5. 在本次修订过程中，关于按出资或持股比例减少股东出资额或者股份的规定，

争议较大。应当注意的是，减资以及减资后的资金分配或出资减免等利益分配问题实际上是两层法律关系。减资属于公司事务，需经股东会特别决议程序。以减少实收资本为例，减资先是减少所有者权益中的实收资本，继而相应引起公司资产的减少，这一层法律关系仅是公司利益问题，不涉及股东利益。至于减资后的资金分配应当如何分配，则是股东之间的问题。股东之间可就减资后的分配事宜达成合意。本条最终在同比例减资原则性规定基础上，明确"有限责任公司全体股东另有约定或者股份有限公司章程另有规定"的除外规定，本质上正是对股东之间利益分配问题的制度回应。此外，法律也可对此另作规定。

·典型案例·

1. 针对本条第二款

(2023)京03民终7237号民事判决书：豪久公司被法院判决偿还城建公司款项，而后豪久公司减少其注册资本，但仅登报公告，并未书面通知城建公司。法院认为，虽然法律并未明确规定对于已知债权人必须采用书面方式通知，但公告是一种拟制通知方式，从实际效果来看，只有采取书面通知方式，方能确保债权人实际收到减资通知，进而选择是否要求清偿债务或者提供担保。公告仅应作为书面通知的补充，适用于无法联系到的或者潜在的债权人。对于已知的债权人，为保障其能够行使异议权，应以书面方式通知，而不得以公告方式替代。故豪久公司的减资程序违法。

2. 针对本条第三款

(2018)沪01民终11780号民事判决书：华某为圣甲虫公司股东。圣甲虫公司股东会通过不等比减资决议，并以资本公积金向个别股东分配。华某对此表示异议，提起诉讼。法院认为，股权结构是公司设立时股东合意的结果，持股比例直接关系到股东的基本权利和义务。为了保护股东权利和自愿原则，公司进行定向减资所导致的股权比例的调整，应经全体股东一致同意。同时圣甲虫公司属于亏损状态，其以资本公积金向个别股东分配的行为必然损害其他股东和公司债权人利益。因此，对华某的主张应予支持。

关联规则

《上市公司章程指引》(2023年修正)第一百七十七条。

文献参考

傅穹:《公司减资规则论》,载《法学评论》2004 年第 3 期;丁辉:《认缴登记制下公司减资制度研究》,载《河北法学》2017 年第 6 期;曹文兵、朱程斌:《〈公司法〉第 177 条减资规定的完善和适用研究》,载《法律适用》2019 年第 14 期;皮正德:《公司减资制度的缺陷与重构》,载《商业研究》2022 年第 6 期;郜俊辉:《股东平等视角下的减资规制研究》,载《中国政法大学学报》2023 年第 1 期。

第二百二十五条　【简易减资】

公司依照本法第二百一十四条第二款的规定弥补亏损后,仍有亏损的,可以减少注册资本弥补亏损。减少注册资本弥补亏损的,公司不得向股东分配,也不得免除股东缴纳出资或者股款的义务。

依照前款规定减少注册资本的,不适用前条第二款的规定,但应当自股东会作出减少注册资本决议之日起三十日内在报纸上或者国家企业信用信息公示系统公告。

公司依照前两款的规定减少注册资本后,在法定公积金和任意公积金累计额达到公司注册资本百分之五十前,不得分配利润。

条文解读

本条是关于简易减资的规定。

本条是新增规定。

理解本条需留意以下几点:

1. 依照本法的原则性规定,减资情形下债权人有要求公司清偿债务或提供相应担保的权利(【第二百二十四条】)。减资将导致资金退还或出资减免,其实质是股东获得分配,基于公司债权人利益应当先于股东利益得以实现的逻辑,有必要强化对债权人的保护。但是在为了弥补亏损而减资的情形下,股东并未实际获得公司分配或减免出资义务,公司持有的资产及其偿债能力也并未因此发生实质性变化,此时若依减资的一般规定赋予债权人相关权利,对于处于亏损状态的公司而言,既无助于公司债权人的债权实现,也可能更进一步恶化公司财务状况,这对公司及其利益相关者都不是妥当的处置策略。故而,此次修订增设为弥补亏损而减资时相应简化债权人保护规则的规定,即所谓简易减资制度。在简易减资情形下,公司需要自股东会作出减资决议之日起30日内将减资事宜通过报纸或者国家企业信用信息公示系统予以公告,但无须通知债权人,且债权人也无权要求公司清偿债务或者提供相应的担保。因此,为了确保简易减资不损害债权人利益,本条明确规定了简易减资的适用条件及后果等内容。

2. 适用简易减资程序是为了弥补公司亏损。依照本法规定,公司尚有以前年度亏损的,应当先用当年利润弥补亏损(**【第二百一十条】**);当年利润弥补亏损后还有亏损或者当年出现亏损而往年留存利润不足以弥补亏损的,则使用任意公积金和法定公积金(盈余公积金)弥补亏损;仍不能弥补的,可以按照规定使用资本公积金弥补亏损(**【第二百一十四条】**)。若资本公积金弥补亏损后仍有亏损,可以依照本条规定减资弥补亏损。由此可见,简易减资程序的适用前提是公司在亏损情形下已依次使用未分配利润、任意公积金和法定公积金、资本公积金后仍有亏损。若上述其中一项仍有余额,皆不得适用简易减资程序。

3. 适用简易减资程序不应使股东实际获得分配或减免出资义务,否则股东优先于债权人受益,有违制度设置的初衷。应当注意的是,虽然在有限责任公司场合,所谓注册资本是指公司登记机关登记的全体股东认缴的出资额(**【第四十七条】**),但既然本条第一款明确规定简易减资不得免除股东缴纳出资或者股款的义务,表明本条所谓注册资本指的是公司实收资本。股东已认缴而未实缴的部分并不体现在资产负债表等财务报表中,也不存在弥补亏损的问题。当然,这可能涉及股东提前缴纳出资的问题(**【第五十四条】**)。

4. 在适用简易减资程序后,公司若要向股东分配利润,应当符合本条第三款的条件。由于简易减资前公积金已被全数使用,且债权人在公司分配利润时并无类似于公司合并、减资时要求公司清偿债务或者提供相应的担保的权利(**【第二百二十条】【第二百二十四条】**),若在公司扭亏为盈后只需满足提取公积金的基本要求即可向股东分配利润(**【第二百一十条】**),对债权人而言实属不公,也容易滋生股东粉饰报表、制造亏损假象的机会主义行为。故而在适用简易减资程序后,对于公司分配利润应有更严格的公积金提取要求。

·典型案例·

参见**【第二百二十四条】**列示的相关案例。

关联规则

《城镇集体所有制企业条例》(2016年修订)第四十八条。

文献参考

张俊勇:《论公司法修订中减资制度的完善》,载《法律适用》2023年第1期;刘文涛:《论违法减资情形下股东对债权人的责任》,载《河南大学学报(社会科学版)》2024年第1期。

第二百二十六条　【违法减资的后果及责任】

违反本法规定减少注册资本的,股东应当退还其收到的资金,减免股东出资的应当恢复原状;给公司造成损失的,股东及负有责任的董事、监事、高级管理人员应当承担赔偿责任。

条文解读

本条是关于公司违法减资的后果及责任的规定。

本条是新增规定。

理解本条需留意以下几点:

1.《公司法》(2018年修正)第二百零四条第一款仅就减资情形下未通知或公告债权人设置了行政责任,并未明确规定违法减资的法律后果及其责任。减资与合并、分立不同,后两者主要是因为债务人主体变更对债权人债权实现产生了影响,并不必然影响公司偿债能力;前者则可能实质减损公司偿债能力。违法减资更是严重损害公司及其债权人利益。本条规定涉及的违法减资,既包括普通减资(**【第二百二十四条】**),也包括简易减资(**【第二百二十五条】**)。

2.在设置本条规定之前,针对公司违法减资的情形,法院多通过参照适用《公司法解释(三)》第十三条关于未履行出资义务以及第十四条抽逃出资的规定,要求股东承担补充赔偿责任。从结果来看,违法减资与抽逃出资(**【第五十三条】**)、违法分配利润

(【第二百一十一条】)等行为本质上都是股东从公司不当获得分配。对此,有必要统一相关规则的适用标准。

3. 依照本条规定,违法减资的,股东应当退还其收到的资金,减免股东出资的应当恢复原状。对于前者所谓收到的资金应作广义理解,既包括从公司获得的货币,也包括实物、股权、知识产权等非货币财产;后者则是针对违法减少认缴出资额或认购股份而言的。公司对于收回的资金或恢复的出资,应当作相应会计处理,并对涉及公司注册资本及股东出资情况的相关文件作相应变更,包括股东名册、出资证明书、公司章程及公司登记等。同时,违法减资还可能给公司造成损失,股东对此应当承担赔偿责任。

4. 确保公司资本充实是对董事、监事、高级管理人员忠实义务和勤勉义务的必然要求(【第五十一条】【第五十三条】【第一百八十条】),故而,对公司违法减资负有责任的董事、监事、高级管理人员也应当承担赔偿责任。

· 典型案例 ·

(2020)沪0115民初25019号民事判决书:林某等人为诺利斯公司股东,奕亨公司为诺利斯公司债权人。诺利斯公司经股东会决议减资,但未通知债权人奕亨公司,也未编制资产负债表及财产清单。奕亨公司认为林某等股东对公司的瑕疵减资行为负有责任,应当赔偿其损失。法院认为,减资虽为公司行为,但当减资未依法定程序进行时,公司债权人的合法权益将受到损害,而林某等股东作为减资行为的受益人应承担相应责任。因此,对奕亨公司的主张予以支持。

关联规则

《企业会计准则——基本准则》(2014年修改)第二十七条;《企业会计准则第30号——财务报表列报》(2014年修订)第二十七条。

文献参考

高春乾:《有限责任公司减资违反通知义务与股东责任承担》,载《人民司法》2011年第16期;余斌:《公司未通知债权人减资效力研究——基于50个案例的实证分析》,载《政治与法律》2018年第3期;薛波:《公司减资违反通知义务时股东的赔偿责任——〈最高人民法院公报〉载"德力西案"评释》,载《北方法学》2019年第3期;李业亮:《公司瑕疵形式减资的民事责任》,载《人民司法》2023年第19期。

第二百二十七条 【增资时股东的优先认缴(购)权】

有限责任公司增加注册资本时，股东在同等条件下有权优先按照实缴的出资比例认缴出资。但是，全体股东约定不按照出资比例优先认缴出资的除外。

股份有限公司为增加注册资本发行新股时，股东不享有优先认购权，公司章程另有规定或者股东会决议决定股东享有优先认购权的除外。

条文解读

本条是关于公司增资时股东的优先认缴(购)权的规定。

与修订前的条文相比，本条规定的主要变化有：一是明确有限责任公司股东行使优先认缴权应有“同等条件”的限制；二是增加股份有限公司股东在增资时原则上不享有优先认购权的规定。

理解本条需留意以下几点：

1. 增加注册资本，亦称增资，是指公司出于扩大营业、兼并其他企业或提高公司竞争力等目的，依照法定程序筹措新的入股资金的行为。公司增资主要采取增加股份数额或者增加每股金额等方式。公司增资的资金来源也渐趋多元化，既可以是股东或外部投资人新缴出资或股款，也可以是将应付股利或公积金转增为资本等(**【第二百一十四条】**)。

2. 公司增资应当履行相应的程序，包括股东会决议、股东行使优先认缴(购)权、其他投资人认缴(购)新股、修改公司章程、办理公司变更登记等。在通常情况下，公司增资前，股东之间或者股东与外部投资人之间会先签订投资协议；公司董事会先就增资方案作出决议，继而提交股东会审议批准。公司增资将增加公司资产总额，也相应提升公司偿债能力，这对公司债权人利益实现有积极意义。因此，公司增资时并无通知或者公告债权人的法定程序，债权人也无权干涉公司增资事宜。不过，在实践中，恶意增资扩股引起股权结构变化继而导致控制权变化的纠纷时有发生，这主要涉及股东利益及公司治理问题。有限责任公司与股份有限公司在人合性程度上存在区别。故而，在公司增资时，有限责任公司股东以享有优先认缴权为原则，全体股东另有约定为例外；股份有限公司股东则以不享有优先认购权为原则，公司章程另有规定或者股东会另有决议为例外。

3. 有限责任公司增资时，股东原则上按照实缴的出资比例优先认缴出资。实践中，优先认缴权的成立条件是公司决定接受外部投资人认缴出资而增资。此时，股东一般在公司形成增资决议过程中，向公司作出明确行使优先认缴权的意思表示。通常认为，优先认缴权属于形成权，故股东作出意思表示后即有向公司出资的义务。股东之间可以自由转让行使优先认缴权的比例。当然，股东也可放弃行使优先认缴权。股东对于其他股东放弃行使优先认缴权的部分是否享有优先认缴权，尚有争议。从目前司法实践来看，法院倾向于认为股东对于其他股东放弃行权的部分不当然享有优先认缴权。这有利于公司引入外部投资人并促成投资合作。本次修订还明确有限责任公司股东行使优先认缴权应有“同等条件”的限制。在定向增发的情形下，外部投资人入股的对价可能是与公司发展密切相关的特定财产或权利。基于保护公司利益的目的，股东此时可能因为不具备同等条件而不享有优先认缴权。至于何为同等条件，可参照股权转让中关于同等条件的规定予以判断(**【第八十四条】**)。此外，全体股东也可对优先认缴权的行使作出特殊约定，如约定各股东优先认缴出资的特定比例，甚至可以约定全体股东皆不享有优先认缴权等。

4. 股份有限公司增资时，股东原则上不享有优先认购权。这是由于股份有限公司比有限责任公司具有更显著的资合性。在过往实践中，股东不享有优先认购权也是股份有限公司增资时的习惯做法；同时，关于股份有限公司股东能否行使相关权利的纠纷也时有发生。为了避免争议，尤其是明确公司章程另有规定或者股东会另有决议的效力，确有必要对股份有限公司增资时股东是否享有优先认购权作出制度回应。

· 典型案例 ·

1. 针对本条第一款

(2018)粤03民终15488号民事判决书：信诺资产公司为有限责任公司，其董事会就增资方案形成决议，并提议召开临时股东会会议。股东晏某接到通知后向公司发信质疑增资合理性，公司回信向晏某说明有增资意向的股东需在特定时间将200万元保证金划入指定账户，并以保证金到账时间为次序确认认缴资格。后经代表68.58%表决权的股东通过股东会决议。晏某起诉请求确认该决议无效。法院认为，有限责任公司股东在公司增资时的优先认缴权是基于人合性的法定权利，除非股东明确放弃或全体股东另有约定，否则不得以多数决方式剥夺。公司在增资时设定的条件应基于善意或诚信，且应对全体股东一视同仁。本案中公司设置的条件实质性侵害了晏某以其实缴出资比例优先认缴的权利。故对晏某的主张予以支持。

2. 针对本条第二款

(2019)湘08民终527号民事判决书：天门山公司为股份有限公司，郭某为该公司股东。郭某将其股份转让给黄某后，黄某起诉要求判令其在天门山公司此前数次增资扩股中享有优先认购权，并希望行使优先认购权。法院认为，《公司法》并未对股份有限公司的增资扩股设置优先认购权，天门山公司的增资扩股为其内部经营决策的结果，没有违反相关强制性法律法规，且案涉增资扩股已实施完毕，黄某的诉请客观上已不具备履行可能。

关联规则

《保险公司股东权利义务手册》第一章第一节第4点。

文献参考

王彦明：《公司增资中股东新股认购权排除制度研究——以德国股份法为研究视角》，载《吉林大学社会科学学报》2008年第2期；王东光：《论新股优先认购权及其排除》，载《甘肃政法学院学报》2008年第5期。

第二百二十八条 【增资时缴资或购股适用设立时的相关规定】

有限责任公司增加注册资本时，股东认缴新增资本的出资，依照本法设立有限责任公司缴纳出资的有关规定执行。

股份有限公司为增加注册资本发行新股时，股东认购新股，依照本法设立股份有限公司缴纳股款的有关规定执行。

条文解读

本条是关于公司增资时股东认缴出资或认购新股依照设立时有关规定执行的规定。

理解本条需留意以下几点：

1. 公司资本不仅包括公司成立时全体股东认缴的出资额，还包括公司增资时的股东认缴部分。仅从资金的来源及用途来看，设立公司时的出资与公司存续期间的增资并无本质差异，在法律适用方面确有必要统一标准。公司增资时同样涉及股东认缴新增资本的出资或认购新股事宜，其应当依照本法设立公司时缴纳出资或股款的有关规定执行。倘若设立时和增资时缴纳出资或股款的规则有别，则容易滋生机会主义行为。

2. 设立有限责任公司缴纳出资的规定主要包括股东五年内实缴出资（【第四十七条】）、出资方式（【第四十八条】）、履行出资义务及其责任（【第四十九条】【第五十条】）、董事会催缴出资（【第五十一条】）、股东失权（【第五十二条】）、不得抽逃出资（【第五十三条】）、股东提前缴纳出资（【第五十四条】）等多项规定。这些规定都适用于有限责任公司增资场合。尤其是关于股东五年内实缴出资的规定的适用，并无争议。换言之，有限责任公司增加注册资本时，股东认缴新增资本的出资，应当自股东认缴出资之日起五年内缴足。当然，增资决议或者公司章程可以设置更短的出资期限，只要不超过五年即可。

3. 与有限责任公司的情形类似，股份有限公司关于发起人和股东应当足额缴纳股款的规定（【第九十八条】【第一百条】），以及公开募集股份的股款缴足后应当依法验资的规定（【第一百零一条】），同样适用于股份有限公司增资场合。此外，关于股东出资方式、股东瑕疵出资的赔偿责任，股东补足出资差额及设立时的股东承担连带责任，董事会催缴出资及负有责任的董事承担赔偿责任，以及抽逃出资及股东返还抽逃出资和负有责任的董事、监事、高级管理人员承担连带赔偿责任等适用于设立股份有限公司缴纳股款的有关规定（【第九十八条】【第一百零七条】），也同样适用于股份有限公司为增加注册资本发行新股时股东认购新股的情形。

· 典型案例 ·

（2021）辽12民终1940号民事判决书：王某、刘某为骏龙泉公司股东，公司决定将刘某对公司的债权转为新增股权，但仅依照注册资本计算所有者权益，未进行资产评估，后王某诉请增资行为无效。法院认为，股东对公司的债权转为公司注册资本，不进行合理审计显然存在侵害小股东权益之嫌，且增加注册资本时股东认缴新增资本的出资应依照设立公司缴纳出资的有关规定执行。因此,骏龙泉公司的增资行为存在瑕疵,应当认定为无效。

关联规则

《商务部关于外国投资者并购境内企业的规定》(2009 年修改)第十六条。

文献参考

孙远辉、孔玛丽:《有限公司增资扩股的法律机制探析——以公司擅自增资扩股为切入点》,载《西北大学学报(哲学社会科学版)》2012 年第 2 期;周游:《有限责任公司注册资本限期实缴的制度考量》,载《中国市场监管研究》2023 年第 9 期。

第十二章

公司解散和清算

第二百二十九条　【公司解散事由及其公示】

公司因下列原因解散：

（一）公司章程规定的营业期限届满或者公司章程规定的其他解散事由出现；

（二）股东会决议解散；

（三）因公司合并或者分立需要解散；

（四）依法被吊销营业执照、责令关闭或者被撤销；

（五）人民法院依照本法第二百三十一条的规定予以解散。

公司出现前款规定的解散事由，应当在十日内将解散事由通过国家企业信用信息公示系统予以公示。

条文解读

本条是关于公司解散事由及其公示的规定。

与修订前的条文相比，本条规定的主要变化是增加公司在相关解散事由出现10日内履行信息公示义务的规定。

理解本条需留意以下几点：

1. 所谓公司解散，是指公司基于特定事由的产生而停止业务活动并依法清算、注销，或者在特殊情形下直接注销的法律程序。可见，公司解散、清算、注销是紧密联系又存在区别的法律程序。一方面，公司解散事由发生后，公司并未终止；除法律规定无须清算的情形外，公司依法经清算程序并办理注销登记后，才消灭其主体资格。另一方面，解散和清算基于事由的不同可分为自行解散和强制解散。其中，强制解散又可分为行政解散和司法解散。本条第一款第一项至第三项的规定为自行解散，第四项为行政解散，第五项为司法解散。

2. 所谓自行解散，是指按照公司章程或股东会决议解散公司。自行解散与行政监管、司法干预无关，主要取决于股东意愿或者市场影响。这主要包括：第一，公司章程规定的营业期限届满或者公司章程规定的其他解散事由出现。实践中，相当数量的公司章程规定公司营业期限为长期，但也有不少投资者根据投资合作需要确定一个明确的营业期限。这在为某种特定目的而设立的公司中尤为常见，如为了完成某项工程或旨在实现并购、上市等。此外，公司章程也可以规定其他解散事由，如公司是否存续与公司生产经营各项数据指标相挂钩等。一旦营业期限届满或公司章程规定的其他解散事由出现，则无须再经股东会决议，公司可以解散并进入清算程序。当然，在特定事由出现前，公司也可以通过修改公司章程或者经股东会决议而存续（**【第二百三十条】**）。第二，股东会决议解散。股东会是公司的权力机构，决议解散公司是股东会的一项法定职权（**【第五十八条】【第五十九条】【第一百一十一条】**）。公司可根据自身情况，依法作出股东会决议解散公司。解散公司的决议应当为特别决议（**【第六十六条】【第一百一十六条】**）。第三，因公司合并或者分立需要解散。吸收合并时被吸收的公司、新设合并时被合并的各方公司（**【第二百一十九条】**），以及新设分立时分立前的公司都需要依法解散（**【第二百二十二条】**）。当然，合并、分立都是涉及公司利益的重大变动，除简易合并等特定情形外（**【第二百一十九条】**），合并各方、分立前的公司的股东会都应当作出特别决议（**【第六十六条】【第一百一十六条】**）。除因公司合并或者分立需要解散以及经简易注销登记而无须清算外（**【第二百三十二条】【第二百四十条】**），公司因其他事由引起的自行解散都应当依法清算。

3. 所谓行政解散，是指公司依法被行政监管部门吊销营业执照、责令关闭或者被撤销。行政解散通常是由于公司在生产经营活动中存在严重的违法行为，如因制售假冒伪劣产品而被吊销营业执照，未经设立登记从事经营活动而被责令关闭，或提供虚假材料取得的公司登记被撤销等。公司基于上述事由被强制解散的，应当依法清算并申请注销公司登记（**【第二百三十二条】**）。否则，公司登记机关可以依法强制注销公司登记（**【第二百四十一条】**）。

4. 所谓司法解散，是指人民法院基于适格股东的起诉依法解散出现僵局的公司。公司经营管理发生严重困难，继续存续会使股东利益受到重大损失，通过其他途径不能解决的，持有公司10%以上表决权的股东，可以请求人民法院解散公司（**【第二百三十一条】**）。人民法院依法判决解散公司的，公司应当自行清算或依利害关系人申请由人民法院组织清算（**【第二百三十二条】【第二百三十三条】**）。

·典型案例·

1. 针对本条第一款第一项

(2023)浙10民终387号民事判决书：惠安公司股东周某持股49.05%，朱某甲持股26.19%，朱某乙持股24.76%。原公司章程规定，惠安公司的营业期限为20

年，自公司营业执照签发之日即2001年12月3日起计算，至2021年12月2日营业期限届满。营业期限届满后，在未召开股东会会议的情况下，朱某甲持伪造的公司股东会决议和公司章程修正案到公司登记机关为惠安公司办理了营业期限变更的登记手续，将惠安公司的营业期限由20年变更为长期。后公司登记机关以惠安公司提供虚假材料行为违反规定为由撤销惠安公司营业期限变更登记的行政许可。周某向法院起诉，要求判决惠安公司解散。法院认为，惠安公司在2021年12月2日营业期限届满，而周某作为持有惠安公司49.05%股份的股东不同意修改公司章程延长公司经营期限而使公司存续，则惠安公司已出现符合《公司法》规定的解散情形。故对周某的主张予以支持。

2. 针对本条第一款第二项、第四项

（2022）粤19清申34号民事裁定书：2013年升大公司作出关于公司解散清算的股东会决议，并由公司登记机关受理清算组备案。后升大公司于2018年被公司登记机关吊销营业执照。2022年，股东丰大公司主张升大公司已被吊销营业执照、处于非正常运营状态，该公司虽已成立清算组但迟迟未进行清算，故向法院申请对升大公司进行强制清算。法院认为，升大公司成立清算组至今已近十年，仍未完成清算，故受理对升大公司的强制清算申请。

3. 针对本条第一款第三项

参见**【第二百二十一条】【第二百二十三条】**列示的相关案例。

4. 针对本条第一款第五项

（2020）粤01民终4365号民事判决书：高某、丁某为澎内传公司股东，均持有15%股权。后高某与丁某以公司股东之间矛盾已不可调和，经营管理亦发生严重困难，公司继续存续将致使高某、丁某股东利益受损为由，起诉解散公司。法院认为，公司经营管理发生严重困难，继续存续会使股东利益受到损失，通过其他途径不能解决的，持有公司10%以上表决权的股东，可以请求法院解散公司。经查实，澎内传公司人合属性不复存在，公司设立的目的无法实现，经营管理已发生严重困难；公司继续存续会使高某、丁某的股东权益受到重大损失。故应依法解散澎内传公司。

5. 针对本条第二款

（2021）鲁民终1937号民事判决书：海程置业公司作为担保人经生效判决对债

权人青岛工商银行承担连带清偿责任，青岛工商银行将该债权转让给长城山东分公司。长城山东分公司受让上述债权后，每隔两年在《大众日报》上发布公告，通知债务人和担保人履行债务，未单独采用书面方式通知债务人、担保人及其股东。2007 年 11 月，海程置业公司被吊销营业执照，并于 2018 年 6 月 14 日办理注销登记，上述信息已经公示。长城山东分公司诉至法院，请求海程置业公司承担连带赔偿责任。海程置业公司主张，解散事由已经公示，长城山东分公司于 2007 年 12 月 13 日就应当知道海程置业公司的股东怠于履行清算义务或造成其权利受到侵害，故已超过诉讼时效。法院认为，债权人债权请求权的诉讼时效期间，应当自债权人知道或应当知道公司无法清算之日起计算。而解散事由出现之日起 15 日内，公司应当成立清算组，未成立清算组并不能推定公司无法清算，故对关于 2007 年 12 月 13 日起算诉讼时效的主张，不予支持。长城山东分公司主张的被损害的权利是海程置业公司未经清算而被其股东海程经贸公司非法注销产生的，故长城山东分公司向海程经贸公司主张权利，诉讼时效的起算应从 2018 年 6 月 14 日海程置业公司被注销之日起算。

关联规则

《民法典》第六十九条；《市场主体登记管理条例》第四十条、第四十三条、第四十八条；《企业注销指引》（2023 年修订）第二部分第（一）项；《上市公司章程指引》（2023 年修正）第一百七十九条。

文献参考

金玄武：《公司行政解散和司法解散制度研究——以对公司解散的法理思考为基础》，载《法学论坛》2009 年第 1 期；崔文玉：《危机企业治理的法律对策研究》，载《政治与法律》2014 年第 2 期。

第二百三十条 【公司出现特定解散事由的存续程序】

公司有前条第一款第一项、第二项情形，且尚未向股东分配财产的，可以通过修改公司章程或者经股东会决议而存续。

依照前款规定修改公司章程或者经股东会决议,有限责任公司须经持有三分之二以上表决权的股东通过,股份有限公司须经出席股东会会议的股东所持表决权的三分之二以上通过。

条文解读

本条是关于公司出现特定解散事由的存续程序的规定。

与修订前的条文相比,本条规定的主要变化是增加公司出现特定事由时可通过相应决策程序而存续的情形,同时明确公司存续除了内部决策程序外,还应当以尚未向股东分配财产为前提。本条规定是关于公司解散事由一般规定的重要补充(【第二百二十九条】),以尽量避免公司解散。

理解本条需留意以下几点:

1. 公司章程规定的营业期限届满或者公司章程规定的其他解散事由出现,公司可以及时通过修改公司章程或者经股东会决议而存续。基于公司章程规定的特定事由出现,公司本应依法解散并清算,但如果股东有继续运营公司的主观意愿,且未从公司获得分配,则对公司而言并未产生实质性影响。此时公司可以经上述法定程序而存续。相关决议内容属于公司重大事项,应当经股东会特别决议通过。

2. 公司股东会虽作出公司解散的决议,但在未向股东分配财产前,公司仍可通过修改公司章程或者经股东会决议而存续。实践中,从股东会作出公司解散的决议到决议的具体实施需要一定的时间。只要股东会再次依法通过关于公司存续或者与之相关的修改公司章程的决议,并符合未向股东分配财产的要求,公司就仍可存续。上述决议内容属于公司重大事项,应当经股东会特别决议通过。如股东会无法通过特别决议,公司仍应当解散并依法清算。

3. 若在上述两种情形下,公司已经向股东分配部分或全部财产,能否通过股东自愿返还财产并通过修改公司章程或者经股东会决议而使公司存续,尚有疑惑。从尽量避免公司解散以维护职工、消费者等利益相关者合法权益的角度出发,法律应当对此秉持相对宽容的立场。公司只要尚未向公司登记机关申请注销登记,就仍未终止,且股东仍有使公司存续的意愿,不宜否定其效力。

· 典型案例 ·

（2022）京03民终8907号民事判决书：中北公司成立于2000年7月25日。2020年7月22日，公司股东会作出决议，将公司经营期限由20年变更为30年。2020年11月11日，公司登记机关作出撤销行政许可决定，认定中北公司向公司登记机关提供的是虚假的股东签字材料，对于营业期限的延长不予许可。股东李某甲后诉至法院，主张应当解散中北公司。法院认为，李某甲收到会议通知未参会，且不同意延长营业期限的议案；公司虽伪造其签名通过决议，但持股80%的股东李某乙同意该议案，仍可形成有效决议，可以视为公司通过自由意志作出了不予解散公司、同意延长公司营业期限的决定。

关联规则

《上市公司章程指引》（2023年修正）第一百八十条。

文献参考

蒋大兴：《公司如何死亡？——公司退市监管政策的改革》，载《法学评论》2005年第2期；杨艳华、卢卫涛：《营业期限届满后未注销的法人资格仍存在》，载《人民司法》2010年第8期。

第二百三十一条　【司法解散】

公司经营管理发生严重困难，继续存续会使股东利益受到重大损失，通过其他途径不能解决的，持有公司百分之十以上表决权的股东，可以请求人民法院解散公司。

条文解读

本条是关于人民法院强制解散公司的规定。

理解本条需留意以下几点：

1. 司法解散作为一种强制解散公司的途径，将对公司、股东、职工及债权人的利益

产生根本性影响，在适用相关规则时应当秉持审慎原则。但同时，如果公司已经出现本条规定的情形，公司存续又反而成为损害各方利益的一种异常状态，那么司法干预也有其正当性和必要性。归结起来，司法解散的规则适用要点在于判定原告是否具有诉讼主体资格以及公司是否出现僵局。

2. 股东请求人民法院解散公司应当符合持股比例和穷尽解决途径的基本要求。一方面，提起解散公司诉讼的股东应当持有公司 10% 以上表决权。按照《公司法解释（二）》第一条规定，所谓 10% 以上表决权包括单独或者合计持有的情形。应当注意的是，本条仅对股东提出持股比例的要求，而不涉及持股期限。另一方面，即便股东持股比例符合要求，也应当先行寻求内部途径解决相关问题。例如，股东可以依法请求召开或者自行召集和主持股东会会议（**【第六十三条】【第一百一十四条】**）讨论相关重大事项，股东会也可以依法更换或者解任导致公司出现僵局的董事、监事等人员（**【第五十九条】【第七十一条】**）。股东在提起解散公司诉讼时，应当提交公司经营管理发生严重困难的初步证据。

3. 人民法院是否应当解散公司，关键在于判断何为“公司经营管理发生严重困难”。《公司法解释（二）》第一条所列举的公司僵局情形大致可归纳为持续两年以上无法召开股东会会议、即便召开股东会会议但持续两年以上无法作出有效决议、董事长期冲突等导致公司经营管理发生严重困难的情形，主要都聚焦于公司治理层面的问题。结合最高人民法院指导案例 8 号的裁判立场，判断“公司经营管理是否发生严重困难”，应从公司组织机构的运行状态进行综合分析。若内部管理机制长期失灵，已陷入僵局，即便公司处于盈利状态，也可认定公司经营管理发生严重困难。

· 典型案例 ·

参见**【第二百二十九条】**列示的相关案例。

关联规则

《企业注销指引》（2023 年修订）第二部分第（一）项第 2 点。

文献参考

蒋大兴：《“好公司”为什么判决要解散——最高人民法院指导案例 8 号评析》，载夏戴乐主编：《北大法律评论》第 15 卷，北京大学出版社 2014 年版；耿利航：《公司解散纠纷的司法实践和裁判规则改进》，载《中国法学》2016 年第 6 期；李建伟：《司法解散公司事由的实证研究》，载《法学研究》2017 年第 4 期；周成：《公司司法解散制度实证研究——基于 100 份公司解散纠纷裁判文书的分析》，载《人民司法》2020 年第 31 期；蒋昇洋：《公司司法解散中股东利益受损的实质地位及其分流功能》，载《财经法学》2023 年第 2 期。

第二百三十二条 【公司自行清算】

公司因本法第二百二十九条第一款第一项、第二项、第四项、第五项规定而解散的，应当清算。董事为公司清算义务人，应当在解散事由出现之日起十五日内组成清算组进行清算。

清算组由董事组成，但是公司章程另有规定或者股东会决议另选他人的除外。

清算义务人未及时履行清算义务，给公司或者债权人造成损失的，应当承担赔偿责任。

条文解读

本条是关于公司自行清算的规定。

与修订前的条文相比，本条规定的主要变化有：一是将《公司法》(2018 年修正)第一百八十三条规定拆解为本条和第二百三十三条，对于公司自行清算和法院指定清算予以分别规定；二是明确董事为公司清算义务人，且清算组原则上由董事组成，但也可按照公司章程规定或股东会决议另选他人；三是结合《民法典》第七十条以及《公司法解释(二)》第十八条的规定明确清算义务人未及时履行清算义务的损害赔偿责任。

理解本条需留意以下几点：

1. 公司因合并或者分立情形外的自行解散、行政解散以及司法解散，皆应当清算。 因公司合并或者分立需要解散的，无须清算。这是因为：一是合并后存续的公司或者新设的公司承继合并各方的债权债务，且公司债权人在公司合并时有要求公司清偿债务或者提供相应的担保的权利(**【第二百二十条】【第二百二十一条】**)；二是公司分立前的债务由分立后的公司承担连带责任(**【第二百二十三条】**)。因此，本法已对债权人合法权益的保护设置相应规定,无须通过清算程序实现。此外,依法通过简易程序注销公司登记的,也无须清算(**【第二百四十条】**)。

2.“清算义务人”与“清算组成员”是两个有区别的概念,不应混淆。一方面,清算义务人是指在公司解散后依法负有清算责任的主体。依照《民法典》第七十条第二款的规定,法人的董事、理事等执行机构或者决策机构的成员为清算义务人。本次修订后规定董事为公司清算义务人,与《民法典》的相关规定一致。另一方面,清算组是由作为清算义务人的董事在解散事由出现之日起15日内为进行清算而组成的机构。董事原则上也是清算组成员,但按照公司章程规定或者股东会决议可以另选他人。无论清算组由何人组成,当清算组未依法履职而给公司或者债权人造成损失的,作为清算义务人的董事都应当承担相应的责任。

3.依照《民法典》第七十条第三款的规定,清算义务人未及时履行清算义务,造成损害的,应当承担民事责任。本次修订后的规定与《民法典》的相关规定一致。《公司法解释(二)》第十八条第二款规定,有限责任公司的股东、股份有限公司的董事和控股股东因怠于履行义务,导致公司主要财产、账册、重要文件等灭失,无法进行清算,债权人主张其对公司债务承担连带清偿责任的,人民法院应依法予以支持。与司法解释的规定不同,本条规定在确立董事为清算义务人的基础上,明确其对所造成的相关损失承担的是赔偿责任。

· 典型案例 ·

1.针对本条第一款、第二款

(2022)沪02民终10169号民事判决书:甲公司被公司登记机关依法吊销营业执照。甲公司的主要账册、重要文件等并未灭失,由甲公司大股东乙公司保管。因甲公司未进行清算,债权人诉至法院请求甲公司各股东承担连带清偿责任。法院认为,法人的董事等执行机构或者决策机构的成员为清算义务人,甲公司各小股东均非清算义务人。即便认定甲公司小股东均为清算义务人,但甲公司重要财产、账册、重要文件均由大股东乙公司保管,故对上述材料灭失导致公司无法清算的事实,各小股东并无直接过错。

2.针对本条第三款

(2020)京0112民初18815号民事判决书:军创公司作出解散公司的股东会决议,但未及时成立清算组进行清算。军创公司的债权人苏恒公司以雷某、黎某等股东未依法履行清算职责,导致苏恒公司未能及时申报并获得清偿,故两人应对苏恒公司未实现的债权及其利息损失承担连带赔偿责任。法院认为,雷某、黎某作为清算组成员,因未及时履行清算义务给债权人造成的损失,应当承担赔偿责任。

关联规则

《民法典》第七十条;《市场主体登记管理条例》第三十二条;《企业注销指引》(2023 年修订)第三部分第(一)项第 1 点。

文献参考

韩长印、楼孝海:《建立公司法定清算人制度》,载《法学》2005 年第 8 期;梁上上:《有限公司股东清算义务人地位质疑》,载《中国法学》2019 年第 2 期;蒋大兴:《公司清算义务人规范之适用与再造——“谁经营谁清算”vs.“谁投资谁清算”》,载《学术论坛》2021 年第 4 期;胡改蓉:《我国公司清算主体模式的反思——由双轨制向单轨制的转换》,载《法治研究》2023 年第 4 期。

第二百三十三条 【法院指定清算】

公司依照前条第一款的规定应当清算,逾期不成立清算组进行清算或者成立清算组后不清算的,利害关系人可以申请人民法院指定有关人员组成清算组进行清算。人民法院应当受理该申请,并及时组织清算组进行清算。

公司因本法第二百二十九条第一款第四项的规定而解散的,作出吊销营业执照、责令关闭或者撤销决定的部门或者公司登记机关,可以申请人民法院指定有关人员组成清算组进行清算。

条文解读

本条是关于人民法院指定清算的规定。

与修订前的条文相比,本条规定的主要变化有:一是与本法第二百三十二条公司自行清算的规定分列为两个条文;二是将申请人民法院指定清算的主体从“债权人”扩张至“利害关系人”;三是增加第二款关于因行政解散而申请人民法院指定

清算的规定。

理解本条需留意以下两点：

1. 所谓人民法院指定清算，也可称作人民法院组织清算，是指公司出现解散事由后，作为清算义务人的董事未依法履行清算职责的，利害关系人可以依法申请人民法院指定有关人员组成清算组进行清算的法律程序。所谓董事未依法履行清算职责，既包括逾期不成立清算组进行清算，也包括成立清算组后不清算等情形。所谓利害关系人，主要包括公司的股东、实际控制人、监事、高级管理人员、职工和债权人等。由于本法已将董事明确为清算义务人，故其不属于利害关系人。至于人民法院应当指定何人组成清算组进行清算，按照《公司法解释(二)》第八条第二款的规定，主要是指公司股东、董事、监事、高级管理人员，依法设立的律师事务所、会计师事务所、破产清算事务所等社会中介机构以及前述社会中介机构中具备相关专业知识并取得执业资格的人员。由人民法院指定的相关人员组成的清算组，同样应当依照本法规定忠实、勤勉地履行清算职责(**【第二百三十四条】【第二百三十八条】**)。

2. 公司依法被吊销营业执照、责令关闭或者被撤销，作为清算义务人的董事未依法履行清算职责的，作出相关决定的部门可以依法申请人民法院指定有关人员组成清算组进行清算。相关部门虽不是本条第一款规定的利害关系人，但为了消解因行政解散给利害关系人乃至社会可能带来的影响，本条明确相关部门在此情形下有权申请人民法院组织清算。当然，公司登记机关也可以对已被行政解散满三年而未申请注销公司登记的公司依法强制注销登记(**【第二百四十一条】**)。无论是法院指定清算，还是公司登记机关强制注销登记，原公司股东、清算义务人所应负责任皆不受影响。

· 典型案例 ·

1. 针对本条第一款

(2022)渝0102民初5491号民事判决书：公司登记机关以华萃公司连续六个月以上未开展经营活动为由，吊销了该公司营业执照。张某甲和张某乙为华萃公司股东，后未按时成立清算组，与债权人昊远租赁部发生争议。昊远租赁部申请法院指定清算组清算。法院认为，华萃公司被吊销营业执照，应当进行清算。在华萃公司的股东张某甲、张某乙没有组织清算组清算时，昊远租赁部作为华萃公司的债权人有权申请法院指定清算组清算。因此，对昊远租赁部的主张予以支持。

2. 针对本条第二款

（2023）苏1112清申16号民事裁定书：为仁公司未依法进行年报公示及纳税申报，且通过登记的住所无法取得联系。在提示性公告期间内，为仁公司仍未依法履行法定义务。故公司登记机关作出徒市监案〔2020〕00035号行政处罚决定，吊销为仁公司营业执照。为仁公司清算义务人未依法成立清算组对公司进行清算，公司登记机关申请法院指定有关人员组成清算组进行清算。法院认为，公司被依法吊销营业执照的，应当解散。公司的清算义务人未及时履行清算义务，主管机关可以申请法院指定有关人员组成清算组进行清算。

关联规则

《民法典》第七十条；《市场主体登记管理条例》第三十四条；《企业注销指引》（2023年修订）第三部分第（一）项第1点；《上市公司章程指引》（2023年修正）第一百八十一条。

文献参考

宋晓明、张勇健、刘敏：《〈关于适用公司法若干问题的规定（二）〉的理解与适用》，载《人民司法》2008年第11期；肖雄：《论公司清算人中心主义的回归与重建》，载《政治与法律》2017年第11期；上海市高级人民法院商事庭课题组：《公司解散清算的功能反思与制度重构——从清算僵局的成因及制度性克服切入》，载《法律适用》2023年第1期。

第二百三十四条　【清算组的职权】

清算组在清算期间行使下列职权：

（一）清理公司财产，分别编制资产负债表和财产清单；

（二）通知、公告债权人；

（三）处理与清算有关的公司未了结的业务；

（四）清缴所欠税款以及清算过程中产生的税款；

（五）清理债权、债务；

（六）分配公司清偿债务后的剩余财产；

（七）代表公司参与民事诉讼活动。

条文解读

本条是关于清算组的职权的规定。

理解本条需留意以下两点：

1. 清算组是在公司清算期间负责清算事务的执行机构。公司清算期间，公司董事会不再继续履行职权，而由清算组开展清算事务。清算组在公司清算过程中，具有对内执行清算业务、对外代表清算中公司的职权。依照本条规定，清算组在清算期间行使的职权主要包括清产核资，通知、公告债权人（【**第二百三十五条**】），清缴税款，了结与清算相关的业务及清理债权债务并向股东分配剩余财产（【**第二百三十六条**】），以及以公司的名义参加民事诉讼等，本章其他条文针对相应内容有具体的规定。

2. 清算组所能执行的公司事务是以清算为目的的事务，而非所有事务。由于清算中的公司仍具有主体资格，清算组不能取代股东会和监事会的职权，股东会仍然是公司的权力机构，清算组应及时向股东会报告清算进展情况，股东会仍有权决定清算组成员的选任与解任、清算方案及清算报告的确认等公司的重大事项。继而，清算组的清算工作仍然受公司监督机构监事会的监督，监事会及时提醒和纠正清算组的不当和违规行为。此外，在公司清算期间，公司虽然存续，但不得开展与清算无关的经营活动，清算组的职权也应当有所限制（【**第二百三十六条**】）。

· 典型案例 ·

（2022）京01民终10753号民事判决书：瑞利公司与史某为华通公司股东。华通公司进入清算程序，瑞利公司与史某担任清算组成员。清算组曾与创新公司签订购销合同，约定华通公司向创新公司销售复盛公司的定制货物。后华通公司起诉主张清算组在清算期间从事经营活动，造成公司财产损失，要求清算组依法承担赔偿责任。法院认为，案涉货物属于华通公司为履行与复盛公司的合同而定制的产品，不具有标准化商品的流通性，清算组基于华通公司已经停止经营、进入清算退出程序的事实，出于回笼资金、清偿债务等的需要将定制产品及相关半成品、原材料打包出售给第三方，属于法律规定的清算组职权范围内行为。因此，对华通公司的主张不予支持。

关联规则

《民法典》第七十一条;《企业注销指引》(2023 年修订)第三部分第(二)项;《上市公司章程指引》(2023 年修正)第一百八十二条。

文献参考

王妍:《公司清算制度及其价值研究》,载《云南大学学报(法学版)》2004 年第 5 期;翟雨桐:《公司清算义务人的责任探讨》,载《法律适用》2020 年第 22 期。

第二百三十五条 【债权申报】

清算组应当自成立之日起十日内通知债权人,并于六十日内在报纸上或者国家企业信用信息公示系统公告。债权人应当自接到通知之日起三十日内,未接到通知的自公告之日起四十五日内,向清算组申报其债权。

债权人申报债权,应当说明债权的有关事项,并提供证明材料。清算组应当对债权进行登记。

在申报债权期间,清算组不得对债权人进行清偿。

条文解读

本条是关于债权申报的规定。

理解本条需留意以下几点:

1. 为了让公司债权人了解公司清算事宜并申报债权,清算组应当及时履行通知和公告债权人的义务。清算组应当自成立之日起 10 日内通知债权人,并于 60 日内在报纸上或者国家企业信用信息公示系统公告。应当注意的是,通知和公告债权人的时间起算点为清算组成立之日,而非公司股东会作出解散公司决议之日(且股东会决议解散仅是其中一项解散事由)。依照本法规定,公司在进行清算时,不依法通知或者公告债权人的,由公司登记机关责令改正,对公司处以相应罚款(**【第二百五十五条】**)。

2. 对于债权人所申报债权予以审查并做好登记工作是清算组的一项重要任务。按照《公司法解释(二)》第十一条的规定,公司清算时,清算组应当将公司解散清算事宜书面通知全体已知债权人;未按照规定履行通知和公告义务,导致债权人未及时申报债权而未获清偿,债权人有权主张清算组成员对因此造成的损失承担赔偿责任。同时,债权人也应当自接到通知之日起30日内,未接到通知的自公告之日起45日内,向清算组申报其债权。对于债权人确有特殊原因在规定期限内未申报债权而能否补充申报的问题,尚有疑惑。按照《公司法解释(二)》第十三条第一款、第十四条第一款的规定,债权人在规定的期限内未申报债权,在公司清算程序终结前补充申报的,清算组应予登记。债权人补充申报的债权,可以在公司尚未分配财产中依法清偿。公司尚未分配财产不能全额清偿,债权人有权主张股东以其在剩余财产分配中已经取得的财产予以清偿,但债权人因重大过错未在规定期限内申报债权的除外。

3. 为了确保债权人的公平分配,清算组在申报债权期间不得对债权人进行清偿。在清理公司财产、编制资产负债表和财产清单并制订清算方案、报股东会或者人民法院确认后,清算组应先支付清算费用、职工的工资、社会保险费用和法定补偿金,缴纳所欠税款后,方可清偿公司债务(**【第二百三十六条】**)。

· 典型案例 ·

1. 针对本条第一款、第二款

(2020)苏05民终4996号民事判决书:擎盾公司股东会作出决议解散公司,股东徐某、蔡某为清算组成员。清算组于成立之日起10日内通知公司全体债权人,并在《扬子晚报》上发布公告。后擎盾公司填写注销登记申请书,明确注销原因为股东会决议解散,表示无债权债务。公司登记机关准许擎盾公司注销。随后,劳动争议仲裁委员会裁决擎盾公司支付黄某自2015年3月至2016年1月期间双倍工资28,050元。黄某诉至法院请求徐某、蔡某、擎盾公司支付工资。法院认为,擎盾公司清算组于2018年3月1日在《扬子晚报》上发布公告,债权人最晚应当于2018年4月15日前申请债权。黄某在上述期内并未申报亦未向劳动争议仲裁委员会提出仲裁,擎盾公司清算组已履行通知和公告义务。即便黄某申请劳动争议仲裁发出公告送达材料时,擎盾公司清算程序尚未终结,黄某可补充申报,清算组也可对债权进行登记,但擎盾公司已无剩余财产,在清算组成员未有过错前提下要求徐某、蔡某承担赔偿责任,于法无据。

2. 针对本条第三款

(2022)鲁15民终1173号民事判决书:陈某、吴某为宇通公司债权人。后宇通公司进入清算程序，陈某、吴某再次向宇通公司主张清偿债务，并诉至法院。法院认为，在申报债权期间，清算组不得对债权人进行清偿。宇通公司已经进入清算程序，并成立清算组。陈某、吴某请求判令宇通公司偿还欠款不能支持。陈某、吴某应先向清算组申报债权。

关联规则

《企业注销指引》（2023年修订）第三部分第（三）项第2点；《上市公司章程指引》（2023年修正）第一百八十三条。

文献参考

徐蓉：《公司非破产清算中保护债权人利益的法律思考》，载《社会科学研究》2005年第2期；白莉：《我国公司清算中债权人保护监督机制研究》，载《新疆社会科学》2011年第3期。

第二百三十六条　【制订清算方案和处分公司财产】

清算组在清理公司财产、编制资产负债表和财产清单后，应当制订清算方案，并报股东会或者人民法院确认。

公司财产在分别支付清算费用、职工的工资、社会保险费用和法定补偿金，缴纳所欠税款，清偿公司债务后的剩余财产，有限责任公司按照股东的出资比例分配，股份有限公司按照股东持有的股份比例分配。

清算期间，公司存续，但不得开展与清算无关的经营活动。公司财产在未依照前款规定清偿前，不得分配给股东。

条文解读

本条是关于制订清算方案和处分公司财产的规定。

与修订前的条文相比，本条规定将清算组对于清算方案的“制定”改为“制订”，表述更规范。

理解本条需留意以下几点：

1. 清算组在清理公司财产并编制资产负债表和财产清单后，应当制订清算方案。“制订”意味着清算组对清算方案的确认并无决定权。公司自行清算的，清算方案报股东会确认；人民法院指定清算的，清算方案报人民法院确认。

2. 清算方案经股东会或者人民法院确认后，清算组依照清算方案处分公司财产。公司向股东分配公司剩余财产前，应当先行清偿全部债务。依照本条第二款规定，清算组以公司财产清偿各类债务的顺序应当为清算费用、职工债权、税费、普通债权。

3. 在清偿全部债务后，公司方可就剩余财产向股东分配。剩余财产分配请求权是股东享有资产收益权利的重要体现（**【第四条】**）。依照本条第二款的规定，对于清偿公司全部债务后的剩余财产，有限责任公司按照股东的出资比例分配，股份有限公司按照股东持有的股份比例分配。但该规定中所谓出资比例或者股份比例究竟是指认缴还是实缴的比例，尚有争议。由于股份有限公司将全面调整为实缴制，故相关问题主要针对有限责任公司。从法律效果来看，分配剩余财产与分配利润都是股东从公司获得分配，故而在有关分配比例的理解方面有必要保持两者的一致性。依照本法规定，公司原则上按照股东实缴的出资比例分配利润（**【第二百一十条】**），全体股东约定不按照出资比例分配利润的除外。因此，公司在分配剩余财产时也应当适用该规则。

4. 清算期间，公司虽然仍具有法人主体资格，但不得开展与清算无关的经营活动。对于清算有关的公司尚未了结的业务，清算组应当依法处理。对于相关业务活动是否与清算有关的判断，应当主要衡量该业务活动是否以已经签订的协议或达成的其他交易为基础，并主要出于回笼资金及清偿债务的目的。

· 典型案例 ·

1. 针对本条第一款

（2023）辽01民终6462号民事判决书：米氏公司办理公司注销登记，注销原因为股东会决议解散，清算组负责人为股东张某。后母婴公司以张某为被告向法院提起清算责任纠纷，要求其支付原米氏公司拖欠的货款，原因是其未履行清理公司财产和通知公告债权人等法定清算义务。法院认为，张某未提供相关证据证明清算组如何清理公司财产及债权债务，也未提交清算方案，所以应当认定其并未履行法定的清算义务。

2. 针对本条第二款前半部分、第三款第二句

（2023）陕05民终1号民事判决书：康洁公司注册资本为100万元，公司章程显示李某持股51.2%，刘某持股44.4%，惠某持股4.4%；但公司登记显示，李某持股56%，刘某持股22%，惠某持股22%。后李某、刘某召开股东会会议并作出决议解散公司。公司随后办理了注销登记。之后，康洁公司收到县政府拨付的退出奖补资金180万元。就该政府补贴分配问题，李某与刘某发生争议诉至法院。法院认为，政府对案涉公司补偿的180万元属于公司财产，在公司财产对相关债务进行清偿之后，股东才享有对剩余财产按照实际出资比例或章程约定比例予以分配的权利。刘某现主张直接对该180万元公司的财产予以分配，不具备请求权基础。案涉公司可分配的剩余财产具体数额的确定，需要通过对公司的清算程序，依法对公司财产及债务予以清算后才能得出。

3. 针对本条第二款后半部分

（2021）湘02民再48号民事判决书：王某等人先后设立中车环保公司、奥蓝公司，王某对两家公司共实缴出资40万元。后中车环保公司及奥蓝公司解散，清算组制订清算报告，结合王某的出资情况及其擅自离职等因素确定王某分配比例为0%。王某主张，案涉投资合作协议约定王某以研发成果及其相关知识产权作价出资，占股10%，公司剩余财产应按10%的实缴出资比例向其分配。经查，两公司实际收取注册资本900万元，王某实际出资比例为4.44%。法院认为，王某依法有权依据其实缴出资比例4.44%分配公司剩余财产。而公司解散清算时，公司名下并未持有知识产权。同时，按协议约定，王某若在5年内未经董事会书面批准擅自离职，除该10%股权被无偿收回之外，须赔偿100万元。公司依约享有向王某主张100万元赔偿金的权利。在公司剩余财产分配时，考虑到公司对王某享有的权利远大于其应分配的财产，故公司依法行使抵销权，扣减王某的分配比例至零，该分配方案系公司依法行权的结果，不侵害王某的合法权利。

4. 针对本条第三款第一句

参见【**第二百三十四条**】列示的相关案例。

关联规则

《民法典》第七十二条；《企业注销指引》（2023年修订）第三部分第（四）项、第（五）项。

文献参考

李建伟:《瑕疵出资股东的股东权利及其限制的分类研究:规范、解释与实证》,载《求是学刊》2012 年第 1 期;李志刚等:《分配公司剩余财产的依据:认缴比例抑或实缴比例》,载《人民司法》2023 年第 10 期。

第二百三十七条　【破产清算的申请】

清算组在清理公司财产、编制资产负债表和财产清单后,发现公司财产不足清偿债务的,应当依法向人民法院申请破产清算。

人民法院受理破产申请后,清算组应当将清算事务移交给人民法院指定的破产管理人。

条文解读

本条是关于破产清算的申请的规定。

与修订前的条文相比,本条规定的主要变化有:一是将"申请宣告破产""裁定宣告破产"依次改为"申请破产清算""受理破产申请";二是将清算事务移交的对象从"人民法院"改为"人民法院指定的破产管理人"。

理解本条需留意以下两点:

1. 公司不能清偿到期债务,并且资产不足以清偿全部债务或者明显缺乏清偿能力的,应当依照《企业破产法》的规定清理债务。本法规定的公司清算程序以公司资产足以清偿全部债务为前提,一旦公司出现财产不足清偿债务的情形,则应转为破产清算程序,由清算组依法向人民法院申请破产清算。《公司法》(2018 年修正)规定清算组依法向人民法院申请宣告破产,确有不周延之处。在人民法院受理破产申请后、宣告债务人破产前,公司可以向人民法院申请和解;公司债权人同时申请对公司进行重整的,还可能进入重整程序;若第三人为公司提供足额担保或者为债务人清偿全部到期债务,或者公司已清偿全部到期债务的,人民法院应当裁定终结破产程序。故而,人民法院受理破产申请后,不必然裁定宣告破产。

2. 人民法院受理破产申请后,清算组应当将清算事务移交给人民法院指定的破产

管理人。依照《企业破产法》第十三条的规定，人民法院裁定受理破产申请的，应当同时指定管理人。故而，清算组此时应当将清算事务移交给破产管理人，更契合实践操作的具体情况。清算事务移交破产管理人后，公司依法进入破产程序，依照《企业破产法》的相关规定实施。公司被依法宣告破产的，依照有关企业破产的法律实施破产清算，而不再依照本法关于公司清算的规定实施（**【第二百四十二条】**）。

·典型案例·

（2020）京02民终9813号民事判决书：玉华隆公司设立于2003年9月20日。经另案判令玉华隆公司给付李某货款79,000元及利息。2017年9月，玉华隆公司注销登记。李某认为，玉华隆公司清算过程中清算组明知公司财产不足以清偿债务，却未向人民法院申请破产清算，谎称债权债务清算完毕，骗取公司注销登记，构成违法清算。法院认为，李某既未在玉华隆公司清算组通知的期限内申报债权，也未在清算程序终结前申报债权，且玉华隆公司经过生效执行裁定确认，已无可供执行的财产，玉华隆公司未进入破产清算程序，对李某的债权不产生实质损害，故对其主张不予支持。

关联规则

《企业破产法》第二条、第十三条、第七十条、第九十五条、第一百零七条、第一百零八条。

文献参考

王欣新：《论清算义务人的义务及其与破产程序的关系》，载《法学杂志》2019年第12期。

第二百三十八条　【清算组成员的信义义务】

清算组成员履行清算职责，负有忠实义务和勤勉义务。

清算组成员怠于履行清算职责，给公司造成损失的，应当承担赔偿责任；因故意或者重大过失给债权人造成损失的，应当承担赔偿责任。

条文解读

本条是关于清算组成员的信义义务的规定。

与修订前的条文相比,本条规定的主要变化有:一是明确清算组成员负有忠实义务和勤勉义务;二是增加清算组成员怠于履行清算职责而对公司的损害赔偿责任。

理解本条需留意以下两点:

1. 清算组成员履行清算职责,对公司负有与董事、监事、高级管理人员相当的信义义务。公司清算期间,清算组作为公司的执行机构,其成员在履行清算职责时,为维护公司利益,负有信义义务,即忠实义务和勤勉义务。因此,本法关于董事、监事、高级管理人员的忠实义务和勤勉义务的规定(**【第一百八十条】【第一百八十一条】**),同样适用于清算组成员。一方面,清算组成员应当采取措施避免自身利益与公司利益冲突,不得利用职权牟取不正当利益;另一方面,清算组成员执行职务应当为公司的最大利益尽到管理者通常应有的合理注意。相应地,清算组成员违反忠实义务所得的收入,也应当归公司所有(**【第一百八十六条】**)。

2. 清算组成员因其履职行为给公司或者债权人造成损失的,应当承担相应的赔偿责任。如何理解清算组成员责任与清算义务人责任之间的关系,尚有疑惑。清算义务人未及时履行清算义务,给公司或者债权人造成损失的,应当承担赔偿责任(**【第二百三十二条】**)。若清算义务人和清算组成员重合,则在成立清算组后又不依法清算的情形下,由于身份的重合而出现法条适用竞合,故适用任一条文皆可。若公司自行清算时公司另选董事以外的其他人作为清算组成员,或者是人民法院指定有关人员进行清算,则清算组成员的责任与清算义务人的责任应有所区分。对于清算组成员,应当依照本条第二款规定要求其承担相应的赔偿责任,尤其是对于债权人损失是否应当承担赔偿责任应判断清算组成员是否存在过错。而对于清算义务人,应当依照本法第二百三十二第三款规定要求其承担相应责任。尤其是在人民法院指定有关人员进行清算的情形下,董事作为清算义务人的清算职责以及因未依法履职而造成公司或者债权人损失的赔偿责任不受影响。

· 典型案例 ·

1. 针对本条第一款

(2022)京03民终4990号民事判决书：润鑫公司营业执照被依法吊销。在清算事由出现后，股东李某、王某未及时成立清算组并启动清算程序，未能组织对公司的清算，既未召开清算会议，也未清理公司财产、书面通知债权人、清理公司债权债务、处理公司未了结业务等。债权人盛兴丰公司要求李某、王某对润鑫公司所欠债务承担赔偿责任。法院认为，《公司法》规定的怠于履行清算义务，既包括怠于履行依法及时启动清算程序进行清算的义务，也包括怠于履行妥善保管公司财产、账册、重要文件等义务。李某、王某怠于履行清算义务与润鑫公司无法清算具有因果关系。因此，法院对盛兴丰公司的主张予以支持。

2. 针对本条第二款

(2022)粤0111民初28666号民事判决书：美晟公司股东为杨某和陈某。美晟公司作出公司解散的股东会决议，杨某和陈某作为清算组成员在清算报告中签名确认。后公司登记机关核准美晟公司注销登记。乾和公司认为美晟公司未依约支付货款，杨某和陈某作为美晟公司清算组成员，未履行法定清算义务，遂诉至法院。法院认为，无证据证实作为清算组成员的杨某、陈某已经将公司解散清算事宜书面通知乾和公司，乾和公司亦否认收到书面通知。杨某、陈某未履行法定通知义务，导致乾和公司未及时申报债权而未获清偿。同时，杨某、陈某作为清算组成员，在明知美晟公司尚欠乾和公司货款、未依约履行付款义务的情况下，仍然向公司登记机关出具"债权债务情况已经处理完毕"的虚假清算报告骗取办理注销登记。因此，对乾和公司的主张予以支持。

关联规则

《民法典》第七十条；《企业注销指引》(2023年修订)第三部分第(二)项。

文献参考

徐欢：《股东怠于履行清算义务应对债权人担责》，载《人民司法》2019年第2期；黄振东、廖晨：《怠于履行清算义务的司法判定》，载《人民司法》2020年第14期；赵吟：《公司清算义务人侵权责任的体系解构——兼论〈民法典〉第70条与〈公司法司法解释二〉相关规定的适用关系》，载《法治研究》2020 年第 6 期。

第二百三十九条　【制作清算报告和申请注销登记】

公司清算结束后，清算组应当制作清算报告，报股东会或者人民法院确认，并报送公司登记机关，申请注销公司登记。

条文解读

本条是关于制作清算报告和申请注销登记的规定。

理解本条需留意以下两点：

1. 公司清算结束后，清算组应当制作清算报告，报股东会或者人民法院确认。公司经过清算，相关债权债务事宜处理完毕，如有剩余财产也已依法分配给股东的，公司清算程序终结。此时，清算组应当依法制作清算报告。清算报告应当全面细致地反映公司清算程序的全过程，包括公司和股东的基本信息、清算组成员、通知和公告债权人及债权人申报情况、公司的资产和负债信息及财产状况（并附资产负债表和财产清单）、公司清偿各类债务的顺序及具体情况等内容。与清算方案的相关规则类似，公司自行清算的，清算报告报股东会确认；人民法院指定清算的，清算报告报人民法院确认（【第二百三十六条】）。

2. 清算组依法将清算报告报送公司登记机关并申请注销公司登记，由公司登记机关公告公司终止，公司的法人资格自此消灭。依照本法规定，公司因解散、被宣告破产或者其他法定事由需要终止的，向公司登记机关申请注销登记并由公司登记机关公告公司终止是必要程序（【第三十七条】）。公司申请注销登记应当提交符合规范的相关材料。除因合并或者分立需要解散以及依法经简易注销登记程序外（【第二百三十二条】【第二百四十条】），清算组依法制作并经股东会或者人民法院确认的清算报告是公司申请注销登记的必备材料之一。在办理注销公司登记后，清算组的任务才最终完成。

· 典型案例 ·

（2023）苏 0826 强清 1 号之一民事裁定书：天鸿汽车公司进入清算程序后，清算组经调查未发现天鸿汽车公司账册等资料，该公司法定代表人及股东经释明后，仍然未能提供公司账册等财务资料导致无法全面清算。天鸿汽车公司清算组提请法院确认清算报告，并终结强制清算程序。法院认为，清算组在资产接管、清查，债权接收、审核，财产追收、分配等清算工作处理完毕后，根据实际情况制作的清算报告，法院予以确认。清算组以此为由申请终结强制清算程序，符合法律规定，法院予以准许。清算程序终结后，相关权利人可依法要求该公司的清算义务人承担相应责任。

关联规则

《民法典》第六十八条、第七十二条；《市场主体登记管理条例》第三十一条；《企业注销指引》（2023 年修订）第三部分第（六）项。

文献参考

参见【**第三十七条**】列示的相关文献。

第二百四十条　【简易注销登记】

公司在存续期间未产生债务，或者已清偿全部债务的，经全体股东承诺，可以按照规定通过简易程序注销公司登记。

通过简易程序注销公司登记，应当通过国家企业信用信息公示系统予以公告，公告期限不少于二十日。公告期限届满后，未有异议的，公司可以在二十日内向公司登记机关申请注销公司登记。

公司通过简易程序注销公司登记，股东对本条第一款规定的内容承诺不实的，应当对注销登记前的债务承担连带责任。

条文解读

本条是关于简易注销登记的规定。

本条是新增规定，主要吸收《市场主体登记管理条例》第三十三条的相关内容确立简易注销登记规则。

理解本条需留意以下几点：

1. 所谓简易注销登记，是指公司在存续期间未产生债务，或者已清偿全部债务，经全体股东承诺，可以在不成立清算组进行清算的情形下直接注销公司登记的法律程序。依照本法规定，除因合并、分立需要解散的请求外，申请注销公司登记应当以完成公司清算为前提（**【第二百三十二条】【第二百三十九条】**）。公司清算程序比较复杂，同时需要耗费相应的时间和成本。为了进一步简化市场主体退出机制，切实降低制度性交易成本，此次修订确立了简易注销登记制度。简易注销登记应当符合无尚存债务及全体股东承诺的条件，并履行公告程序。

2. 公司无尚存债务是适用简易注销登记程序的前提。公司在申请简易注销登记时，不应存在未结清清偿费用、职工工资、社会保险费用、法定补偿金、应缴纳税款（滞纳金、罚款）等债权债务。按照《企业注销指引》（2023 年修订）的要求，有下列情形之一的，不适用简易注销程序：第一，法律、行政法规或者国务院决定规定在注销登记前须经批准的；第二，被吊销营业执照、责令关闭、撤销；第三，在经营异常名录或者市场监督管理严重违法失信名单中；第四，存在股权（财产份额）被冻结、出质或者动产抵押，或者对其他企业存在投资；第五，尚持有股权、股票等权益性投资、债权性投资或土地使用权、房产等资产的；第六，未依法办理所得税清算申报或有清算所得未缴纳所得税的；第七，正在被立案调查或者采取行政强制，正在诉讼或仲裁程序中；第八，受到罚款等行政处罚尚未执行完毕；第九，不适用简易注销登记的其他情形。

3. 通过简易程序注销公司登记，应当依法履行公告程序。第一，符合条件的公司应当登录国家企业信用信息公示系统并在“简易注销公告”专栏主动向社会公告拟申请简易注销登记及全体股东承诺等信息，公告期限不少于 20 日。第二，公示期内，利害关系人及相关部门有异议的，可以通过国家企业信用信息公示系统“简易注销公告”专栏的“异议留言区”提出，并简要陈述异议的理由。第三，公告期限届满后，未有异议的，公司可以在 20 日内向公司登记机关申请注销公司登记。

4. 一旦存在承诺不实的情形，则股东应当承担相关债务的连带责任，不享有有限责任的保护。简易注销登记制度虽然有助于简化市场主体退出机制及降低制度性交易成本，但应当设置必要的风险防范机制，确保利害关系人的合法权益不受侵犯。因此，作为无须清算的对价，股东的不实承诺将打破有限责任的保护，从而应当对注销登记前的债务承担连带责任。

典型案例

1. 针对本条第一款、第二款

(2020)苏0812行初404号行政判决书：陈某与黄某为创达公司股东。2019年3月11日，创达公司向公司登记机关申请简易注销登记，同时提供两人签字、公司盖章的全体投资人承诺书以及营业执照。创达公司简易注销公告信息在国家企业信用信息公示系统予以公告。公告期届满并无人提出异议，故公司登记机关核准创达公司注销登记。后陈某与黄某以其并未在承诺书上签字为由，请求撤销注销登记。法院认为，创达公司的申请注销材料齐全且符合法定形式，并依法履行了公告程序，创达公司的注销登记已经完成。公司登记机关作出《公司准予注销登记通知书》核准创达公司注销登记，证据确凿、适用法律法规正确、符合法定程序。

2. 针对本条第三款

(2021)苏04民终881号民事判决书：倪某与蒋某为尚卓公司股东。徐某向尚卓公司出借300万元，而公司并未偿还。后尚卓公司就公司存续问题作出股东会决议，并未经依法清算即向公司登记机关申请简易程序注销，办理注销登记时股东承诺对公司债务承担责任。徐某主张尚卓公司欠款由倪某和蒋某一同承担清偿。法院认为，简易注销后出现尚未结清的债务，股东应当承担相应的民事责任。因此，对徐某的主张予以支持。

关联规则

《市场主体登记管理条例》第三十三条；《企业注销指引》(2023年修订)第四部分第(二)项第1点。

文献参考

季奎明：《第三类破产："不算而销"的特别清理程序》，载《政法论丛》2021年第6期；张阳：《商事主体终止的制度检视及其结构优化》，载《交大法学》2022年第2期。

第二百四十一条 【强制注销登记】

> 公司被吊销营业执照、责令关闭或者被撤销，满三年未向公司登记机关申请注销公司登记的，公司登记机关可以通过国家企业信用信息公示系统予以公告，公告期限不少于六十日。公告期限届满后，未有异议的，公司登记机关可以注销公司登记。
>
> 依照前款规定注销公司登记的，原公司股东、清算义务人的责任不受影响。

条文解读

本条是关于公司登记机关依职权注销公司登记的规定。

本条是新增规定，旨在确立公司登记机关依职权注销公司登记的规定，即所谓强制注销登记制度。

理解本条需留意以下两点：

1. 针对实践中存在的“僵尸企业”，强制注销登记制度具有净化市场环境的积极作用。依照本法规定，公司被吊销营业执照、责令关闭或者被撤销的，应当清算（**【第二百三十二条】**）。但公司未自行清算，又无利害关系人申请人民法院指定清算的，就可能产生“僵尸企业”的问题。对此，公司登记机关既可以依照本法规定申请人民法院指定有关人员组成清算组进行清算（**【第二百三十三条】**），也可以依照本条规定在履行相应职责后，强制注销公司登记。对于强制注销登记制度的适用程序需要注意以下几个方面：第一，该制度只适用于公司被吊销营业执照、责令关闭或者被撤销的行政解散情形，而不包括自行解散和司法解散。第二，该制度的适用应满足相应的期限要求，即公司不申请注销公司登记的状态已持续三年。第三，在注销公司登记前，公司登记机关应当履行公告职责，即通过国家企业信用信息公示系统予以公告，公告期限不少于60日。公告期间利害关系人提出异议的，则不得强制注销登记。

2. 强制注销作为一项管理性规定，并不免除原公司股东、清算义务人的责任。一方面，原公司股东的责任主要是对公司的出资责任（**【第四十七条】【第四十九条】【第五十条】**）。当然，如果股东在公司存续期间有滥用公司法人独立地位和股东有限责任，逃避债务，严重损害公司债权人利益的，应当适用公司人格否认制度要股东对原公司债务承担连带责任（**【第二十三条】**）。另一方面，清算义务人的责任主要是对公司和债权人的清算责任(【**第二百三十二条**】)。由于原公司已注销,此处主要是指清算义务人未及时履行清算义务,给原公司债权人造成损失的,应当承担赔偿责任。

典型案例

永市监强注决〔2023〕1－70号强制注销企业决定书:国色电子商务商行等70家企业被吊销营业执照已逾3年,至今仍未办理注销登记手续。公司登记机关于2023年1月17日发出公告,催告70家企业依法组织清算并在规定期限内办理清算组备案,或者及时办理注销登记。后催告、通知期限届满,70家企业仍未履行上述义务。经向有关部门了解,70家企业均无欠缴税款、未领用发票或已缴销全部领用发票,无在缴社保人员和拖欠工资记录,无登记在册的不动产权利,无有效存续的知识产权,无在诉案件或者待执行案件,无股权被冻结情形。公司登记机关于2023年11月16日向70家企业发出强制注销企业告知书送达公告,70家企业未提出听证和陈述申辩。公司登记机关依法决定强制注销70家企业。企业被强制注销登记后,主体资格终止,但原企业的清算义务人仍应当依法组织清算。

关联规则

《市场主体登记管理条例》第三十四条。

文献参考

张钦昱:《公司市场退出法律制度的嬗变逻辑与进化路径》,载《政治与法律》2021年第2期;林一英:《公司清算制度的修改——以经营异常公司的退出为视角》,载《法律适用》2021年第7期;朱晓娟:《公司强制注销的规范定位与体系构造》,载《国家检察官学院学报》2023年第6期。

第二百四十二条 【破产清算的法律适用】

公司被依法宣告破产的,依照有关企业破产的法律实施破产清算。

条文解读

本条是关于公司实施破产清算适用有关企业破产的法律的规定。

理解本条需留意以下两点：

1. 依照《企业破产法》第二条的规定，公司（债务人）、债权人以及依法负有清算责任的人都可能作为破产清算的申请人。一方面，清算组在清理公司财产、编制资产负债表和财产清单后，发现公司财产不足清偿债务的，应当依法向人民法院申请破产清算（**【第二百三十七条】**）。另一方面，公司不能清偿到期债务，资产不足以清偿全部债务或者明显缺乏清偿能力的，公司（债务人）及债权人等主体可以直接向人民法院提出破产清算申请。当然，在申请破产清算之前，公司及债权人可依法先行要求已认缴出资但未届出资期限的股东提前缴纳出资（**【第五十四条】**）。

2. 本法规定的公司清算程序（非破产清算）与具备破产原因而被人民法院依法宣告破产的清算程序（破产清算）在法律适用及具体流程方面有较大差别。依照《企业破产法》的规定实施破产清算主要包括：申请破产清算；人民法院受理破产申请并依法宣告债务人破产；管理人拟订破产财产变价方案，并经债权人会议通过或人民法院裁定后，依法变价出售破产财产；管理人拟订破产财产分配方案，并经债权人会议通过及人民法院裁定认可后，依法分配破产财产；管理人请求人民法院裁定终结破产程序，人民法院依法裁定终结破产程序。

· 典型案例 ·

（2021）粤03民终18980号民事判决书：杨某与郑某为粤翠轩公司股东。粤翠轩公司拖欠辉记商行货款并经法院生效判决确认。因粤翠轩公司并未如期履行其义务，辉记商行向法院申请强制执行，但粤翠轩公司并任何财产可供执行。后因粤翠轩公司不能清偿到期债务且资产不足以清偿全部债务，符合法定破产条件，依法被法院宣告破产。辉记商行以杨某与郑某均未实缴出资为由诉至法院。法院认为，涉案债权应当按照破产清算程序进行清偿。破产清算程序的制度目的是在债权无法获得全额清偿的情况下，确保全体债权人得到公平清偿。在此情形下，债权人不能再请求个别清偿。

关联规则

《民法典》第七十三条；《企业破产法》第七条。

文献参考

王欣新：《论清算义务人的义务及其与破产程序的关系》，载《法学杂志》2019 年第 12 期。

第十三章

外国公司的分支机构

第二百四十三条　【外国公司的定义】

本法所称外国公司，是指依照外国法律在中华人民共和国境外设立的公司。

条文解读

本条是关于外国公司的定义的规定。

理解本条需留意以下几点：

1. 按照公司的注册国籍不同，公司可分为本国公司和外国公司。本国公司是指依照本国法律在本国境内设立的公司。依照《外商投资法》第二条的规定，全部或者部分由外国投资者投资，依照中国法律在中国境内经登记注册设立的公司，也属于本国公司。外国公司则是指依照外国法律在一国境外设立的公司。此外，所谓跨国公司通常也需要在某一国家设立，继而在多个国家和地区开展业务。

2. 由于外国法律对于公司类型的划分可能与本法的规定有别，故而外国公司并不局限于本法规定的有限责任公司和股份有限公司，还可能包括无限公司、两合公司等类型。

3. 本法所称外国公司，主要是指在中国境内设立分支机构的外国公司，故而本章调整对象主要是外国公司的分支机构。外国公司终止的，也将影响其在中国境内的分支机构业务开展。例如，根据《外资保险公司管理条例》(2019 年修订)第二十三条的规定，外国保险公司分公司的总公司解散、依法被撤销或者被宣告破产的，国务院保险监督管理机构应当停止该分公司开展新业务。

· 典型案例 ·

(2018)苏 02 民初 281 号民事判决书：英国码头监理公司青岛代表处与恒盛公司签订多笔购买某产品的协议，协议均加盖英国码头监理公司及恒盛公司印章。双方因合同履行发生纠纷，恒盛公司主张英国码头监理公司及其代表处承担违约责任。法院认为，外国公司在中国境内设立的分支机构不具有中国法人资格。外国公司对其分支机构在中国境内进行经营活动承担民事责任。英国码头监理公司与恒盛公司签订货单并加盖英国码头监理公司印章的行为仅代表英国码头监理公司本身，应由英国码头监理公司直接承担民事责任。因此，对恒盛公司的部分主张予以支持。

关联规则

《外商投资法》第二条；《外资银行管理条例》（2019 年修订）第三条；《外资保险公司管理条例》（2019 年修订）第二十三条。

文献参考

王衡：《论对外国公司的认可与管制——从各国立法嬗变看我国假外国公司防范制度》，载《法学论坛》2005 年第 3 期；王克玉：《“负面清单”与外国公司的司法规制》，载郭锋主编：《金融服务法评论》第 6 卷，法律出版社 2014 年版；邢钢：《虚假外国公司法律制度的中国构建：域外经验与本土构造》，载《当代法学》2023 年第 5 期。

第二百四十四条 【外国公司设立分支机构的程序】

外国公司在中华人民共和国境内设立分支机构，应当向中国主管机关提出申请，并提交其公司章程、所属国的公司登记证书等有关文件，经批准后，向公司登记机关依法办理登记，领取营业执照。

外国公司分支机构的审批办法由国务院另行规定。

条文解读

本条是关于外国公司设立分支机构的程序的规定。

理解本条需留意以下几点：

1. 依照本法规定，公司可以设立分公司（【第十三条】）。所谓外国公司的分支机构就是外国公司在中国境内设立的分公司。外国公司在中国境内设立分支机构应当履行事前审批程序，经批准后才能向分支机构所在地的公司登记机关申请设立登记。外国公司向中国主管机关提出设立分支机构申请时，应当提交其公司章程、所属国的公司登记证书等有关文件。经批准后,外国公司分支机构筹备组向中国主管机关领取金融许可证。

2. 根据《市场主体登记管理条例》第二条的规定,外国公司分支机构属于在中国境内以营利为目的从事经营活动的非法人组织。作为市场主体,外国公司的分支机构经中国主管机关批准后凭领取的金融许可证等文件依法办理登记,由公司登记机关向其签发营业执照(**【第三十八条】**)。

3. 外国公司分支机构的审批办法由国务院另行规定。实践中,国务院主要针对特殊行业领域的外国公司分支机构的设立、运营及监督管理设置相应的规定。例如,国务院制定并适时修订《外资保险公司管理条例》(2019 年修订)和《外资银行管理条例》(2019 年修订)中就涉及外国保险公司或外国银行在中国境内设立分支机构的相关内容。

· 典型案例 ·

(2020)豫 01 民再 152 号民事判决书:美国 ARK 公司在美国加利福尼亚州注册成立,在中国境内未设立分支机构。池某以美国 ARK 公司的名义与单某签订服务合同,后单某认为美国 ARK 公司未经法定程序不能在中国境内从事营利性活动,主张合同无效。法院认为,外国企业常驻代表机构不得从事营利性活动,即使外国企业在中国境内依法设立并办理登记的代表机构,也不得从事营利性活动。况且美国 ARK 公司并未在中国境内设立代表机构,池某以美国 ARK 公司名义开展经营活动,违反法律规定。因此,对单某的主张予以支持。

关联规则

《市场主体登记管理条例》第二条、第三条;《外资银行管理条例》(2019 年修订)第七条、第三十三条;《外资保险公司管理条例》(2019 年修订)第二条、第五条;《外商投资企业授权登记管理办法》第二条;《外国证券类机构驻华代表机构管理办法》第二条、第十四条。

文献参考

苏号朋、蒋笃恒:《论外国公司分支机构的法律地位》,载《政治与法律》1994 年第 5 期;苏号朋、蒋笃恒:《论对外国公司分支机构的批准》,载《法律适用》1994 年第 7 期;范健:《试论外国公司的分支机构——兼评中国〈公司法〉第九章》,载《法律科学(西北政法大学学报)》1997 年第 2 期。

第二百四十五条　【外国公司设立分支机构的条件】

外国公司在中华人民共和国境内设立分支机构,应当在中华人民共和国境内指定负责该分支机构的代表人或者代理人,并向该分支机构拨付与其所从事的经营活动相适应的资金。

对外国公司分支机构的经营资金需要规定最低限额的,由国务院另行规定。

条文解读

本条是关于外国公司设立分支机构的条件的规定。

理解本条需留意以下几点:

1. 为了确保外国公司分支机构正常开展营业,其需要有相应的人员和资金支持。外国公司在中国境内设立多个分支机构的,通常应当授权其中一个分支机构对其他分支机构实施统一管理,中国主管机关对外国公司在中国境内设立的多个分支机构实行合并监管。

2. 外国公司指定的代表人或者代理人是其分支机构的事务执行人,可以在外国公司对该分支机构授权范围内从事民事活动。当然,依照《民法典》第一百七十条的规定,外国公司对该分支机构的代表人或者代理人职权范围的限制不得对抗善意相对人。

3. 外国公司应当向其分支机构拨付相应的经营资金。例如,根据《外资银行管理条例》(2019 年修订)第八条第三款的规定,外国银行分行应当由其总行无偿拨给不少于 2 亿元人民币或者等值的自由兑换货币的营运资金。根据《外资保险公司管理条例》(2019 年修订)第七条第二款的规定,外国保险公司分公司应当由其总公司无偿拨给不少于 2 亿元人民币或者等值的自由兑换货币的营运资金。当然,经营资金的拨付只是为了确保该分支机构正常开展营业,并不意味着外国公司仅以其向该分支机构拨付的经营资金为限承担责任。

· 典型案例 ·

原上海银保监局《关于印度国家银行上海分行变更营运资金的批复》(沪银保监复〔2021〕668 号):"印度国家银行:你行主席 Dinesh Kumar-Khara 致我局的关于变更印度国家银行上海分行营运资金的申请收悉。根据《中华人民共和国外资银行管理条例》(国务院令第 720 号,以下简称《条例》)、《中华人民共和国外资银行管理条例实施细则》(中国银保监会令 2019 年第 6 号,以下简称《细则》)和《中国银保监会外资银行行政许可事项实施办法》(中国银保监会令 2019 年第 10 号,以下简称《实施办法》)的有关规定,经审核,现批复如下:一、批准你行上海分行减少营运资金 5.5 亿元人民币。二、变更后,该分行营运资金为 5 亿元人民币,其中外汇营运资金 3 亿元人民币等值的自由兑换货币,人民币营运资金 2 亿元人民币。三、你行应按照《条例》《细则》和《实施办法》的有关规定办理相关变更事宜。"

关联规则

《民法典》第一百七十条;《外资银行管理条例》(2019 年修订)第八条;《外资保险公司管理条例》(2019 年修订)第七条。

文献参考

参见【**第二百四十四条**】列示的相关文献。

第二百四十六条　【外国公司分支机构的名称及公司章程置备】

外国公司的分支机构应当在其名称中标明该外国公司的国籍及责任形式。

外国公司的分支机构应当在本机构中置备该外国公司章程。

条文解读

本条是关于外国公司分支机构的名称及公司章程置备的规定。

理解本条需留意以下两点：

1. 外国法律对于公司类型的划分可能与本法的规定有别，故而外国公司并不局限于有限责任公司和股份有限公司，还可能包括无限公司、两合公司等存在无限责任股东的公司类型(【第二百四十三条】)。为了让利害关系人了解与外国公司发生争议时确定准据法等事宜，以保障交易安全和维护市场秩序，有必要在分支机构的名称中标明该外国公司的国籍及责任形式，如英国巴克莱银行有限公司上海分行等。

2. 公司章程是公司的重要文件。各国公司章程的记载事项虽在具体内容方面存在差异，但从整体来看通常包括公司经营宗旨和经营范围、公司基本情况、股东基本情况以及公司治理规则等内容(**【第四十六条】【第九十五条】**)。为确保中国主管机关依法履行对该分支机构的监督和管理职责，外国公司应当将公司章程置备于其在中国境内设立的分支机构。继而，外国公司修改公司章程的，也应当在其分支机构中及时置备修改后的公司章程。

· 典型案例 ·

原中国银行业监督管理委员会《关于原泰国泰华农民银行(大众)有限公司在华分支机构变更中文名称的批复》(银监复〔2012〕239 号)："泰国开泰银行(大众)有限公司：你行首席执行官伍某签署的致我会的函收悉。根据《中华人民共和国外资银行管理条例》(国务院令第 478 号，以下简称《条例》)和《中华人民共和国外资银行管理条例实施细则》(中国银行业监督管理委员会令 2006 年第 6 号，以下简称《实施细则》)的有关规定，兹批复如下：一、批准你行深圳分行中文名称变更为泰国开泰银行(大众)有限公司深圳分行。你行深圳分行其他事项不变。……你行在华分支机构须按《条例》和《实施细则》的有关规定办理变更事宜。"

关联规则

《企业名称登记管理规定》(2020 年修订)第十三条；《企业名称登记管理规定实施办法》第二条。

文献参考

参见**【第二百四十四条】**列示的相关文献。

第二百四十七条　【外国公司分支机构的法律地位】

外国公司在中华人民共和国境内设立的分支机构不具有中国法人资格。

外国公司对其分支机构在中华人民共和国境内进行经营活动承担民事责任。

条文解读

本条是关于外国公司分支机构的法律地位的规定。

理解本条需留意以下几点：

1. 外国公司设立的分支机构属于本法规定的分公司(【第十三条】)。分公司不具有法人资格,其民事责任由公司承担。故而,外国公司分支机构同样不具有中国法人资格,其在中国境内进行经营活动,其法律后果由外国公司承受。例如,根据《外资银行管理条例》(2019 年修订)第三十二条的规定,外国银行分行及其分支机构的民事责任由其总行承担。

2. 为便于解决纠纷,切实保护交易相对人的合法权益,并考虑到外国公司分支机构通常都有外国公司拨付的经营资金(【第二百四十五条】),故实践中通常是先由外国公司分支机构清偿相应债务,当分支机构不能清偿时再由其总公司(外国公司)清偿。这也与《民法典》第七十四条的规定相一致。同时,依照《民事诉讼法》(2023 年修正)第五十一条的规定,其他组织可以作为民事诉讼的当事人,由外国公司分支机构的代表人或代理人进行诉讼。

3. 应当注意的是,外国公司分支机构与外国公司在中国境内设立的代表处属于不同性质的机构。代表处是外国公司在中国境内获准设立并主要从事咨询、联络、市场调查等非经营性活动的派出机构,并非《市场主体登记管理条例》所规定的市场主体。代表处及其工作人员,不得与任何法人或自然人签订可能给代表处或所代表的机构带来收入的协议或契约,也不得从事其他经营性活动。但实践中,外国公司代表处与本国交易相对人发生交易关系并带来收入的情形时有发生。基于对善意相对人权益的保护,法院通常根据表见代理或表见代表规则,确认代理行为或代表行为有效。与外国公司对其分支机构进行经营活动承担民事责任的规定一致,外国公司代表处的行为所产生的民事责任,也由其所代表的外国公司承担。

· 典型案例 ·

参见【**第二百四十三条**】列示的相关案例。

关联规则

《民法典》第七十四条、第一百七十二条、第五百零四条;《民事诉讼法》(2023 年修正)第五十一条;《外资银行管理条例》(2019 年修订)第三十二条。

文献参考

参见【**第二百四十四条**】列示的相关文献。

第二百四十八条　【外国公司分支机构从事业务活动的原则】

经批准设立的外国公司分支机构,在中华人民共和国境内从事业务活动,应当遵守中国的法律,不得损害中国的社会公共利益,其合法权益受中国法律保护。

条文解读

本条是关于外国公司分支机构从事业务活动的原则的规定。

理解本条需留意以下两点:

1. 外国公司分支机构从事业务活动受到中国法律的约束,不得损害中国的社会公共利益。依照《民法典》第八条的规定,民事主体从事民事活动,不得违反法律,不得违背公序良俗。具体到公司而言,公司从事经营活动,应当遵守法律法规,遵守社会公德、商业道德,诚实守信,接受政府和社会公众的监督(【**第十九条**】)。这是公司的基本义务,该义务理应延伸至分公司,即包括外国公司的分支机构。此外,无论是外国公司擅自在中国境内设立分支机构(【**第二百六十一条**】),还是冒用外国公司分支机构名义的行为(【**第二百五十九条**】),都将被依法追究责任。

2. 与外国公司分支机构的守法义务相对应,外国公司分支机构作为在中国境内从事业务活动的市场主体,其在中国境内的正当活动以及合法权益受中国法律保护,包括依法成立的合同、取得的物权等。

· 典型案例 ·

（2020）川0193民初704号民事判决书：BVI公司是根据英属维尔京群岛法律设立并在该地注册的外国公司，在我国境内未注册分支机构。后BVI公司工作人员与钢管公司工作人员通过电子邮件、微信、出具授权书等方式达成居间合同。后因钢管公司拒绝向BVI公司支付佣金，发生争议。钢管公司主张该合同无效。法院认为，虽然BVI公司作为外国公司，在我国境内未注册分支机构即开展居间业务，但其实施的居间交易活动并未进入自由贸易试验区经济活动“负面清单”范围，未损害我国社会公共利益，并不因此影响商事合同的效力。因此，对钢管公司的主张不予支持。

关联规则

《民法典》第二百零七条、第四百六十五条；《外资银行管理条例》（2019年修订）第四条；《外资保险公司管理条例》（2019年修订）第三条。

文献参考

参见【**第二百四十四条**】列示的相关文献。

第二百四十九条　【外国公司撤销分支机构的债务清偿】

外国公司撤销其在中华人民共和国境内的分支机构时，应当依法清偿债务，依照本法有关公司清算程序的规定进行清算。未清偿债务之前，不得将其分支机构的财产转移至中华人民共和国境外。

条文解读

本条是关于外国公司撤销分支机构的债务清偿的规定。

理解本条需留意以下两点：

1. 所谓外国公司撤销其在中国境内的分支机构，包括外国公司基于自身原因的自愿撤销和基于本国经营期间存在严重违法行为的强制撤销。无论是何种撤销情形，外国公司既然承担其分支机构的民事责任，就应当在撤销时依法清偿债务。依照《民法典》第一百零七条的规定，非法人组织解散的，应当依法进行清算。故而，外国公司撤销分支机构应当依照本法第十二章的相关规定履行清算程序，包括依法成立清算组（**【第二百三十二条】**），通知并公告债权人及依法对申报债权进行登记（**【第二百三十五条】**），清理分支机构的财产并编制资产负债表及财产清单（**【第二百三十六条】**），依法清偿债务（**【第二百三十六条】**）。清算组在清理分支机构的财产并编制资产负债表及财产清单后，发现财产不足清偿债务的，应当由总公司（外国公司）承担。

2. 外国公司分支机构的财产应首先用于清偿在中国境内从事业务活动形成的债务，有剩余财产的才可以转移境外或者作其他处理。实践中，外国公司也可以将其在中国境内设立的分支机构改制为由其单独出资或者与其他投资者共同投资设立的外商投资企业，从而适用《外商投资法》等其他相关法律法规的规定。

典型案例

（2023）粤01民终14223号民事判决书：原东亚银行广州分行为外资银行分行。彭某与新越公司、原东亚银行广州分行签订房地产抵押贷款协议。后彭某以原东亚银行广州分行不具备相应业务资质为由，拒绝向原东亚银行广州分行还款。原东亚银行广州分行根据约定将其对彭某的债权及对案涉房屋的抵押权一并转让给新越公司，由新越公司代彭某向原东亚银行广州分行偿还剩余的全部借款本息。新越公司后将案涉债权及抵押权转让给中海公司。彭某据此请求涂销案涉房屋的抵押登记手续。经查明，原东亚银行广州分行在案涉合同履行期间已经批准注销，其全部债权债务由新设立的外商独资银行东亚银行（中国）广州分行承继。法院认为，中海公司对案涉房屋的抵押权因主债权诉讼时效已过不受保护，抵押登记的存在将影响抵押人处分抵押物，故对彭某的主张予以支持。因案涉房屋登记的抵押权人为原东亚银行广州分行，经批准东亚银行（中国）广州分行承继原东亚银行广州分行的全部业务等，故东亚银行（中国）广州分行亦应协助办理涉诉房屋的涂销抵押登记手续。而且分公司不具有法人资格，其民事责任由公司承担。因此，东亚银行（中国）广州分行同样应协助办理案涉房屋涂销抵押登记手续。

关联规则

《民法典》第一百零七条；《外商投资法》第二条；《外资银行管理条例》（2019年修订）第

二十四条、第六十条。

文献参考

参见【**第二百四十四条**】列示的相关文献。

第十四章

法律责任

第二百五十条　【欺诈取得公司登记的法律责任】

> 违反本法规定,虚报注册资本、提交虚假材料或者采取其他欺诈手段隐瞒重要事实取得公司登记的,由公司登记机关责令改正,对虚报注册资本的公司,处以虚报注册资本金额百分之五以上百分之十五以下的罚款;对提交虚假材料或者采取其他欺诈手段隐瞒重要事实的公司,处以五万元以上二百万元以下的罚款;情节严重的,吊销营业执照;对直接负责的主管人员和其他直接责任人员处以三万元以上三十万元以下的罚款。

条文解读

本条是关于欺诈取得公司登记的法律责任的规定。

与修订前的条文相比,本条规定的主要变化是强化对欺诈取得公司登记的处罚力度,同时针对负有责任的个人设置相应的罚款规定。

理解本条需留意以下几点:

1. 虚报注册资本、提交虚假材料或者采取其他欺诈手段隐瞒重要事实取得公司登记本质上是一种欺诈行为。此处所谓"登记"包括设立登记、变更登记和注销登记。一方面,虚报注册资本通常发生在实行注册资本实缴登记制的场合,可能出现所申报注册资本与实缴出资不一致的情形。另一方面,申请办理公司登记,应当按照设立、变更、注销等不同类型登记的要求依法提交相关材料,申请人应当对提交材料的真实性、合法性和有效性负责(**【第三十条】**),不得提交虚假材料。至于其他欺诈手段,常见的有冒用他人身份证明或者住所信息,未依法经过公司内部决策程序而变更法定代表人、董事、修改章程以及增资扩股等情形。当然,采取其他欺诈手段隐瞒重要事实取得公司登记的情形层出不穷,在判定方面亦存在一定模糊性,公司登记机关需要结合个案实际情况予以综合考虑。对于欺诈取得公司登记的,由公司登记机关责令改正,并对公司及其直接负责的主管人员和其他直接责任人员给予相应的处罚。此外,欺诈取得公司设立登记的法律后果还可能是撤销公司登记(**【第三十九条】**)。撤销公司登记是对违法行为的纠正,不属于行政处罚。

2.《刑法》(2023 年修正)第一百五十八条规定了虚报注册资本罪。申请公司登记使用虚假证明文件或者采取其他欺诈手段虚报注册资本,欺骗公司登记主管部门,取得公司登记,虚报注册资本数额巨大、后果严重或者有其他严重情节的,构成虚报注册资本罪。单位犯罪的,其直接负责的主管人员和其他直接责任人员也构成该罪。

3.《全国人民代表大会常务委员会关于〈中华人民共和国刑法〉第一百五十八条、第一百五十九条的解释》(2014 年 4 月 24 日第十二届全国人民代表大会常务委员会第八次会议通过)指出:《刑法》第一百五十八条、第一百五十九条[①]的规定,只适用于依法实行注册资本实缴登记制的公司。应当注意的是,本次修订对注册资本认缴登记制作了系统性完善。关于有限责任公司股东五年内实缴出资(**【第四十七条】**)以及股份有限公司发起人在公司成立前全额缴纳股款的规定(**【第九十八条】**),将可能诱发发起人、股东虚报注册资本的机会主义行为。公司及相关人员应当遵守公司资本充实的各项规定,公司登记机关等部门对此也有强化监管的必要。

· 典型案例 ·

芜市监市罚〔2024〕11 – 5 号行政处罚决定书:李某申请办理芜湖逸道公司注册登记时提交虚假材料,将已于 2006 年被征收的某地块作为经营场所,取得公司营业执照。李某上述行为违反法律规定,故公司登记机关决定吊销芜湖逸道公司的营业执照。

关联规则

《刑法》(2023 年修正)第一百五十八条;《市场主体登记管理条例》第四十五条。

文献参考

张民安:《公司瑕疵设立效力研究》,载《比较法研究》2004 年第 4 期;赵旭东:《认缴资本制下的股东有限责任——兼论虚报资本、虚假出资和抽逃出资行为的认定》,载《法律适用》2014 年第 11 期;董淳锷:《股东诚信出资的法律保障机制研究——以公司资本制度改革为背景》,载《中山大学学报(社会科学版)》2015 年第 3 期。

① 关于虚报注册资本罪以及虚假出资、抽逃出资罪。

第二百五十一条　【违反信息公示规定的法律责任】

公司未依照本法第四十条规定公示有关信息或者不如实公示有关信息的，由公司登记机关责令改正，可以处以一万元以上五万元以下的罚款。情节严重的，处以五万元以上二十万元以下的罚款；对直接负责的主管人员和其他直接责任人员处以一万元以上十万元以下的罚款。

条文解读

本条是关于违反信息公示规定的法律责任的规定。

本条是新增规定。

理解本条需留意的是：

信息公示制度强化公司信用监管，注重发挥信用在维护市场秩序中的作用，减少监管部门对公司的直接干预，有助于发挥市场在资源配置中的决定性作用。从年度检验到年度报告及信息公示的制度革新，既是公司由对行政机关负责转为对社会负责的体现，也是政府职能转变、减少对公司干预的重要举措。公司应当依法通过国家企业信用信息公示系统真实、准确、完整地履行公示相关事项的义务。依照本法规定，公司应当依法公示的事项主要包括股东出资情况、股权变动情况、行政许可信息等，主要为公司在生产经营活动过程中形成的即时信息(**【第四十条】**)。公司未依法公示有关信息或者不如实公示有关信息的，由公司登记机关责令改正，并可根据严重情节对公司及其直接负责的主管人员和其他直接责任人员处以罚款。

典型案例

高市监处罚〔2023〕07067 号行政处罚决定书：经公司登记机关查实，高阳县柔之纺家纺店未按规定的期限报送 2022 年年度报告。鉴于该公司违法行为逾期 1 个月以下、未造成危害后果、社会影响较小并已经补报年度报告，公司登记机关决定从轻处罚，对该公司处以 1000 元罚款。

关联规则

参见**【第四十条】**列示的相关规则。

文献参考

参见【**第四十条**】列示的相关文献。

第二百五十二条 【虚假出资或未出资的法律责任】

公司的发起人、股东虚假出资，未交付或者未按期交付作为出资的货币或者非货币财产的，由公司登记机关责令改正，可以处以五万元以上二十万元以下的罚款；情节严重的，处以虚假出资或者未出资金额百分之五以上百分之十五以下的罚款；对直接负责的主管人员和其他直接责任人员处以一万元以上十万元以下的罚款。

条文解读

本条是关于虚假出资或未出资的法律责任的规定。

与修订前的条文相比，本条规定的主要变化是强化对虚假出资和未出资的处罚力度，同时针对负有责任的个人设置相应的罚款规定。

理解本条需留意以下两点：

1. 公司的发起人、股东应当依法履行出资义务（【第四十七条】【第九十八条】）。所谓虚假出资，是指发起人、股东在出资过程中采取欺诈手段应出资而未出资，并让人误解其已履行出资义务的违法行为。从行为表现来看，虚假出资和未出资存在一定区别：前者可能营造实际出资的假象，后者则直接呈现未出资的事实。本条所称未出资可细分为以下两种情形：一是出资期限届满未履行出资义务，即所谓“未交付”；二是在出资期限届满后交付作为出资的财产，即所谓“未按期交付”。后者虽然最终交付了财产，但迟延履行义务仍对公司利益带来不利影响。公司的发起人、股东虚假出资或未出资的，由公司登记机关责令改正，可根据情节严重程度对发起人、股东及直接负责的主管人员和其他直接责任人员处以罚款。本条所称直接负责的主管人员和其他直接责任人员，既包括公司的相关人员，也包括发起人、股东是法人或非法人组织情形下其内部的相关人员。

2.《刑法》（2023 年修正）第一百五十九条规定了虚假出资罪。公司发起人、股东违反《公司法》的规定未交付货币、实物或者未转移财产权，虚假出资，数额巨大、后果严重或者有其他严重情节的，构成虚假出资罪；单位犯前款罪的，其直接负责的主管人员和其他直接责任人员也构成该罪。与虚报注册资本的情形类似（**【第二百五十条】**），本次修订对认缴登记制的改革将可能诱发发起人、股东虚假出资的机会主义行为。公司及相关人员应当遵守公司资本充实的各项规定，公司登记机关等部门对此也有强化监管的必要。

典型案例

万市监信监处罚〔2022〕49号行政处罚决定书：万载公司注册资本为50万元，其股东认缴出资期限均为2018年。经公司登记机关查实，万载公司股东没有在规定时间内按期足额缴纳各自所认缴的出资额，违反法律规定。因此，公司登记机关决定责令限期改正，并对万载公司及其股东处以罚款。

关联规则

《刑法》（2023年修正）第一百五十九条；《市场主体登记管理条例》第四十五条。

文献参考

参见**【第四十七条】**至**【第五十条】**列示的相关文献。

第二百五十三条　【抽逃出资的法律责任】

公司的发起人、股东在公司成立后，抽逃其出资的，由公司登记机关责令改正，处以所抽逃出资金额百分之五以上百分之十五以下的罚款；对直接负责的主管人员和其他直接责任人员处以三万元以上三十万元以下的罚款。

条文解读

本条是关于抽逃出资的法律责任的规定。

与修订前的条文相比，本条规定的主要变化是增加对负有责任的个人处以罚款的规定，以强化对抽逃出资的处罚力度。

理解本条需留意以下两点：

1. 公司成立后，股东不得抽逃出资（【第五十三条】）。抽逃出资行为严重损害公司资本充实和公司债权人利益。发起人、股东在公司成立后又抽逃其出资的，除应当返还抽逃的出资外，还将受到相应的处罚。发起人、股东抽逃出资的，由公司登记机关责令改正并对发起人、股东及直接负责的主管人员和其他直接责任人员处以罚款。与虚假出资的情形类似（**【第二百五十二条】**），本条所称直接负责的主管人员和其他直接责任人员，既包括公司的相关人员，也包括发起人、股东是法人或非法人组织情形下其内部的相关人员。

2.《刑法》（2023年修正）第一百五十九条规定了抽逃出资罪。公司发起人、股东违反《公司法》的规定在公司成立后又抽逃其出资，数额巨大、后果严重或者有其他严重情节的，构成抽逃出资罪；单位犯前款罪的，其直接负责的主管人员和其他直接责任人员也构成该罪。与虚报注册资本、虚假出资的情形类似（**【第二百五十条】【第二百五十二条】**），本次修订对认缴登记制的改革将可能诱发发起人、股东抽逃出资的机会主义行为。公司及相关人员应当遵守公司资本充实的各项规定，公司登记机关等部门对此也有强化监管的必要。

· 典型案例 ·

沪市监青处字〔2020〕第292019004886号行政处罚决定书：弘德公司股东柯某从公司基本账户抽逃资金转移到柯某个人银行账户，公司登记机关认为，弘德公司股东柯某抽逃公司注册资本的行为，违反了《公司法》的规定，故决定责令柯某立即改正违法行为，并处罚款。

关联规则

参见**【第五十三条】**列示的相关规则。

文献参考

参见**【第五十三条】**列示的相关文献。

第二百五十四条 【违反财务会计制度的法律责任】

有下列行为之一的，由县级以上人民政府财政部门依照《中华人民共和国会计法》等法律、行政法规的规定处罚：

（一）在法定的会计账簿以外另立会计账簿；

（二）提供存在虚假记载或者隐瞒重要事实的财务会计报告。

条文解读

本条是关于违反财务会计制度的法律责任的规定。

与修订前的条文相比，本条规定的主要变化是将《公司法》(2018 年修正)关于违反财务会计制度的具体处罚规定改为概括性规定，并在原规定基础上凝练并列示违反财务会计制度的两种具体情形。《会计法》(2017 年修正)等法律、行政法规对于违反财务会计制度应当承担的法律责任有更系统的规定，且相关规定可根据需要适时调整，本法确无针对具体情形设置相应的处罚规定的必要。此外，本次修订删除违法提取法定公积金的法律责任的规定。

理解本条需留意以下几点：

1. 依照本法规定，公司应当依照法律、行政法规和国务院财政部门的规定建立本公司的财务、会计制度。具体而言，一是依照《会计法》(2017 年修正)第三条的规定，公司应当依法设置会计账簿，并保证其真实、完整。公司除法定的会计账簿外，不得另立会计账簿(**【第二百一十七条】**)。二是公司应当在每一会计年度终了时依照法律、行政法规和国务院财政部门的规定编制财务会计报告，并依法经会计师事务所审计(**【第二百零八条】**)。此外，依照《会计法》(2017 年修正)第五条、第十三条的规定，任何单位或者个人不得伪造、变造或者以任何方式授意、指使、强令会计机构、会计人员伪造、变造会计凭证、会计账簿和其他会计资料，提供虚假财务会计报告。

2. 依法设置或编制的会计账簿、财务会计报告不仅是股东行使查阅权的范围(【第五十七条】【第一百一十条】)，还是国家加强经济管理和财务管理的重要凭据。因此，公司及其相关人员在法定的会计账簿以外另立会计账簿，或者提供存在虚假记载或者隐瞒重要事实的财务会计报告，既可能损害股东、债权人等主体的合法权益，也可能危及交易安全、破坏市场经济秩序。故而，有本条规定情形的，由县级以上人民政府财政部门责令限期改正，并可以对公司及其直接负责的主管人员和其他直接责任人员给予相应的处罚。《会计法》（2017 年修正）第四十二条至第四十五条等条文对此作了详细规定。

3.《刑法》（2023 年修正）第一百六十一条规定了违规披露、不披露重要信息罪。依法负有信息披露义务的公司、企业向股东和社会公众提供虚假的或者隐瞒重要事实的财务会计报告，或者对依法应当披露的其他重要信息不按照规定披露，严重损害股东或者其他人利益，或者有其他严重情节的，其直接负责的主管人员和其他直接责任人员构成违规披露、不披露重要信息罪。前款规定的公司、企业的控股股东、实际控制人实施或者组织、指使实施前述行为的，或者隐瞒相关事项导致前述情形发生的，也构成违规披露、不披露重要信息罪。此外，《刑法》（2023 年修正）第一百六十二条之一还规定了隐匿、故意销毁会计凭证、会计账簿、财务会计报告罪。隐匿或者故意销毁依法应当保存的会计凭证、会计账簿、财务会计报告，情节严重的，构成隐匿、故意销毁会计凭证、会计账簿、财务会计报告罪；单位犯前款罪的，其直接负责的主管人员和其他直接责任人员也构成该罪。

· 典型案例 ·

1. 针对本条第一项

黑财行罚〔2021〕4 号行政处罚决定书：制药公司将部分销售收入转交股东用于偿还其个人拆借的借款，未纳入公司法定账簿内进行核算管理，且以股东个人名义开立账户存储公司资金。财政部门认为，公司除法定的会计账簿外，不得另立会计账簿；对公司资金，不得以任何个人名义开立账户存储，故决定对制药公司处以罚款。

2. 针对本条第二项

鲁银保监罚决字〔2023〕58 号行政处罚决定书：紫金保险公司以汽车租赁、维修等名义，通过租赁费、修理费等科目报销费用，实际用于支付销售费用，相关对应的服务项目和商品采购并未真实发生。金融监管部门认为，保险公司的偿付能力报告、财务会计报告、精算报告、合规报告及其他有关报告、报表、文件和资料必须如实记录保险业务事项，不得有虚假记载、误导性陈述和重大遗漏，故责令紫金保险公司改正，并处罚款。

关联规则

《刑法》(2023年修正)第一百六十一条、第一百六十二条之一;《会计法》(2017年修正)第三条、第五条、第十三条、第四十二条至第四十五条。

文献参考

参见**【第二百零七条】【第二百零八条】【第二百一十七条】**列示的相关文献。

第二百五十五条　【不依法通知或公告债权人的法律责任】

公司在合并、分立、减少注册资本或者进行清算时,不依照本法规定通知或者公告债权人的,由公司登记机关责令改正,对公司处以一万元以上十万元以下的罚款。

条文解读

本条是关于不依法通知或公告债权人的法律责任的规定。

理解本条需留意以下两点:

1. 公司在发生合并、分立、减资、清算等重大事项情形下,公司债权人的合法权益将可能受到较大影响,故而本法设置了相应的债权人保护规则。要求公司依法通知或者公告债权人,让其知悉公司重大变动并及时行使相应权利,是相关规则中非常关键的一环。对于能够有效联系的已知债权人,公司应当采取通知的方式;为了确保所有债权人知悉相关事项,应当同时依法公告。公司应当自作出合并、分立、减资决议之日起10日内通知债权人,并于30日内在报纸上或者国家企业信用信息公示系统公告(**【第二百二十条】【第二百二十二条】【第二百二十四条】**);清算组应当自成立之日起10日内通知债权人,并于60日内在报纸上或者国家企业信用信息公示系统公告(**【第二百三十五条】**)。公司未依法通知或者公告债权人的,由公司登记机关责令改正,并处以罚款。

2. 公司登记机关依照本条规定对公司给予相应处罚的同时,公司及相关人员还应当依法承担相应的民事责任。例如,公司未履行通知或者公告债权人义务即减资的,股东应当退还其收到的资金，减免股东出资的应当恢复原状；给公司造成损失的，股东及负有责任的董事、监事、高级管理人员应当承担赔偿责任（**【第二百二十六条】**）。再如，公司未履行通知或者公告债权人义务即向股东分配财产的，由公司登记机关责令收回违法分配的财产并用以清偿债务（**【第二百五十六条】**）。根据《公司法解释（二）》第十九条的规定，有限责任公司的股东、股份有限公司的董事和控股股东，以及公司的实际控制人在公司解散后，恶意处置公司财产给债权人造成损失，或者未经依法清算，以虚假的清算报告骗取公司登记机关办理法人注销登记，债权人主张其对公司债务承担相应赔偿责任的，人民法院应依法予以支持。

·典型案例·

京朝市监处罚〔2023〕173号行政处罚决定书：宁某为九连星公司债权人。九连星公司决定减资，但未以书面形式通知宁某。公司登记机关认为，九连星公司减资未通知债权人的情形违反《公司法》关于减资程序的相关规定，构成违法减资。故决定对九连星公司处以罚款。

关联规则

《企业注销指引》（2023年修订）第六部分第（一）项。

文献参考

参见**【第二百二十条】【第二百二十二条】【第二百二十四条】【第二百三十五条】**列示的相关文献。

第二百五十六条　【妨害清算的法律责任】

公司在进行清算时，隐匿财产，对资产负债表或者财产清单作虚假记载，或者在未清偿债务前分配公司财产的，由公司登记机关责令改正，对公司处以隐匿财产或者未清偿债务前分配公司财产金额百分之五以上百分之十以下的罚款；对直接负责的主管人员和其他直接责任人员处以一万元以上十万元以下的罚款。

条文解读

本条是关于妨害清算的法律责任的规定。

理解本条需留意以下几点：

1. 清算组在公司清算期间应当依法清理公司财产，分别编制资产负债表和财产清单(【第二百三十四条】)。公司因逃避债务而隐匿财产的，由公司登记机关责令交出隐匿的财产及更正虚假记载等。公司以及直接负责的主管人员和其他直接责任人员应当承担相应的法律责任。所谓财产，既包括资金、存货等资产，也包括公司因生产经营或投资所形成的各类权益。所谓隐匿，既可能是隐瞒或缩小公司财产的实际数额，也可能是通过夸大公司财产的价值用以抵销或偿还债务。

2. 公司清算应当首先满足各类债权人债权的实现，而后还有剩余财产的方可向股东分配(【第二百三十六条】)。若公司在未清偿债务前即分配公司财产，将严重损害债权人等利益相关者合法权益，由公司登记机关责令收回违法分配的财产并用以清偿债务。公司以及直接负责的主管人员和其他直接责任人员应当承担相应的法律责任。

3.《刑法》(2023年修正)第一百六十二条规定了妨害清算罪。公司、企业进行清算时，隐匿财产，对资产负债表或者财产清单作虚伪记载或者在未清偿债务前分配公司、企业财产，严重损害债权人或者其他人利益的，其直接负责的主管人员和其他直接责任人员构成妨害清算罪。此外，《刑法》(2023年修正)第一百六十二条之二还规定了虚假破产罪。公司、企业通过隐匿财产、承担虚构的债务或者以其他方法转移、处分财产，实施虚假破产，严重损害债权人或者其他人利益的，其直接负责的主管人员和其他直接责任人员构成虚假破产罪。

· 典型案例 ·

(2022)辽0303民初347号民事判决书：欧普曼斯公司、符某为佰亿公司股东，蔡某为佰亿公司职工。蔡某于工作中受伤，经鉴定为工伤，故向佰亿公司索赔。佰亿公司已经股东申请被核准注销，且佰亿公司注销时承诺已经清偿全部债务。法院认为，公司在进行清算时，隐匿财产，对资产负债表或者财产清单作虚假记载或者在未清偿债务前分配公司财产的，由公司登记机关责令改正，公司应当承担赔偿责任。佰亿公司为蔡某原工作单位，股东欧普曼斯公司、符某应对蔡某承担赔偿责任。

关联规则

《刑法》（2023 年修正）第一百六十二条、第一百六十二条之二。

文献参考

参见【**第二百三十六条**】列示的相关文献。

第二百五十七条 【评估、审验机构违法的法律责任】

承担资产评估、验资或者验证的机构提供虚假材料或者提供有重大遗漏的报告的，由有关部门依照《中华人民共和国资产评估法》、《中华人民共和国注册会计师法》等法律、行政法规的规定处罚。

承担资产评估、验资或者验证的机构因其出具的评估结果、验资或者验证证明不实，给公司债权人造成损失的，除能够证明自己没有过错的外，在其评估或者证明不实的金额范围内承担赔偿责任。

条文解读

本条是关于承担资产评估、验资或者验证的机构违法的法律责任的规定。

与修订前的条文相比，本条规定的主要变化是将《公司法》（2018 年修正）关于承担资产评估、验资或者验证的机构的具体行政责任改为概括性规定。

理解本条需留意以下几点：

1. 评估机构应当依法独立、客观、公正开展资产评估业务，建立健全质量控制制度，保证评估报告的客观、真实、合理，不得出具虚假评估报告或者有重大遗漏的评估报告。在开展具体业务时，评估机构聘用的评估专业人员对评估活动中使用的有关文件、证明和资料的真实性、准确性、完整性进行核查和验证，不得签署虚假评估报告或者有重大遗漏的评估报告。《资产评估法》第四十四条至第四十九条等条文设置了对于评估机构及其评估专业人员的处罚规定。

2. 注册会计师依法承办审查企业会计报表并出具审计报告、验证企业资本并出具验资报告等审计业务。注册会计师执行审计业务，必须按照执业准则、规则确定的工作程序出具报告，对于委托人的会计报表的重要事项有不实内容的，应予指明。委托人有示意作不实或者不当证明、故意不提供有关会计资料和文件等不合理要求的，注册会计师应当拒绝出具有关报告。上述要求也适用于会计师事务所。《注册会计师法》(2014年修正)第三十九条设置了对于会计师事务所及注册会计师的处罚规定。

3. 对于承担资产评估、验资或者验证的机构应当承担的民事赔偿责任，本条第二款采取过错推定的归责原则。因此，公司债权人只需证明自己基于相关机构出具的不实的评估结果、验资或者验证证明与公司发生交易关系，并且因此遭受损失即可，而无须证明相关机构是否存在过失。相关机构应当对自己没有过错负举证责任。继而，本条第二款进一步规定了相关机构承担赔偿责任的范围，即在其评估或者证明不实的金额范围内承担赔偿责任。近年来，审验机构在证券虚假陈述民事纠纷中承担赔偿责任的案例较为常见。法院通常认定未能勤勉尽责的审验机构在一定比例的范围内承担连带责任，即所谓比例连带责任的认定模式。

· 典型案例 ·

1. 针对本条第一款

黄市监处〔2018〕129号行政处罚决定书：某会计公司为三家公司代办年报，并收取费用。会计公司代办年报时提供的数据显示，上述三家公司资产总额、全年营业额、利润均为零。经查明，上述三家公司均在正常经营。公司登记机关认为，会计公司的行为属于承担资产评估、验资或者验证的机构提供虚假材料的情形，故责令其改正并处以罚款。

2. 针对本条第二款

(2020)浙01民初1691号民事判决书：487名债券投资者购买了五洋股份公司发行的公司债券。后相关投资者因五洋股份公司存在欺诈发行、虚假陈述等违规行为遭受损失，起诉请求五洋股份公司以及包括大信会计师事务所、大公国际资信评估有限公司等第三方专业机构在内的众被告承担责任。法院认为，在公司债募集说明书中，承销机构与中介机构均确认募集说明书不会因所引用内容而出现虚假记载、误导性陈述或重大遗漏，并对其真实性、准确性和完整性承担相应的法律责任。经具体审查承销机构与中介机构的工作内容，各机构均存在不同程度未尽责履职的情形。其中，大信会计师事务所应承担连带赔偿责任；大公国际资信评估有限公司在10%范围内承担连带赔偿责任。

关联规则

《资产评估法》第十三条、第十四条、第十七条、第二十条、第四十四条至第四十九条；《注册会计师法》(2014 年修正)第十四条、第二十条、第二十一条、第三十一条、第三十九条。

文献参考

刘燕:《验资报告的“虚假”与“真实”:法律界与会计界的对立——兼评最高人民法院法函〔1996〕56 号》,载《法学研究》1998 年第 4 期;彭真明:《论会计师事务所不实财务报告的民事责任——兼评上海大智慧公司与曹建荣等证券虚假陈述责任纠纷案》,载《法学评论》2020 年第 1 期;缪因知:《证券虚假陈述赔偿中审计人责任构成要件与责任限缩》,载《财经法学》2021 年第 2 期;陈洁:《证券虚假陈述中审验机构连带责任的厘清与修正》,载《中国法学》2021 年第 6 期;王琦:《审验机构虚假陈述民事责任的制度机理——以威慑功能的实现为逻辑轴线》,载《法学家》2023 年第 1 期。

第二百五十八条 【公司登记机关违法的法律责任】

公司登记机关违反法律、行政法规规定未履行职责或者履行职责不当的,对负有责任的领导人员和直接责任人员依法给予政务处分。

条文解读

本条是关于公司登记机关违法的法律责任的规定。

与修订前的条文相比,本条规定的主要变化是将《公司法》(2018 年修正)第二百零八条、第二百零九条予以统合并作出概括性规定,同时将“行政处分”改为“政务处分”。

理解本条需留意以下两点:

1. 公司登记机关及其工作人员是否依法履职、秉公用权、廉洁从政从业、坚持道德操守,直接关系公司登记制度的落实、市场经济秩序的稳定和营商环境的优化程度。对于公司登记机关负有责任的领导人员和直接责任人员应当依照《监察法》《公职人员政务处分法》等法律的规定依法给予政务处分。依照《公职人员政务处分法》第十条的规定,有关机关、单位、组织集体作出的决定违法或者实施违法行为的,对负有责任的领导人员和直接责任人员中的公职人员依法给予政务处分。依照《监察法》第四十五条的规定，监察机关根据监督、调查结果，对违法的公职人员依照法定程序作出警告、记过、记大过、降级、撤职、开除等政务处分决定。

2. 依照本法的相关规定，公司登记机关未履行职责或者履行职责不当的情形主要包括：第一，对不符合规定条件的登记申请予以登记，或者对符合规定条件的登记申请不予登记（**【第三十一条】**）或未依法签发营业执照（**【第三十三条】**）；第二，申请人提交的申请材料不齐全或者不符合法定形式的，未一次性告知需要补正的材料，甚至以各种方式刁难申请人（**【第三十条】**）；第三，未依法将公司登记事项通过国家企业信用信息公示系统向社会公示（**【第三十二条】**）；第四，未依法撤销欺诈取得的公司设立登记（**【第三十九条】**）；第五，未依照本章规定对公司、股东等主体实施行政处罚，包括对符合行政处罚立案标准的案件不及时立案，或者擅自改变行政处罚种类、幅度等。此外，国家市场监督管理总局于2021年公布《市场监督管理行政执法责任制规定》，以监督和保障市场监督管理部门工作人员依法履行职责。

· 典型案例 ·

湖南省纪委监委公开通报岳阳县市场监督管理局擅自增设政务服务事项流程问题：2022年6月，岳阳县市场监督管理局为减轻集群注册电商户业务办理工作量，要求电商户直接向某公司咨询办理业务，并违规将带有审批权限的U盾交由该公司管理使用，由其代办电商登记审批、注销咨询等业务，增加了电商户办事流程和费用负担。对此，时任岳阳县市场监督管理局党组副书记、副局长李某负主要领导责任。2023年3月，李某受到党内严重警告、政务记过处分；其他相关人员均受到相应处理。①

关联规则

《监察法》第四十五条；《公职人员政务处分法》第十条；《市场主体登记管理条例》第五十条；《市场监督管理行政执法责任制规定》第十条。

① 参见《湖南通报8起基层乱作为侵害群众利益问题》（2023年7月26日），载中央纪委国家监委网，https://www.ccdi.gov.cn/yaowenn/202307/t20230726_278193.html，最后访问时间：2024年1月25日。

文献参考

唐松涛:《公司设立登记中的权力(利)、义务与责任分配》,载《政法论坛》2008 年第 4 期;张瑞:《商事登记中的不实登记》,载《西南政法大学学报》2009 年第 1 期;李克武:《登记机关瑕疵公司登记之损害赔偿责任初探》,载《法学杂志》2011 年第 6 期。

第二百五十九条 【冒用公司或分公司名义的法律责任】

未依法登记为有限责任公司或者股份有限公司,而冒用有限责任公司或者股份有限公司名义的,或者未依法登记为有限责任公司或者股份有限公司的分公司,而冒用有限责任公司或者股份有限公司的分公司名义的,由公司登记机关责令改正或者予以取缔,可以并处十万元以下的罚款。

条文解读

本条是关于冒用公司或分公司名义的法律责任的规定。

理解本条需留意以下几点:

1. 设立公司,应当依法向公司登记机关申请设立登记(【第二十九条】);只有符合相应设立条件的,才能由公司登记机关登记为有限责任公司或者股份有限公司(【第三十一条】)。与之类似,公司设立分公司,应当向公司登记机关申请登记(**【第三十八条】**)。办理设立登记是申请人获得市场主体资格及进行生产经营活动的前提条件,也是一项法定义务。经登记而领取公司登记机关签发的营业执照,表明公司或者分公司的设立获得了准入资格,之后方能合法从事民事活动。未经登记,不得冒用公司或者分公司的名义。

2. 行为人冒用公司或者分公司的名义,主要表现为以公司或者分公司的名义开展经营活动。但应当注意的是,冒名行为与无照经营仍有区分的必要。第一,在构成要件方面,冒名行为没有依法申请设立登记。关键还在于,未经登记设立的机构往往不符合法律规定的设立要件。无照经营则不同,从事经营活动的主体可能已具备法律规定的设立条件,其之所以违法主要是未依法申请设立登记并领取营业执照。第二,在行为表现方面,冒名行为不必然实际开展经营活动。相应地,无照经营也不必然冒用市场主体的名义。第三，在处罚措施方面，除责令改正外，冒名行为可能导致未经登记设立的机构被依法取缔。无照经营则可能被依法没收违法所得及责令关闭停业。

3. 在公司设立过程中，发起人以设立中公司名义从事民事活动的，应当明示公司正处于设立中的状态。例如，在公司名称后标明"（筹）"等字样。

· 典型案例 ·

（2019）京02行终757号行政判决书：同仁堂公司未办理公司注册登记便设立从事经营活动的机构，对外从事销售活动。公司登记机关认为同仁堂公司的行为，属于未依法登记为有限责任公司而冒用有限责任公司名义的情形，故责令该公司改正。后同仁堂公司不服该行政处罚，向法院提起诉讼。法院判决维持公司登记机关的处罚决定。

关联规则

《市场主体登记管理条例》第三条、第四十三条。

文献参考

参见**【第十三条】【第二十九条】【第三十一条】**列示的相关文献。

第二百六十条 【未依法开业或停业、未依法办理变更登记的法律责任】

公司成立后无正当理由超过六个月未开业的，或者开业后自行停业连续六个月以上的，公司登记机关可以吊销营业执照，但公司依法办理歇业的除外。

公司登记事项发生变更时，未依照本法规定办理有关变更登记的，由公司登记机关责令限期登记；逾期不登记的，处以一万元以上十万元以下的罚款。

条文解读

本条是关于未依法开业或停业、未依法办理变更登记的法律责任的规定。

与修订前的条文相比，本条规定的主要变化是增加公司依法办理歇业的除外

规定。

理解本条需留意以下几点：

1. 公司成立后应当尽快开展营业，确有需要歇业的应当依法及时办理。倘若大量存在成立而不开业或开业后又自行长期停业的公司，将可能营造虚假繁荣，不利于市场良性发展。因此，公司成立后无正当理由超过六个月未开业的，或者开业后自行停业连续六个月以上的，公司登记机关可以吊销营业执照。所谓开业，是指公司按照其经营宗旨和经营范围开展生产经营活动，包括生产、销售商品或提供服务等。这些活动应当在公司财务会计数据中有所体现。例如，因与相对人签订买卖或借贷等协议引起资产负债表上资产及负债变化，因经营、投资及筹资等活动引起现金流量表上现金流入或流出变化等。

2. 公司有特殊原因暂时无法开展经营活动的，直接要求其办理注销登记或者吊销其营业执照也实属不妥。公司仍有较强的经营能力及经营意愿的，待情况好转后应当允许其恢复营业。建立公司歇业制度，旨在为经营困难的公司提供一种缓冲性的制度选择，有利于助企纾困，保持经济发展内在活力。根据《市场主体登记管理条例》第三十条的规定，因自然灾害、事故灾难、公共卫生事件、社会安全事件等原因造成经营困难的，市场主体可以自主决定在一定时期内歇业。公司办理歇业的，应当在歇业前与职工依法协商劳动关系处理等有关事项，并向公司登记机关办理备案。公司登记机关通过国家企业信用信息公示系统向社会公示歇业期限、法律文书送达地址等信息。此外，公司歇业的期限最长不得超过三年。

3. 公司登记事项包括公司名称、住所，注册资本、经营范围、法定代表人的姓名以及有限责任公司股东、股份有限公司发起人的姓名或者名称（**【第三十二条】**）。上述事项发生变更的，公司应当依法办理变更登记（**【第三十四条】**），并及时通过国家企业信用信息公示系统向社会公示变更后的事项，并确保公示信息真实、准确、完整，以维护交易安全（**【第四十条】**）。未依法办理变更登记的，由公司登记机关责令限期登记；逾期不登记的，处以相应罚款。

典型案例

1. 针对本条第一款

桐市监处罚〔2023〕1092 号行政处罚决定书：亦阳公司于 2020 年 3 月成立，后于 2020 年 12 月停业。直至公司登记机关调查时，该公司厂房仍处于闲置状态。公司登记机关认定该公司的行为属于公司成立后无正当理由超过六个月未开业的违法情形。故决定吊销亦阳公司的营业执照。

2. 针对本条第二款

万市监信监处罚〔2022〕70 号行政处罚决定书：启媛公司核准登记的地址为江西省宜春市万载县马步乡新民村。出于自身原因，启媛公司一直未在核准地址经营办公，且未办理变更登记。在收到公司登记机关送达的责令改正通知书后，启媛公司未在规定期限内申请办理相关变更登记手续。故公司登记机关决定再次责令启媛公司限期改正并处以罚款。

关联规则

《市场主体登记管理条例》第三十条、第四十六条。

文献参考

蒋大兴：《论休眠公司的注册规则》，载《中国市场监管研究》2020 年第 6 期；黄海燕：《歇业登记制度：如何规范休眠公司存续——商事登记改革下的思考》，载《中国流通经济》2020 年第 11 期。

针对本条第二款参见【**第三十四条**】列示的相关文献。

第二百六十一条　【外国公司擅自设立分支机构的法律责任】

外国公司违反本法规定，擅自在中华人民共和国境内设立分支机构的，由公司登记机关责令改正或者关闭，可以并处五万元以上二十万元以下的罚款。

条文解读

本条是关于外国公司擅自设立分支机构的法律责任的规定。

理解本条需留意以下两点：

1. 外国公司在中国境内设立分支机构应当遵守本法第十三章及其他相关章节的

规定。外国公司在中国境内设立分支机构，应当向中国主管机关提出申请，并提交其公司章程、所属国的公司登记证书等有关文件，经批准后，向公司登记机关依法办理登记，领取营业执照（**【第二百四十四条】**）。外国公司擅自设立分支机构的行为破坏我国公司管理制度，扰乱正常市场秩序，由公司登记机关责令改正或者关闭，可以并处罚款。所谓责令改正，主要针对符合设立分支机构条件但未依法提出申请及办理登记的情形，此时公司登记机关可责令外国公司依法及时履行相应程序。对于不符合设立分支机构条件或有严重违法行为的外国公司擅自设立的分支机构，公司登记机关应责令其关闭。

2. 由于法律对外商投资权益保护力度的提升及规范管理程度的强化，外国投资者依照《外商投资法》在中国境内进行投资活动也愈加便利，其可依照中国法律在中国境内经登记注册设立企业，也可取得中国境内企业的股权或类似权益，还可在中国境内单独或合作投资新建项目等。外国公司通过擅自在中国境内设立分支机构的方式牟利，非但不是其实现利益最大化的最佳手段，甚至还引致高昂的违法成本。

· 典型案例 ·

参见**【第二百四十八条】**列示的相关案例。

关联规则

《外商投资法》第二条。

文献参考

参见**【第二百四十四条】**列示的相关文献。

第二百六十二条　【利用公司名义从事严重违法行为的法律责任】

利用公司名义从事危害国家安全、社会公共利益的严重违法行为的，吊销营业执照。

条文解读

本条是关于利用公司名义从事严重违法行为的法律责任的规定。

理解本条需留意以下两点：

1. 依照《民法典》第八条的规定，民事主体从事民事活动，不得违反法律，不得违背公序良俗。具体到公司而言，公司从事经营活动，应当遵守法律法规，遵守社会公德、商业道德，诚实守信，接受政府和社会公众的监督（**【第十九条】**）。这是公司的基本义务。若不法分子利用公司的名义掩护其从事违法活动，将严重危害国家和社会公共利益。例如，利用公司名义从事违法放贷活动，又或者为掩饰黑社会性质的组织利用公司名义从事洗钱行为等。

2. 不法分子利用公司名义从事严重违法行为，其所成立的公司以及在公司登记机关登记的经营范围往往只是逃避监管、牟取不正当利益的外壳。对于此类严重违法行为，公司登记机关应当吊销其营业执照。同时，行为人有违法所得的，应当依照《行政处罚法》（2021 年修订）第二十八条等相关规定予以没收；构成犯罪的，依法追究刑事责任（**【第二百六十四条】**）。

· 典型案例 ·

京丰市监处罚〔2023〕901 号行政处罚决定书：熔德弘公司于 2020 年 7 月 27 日取得公司设立登记。后检察院来函告知公司登记机关，熔德弘公司的法定代表人祁某以公司名义实施违法犯罪活动，明知他人利用信息网络实施犯罪，还为其犯罪提供支付结算帮助。经调查终止后，公司登记机关认为，熔德弘公司涉嫌利用公司名义从事危害国家安全、社会公共利益的严重违法行为，故决定吊销其营业执照。

关联规则

《民法典》第八条、第八十六条；《行政处罚法》（2021 年修订）第二十八条。

文献参考

蒋大兴：《公司法的政治约束——一种政治解释的路径》，载《吉林大学社会科学学报》2009 年第 5 期；张钦昱：《公司市场退出法律制度的嬗变逻辑与进化路径》，载《政治与法律》2021 年第 2 期。

第二百六十三条 【民事赔偿优先】

公司违反本法规定，应当承担民事赔偿责任和缴纳罚款、罚金的，其财产不足以支付时，先承担民事赔偿责任。

条文解读

本条是关于民事赔偿优先的规定。

理解本条需留意以下几点：

1. 依照《民法典》第一百八十七条的规定，民事主体因同一行为应当承担民事责任、行政责任和刑事责任的，承担行政责任或者刑事责任不影响承担民事责任；民事主体的财产不足以支付的，优先用于承担民事责任。在通常情况下，民事责任、行政责任和刑事责任独立存在，并行不悖。但在特定情形下，公司的违法行为可能存在法律责任的竞合，即公司的同一行为符合两个或两个以上不同性质的法律责任的构成要件，依法应当承担两个或两个以上的法律责任。倘若公司财产足以承担所有法律责任，则不存在何者优先的问题。

2. 在公司财产不足以承担不同性质的责任时，为了保护民事主体合法权益和彰显市场自治自律，公司应当先承担民事赔偿责任。实践中，各类诉讼程序相互独立且并不同时进行，因此，可能出现关于公司行政责任和刑事责任的裁判先行作出而民事诉讼程序仍未启动或者尚未终结的情形。对此应当如何处理，尚有争议。从制度设置目的来看，除坚持民事赔偿优先外，还有必要秉持民事诉讼优先理念；如有未审结的民事诉讼程序，则已依法作出的行政或刑事裁判应当中止执行。

3. 本条规定在具体适用时还应当注意区分公司财产和股东财产。例如：在股权被强制执行的情形下，人民法院强制执行的只能是股东在公司持有的股权，而不得直接执行公司的财产；在公司承担自身法律责任时，也应当限定于公司财产。即便公司财产不足以承担其自身法律责任，也不当然要求股东或其他相关主体承担法律责任，而需要判断相关主体的行为是否满足相关规则的适用条件，如公司人格否认（**【第二十三条】**）、关联交易（**【第二十二条】**）、事实董事（**【第一百八十条】**）、影子董事（**【第一百九十二条】**）等。

· 典型案例 ·

(2020)陕0424行审5号行政裁定书:乾县自然资源局在行政处罚决定书中认定,泰丰公司擅自将已合法取得使用权的部分国有建设用地出租,违反了《土地管理法》相关规定,决定责令其归还土地并缴付罚款。法院认为,泰丰公司已进入破产程序,依照《公司法》的规定,行政机关对行政相对人的行政处罚和民事责任并列时,应首先解决民事争议。故裁定待破产案件终结后,再行恢复本次行政非诉案件的审查执行。

关联规则

《民法典》第一百八十七条;《关于充分发挥司法职能作用　助力中小微企业发展的指导意见》第8点。

文献参考

张旭:《民事责任、行政责任和刑事责任——三者关系的梳理与探究》,载《吉林大学社会科学学报》2012年第2期;陈洁:《证券民事赔偿责任优先原则的实现机制》,载《证券市场导报》2017年第6期;肖宇、黄辉:《证券市场先行赔付:法理辨析与制度构建》,载《法学》2019年第8期;蒋大兴:《"民事赔偿责任优先"抑或"民事诉讼优先"?——"私权优先"应从实体规范向程序规则演进》,载《中国社会科学院大学学报》2023年第4期。

第二百六十四条　【刑事责任】

违反本法规定,构成犯罪的,依法追究刑事责任。

条文解读

本条是关于违反《公司法》规定构成犯罪的刑事责任的规定。

理解本条需留意以下两点:

1. 公司、股东(尤其是控股股东)、实际控制人、董事、监事、高级管理人员以及其他责任人员违反本法规定,构成犯罪的,依法追究刑事责任。上述主体可能构成犯罪的行为主要涉及《刑法》(2023年修正)第二编"分则"第三章"破坏社会主义市场经济秩序罪”的相关规定，尤其是其中第三节“妨害对公司、企业的管理秩序罪”、第四节“破坏金融管理秩序罪”、第八节“扰乱市场秩序罪”等节涉及的各项罪名，以及第八章“贪污贿赂罪”的相关规定。

2. 相较于民营企业，国家出资公司彰显出更显著的公共性，法律对其工作人员提出更高的任职要求，与之相关的刑事责任也更为严格。但与此同时，为了适应反腐败斗争新形势及加强对民营企业平等保护的需要，《刑法》（2023 年修正）对上述章节的相关规定也作了相应完善。例如，关于非法经营同类营业罪、为亲友非法牟利罪，以及徇私舞弊低价折股、出售国有资产罪的规定都相应增加了民营企业及其董事、监事、高级管理人员或其主管人员及其他工作人员依法定罪量刑的内容。

· 典型案例 ·

（2020）新 0203 刑初 98 号刑事判决书：秦某为准油股份公司董事长兼法定代表人，因涉嫌犯背信损害上市公司利益罪，被检察院指控。经法院查明，秦某为运作融资、重组、收购等事宜，不惜利用职务便利，操纵上市公司从事虚假借贷高额资金或从上市公司借支高额备用金，用于其实际控制的公司及其关联公司，且违规不予披露，对准油股份公司造成巨大损失。因此，秦某的行为严重违反对上市公司的忠实义务，犯背信损害上市公司利益罪，判处有期徒刑并处罚金。

关联规则

《刑法》（2023 年修正）第二编第三章第三节、第四节、第八节及第八章相关条文；《市场主体登记管理条例》第五十一条。

文献参考

蒋熙辉：《论公司犯罪的刑事责任构造》，载《中国法学》2005 年第 2 期；叶良芳：《论单位犯罪的形态结构——兼论单位与单位成员责任分离论》，载《中国法学》2008 年第 6 期；陈瑞华：《合规视野下的企业刑事责任问题》，载《环球法律评论》2020 年第 1 期。

第十五章

附　则

第二百六十五条 【相关用语的含义】

本法下列用语的含义：

（一）高级管理人员，是指公司的经理、副经理、财务负责人，上市公司董事会秘书和公司章程规定的其他人员。

（二）控股股东，是指其出资额占有限责任公司资本总额超过百分之五十或者其持有的股份占股份有限公司股本总额超过百分之五十的股东；出资额或者持有股份的比例虽然低于百分之五十，但依其出资额或者持有的股份所享有的表决权已足以对股东会的决议产生重大影响的股东。

（三）实际控制人，是指通过投资关系、协议或者其他安排，能够实际支配公司行为的人。

（四）关联关系，是指公司控股股东、实际控制人、董事、监事、高级管理人员与其直接或者间接控制的企业之间的关系，以及可能导致公司利益转移的其他关系。但是，国家控股的企业之间不仅因为同受国家控股而具有关联关系。

条文解读

本条是关于高级管理人员、控股股东、实际控制人、关联关系等用语含义的规定。

与修订前的条文相比，本条规定的主要变化有：一是将控股股东定义中的“以上”改为“超过”、“不足”改为“低于”；二是删除了实际控制人定义中“虽不是公司的股东”之限定。

理解本条需留意以下几点：

1. 高级管理人员、控股股东、实际控制人、关联关系等用语对理解本法相关条文具有重要意义，故有厘定相关用语含义之必要。第一，虽然高级管理人员与董事、监事一样对公司负有忠实义务和勤勉义务，但哪些主体属于高级管理人员具有一定的模糊性，故而需要明确高级管理人员的范围。第二，本次修订强化了控股股东、实际控制人的法律责任，包括增加了事实董事、影子董事等规定，故而被认定为控股股东、实际控制人的主体也可能承担相应的法律责任。第三，关联关系的认定是判断相关主体是否涉及关联交易、是否违反忠实义务以及是否应当回避表决的重要前提；同时考虑到国家控股的企业存在一定的特殊性,应当予以区别对待。

2. 对于高级管理人员,本条第一项并未明确其定义,而是框定其范围。依照本条第一项规定,高级管理人员有法律明确规定的范畴,同时公司章程也可以根据自身需要将特定人员纳入其中。一方面,公司的经理、副经理、财务负责人,以及上市公司董事会秘书必定是公司的高级管理人员。上述人员与公司经营管理、财务会计以及信息披露等事务高度相关,公司章程不得将上述人员排除在高级管理人员范畴之外。另一方面,基于公司与相关人员所签订的协议可能存在不完备性的考虑,公司可以将与公司利益密切相关的特定人员纳入高级管理人员范畴,即可要求其对公司负有忠实义务和勤勉义务(**【第一百八十条】**)。实践中,不少公司仿效域外公司做法而设置首席执行官(Chief Executive Officer, CEO)、首席财务官(Chief Financial Officer,CFO)、首席运营官(Chief Operating Officer, COO)、首席合规官(Chief Compliance Officer,CCO)等职务。其中,CEO、CFO 大致对应本法所称的经理和财务负责人,但其他人员能否当然被认定为公司的高级管理人员尚有疑问。为避免争议,公司应当将严重关涉公司利益的人员纳入高级管理人员范畴,并在公司章程中作出明确规定。

3. 对于控股股东,本次修订将原来规定中的"以上"改为"超过"、"不足"改为"低于"。一方面,"超过"不包括本数,即识别控股股东的第一项标准是股东的出资额或持有股份的比例过半数。同时,该项中的"低于"则应当包括本数,否则可能出现规则适用空白。另一方面,股东的出资额或持有股份的比例虽未过半数,但其所享有的表决权足以影响股东会决议,构成识别控股股东的第二项标准。

4. 对于实际控制人,本次修订删除了"虽不是公司的股东"的表述。这旨在修补《公司法》(2018 年修正)对控股股东和实际控制人的定义可能存在规则适用空白的制度回应。由此,控股股东和实际控制人并非两个并行的概念。实际控制人在本质上是一个涵盖各类控制权行使主体的上位概念。行为人是否认缴出资或认购股份(是否为股东),与其是否被认定为公司的实际控制人并无必然联系。但与此同时,实际控制人的认定仍需注重其与控股股东等概念及规则的逻辑关联。实际控制人规则更多是一种兜底制度,当控股股东、董事、监事、高级管理人员的责任无法落实或被规避时,实际控制人的制度价值才能较大程度得以彰显。

5. 对于关联关系,有必要区分国家控股的企业与其他企业在认定方面的区别。一方面,履行出资人职责的机构可能依法对多家公司履行出资人职责(**【第一百六十九条】**),这并不必然具有关联关系,认定关联关系的关键仍在于是否存在公司利益转移的关系。另一方面，本法关于关联交易的规定中对关联关系的认定有更具体的规则展开(**【第一百八十二条】**)。其中，将董事、监事、高级管理人员的近亲属，董事、监事、高级管理人员或者其近亲属直接或者间接控制的企业，以及与董事、监事、高级管理人员有其他关联关系的关联人皆纳入关联交易的主体范畴，正是对本条规定中“可能导致公司利益转移的其他关系”的进一步细化。

· 典型案例 ·

1. 针对本条第一项

《美的集团股份有限公司章程修正案》(证券代码:000333):美的集团股份有限公司于2021年4月28日召开了第三届董事会第三十一次会议，审议通过了公司章程修订案(2021年4月)。其中，第一百二十六条增加第三款“公司设首席财务官一名，由董事会聘任或解聘”。同时，原第三款“公司总裁、副总裁、财务总监和董事会秘书为公司高级管理人员”列为第四款，并修改为“公司总裁、副总裁、首席财务官、财务总监和董事会秘书为公司高级管理人员”。(公告时间:2021年4月30日)

2. 针对本条第二项

(2020)津03民终816号民事判决书:飞狐公司与腾讯公司签订授权书，腾讯公司及其关联公司对飞狐公司的相关平台享有非独家信息网络传播权，授权作品包括案涉作品。后因泰捷公司运营的泰捷视频可以播放案涉作品，飞狐公司认为其构成侵权，诉至法院。泰捷公司辩称自己为腾讯公司的关联公司。法院认为，控股股东包括出资额或者持有股份的比例虽然低于50%，但依其出资额或者持有的股份所享有的表决权已足以对股东会的决议产生重大影响的股东。腾讯公司为泰捷公司持股39%的第一大股东，依其出资额所享有的表决权已足以对泰捷公司股东会的决议产生重大影响，应认定腾讯公司为泰捷公司的控股股东。故泰捷公司与腾讯公司属于关联公司，泰捷公司已经合法取得案涉作品的信息网络传播权。

3. 针对本条第三项

(2023)京02民终9527号民事判决书:田某作为通达公司的代表与洁雅德公司签订产品购销协议，后通达公司无力偿还债务。洁雅德公司认为，田某作为实际控制人滥用权利，导致该公司无力偿还债务，应当对田某类推适用公司人格否认制度，即由田某对该公司债务承担连带责任。法院认为，电子邮件中关于款项承担的承诺以及相关款项的收付等材料可以证实田某对通达公司的行为具有决定权；同时，相关诉讼中田某作为通达公司的代理人参与诉讼，并自认为通达公司经理；另案生效判决亦载明，田某是通达公司的实际控制人。鉴于田某实际支配公司，其存在滥用公司法人独立地位而逃避债务的情形，并对洁雅德公司造成严重损害。在此情形下，从公司人格否认制度的规范目的出发，可以扩张其适用范围，判定滥用权利的实际控制人对公司债务承担责任。

4. 针对本条第四项

参见**【第二十二条】【第一百八十二条】**列示的相关案例。

关联规则

《上市公司章程指引》（2023 年修正）第十一条、第一百九十三条；《企业会计准则第 33 号——合并财务报表》第七条；《深圳证券交易所股票上市规则》（2023 年 8 月修订）第 15. 1 条；《上海证券交易所股票上市规则》（2023 年 8 月修订）第 15. 1 条；《北京证券交易所股票上市规则（试行）》（2023 年修订）第 12. 1 条。

文献参考

周林彬、冯平：《公司高级管理人员的主体范围研究——基于法经济学模型的解释与指导》，载《学术论坛》2019 年第 2 期；赵旭东：《公司治理中的控股股东及其法律规制》，载《法学研究》2020 年第 4 期；施天涛：《公司法应该如何规训关联交易？》，载《法律适用》2021 年第 4 期；周游：《实际控制人识别标准的差异化实践与制度表达》，载《政法论坛》2024 年第 1 期。

第二百六十六条　【施行日期和过渡期调整】

本法自 2024 年 7 月 1 日起施行。

本法施行前已登记设立的公司，出资期限超过本法规定的期限的，除法律、行政法规或者国务院另有规定外，应当逐步调整至本法规定的期限以内；对于出资期限、出资额明显异常的，公司登记机关可以依法要求其及时调整。具体实施办法由国务院规定。

条文解读

本条是关于本法施行日期和过渡期调整的规定。

理解本条需留意以下几点：

1. 立法机关经与有关方面研究，确定本法的施行日期为2024年7月1日。1993年12月29日，第八届全国人民代表大会常务委员会第五次会议通过《公司法》，后经1999年第一次修正、2004年第二次修正、2005年第一次修订、2013年第三次修正、2018年第四次修正。30年来，《公司法》的制定和历次修改都立足于解决我国当时经济发展的关键问题，与我国社会主义市场经济体制的建立和完善紧密相连，对维护社会经济秩序、促进社会主义市场经济的发展发挥了重要作用。与此同时，公司注册登记数量逐年增加，经济发展过程中也涌现出亟待回应的新问题。为落实党中央关于深化国有企业改革、优化营商环境、加强产权保护、促进资本市场健康发展等重大决策部署，有必要全面修订《公司法》。2023年12月29日，第十四届全国人民代表大会常务委员会第七次会议通过了对《公司法》的第二次修订。

2. 对于本法施行前已登记设立的公司的股东出资期限需要设置相应的过渡调整规则。否则，本法施行前后的公司可能因为适用规则差异而显失公平，并可能产生买卖"壳公司"等投机行为。过渡期的设置既要考虑新修订规则施行的效率，也要关切市场主体适应规则变化及作出相应调整在时间和资金方面的需求。例如，对本法施行前已登记设立的公司可以设置3年过渡期。一方面，有限责任公司在此期间将股东出资期限调整为5年内。另一方面，股份有限公司发起人则需要在此期间全额缴纳股款。

3. 除出资期限外的其他规定，则依照本法实施前后法律适用的一般规则处理。参考《公司法解释（一）》的相关规定，《公司法》（2023年修订）实施后，对于法院尚未审结的和新受理的民事案件，其民事行为或事件发生在《公司法》（2023年修订）实施以前的，适用当时的法律法规和司法解释；因《公司法》（2023年修订）实施前有关民事行为或者事件发生纠纷起诉到法院的，如当时的法律法规和司法解释没有明确规定，可参照适用《公司法》（2023年修订）的有关规定；法院对《公司法》（2023年修订）实施前已经终审的案件依法进行再审时，不适用《公司法》（2023年修订）的规定。

典型案例

（2019）最高法民再169号民事判决书：国烨公司前身新粤丰实业公司为粤丰公司股东。粤丰公司于2000年被吊销营业执照，但未依法进行清算。在运营期间，粤丰公司占用东京公司资金未及时归还。东京公司要求国烨公司对粤丰公司的债务承担连带责任。国烨公司辩称粤丰公司的清算事由发生在2000年，当时的公司法律制度并没有关于未履行清算义务应承担何种责任的明确规定。法院认为，根据《公司法解释（一）》的相关规定，因《公司法》（2005年修订）实施前有关民事行为或者事件发生纠纷起诉到人民法院的，如当时的法律法规和司法解释没有明确规定，可参照适用《公司法》（2005年修订）的有关规定。故本案应依照《公司法》（2005年修订）及《公司法解释（二）》关于有限责任公司清算的规定进行认定。本案中，粤丰公司一直处于未履行清算义务的状态，国烨公司作为新粤丰实业公司的承继者，应为粤丰公司的清算义务人。因此，国烨公司怠于履行清算义务，致使公司债权人无法申报债权而未能实现债权，应承担相应的责任。

关联规则

《外商投资法》第四十二条；《企业所得税法》（2018年修正）第五十七条。

文献参考

王东敏、王宪森：《〈关于适用公司法若干问题的规定（一）〉的理解与适用》，载《人民司法》2006年第6期；房绍坤、张洪波：《民事法律的正当溯及既往问题》，载《中国社会科学》2015年第5期。

后　　记

本书在编写过程中除吸收笔者关于公司法学近年研究心得体会外，还认真参阅了全国人民代表大会宪法和法律委员会关于《公司法》修订草案各次审议稿修改情况的说明和汇报，并充分借鉴国内专家学者及实务部门的相关研究成果。中央财经大学企业合规与风险防控法律研究中心研究助理符大卿、王天琦、袁旻晖、汪润之、庞家毅、郝世成、罗卿华、马健淇、曹泽、吕浩永、屠宇尘、齐嘉、陈逸飞、钟祥福在案例收集整理和文字校对方面做了部分协助工作。笔者曾指导的学生，目前从事学术研究的林树荣在本书编写前期筹备过程中提供了有益建议；以及活跃在法律、金融行业一线的林晟、林嘉乐、张磊、周嵩为本书涉及具体实践操作的部分内容的撰写提供了必要帮助。

本书的撰写由笔者一人完成，从而在很大程度上确保行文流畅和逻辑统一。从2021年《公司法》修订草案公布以来笔者即着手编写本书，历经数次审议稿的规则变化，笔者也及时增加和调整与本书编写相关的案例、规则及文献等材料。笔者针对《公司法》数次审议稿多次向全国人民代表大会常务委员会法制工作委员会提交修改意见的汇报，相关内容也在本书中有所体现。虽然前期工作准备尚属充分，但因能力和经验有限，本书内容难免有疏漏或不妥之处，敬请广大读者批评指正。

2024年2月14日